利维坦

Leviathan

[英] 托马斯·霍布斯◎著

海蕴◎译

中国出版集团

中译出版社

图书在版编目（CIP）数据

利维坦 /（英）托马斯·霍布斯著；海蕴译．—北京：中译出版社，2023.1（2025.5 重印）
ISBN 978-7-5001-6793-8

Ⅰ．①利… Ⅱ．①托… ②海… Ⅲ．①国家理论 Ⅳ．① D03

中国版本图书馆 CIP 数据核字（2021）第 233513 号

利维坦 LI WEI TAN

出版发行：中译出版社
地　　址：北京市西城区新街口外大街 28 号普天德胜大厦主楼 4 层
电　　话：（010）68359376，68359827（发行部）68359287（编辑部）
传　　真：（010）68357870
邮　　编：100044
电子邮箱：book@ctph.com.cn
网　　址：http://www.ctph.com.cn

责任编辑：于建军
校对编辑：马昕竹
封面设计：胡椒设计

印　　刷：河北翔驰润达印务有限公司
经　　销：新华书店

规　　格：710 毫米 ×1000 毫米　1/16
印　　张：25
字　　数：418 千字
版　　次：2023 年 1 月第一版
印　　次：2025 年 5 月第四次

ISBN 978-7-5001-6793-8　　定价：72.00 元

出版说明

随着英国资产阶级革命的爆发，人类社会也开始了全新的时代，朝着近代史阶段迈进。这是一个波澜壮阔、风云际会的时代，也是一个出现众多杰出思想家的时代，他们勇于抨击旧制度、为新兴的制度摇旗呐喊，其中最早的这一批思想家当中，就有托马斯·霍布斯（Thomas Hobbes，1588—1679）的名字，他也是直到今天仍然具有深远影响的思想家之一。

霍布斯出生在一个穷困的英国乡村郊区牧师家庭，他的母亲只是一个普通的农妇。幼年时期的霍布斯曾在自己出生的小镇读书，但是因为家境贫寒，从少年时代开始霍布斯就一直在伯父的资助下求学。幸运的是他既勤奋又有天赋，十四岁便通晓希腊文和拉丁文；十五岁入读牛津大学攻读古典哲学和经院派逻辑，并在毕业后留校任教，讲授逻辑学；二十二岁的时候，在大学校长的推荐下，霍布斯成为一位大贵族的家庭教师，这位大贵族后来成为德芬郡的伯爵，这是一个在当时英国非常有实力的家族。得益于这个身份，霍布斯结识了当时在英国具有社会影响力和学术地位的名流，并受到了他们自由主义思想的影响。而且，作为家庭教师陪同贵族子弟周游欧洲列国也让他在开阔视野的同时，意识到牛津现有的教育正在与社会和时代脱节。他需要重新认识这个世界，这时他结识的一大批科学家和思想进步的哲学家就对他的思想产生了巨大的影响，其中最重要的两个人就属伽利略和培根，而且霍布斯还曾经担任过培根的秘书。

作为一个杰出的思想家，霍布斯对当时那个处在巨大变化中的社会有着非常敏锐的触觉，这让他能够抓住历史发展的脉络，并通过严谨的分析和精辟的论证，充分表达他所代表的资产阶级新贵族和上层社会的思想和诉求。在巴黎期间，他写了《论公民》（1647）、《论物体》（1655）和《论人》（1658）。而成书于

1651 年的《利维坦》无疑是他所有作品中体系最完备、内容最充实、论证最严谨，并且最具有学术价值和社会影响力的作品。“利维坦”（Leviathan）这个名字是一个音译，出自《圣经》，原本是指一种力大无穷的巨兽。霍布斯采用这个书名，是想要借此来比喻一个强大的国家，这也说明了此书是霍布斯的一部关于国家和政府的论著。

《利维坦》全书分为四个部分。第一部分开宗明义地阐述了作者的唯物主义自然观和一般哲学观点，他认为宇宙是由物质微粒构成的，物体是独立、客观的存在，物质则是永恒的存在，它们既不可能由人创造，也不可能被人毁灭，物质一直处在运动的状态中。第二部分是全书的主体，阐述了人在自然状态下必然遭受的不幸的生活以及在这种不幸的状态下每个人都享有“生而平等”的绝对权利。第三部分主要是抨击了教会和教皇的权力，以及教会独立于国家政权的地位。他运用《圣经》中的经文来指出教会对外公布的各种教规教义的荒谬之处，认为教会的权力必须绝对服从于世俗政权，并且只能作为辅助政权。第四部分作者将矛头指向了罗马教会，揭露了教会内部的各种腐败和黑暗。

作为近代唯物主义思想杰出代表的霍布斯，首先，在作品中运用了17—18世纪的机械唯物主义论证自己的观点，让我们看到了当时的科学发展情况，在思想史的发展和进步上具有很重要的意义。其次，作者否认了神的存在，揭露了宗教的本质，也撼动了整个封建制度重要的精神支柱。最后，在政治思想方面，霍布斯是一个承前启后的具有重要意义的思想家，他在这部书中完全打破了旧有的思想体系的限制，完全挣脱了伦理道德和宗教道德的枷锁，并站在一个真正的唯物主义者和无神论者的角度上，代表早期新型的大资产阶级和贵族来阐述自己的政治观点。虽然受到时代和经验的限制，作者在书中的观点不免有自相矛盾之处，这也是他所处的阶级立场所造成的，这种两面性几乎在所有代表资产阶级的政治思想家身上都有所体现，而这种矛盾性也能让我们更清楚地意识到他们所处的那个时代是多么复杂多变。

无论读者是想了解17世纪早期的启蒙思想，还是想了解人类历史进程中这一段黑暗又十分光彩夺目的时期，这部作品都会让您受益匪浅。

目　录

引　　言　001

第一部分　论人类　003

第 一 章　论感觉　004
第 二 章　论想象　005
第 三 章　论思维序列或者系列　010
第 四 章　论语言　013
第 五 章　论推理和学识　020
第 六 章　论通常被称为“激情”的自觉运动的内在开端及其表达术语　026
第 七 章　论讨论的结束或决断　033
第 八 章　论通常意义上的“智慧”的美德和不良智慧的缺点　036
第 九 章　论知识的几种主题　045
第 十 章　论权势、身价、地位、尊重和资格　046
第十一章　论品行的差异　052
第十二章　论宗教　057
第十三章　论人类幸福与苦难的自然状况　067
第十四章　论自然法、第二自然律和契约法　070
第十五章　论其他自然法　078
第十六章　论人、授权人以及被人格化的事物　088

第二部分　论国家 093

第 十 七 章　论国家的成因、产生及定义 094
第 十 八 章　论按信约建立的主权者的权利 097
第 十 九 章　论按信约建立的国家的类型和主权继承问题 103
第 二 十 章　论宗法的管辖权和专制管辖权 111
第二十一章　论臣民的自由 117
第二十二章　论臣民的政治团体和私人团体 125
第二十三章　论主权权利的政务大臣 134
第二十四章　论国家的营养和殖民地 138
第二十五章　论建议 142
第二十六章　论民约法和市民法 148
第二十七章　论罪行、宽恕和减刑 162
第二十八章　论惩罚和奖赏 173
第二十九章　论导致一个国家衰弱或解体的因素 179
第 三 十 章　论主权代表者的职责 186
第三十一章　论自然的上帝的王国（天国） 197

第三部分　论基督教国家 207

第三十二章　论基督教体系的政治原理 208
第三十三章　论《圣经》篇章的数目、年代、范围、根据和注释者 212
第三十四章　论《圣经》中的圣灵、使者和灵感的意义 220
第三十五章　论《圣经》中天国、神圣、圣洁和圣餐的意义 229
第三十六章　论上帝的道和先知的言辞 234
第三十七章　论奇迹及其用处 245
第三十八章　论《圣经》中永生、地狱、得救、来世和赎罪的意义 250
第三十九章　论《圣经》中的“教会”的意义 260
第 四 十 章　论亚伯拉罕、摩西、大祭司和犹太诸王在上帝国的权利 262

第四十一章　论我们神圣救主的职责　269
第四十二章　论教权　274
第四十三章　论一个人进入天国的必要条件　325

第四部分　论黑暗的王国　335

第四十四章　论曲解《圣经》产生的灵的黑暗　336
第四十五章　论外邦人的魔鬼学和其他宗教残余　353
第四十六章　论虚妄的哲学和荒诞的传说导致的黑暗　366
第四十七章　论黑暗带来的利益及其归属　378

综述与结论　384

引　言

上帝运用“自然”的艺术来创造和管理这个世界，人类使用人的艺术来模仿世间万物，也会通过模仿自然来创造出人造动物。因为生命也仅仅是肢体的某种运动，而这种运动的根源就在于其内部的某些主要部分，那么我们是不是可以认为，所有像机械钟表一样通过发条和齿轮运转的“自动机械结构”都一样拥有人造的生命呢？我们能不能说，这些人造生命的“心脏”就是“发条”，“神经”就是“游丝”，而它们的“关节”就是一些“齿轮”，所有这些部件按照创作者的设计运转，最终让它们构成的整体可以活动呢？艺术在这方面展现了更高超的技艺，它要模仿的是具备理性的“自然”在其所有造物中最精美的艺术品——“人”。因为“利维坦”这个被称为“国民的整体”或“国家”的庞然大物是运用艺术创造出来的“人造的人”，尽管它要比任何一个自然人都更强壮高大，但它却是为了保护自然人而生，所以它身上的情况也是和自然人一样的；维持这个“利维坦”活动和生命的“人造灵魂”就是“主权”；“人造关节”则是所有的官员及司法、行政人员；人造“神经”是密切联系最高主权职位，促使所有关节和成员各司其职的“赏罚机制”；它的“实力”是所有个别成员的“财富”和“资产”总和；它的“事业”是保障人民安全；它的“记忆”由提供必不可少的知识的顾问组成；在这里，人造“理性”和“意志”就是“公平”和“法律”；它的“健康”代表着“和平”；它的“疾病”代表着“动荡”，而“内战”则意味着它的“死亡”。最后，我们要说的是上帝在创世之初颁布的“命令”，也就是用来组建和联合这个政治团体每一部分的“公约”和“盟约”，其内容只有一个，就是“我们要造人”。

想要把人造人的本质说清楚，我们需要考虑以下两点。

第一点，这个人造人的创作者和制作材料，都是人。

第二点，人造人是通过哪一种“盟约”并以什么方式组建的；统治者的“权利”“权威”或者说“正当的权力”是什么，这一切又是因为什么得以延续或走向土崩瓦解的。

关于第一点，有一句俗语最近已经被过度滥用，这句话是：获得“智慧”的途径不是“读书”，而是去认识“人”。所以很多没有办法展现自己聪明才智的人，就很喜欢在背后中伤他人，并通过这种方法来展示他们自认为已经从他人身上得到的东西。但实际上还有另外一句俗语，虽然还没有被人们所熟知，但是如果他们愿意勉为其难地接受，那么这才是能够让人们真正学会了解彼此的方法，这句话就是：认识你自己。这句话的真正含义并不像我们目前经常使用的那些情况，比如用来支持有权有势的人欺压地位卑下的人，或者是鼓励地位卑下的人冒犯有权有势的人。这句话真正想告诉我们的是，因为人类的思想和情感都是共通的，所以当我们反省自身的情况，就要考虑到自己在“思考”“构想”“推理”“希望”和“恐惧”的时候，会有什么样的行动，而这些行动的依据又是什么，这样他就能够在出现类似的情况时，理解其他人的思想感情。这里所谓的“感情共通”只是用来表示每个人都会产生“意愿”“恐惧”“希望”等情绪，而不是说这些感情的对象是类似的，也就是导致出现“愿意”“恐惧”“希望”等情绪的事物相似。鉴于每个人的受教育程度和个人素质都不相同，因此只有真正去探究人心的人，才能够了解目前这种人心的性质，这是一种已经被伪装、假象、谎言和谬论层层包裹以致让人再也看不清楚的人心的本质。尽管我们偶尔也可以通过观察一个人的行动来得知他的企图，可是如果我们在这一过程中没有对比自己的行为，没有考虑到有可能会让情况发生变化的其他因素，那么这个结论就只能是一个不得要领的猜测，并且还会由于过分自信或猜疑而经常犯错；因为无论一个人是好人还是坏人，他都可以去从事了解人心的工作。

告诫众人不要试图通过他人的行动来了解一个人，因为这样的办法只在自己熟悉的人身上才会奏效，而我们熟悉的人实在是不多。而作为一个国家的统治者如果想要去了解人心，他就不能通过某一个个人来实现，他需要了解的是自己的内心以及全人类。尽管这件事做起来难度非常高，要比学习任何一种语言或一门科学都更加困难，但是在我系统明确地阐述自己的了解方法之后，就只剩下一个难题，他需要思考的仅仅是他自己的内心是不是与我们想要他达到的状态不一致。因为，这种理论只能通过这样的方式来验证，再也没有其他办法可行。

第一部分
论 人 类

第一章　论感觉

要研究人类的思想，首先要以个别的思想为对象进行研究，然后再按照不同思想的排序和依存关系进行整体研究。个别的思想是说，每一种思想都可以对应外界事物的某一种性质或另外一种偶性的表象或现象。我们将这些外界事物统称为对象，这些对象会对人体的眼睛、耳朵以及其他感知器官产生作用；因为对象的作用并不相同，因此在发生作用的过程中就会产生各种不同的现象。

我们将产生所有这些现象的本源称为感觉（因为从人类内心产生的概念，都是在完全或部分地对感知器官产生作用时出现的），剩下的那一部分则全部是从这一本源衍生而来的。

对我们当下需要讨论的内容而言，了解感觉的自然原因并不是最迫切的需求，关于这个问题在我另外的作品中有详细的阐述。但是，鉴于我希望自己目前的方法讨论中每个部分都更加充实，还是需要简单阐述一下这个问题。

感觉的出现，是外界物体或对象对每一个专门负责感知的器官施加压力的结果。有些是直接的，例如味觉或触觉等；还有一些是间接的，例如视觉、听觉和嗅觉等。外部压力以人体内的神经、其他经络和薄膜为媒介，持续对内产生作用，最终抵达大脑和心脏，并在此处引起抗力、反压力或心脏的自我表达倾向，因为这种倾向的表现形式是外向的，所以看上去就像是外在事物。人们将这种假象或者幻想称为感觉。对眼睛而言，感觉是光或者具备某种形状的色彩；对耳朵而言，感觉就是声音；对鼻子而言，感觉就是气味；对舌头和腭而言，感觉就是味道。而对于身体的其他感知器官而言，就可能是温度、硬度以及其他可以通过感知来判断的性质。所有可感知的性质都存在于引起这些感觉的对象内部，对象通过这些性质对我们施加不同程度的压力，其本质不过是各种不同属性的物质运动。对于被施加压力的人体而言，它们也仅仅是各种不同的运动（其原因是运动能引发的也只能是运动），但是对我们而言，无论是在清醒还是昏睡的状态中，它们的表象都只是幻象而已。正如在我们的眼睛受到揉、压或击打后会产生一种看到光芒的幻觉，用力压住耳朵会出现耳鸣一样，被我们看到或听到的事物，也会通过一种强烈的不可见的作用使我们产生类似的幻觉。因为我们感知到的颜色和声音如果存在于引起这些感知现象的事物或对象的内部，那么它们就做不到像镜子或回声的反射作用一样，从原本的事物或对象内部被剥离出来，在这种情况下我们就可以判断，我们感知到的事物在一个地方，而它的表象却存在于另一个地方。尽管这个真实对象和我们之间有一定的距离，但是它却好像具备在我们身上引发的这些幻象，然而无论如何，我们都清楚地知道，对象本身是一回事，而它的映象或幻象则是另一回事。所以，在任何情况下，感觉都仅仅是最初始的幻象；就像我在前面提到的那样，是通过压力产生的，也就是说，感觉是通过外部事物对我们的眼睛、耳朵以及其他拥有感知功能的器官的运动作用产生的。

不过，在基督教世界的各所大学中流传的却是另外一种学说，这种学说来自亚里士多德留下的一些语句。这类观点认为，物体向各个方向散发出一种可见素并且被眼睛接收到才是视觉产生的原因，英语中被表述为散发出可见的形状、幻象、状态或被感知为可见的存在；眼睛接收到的一切被称为视见。同理，事物散发出一种可闻素，即一种可闻的状态或被感知为可闻的存在；当这些可闻素被耳朵接收以后就会产生听觉。他们甚至认为理解产生的原理也是这样，被理解的事物散发出一种可理解素，即一种被感知为可理解的存在；当我们的知性接收到这些可理解素时就会产生理解。我提到这一切的原因，并不是想要否定大学的作用，而是因为我会在之后的章节里讨论大学在共和国中的作用，因此只要有机会，我就一定要让大家知道，这中间有哪些事物是一定要进行改正的，其中一个就是那些毫无意义却反复出现的观点学说。

第二章　论想象

处于静止状态的事物，只要不受外物干扰，就会一直保持静止状态，这是世所公认的真理。而处于运动状态的事物，如果不受到外物干扰，也会一直保持运动状态。尽管这句话同样是依据事物无法改变自身状态这一理论，却不像前面一句那样容易令人信服。因为人们不只是会推己及人，还会推己及一切其他事物。因为运动过后，人会感觉到疲惫和痛苦，所以就会认为所有其他事物也会讨厌运动，并且会主动追求休息，也就是静止状态。很少有人会去思考，人类自身出现的这种想要休息的欲望，是否也存在于另一种运动状态中。于是，经院学派告诉我们：重物会降落，是因为一种寻求休息的倾向以及一种想要在最合适的位置保持本质的欲望。他们通过这种荒谬的方式，把人类自身都无法具备的那种利于自身保存的认识和倾向赋予了无生命的事物。

只要物体处于运动状态，在不受外物干扰的情况下就会一直保持运动状态；而一旦遇到外物干扰，无论干扰程度如何，都不会立刻抵消运动状态，这个状态只能缓慢地逐渐消失直到完全不见。就像风虽然已经停了，它在水中引起的涟漪却可以持续很久；当我们看到或梦到某种事物时，其内部各部分产生的运动也是如此。如果眼前的物体被移除或我们主动闭上双眼，之前已经看到的物体依然会留下一个映象，但是这个映象不如之前看到的清晰。拉丁人称之为想象，这个词的来源便是通过视觉得到的映象。他们还将这个词运用到其他感知上，但实际上这种做法本身就是错误的。希腊人则不然，他们称之为幻象，也就是虚假的映象，这个词可以用来说明任何一种感觉。所以，想象只不过是逐渐衰退的感觉，这种感觉人和很多其他动物都有，既可以在清醒的时候出现，也可以在睡梦中出现。

在清醒状态下，人的感觉衰退并不是由感觉中的运动衰退所引起的，而是由于遮蔽导致的。这种现象和阳光遮蔽了星光很像，星光的强度在白天并不比在夜间弱，但是人类的眼睛、耳朵和其他感知器官在接受外界事物的多重撞击作用时，只能接收到其中占据优势的作用，因此白天的时候阳光更占优势，我们就感觉不到星光的存在。当一个对象从我们眼前移除后，虽然它的映象已经保留在我们的身上，但是紧接着会出现一个在时间上距离我们更近的对象在我们身上发挥作用，之前的想象就会渐渐不那么清晰，这种情况就和人的声音在白天嘈杂的环境中听不太清楚一样。因此，当一个对象被看见或感知到以后，关于它的想象会随着时间的推移逐渐模糊。人体处在不断变化之中，感觉中处于活动部分的作用也会逐渐消失，因此，时间和空间的距离对我们起到的作用是同样的。正如我们用眼睛望向远处的时候，根本看不清远处微小的事物，只能看到模糊一片；耳朵也很难听清楚来自远处的声音一样；在经过很长一段时间以后，关于过去的想象也会变得很模糊。例如，我们都曾见到过城市中众多具体的街道和活动中的很多具体情况，但是随着时间的推移，这些东西都会被遗忘。这种逐渐消失的感觉，如果指的是事物本身，也就是幻象本身，那么它们就像我之前提到的那样，可以被称为想象。但如果指的是衰退的过程，即感觉的逐渐消失、衰退或变为历史的情况，就可以被称为记忆。所以，想象和记忆是一回事，出现称谓的差异仅仅是因为思考方式的不同。

拥有丰富的记忆或者说保存了很多事物的记忆，称为经验。而想象的范围也仅限于在过去一次性全部被感知到的事物，或者是每次只有一部分并分了几次被感知到的事物。前一种是按照原本被感知到的整体的感觉构想整个对象，称为简单的想象。比如，构想曾经见到的一个人或者一匹马，就属于这种情况。后一种则称为复合想象。比如，把过去在不同时候看到的一个人和一匹马组合在一起，构想出一个人首马身的怪物，就属于复合想象。还有一种情况，是把自身的映象和他人行为的映象组合在一起，例如，热衷于读小说的人经常会把自己想象成赫拉克勒斯[①]或亚历山大，这种情况也属于复合想象，更准确地说，是一种心理虚构。而且即便是处在清醒的状态下，如果感知到的印象过于深刻，也可能会导致出现其他想象。比如，当我们双眼注视太阳的时候，由于感官刺激过于强烈，经过很长一段时间，太阳的映象都会停留在眼前。如果长时间专注地观察几何图形，闭上眼睛后，即使意识仍然清醒，却还是能在黑暗中看到清晰的线条和角度的映象。一般来说，这种幻象不在我们的讨论范围内，因此也就没有特定称谓。

睡眠状态下的想象叫作梦，这种想象同样也是在过去就已经全部或部分地存在于感觉中。因为在睡眠中，大脑和神经等产生感觉的感受器官处于休息中，很难对外部事物的作用做出反应，因此睡眠中的想象，也就是梦只可能是由人体内各个部分的运动引起的。因为体内的某些部分会与大脑和其他感受器官建立联系，所以在这些部分出现运动的时候，与之关联的部分也会发生运动，进而促使曾经形成于这些器官上的想象也会像在清醒状态下一样出现；但是此时的感觉器官处在休息中，不会有新的更强烈的对象出现来遮蔽当前的想象，因此，当前出现的感觉便会一直停留，梦境的呈现也会比清醒状态下的映象更清晰。正因如此，感觉与梦境才会很容易混淆，不少人都断言我们根本无法严格区分感觉和梦境。我个人的经验是，我在梦境中和在清醒时经常会想到的人、场景、对象以及行动都会有所不同；而且我在做梦的时候也不能像平时一样记住长久而连贯的思

① 赫拉克勒斯（希腊语：Ηρακλής 英语：Hercules，又译海格力斯）：古希腊神话中最伟大的英雄。

想；再者，我在清醒的时候常常能发现梦境的荒谬之处，但是做梦的时候却从来没有想到过清醒时的思想有什么荒谬的地方。想到上面这些情况，我发现自己做梦的时候虽然总是自以为清醒，但是真正清醒时却可以明确知道不是在做梦，能做到这点我也就没什么不满足的了。

既然是体内某些部分的运动导致了梦境的产生，那么不同的运动状态就可以引发不同的梦境。睡眠中，如果感受到寒冷就会做噩梦，出现一些令人恐惧的对象的想象或者映象，因为从大脑到达身体内部的运动和从身体内部到达大脑的运动是互通的。例如，我们在清醒的时候，身体的某些部位会因为愤怒而发热；因此在睡眠状态下，如果同样的部分受热过度，就可能会产生愤怒的情绪，大脑中也会出现关于敌人的想象。同理，清醒的时候，人类会因为与生俱来的爱情感知而产生欲望，欲望会导致身体的某些部分发热，因此，当这些部分在睡眠中发热的时候，大脑中也会产生曾经有过的关于爱情的想象。总的来说，梦境就是人们在清醒状态下的想象的倒置，清醒的时候运动是从此端到彼端，而梦境中则是由彼端到此端。

当一个人在自己不知道的情况下偶然睡着的时候，梦境和清醒时的思想是最难区分的。当一个人已经被恐惧支配且良心不安，又没有换衣服躺在床上就直接睡着的时候，最容易出现这种情况，那感觉就像是坐在椅子上打了个盹。如果一个人躺在床上翻来覆去都睡不着，那么等他睡着以后，无论心中产生了多么奇怪的不寻常的幻象，他都能清楚地知道这是个梦。我们在书里都读到过，马可斯·尤尼乌斯·布鲁图斯[①]在腓力城，即将与奥古斯都·恺撒[②]对战的前一晚，是怎么遇见那个可怕的幽灵的。历史学家们通常认为这是幽灵显现，但是如果结合当时的客观环境，我们就很容易发现他只是做了一个短暂的梦。布鲁图斯当时是一个人坐在军帐里，因为自己鲁莽的行动而陷入了恐惧，因此，当他在这个寒冷的夜晚不小心睡着以后，很容易在梦中看到让自己最害怕的东西。恐惧让他慢慢从梦境中清醒过来，想象而成的幽灵的映象自然也会一点点逐渐消失。因为布鲁图斯不知道自己刚刚是不是真的睡着了，所以也就想不到刚才看到的只是梦境或别的什么，那就只能认为这是幽灵显现。这种事即便是在平时也并不罕见，胆小

① 马可斯·尤尼乌斯·布鲁图斯·凯皮欧（前85—前42），晚期罗马共和国的元老院议员，与卡西乌斯一起合谋刺杀恺撒。公元前42年，在腓力城一役中，被屋大维和安东尼打败后自杀。

② 屋大维，罗马帝国创始人。原本是尤利乌斯·恺撒的侄孙，后来被收为养子。

或者迷信的人要是听多了鬼故事，搞得神志不清，就算意识完全清醒的时候，独自走在黑暗中也会出现这样的幻觉，误以为自己遇到了幽灵或者鬼魂在墓地里徘徊；但这实际上只是他们的幻觉，如果不是幻觉，那就是有人在利用这种迷信和恐惧心理伪装成幽灵，来到不容易被人识破的地方做坏事。

过去的林神、牧神、女妖崇拜等异教崇拜，其原因大都是人们无法区分梦境和其他强烈的幻觉、视觉以及感觉等。现在那些愚昧无知的人用同样的态度来对待神仙、妖魔、幽灵和女巫的力量，也是出于这个原因。关于女巫，我觉得她们的巫术中并不存在魔力；但是她们觉得自己有魔力，并且还让别人也这样相信，更有甚者还有意识地运用这种能力作恶，因此我认为她们受到的惩罚并没有不公之处。这群人的状态更像是一种新兴宗教，而不是一种技术或知识。而那些与妖魔鬼怪有关的观点，我觉得是人们故意不去澄清甚至有意传播的，因为这样才能让人相信符咒、十字架、圣水以及一些阴险小人的伎俩是有用的。然而毫无疑问，显示异象是上帝才拥有的能力。但是基督教的信仰告诉我们，上帝的异象并不会经常出现，所以人们对上帝显示异象的害怕程度，甚至超过了上帝停止或改变自然规律这件事，虽然后者也是上帝能力范围内的事情。但是有些阴险小人总是借口全知全能的上帝胡作非为，只要能达到自己的目的，就算明知道是假的，也能信口胡诌。聪明的人应该做的就是，当听到这些话的时候，只相信那些理性判断告诉我们是可信的部分。假如可以彻底消灭这些迷信恐怖的鬼神之说，随后再把占梦术、虚假预言和那些为非作歹的家伙利用这些东西弄出来的欺骗淳朴百姓的很多事情也都完全取缔，那么人民为这个社会尽到应尽的义务的意愿会比现在强烈得多。

去伪存真本来就是经院学派应该做的事情，可如今他们反而在助长这些歪理邪说的散播。因为他们无法认清想象或感觉的本质，只会鹦鹉学舌一样传授前人的教诲，所以有的人才会说，想象根本没有成因，而是自动自发的；而另外一些人则说，想象一般产生于意志，上帝将善念灌入人们心中，魔鬼则将恶念灌入人们心中。还有人认为，感觉接受了外部事物传来的映象　随即将这个映象传递给一般意识，一般意识将其传递给幻象，幻象传递给记忆，记忆再传递给判断，仿佛有很多手在不断传递一个东西。这些人废话连篇，可惜能让人听懂的连一句都没有。

理解，是通过语言或其他意志符号在人类或其他拥有构思能力的动物心中引发的想象，人类和兽类都具备这种能力。例如，狗在经过训练以后，就可以理解主人的召唤和训斥，别的动物也可以做到。而人类独有的理解，不但可以理解对方的意志，还可以通过事物名称的序列和序列关系形成的肯定、否定或其他语言表达理解对方的概念和思想。接下来我们将要讨论的理解就属于这一种。

第三章　论思维序列或者系列

所谓的思维序列或系列，我认为就是为了区别于语言的讨论，可以被称为心理讨论的一系列彼此连贯的思想。

人在对任何一种事物进行思考的时候，随之产生的思想并不像看起来那样好像完全是凭空出现的。两种思想之间并不会随意出现连接。正如曾经没有被我们部分或完全感知到的事物，我们不可能对它产生想象那样，如果类似的思想过渡没有在我们的感觉中出现过，那么现在从一种想象到另一种想象的过渡也就不可能出现。理由如下：一切幻象都是我们的内部运动，是感觉引发的运动残留。感觉中连续出现的一系列运动，在感觉消失后，这种连接并不会消失。因为前面出现的一个运动占据了优势，紧接在后面的运动就会在物质的连续性作用下跟着出现，这种情况就像是平滑桌面上的水，只要手指将其中的某一部分引向某个方向，接下来它就会自动朝着那个方向流去。然而，由于感觉中连接在同一个被感知事物之后的事物并不是唯一的，因此会导致出现下面这种情况：在我们出现关于某一种事物的想象时，很难预先知道接下来会出现在想象中的事物是什么；我们唯一可以肯定的是，接下来会出现的这个事物在曾经的某一时刻与前面这个事物是彼此连续的。

上述思维系列或心理讨论可以分为两种：一种是无指向性的、无目的的且不稳定的。在此类思维系列中，任何一种激情思维都不会把自身当作某种欲望或激情的对象，以自身为目的来控制或引导后续思维。我们把这种情况称为思想迷走，看上去就和梦境中一样是彼此独立的。当一个人独处，并且不把注意力放在任何事物上的时候，他的思想通常就是这一种。虽然这种思想和其他思想一样是高度紧张的，却不再是和谐的；这种感觉就像是有人在弹奏音不准的琵琶时发出的声音，不过它听上去跟一个不熟练的演奏者弹奏音准很好的琵琶时发出的声音也很像。即便此时的心境已经像是脱了缰的野马，也不会妨碍人们总是能找到他的思路与这些思想之间的依存关系。比如，当我们说起我国正在发生的内战时，如果像曾经的某个人一样，提出一个罗马银币价值几何这种问题，想想看还有比这个更风马牛不相及的对话吗？但是我能够很清晰地看到其中的联系。因为只要讨论这次内战，就很容易联想到国王被出卖给敌人的事情，这件事又很容易引发出卖基督的联想，进而又会联想到那次出卖的价值是三十银币，一旦能想到这个地方，会提出前面那个阴险的问题就不是什么难事了。所有这些念头都是在一瞬间产生的，因为思维的速度非常快。

第二种思维系列因为是在某种欲望和目的的支配下，所以比第一种更稳定。从我们渴望或害怕的事物中产生的印象强烈而持久，就算被暂时中断，也会很快回到这个状态中。这种印象可以强烈到影响睡眠，甚至将我们从睡梦中惊醒。一旦产生欲望，曾经产生过此类目标的办法也会出现在思想中，再进一步深入，就会想到实现这种办法的方法；思想会不断推进下去，一直到我们能力范围内的某个点才会停下。因为这种目的产生的印象过于强烈，所以会反复在心里出现，一旦出现思想迷走的情况，也会马上被这个目的拉回到之前的思路上。曾经，七贤①中的一位对这种情况进行过观察，并告诫人们要熟虑终末，不过这句箴言如今已经过时了。这句箴言讲的便是，在采取任何行动的过程中，都要时时注意自己最终的目标，并在达成目标之前以此来指导整个行动的过程。

定向思维系列分为两种。第一种是我们在探索某种想象结果的成因或形成方式时产生的系列，这种系列是人和兽类共有的。第二种是在我们对任何事物进行想象的时候对其可能导致的所有结果进行探索而产生的系列。而这种系列，迄今为止我只在人类身上发现过。因为一般生物只能感受到饥渴、愤怒和情欲等肉体刺激，它们的天性之中就不存在能够产生追根究底这种心理的部分。总之，当心理讨论被某种目的支配时，产生的能力就只能是探索或者发明，在拉丁语中表示为洞察力或洞见力。这个过程可能是探寻现在或过去的某种结果的原因，也可能是探索现在或过去某种原因的结果。当一个人要寻找失物的时候，他的思想往往会从发觉物品丢失的时间和地点出发，并逐一回想在之前的某个时间和地点这件物品是否还在，也就是说，划出一个有限的时间和地点，并在此范围内寻找失

① 古希腊的七位哲学家，说法不一，通常认为是泰勒斯、毕泰古斯、费阿斯、古利奥布尔、梅逊、齐伦、梭伦。

物。从这一点出发，再依次按照时间和地点追寻查找，通过这种方式找出哪些动作或情况可能会导致物品的遗失，这便是我们称为记忆或回忆的东西。拉丁语的表达是回想，因为这是一个侦察过往行为的过程。

有些情况下，人们知道这个侦察范围内的一个准确地点，随后他的思想就会像一个通过打扫整个房间来寻找珠宝的人，或是寻遍整个猎场来查找野兽踪迹的猎犬，或是翻遍整个字母表来找出韵脚的人一样，将其中所有的地方都翻找一遍。

有些情况下，人们想知道某种行为会导致什么结果，因此他会预设一个前提，相似的行为会导致相似的结果，再以此为指导思考曾经发生的类似行为产生了哪些结果。例如，一个人要预测某个罪犯的结局，就会回想曾经见过的某个类似的罪犯都经历过什么，这个人的思想序列会是这样：犯罪—法警—看守所—法官—绞刑架。我们将这种思想称为预见、慎虑或神虑，偶尔也称为智慧；尽管这样的推理很难将所有可能的情况都考虑到，而推理的结果也往往准确性很低，其称谓也一样不准确。但我们可以确定一件事：一个人比另一个人经验丰富的程度，决定了他在进行推理时的谨慎程度，也决定了他的推论更准确的可能性会高多少。现实只存在于自然之中，过往只能保存在记忆中，而未来则是根本不存在的东西。未来只是人们将过去的行为序列与现在的行为序列一一对应以后做出的假设；经验最丰富的人做出的假设准确性肯定是最高的，但是这种准确性也不是绝对的。如果事情的结果和我们当初所做的假设一致，我们就把它称为慎虑，但其本质仍旧是一种假设。神虑是只有神才能做到的事情，因为未来的事物只能按照神的意志出现。只有神才能以超自然的方式预测未来。最杰出的预言家肯定是最优秀的预测者，是对自己做出推测的事物进行过最多研究且懂得最多的那个人，因为他们知道的可以用于推测的迹象也是最多的。

事物的迹象是结论的前提。类似的结论如果已经提前被观察到，那么也可以说迹象就是前提的结论。迹象越是频繁地被观察到，确定性就会越高。所以，无论做什么事，经验最丰富的人知道的可以用来预测未来的迹象肯定就是最多的，因此他的推测也是最谨慎的；他的谨慎程度远远超过那些新手，所谓的天赋和聪慧根本不能弥补这些不足；尽管有很多年轻人不承认这种观点，但事实就是如此。

但是，人类和兽类的区别却不是慎虑。一岁的野兽或许会比十岁的孩子能观察到更多的事物，也能更谨慎地对有益自身的事物进行追踪。

慎虑，是以过去的经验为依据对未来做出假设。我们同样也能以过去的，而不是未来的某种事物为依据，对过去的其他事物做出假设。假如一个人曾经见证过一个繁荣国家是如何经历内战并走向毁灭的，那么当他看到另一个国家的废墟时也会做出这样的假设——这个国家也曾出现过类似的内战和毁灭。但是这种推测过去和推测未来一样具有不确定性，因为他们都是以经验为依据的。

就我所知，除了上面提到的这些情况，人类再也没有哪些心理活动是仅仅依靠天赋或者只是生而为人依靠自身肢体器官而无须借助外力就能实现的了。接下来我们要讨论的，看似是人类所独有的官能，都是后天获得，并且可以通过勤奋和学习来提高的。在多数人身上，这些都是通过教导和训练的方式来获取，而且其产生的原因也都是由于语言和文字的发明。因为人类的心灵只能进行感觉、思维和思维序列的活动，虽然这三种官能也能通过语言和后天训练得到提高，让人类在众多生物中脱颖而出。

因为我们想象的一切事物都有局限性。因此，任何一种事物的观念或概念都不能被称为是无限的。人类的内心不可能产生一个无限大的映象，也就无法想象出无限的速度、无限的时间、无限的外力或无限的力量。如果我们说某个事物是无限的，我们要表达的意思是我们无法知道这个事物的极限和范围，而只能认清自己的局限性。我们称上帝之名的目的是让我们产生敬畏，而不是让我们去想象上帝，因为我们无法想象他的伟大和力量，因为上帝是不可思议的存在。还有就是，像我们前面提到的那样，因为我们能够想象的事物都是曾经部分或全部被感知过的，所以我们的思想就不可能触及那些未曾感知过的事物。于是，在想象某一事物的时候，就必然会想象它存在于某个确定的空间，有确定的体积，并且是可以拆分的。而且，我们不可能想象一个事物完全存在于某一空间的同时，还完全存在于另一个空间；也不可能想象两个或以上事物同时存在于一个空间内。因为这样的事物从来不曾出现过，也不可能出现在感觉中。这都是些无稽之谈，只不过是因为人们过于好骗，这些话才会从那些被骗了的哲学家，还有那些骗人的和被骗了的经院学者口中流传出来。

第四章　论语言

虽然印刷术是一项非常天才的发明，但要是与文字的发明一比，那可就差得远了。我们已经无法考证第一个发现并使用文字的人是谁。传说，第一个将文字传入希腊的人是腓尼基首领阿格诺尔的儿子卡德摩斯[①]。文字的发明带来的益处非常多，它可以延续人们关于过去的记忆，可以让分散在全世界彼此相隔千里却为数众多的人互相交流。而文字的发明也是异常艰难的，因为它需要仔细观察舌头、软腭、嘴唇等语言器官的运动状态，并以此为根据创造出数量相同的差异化的字形来进行记忆，从而创造出文字。然而，最高贵且让人受益最多的发明却是语言，它是由名词或名称加上连接词构成的。通过使用语言，人类可以记录自己的思想，把已经变成过去的思想用语言进行回忆；还可以使用语言让对方了解自己的思想，以便进一步交流和沟通。如果没有语言，国家、社会、契约或和平都不可能出现在人类中间，正如狮子、熊和狼中间都没出现过这些东西。上帝是语言的第一位创造者，他曾经让亚当学会了如何为上帝展示给他的生物命名，关于这个问题《圣经》里只记录了这一点。不过这样的教导已经足够让亚当在实际和这些动物相处并支配这些动物时，在必要情况下使用更多命名，而且会慢慢将这些名称连在一起，让自己的意志可以被理解，经过一段时间后，通过这种办法就可以获得满足自己日常需要的语言，只不过还不如演说家或哲学家所需要的那么多。因为，我在《圣经》里还没有找到任何直接或间接的证据可以说明，亚当曾经学习过与图形、数字、度量、颜色、声音、幻想和联系有关的名称，更没有学习过像普遍、特殊、肯定、否定、疑问、祈求、无限等非常有用的词汇或语言的名称。更不用说实有、意向性、本质以及其他一些经院学派经常会使用的毫无意义的词汇。

但是，在巴别塔[②]事件之后，亚当和他的后裔完全失去了他们曾经获得并逐渐丰富的语言；因为他们当初的背叛行为，上帝让所有人在一瞬间忘记了自己曾经拥有过的语言。于是，这些人被迫远走，分散到世界的各个角落，因此，现如今的这些语言差异，肯定是因为一切发明之母曾教导过他们创造的方式，他们通过一点点的学习和漫长时间的发展丰富，才会像现在一样表现出语言的多样性和差异化。

---

① 希腊神话中的英雄，忒拜的创建者，传说中将腓尼基字母传入希腊的人。

② 巴别塔是《圣经·旧约·创世纪》第十一章中人们建造的塔。根据篇章记载，当时人类联合起来兴建希望能通往天堂的高塔；为了阻止人类的计划，上帝让人类说不同的语言，使人类相互之间不能沟通，计划因此失败，人类自此各散东西。此事件，为世界上出现不同语言和种族提供解释。

语言最常见的作用就是把心理讨论转化为口头讨论，或者是把思维序列转化为语言序列。这种做法有两种用途，首先是记录我们的思维序列。因为思维序列很容易被遗忘，我们不得不重新开始构想，但是如果有作为标记的语词就能回忆起来。因此，名词的用途首先就是充当记忆的标记。其次就是，当很多人在使用同一些语词的时候，他们能通过这些语词的彼此关联和序列来表达自己对不同事物的想象和联想，而且可以表达他们渴望、害怕以及怀有其他激情的事物。当语言起到这种作用的时候，就被称为符号。语言还有一些特殊用途：第一种是用来表达我们在思考过后发现的所有现在或过去事物的原因，还有现在或过去事物可能出现的结果。概括一下就是我们获得的学术知识。第二种是将我们获得的知识告知他人，也就是互相交流探讨。第三种是让别人知道我们的想法和目的，并协助彼此完成。第四种是出于炫耀或搞笑的目的玩一些无伤大雅的文字游戏，来取悦他人或自己。

与以上四种用途相对应的，语言也有四种滥用。第一种是词不达意，思想表述错误。有人会用这些语词将自己从来没有构想过的事物表达成自己的概念，这样做就等于自我欺骗。第二种是把语词放在隐喻的语境中，并没有按照约定俗成的含义使用，从而欺骗了他人。第三种是运用语词将不是自己意愿的事物说成是自己的意愿。第四种是运用语词来攻讦他人。既然大自然已经让某些生物长出了锋利的牙齿、角和手来攻击敌人，那么除非是具有统治义务的人出于矫正或改造的目的这样做，否则任何用舌头来伤害对方的行为都是语言的滥用。

在以记忆因果序列为目的使用语言时，运用的方法是让这些序列拥有一个名称并将它们连接起来。

名词中有些是专有名词，只能用来称呼某个特定对象，例如彼特、约翰、这个人和这棵树等。另外一些则是非专有名词，例如人、马、树等；尽管这些都只是一个名词，却可以用来称呼许多不同的具体对象。以上全部的总和构成了普遍。除名词之外这个世界上不存在其他普遍，因为每一个被命名的对象都是单独的个体。

用一个普遍名词来称呼很多东西，是因为他们拥有某些相似的性质或偶性。提到专有名词，我们只能想到一个特定对象；提到普遍名词，我们可能会想到很多对象中的任意一个。

普遍名词涵盖的范围有大有小。大的包含小的，范围相等的则互相包容。

例如，身体这个词的含义比人这个词更广，因此身体包含人的概念。人和理性两个词的范围相等，两者互相包容。在这里我们必须指出一点，我们不能按照语法中的理解那样，认为名词仅仅是一个词，有些情况下，由于表达的方式比较迂回，也会把很多名词组合起来使用，例如，“行为上奉公守法的人”就只是一个名词，其含义相当于“公正”。

有了这些含义范围各不相同的名词，我们心中构想的事物序列的计算就可以转变为名词序列的计算。例如，一个天生聋哑的人如果一直保持聋哑状态，而且无法运用语言，那么如果有一个三角形摆在他的眼前，同时在三角形旁边放着两个直角或者是正方形的两个角，经过思考和对比，他能发现三角形三个角加起来和旁边两个直角加起来相等。但是换一个形状不同的三角形给他看，如果他不像前面那样从头思考一遍，就无法确定这次的三角形三个角的和是不是也等于两个直角之和。要是换成一个能够使用语词的人，在他发现这种相等关系只取决于三角形的边是直线且有三个角，而不是取决于边的长度或其他条件，那么他就可以大胆地得出一个普遍的结论：在所有三角形中都存在这种角的相等关系，而且会使用下面这个普遍词语来表达这个发现：“三角形的三个内角和等于两个直角之和。”因此，从某一特殊情况中得出的结论就会被作为一个普遍规则记录和记忆下来，以后我们就不用再考虑时间和地点，而且除了第一次的推理之外，以后也不必再付出这种心理劳动。我们在某时某地已经发现为真的事物，在任何时间地点也都是真的。

在计数时，利用语词表达思想的用途是最为明显的。一个生来就痴傻的人要是完全记不住一二三这样的数字顺序，在敲钟的时候就只能一下一下地数，而且是一下、一下、一下这样数，完全不可能知道钟敲的是几点。由此可以推断，在数字名称还没有得到广泛应用的时期，人们想要计数就只能通过数自己的手指。于是，现在几乎所有民族的数字名称都只是到十，有些甚至只到五，数完就只能再从头开始。可以数到十的人，如果不按照顺序背，就会搞不清楚自己什么时候数完了这十个数，更不可能进行加减或其他运算。所以，没有语词就不可能计数，更不可能有量值、速度和力量等的运算！对于人类的生存和幸福来说，这些计算是不可或缺的。

如果我们把两个名词组合成一个序列或断语，例如，“人是一种生物”或“如果他是一个人，那么他就是一个生物”等，在这个例子中后面这个名词“生物”表达的含义包含了前面这个名词“人”所表达的含义，此时我们就可以说这个断语或序列是真的，否则就是假的。真或假都只是语言的属性，并非事物的属性。如果没有语言，就不存在真或假的判断；可能会产生谬误，例如，我们预想中不会发生某些事情或是怀疑某种事情从来没有发生过，就可能会是一种谬误。然而无论在什么情况下，我们都不能说这个人不是真的。

既然名词的正确排序决定了断言的真实性，那么一个想要追求真实的人，就要记住每一个名词代表的准确含义，并以此为依据进行排列。如果不这么做，他就会发现自己像被粘鸟胶粘在树枝上的鸟一样，越是挣扎就会被粘得越紧。从古至今，上帝因眷顾而赐予人类的唯一科学就是几何学。在几何学里，人类就是从确定语词的准确含义开始的。这个过程被称为定义，人类的计算就从此开始。

由此可见，任何一个追求真知的人，都必须仔细检查前人留下的定义；要是发现这些定义不够严谨，就一定要进行修正或重新定义。由定义引起的偏差在计算中会自发地扩大，并且能让人们得出更加荒谬的结论；最终结论的谬误会被人发现，但是如果不从得出这种谬误的根源开始重新计算，谬误的结论就是不可避免的。因此，迷信书本的人就会犯这样的错，只知道把很多小数目加在一起变成一个更大的数，完全不去想这些小数目是不是真的准确；等到后面错误变得明显了，也还是不会怀疑最初计算的基础数字，不知道要怎么找到错误的原因，而是浪费时间不停地翻找账簿。他们的状态就像是某些鸟类，从烟囱飞到密闭的房间后发现自己被困住了，却因为不够聪明，找不到来时的路，所以只能胡乱冲向玻璃窗折射出来的虚幻的光线。因此，语言最重要的作用就是正确定义名词，这也是科学的一大收获。而对语言最大的滥用就是错误的或是缺失的定义。所有虚假的或者无意义的准则都来源于此。这就让那些盲目相信书本权威并从中得到教育的人还不如那些完全无知的人，两者之间的差距和具备真知的人与无知者之间的差距一样大。因为无知是真理与谬误的中间点，自然的感觉和映象也完全不会产生荒谬。自然本身更不会出现谬误。无知者不会变成杰出的智者；当然只要不是身患重症或者记忆器官受到损伤，他们也不会蠢得无可救药。因为语词是智者的筹码，是他们用来计算的工具；语词还是愚者的金钱，而这些金钱的价值则取决于亚里士多德、西塞罗、托马斯或无论什么人的权威。

只要是可以进行排列和计算，并可以通过加减得到一个和差等结果的所有事物都是名词的主体。拉丁语中表示金钱账目的词汇是理由，表示金钱计算的词汇是推理，把我们在票据或账目中的项目叫作名目，也就是名词。由此可见，拉丁人把理智这个词运用到所有事物的计算中的理由也是这个。希腊人用同一个词来表达语言和推理——逻各斯[①]。希腊人的观点并不是所有的语言都有推理，而是所有的推理都有其语言。他们用三段论法来概括推理活动，意思是语言序列的总结。因为相同的事物也可能会因为不同的偶然因素而被纳入计算，想要表达这种差异性，与之对应的名词就与原本的解释有一定的偏差和变化。这类名词变异可以被归结为以下四种。

第一种，事物可能会因为物质或物体被列为思考对象。例如，有生命的、有知觉的、有理性的、温热的、寒冷的、被移动的、静止的等，都属于这一种。物体或物质是通过这些而被理解，因此这类名词都属于物质的名词。

第二种，事物有可能因为我们相信存在于其中的某种偶性或性质成为思考的对象。例如，因为“被移动的”“很长的”“温热的”等偶性因素被思考时就是这样。此时，只需要稍微改动一下事物原本的名称或者让它偏离原意就能把它变成我们思考的那个偶性的名词。例如，“有生命的”就是把“生命”作为思考因素；“被移动的”就是把“运动”作为思考因素；“温热的”是把“温度”作为思考因素；“很长的”就是把“长度”作为思考因素等。这类名词都属于对两种物体或物质之间不同的偶性或特性加以区分，人们称之为抽象名词；因为这些名词并不是从物质当中演绎出来的，而是从物质的计算中推理出来的。

第三种，人类自身可以做出以上区别的性质也可以作为思考对象。例如，我们在看到某样东西的时候，想到的并不是这个东西本身，而是它在幻想中呈现的视见、色彩或概念。我们听到某样东西的声音时，想到的也不是发出声音的事物本身，而是闻见或声音。这些都是我们的感知器官对它产生的幻象或概念，因此这类名词也会被称为幻象名词。

第四种，名词本身和语言也会成为我们的思考对象，并获得名称。例如，一般的、普遍的、特殊的、歧义的等，都是名词的名词。肯定、疑问、命令、记叙、三段论法、说教、演讲等，此类名词都是语言的名词。

上面提到的这些就是全部的肯定名词。这些名词的用途是表达：一、自然

---

① 逻各斯，是欧洲古代和中世纪常用的哲学概念。一般是指世界的可理解的一切规律，因而也有语言或“理性”的意义。希腊文这个词本来有多方面的含义，如语言、说明、比例、尺度等。

界客观存在的事物；二、人类内心假设其存在的或想象中存在的事物；三、物体本身具备的固有性质或假设物体本身存在的固有性质；四、语词和语言。

此外，还有一些名词被称为否定名词，用来表示一些语词并非所指事物的名称，例如无物、无人、无限、不可教、不可能等。尽管这些名词不指代任何具体事物，但是它们能起到否定不正确使用名词的作用，因此可以在计算、纠正计算和思维回溯的情境中使用。

除此之外，所有的名词都只是毫无意义的声音，这种声音分为两类：一类是新产生的名词，还没有准确的定义来解释其含义。经院学者和迷失方向的哲学家会创造出许多这样的名词。

另一类是将两个含义互相矛盾的词放在一起组成一个名词，例如无形的物体或无形的实体（两个词是一样的）和很多类似的名词都属于这一类。无论在什么情况下，只要一个断言被判断是假的，那么构成这个断言的两个名词放在一起组成的名词就不可能指代任何事物。例如，如果我们判定“四角形是圆的”这句断语是假的，那么“圆四角形”这个语词就不可能指代任何事物，而仅仅是一个无意义的声音罢了。同理，如果我们判定“美德可以注入或者可以被吹动”这句话是假的，那么“倒入的美德”“吹入的美德”等语词就和“圆四角形”一样荒谬且毫无意义。于是，我们能够看到的无意义语词几乎都是由拉丁语或希腊语名词组成的。法国人经常能听到人们用 Verbe 称呼上帝，却几乎听不到有人用 Parole 称呼上帝。可事实上这两个词的意义并没有区别，只不过前者是拉丁语，后者是法语。

一个人在听到某句话后获得了这句话的语词和其中的连接结构所规定需要表达的思想时，我们就说这个人理解了这句话。理解的概念是由语言引起的。如此说来，假如语言是人类独有的，我所了解到的就是这样，那么理解也是人类独有的特质。那么，荒谬和虚假的断言如果普遍存在，就不可能被人们理解。尽管有人声称自己可以理解，但是这些人其实只是将这些断言鹦鹉学舌或默诵于心。

至于表达人类内心的欲望、厌恶、激情等的语词，还有这些语词的用法和滥用等情况，我们会在讨论完激情之后再继续探讨。

会对人类感情产生影响的名词，即能够导致我们出现快乐或不快情绪的事物的名词，因为同一事物会让不同的人产生不同的感情，同一人对同一事物在不同时间也会产生不同的感情，所以在一般的讨论中含义也会有所不同。名词的作用是表示概念，所有的情感也都是概念，因此当人们对同一事物的感受有所差异时，在名词使用上的差别就在所难免。虽然被我们感受到的事物的本质都是相同的，但是因为接受者的身体结构存在差异，每个人持有的意见也各不相同，所以感受到的映象就会有所不同，因此每一种事物都会获得感受者独有的激情颜色。鉴于上述原因，表述者在进行推理的时候就需要注意语词的选择；在事物本质之外，它还会被赋予其他意义，例如表述者的本质、好恶、兴趣等。德与恶等名词就属于这种情况。因为人的感受不同，所以有人说是可怕的，就有人说是睿智的；有人说是公正的，就有人说是残忍的；有人说是慷慨的，就有人说是浪费的；有人说是驽钝的，就有人说是端庄的……正因为这种差异性，这类名词永远都不可能被用作推理真实的基础，在比喻或隐喻中也不行；后者的危害会小一些，因为它已经向众人表明其本身的含义并不确定，但是前者则不然。

第五章　论推理和学识

一个人在进行推理的时候，其心理活动无非将几个部分相加求一个和，或者是将几个数目相减求一个差。假如进行这种活动的各个部分都是语词，那就是通过心理运算将各种名词序列连接起来得到一个整体的名词，或者是通过一个整体的名词或部分名词再得到其中一部分的名词。除了加减之外，人类在进行数字运算的时候还会使用乘除等其他运算法，但是这些运算法的本质是相同的。因为乘法的含义就是将相同的事物多次累加，而除法的含义就是将相同的事物尽可能多地减去。这些运算法不仅能够在数字上运用，而且适用于所有可以进行加减运算的事物，正如算术家会对数字进行加减运算，几何学家会对线、立体图形和平面图形、比例、角度、倍数、速度、力和力量等进行加减运算，逻辑学家则会对语词系列和名词进行加法运算得出一个断言、将两个断言进行加法运算得出一个三段论证、对许多三段论证进行加法运算得出一个证明并通过三段论证的求和或从中除去一个命题的减法运算得出另一个命题等。政治学家则通过将各种契约进行加法运算找出人民的义务，法律学家通过法律和事实的加法运算来判断出个人行为的对错。总之，在任何事物中，能够运用加减法的地方就需要推理，反之，加减法无用武之地的地方也和推理没有任何关系。

以上述全部内容作为依据，我们就能够界定或判断推理这个名词，当它作为一种心理官能的时候具备怎样的意义。因为当这种意义确定以后，推理就会成为一种计算，一种将公认的标示或表明思想的普通名词组成的序列进行加减的运算；此处的“标示”用于我们在内心进行计算的时候，“表明”则用于我们对外向他人证明或说明自己的计算的时候。

一个没有经过算术方面训练的人一定会出错，他计算出来的结果也不可信，就算是教授也完全无法避免这种情况。除计算以外的其他推理问题也是如此，即便是最细致、最聪明、经验最丰富的人也有可能让自己被欺骗，从而得出一个错误的结论。但是就推理本身而言，它一直都是正确的，就像计算一样，是一门非常确定的、毋庸置疑的技艺学问。不管是任何一个人还是许多人的共同推理都不能作为唯一确定的标准，因为一个计算结果的正确与否也完全不是由得出相同结果的人数决定的。所以，如果计算过程中出现分歧，对立的双方就一定要选出一个仲裁者，并且以他的推理作为最终的正确推理。产生分歧的双方都要服从这个人的裁定结果，不然他们就会一直争论下去，甚至会大打出手，又或者会因为没有人具备正确推理的天赋而让这个推理一直没有定论。在各种出现辩论的场合中，情况基本如此。有的人总是自以为比别人更有智慧，于是就大叫着说要自己来做推理的仲裁者；其实他们的目的不过是，除了自己之外的任何人都不可以作为最终的衡量标准，只有自己才能给出事物的判断；这就像我们在日常社会生活中遇到的那些打桥牌的人，每次要确定将牌的时候，都会选择自己手上大牌数量多的花色，真是令人无法忍受。他们的做法，不过是将自身最占优势的某种激情作为正确推理，并且在辩论的过程中，因为这种自以为是的正确理性暴露出自己缺乏真正理性的事实。

推理的作用和目的也不是单纯地计算出一个或几个与名词初始定义和确定含义有着很大差距的结论汇总和真理，而是从这些初始定义和确定含义出发，最终实现从一个结论到达另一个结论的过程。因为我们得出的最终结论，在作为它依据的所有断言和否定的正确性无法确定的时候，这个结论的正确性也是不能确定的。就像一位家长在算账的时候，如果只对所有账单上的数字进行计算，而不去考虑这些账单上的数字是如何计算出来的，也不考虑这些钱买的都是什么，如此一来，他就相当于全盘接受了拿到手的账目，但是他这种对前一位算账人的技术和诚实完全没有一点怀疑的做法，对他来说却一点好处都没有。这一点不只是在计算中，在其他任何一种推理中也是一样。要是一味地相信作者给出的结论，根本不去从最原始的账目开始进行计算（这里的原始账目就相当于由定义确定的名词含义），那么这个人最终也会像前面那个算账的家长一样，永远盲目地相信别人，只能落得竹篮打水——一场空的下场。

在某些特殊情况下，也可以完全不使用语词来进行推理。例如，当我们看到某个具体的事物时，会通过推理想出在它之前或之后出现的事物是什么，这种时候就不需要通过语词。在进行这种推理时，如果当初认为可能会在这个事物之前或之后出现的事物，最终并没有出现，我们就说他出现了一个错误，这是一种即便最谨小慎微的人也无法避免的错误。然而，如果这个推理过程是用一般意义的语词得出了一个不真实的一般推论，我们虽然也会说这是一个错误，但其本质却是一种荒谬的或无意义的语言。因为错误只是单纯的在对过去或未来事物进行假设的时候才出现的谬误。虽然这种事物在过去或者未来都没有出现，但是其可能性是可以确定的。但是如果我们做出的是一个一般的判断，而这个判断如果是不正确的，那么它的可能性就是无法想象的。我们将这种除了声音之外不可能引起任何其他想象的语词称为谬论或是无稽之谈。所以，如果有人在我面前夸夸其谈，说什么“圆四角形”“干酪具备面包的偶性”“不具备实质性的实体”“自由的臣民”“自由意志”或是完全不受限的自由以外任何一种形式的自由时，我都不会说他只是犯了错误，我只会说他的话荒谬且毫无意义。

在第二章的时候我们已经说到过，相比其他动物，人类有一项优势，就是在展开想象的时候会去探索事物的结果，并且还会去研究这个结果可能产生的各种效果。我现在更要进一步说明一下这项优势，它可以通过语词将得到的结果变成一个定理或者一般法则。也就是说，人类不仅可以进行数字的推理和计算，还可以进行任何一种事物的推理和计算。

但是人类还存在另一个特点，那就是荒谬的语言，它可以让前面这种优势瞬间变得暗淡。除人类以外的动物都没有这个特点，在人类之中最容易出现这个问题的就是研究哲学的人。西塞罗曾在某地谈论过这群人，他的话实在是太准确了，他说：这世界上就不存在荒谬到连哲学家的书里都没写过的事。其中的道理显而易见，哲学家在推理的过程中从来都不是以名词的解释或定义作为起点的。

只有几何学的推论才是按照这种方式进行的，因此也只有几何学的结论才是确定无疑的。

产生谬论的原因有几种。

第一种原因是方法不当引起的谬误。推理不是从初始定义开始，即这些人的推理并没有从语词的既定含义出发，那么这时候的推理就像是一个人完全不清楚数词一、二、三代表的数值就已经开始算账。

我们在前一章已经明确了一个问题，任何事物都能够因为各种不同的考虑而被纳入计算的对象。这些考虑包含了各种不同的名称，因此当人们使用不够明确且彼此关联也不正确的名词组成判断时，就会出现各种各样的谬论。于是，就有了第二种原因。

第二种原因是赋予物体名词偶性或偶性的名词。人们提到“信仰被注入或者吹入”的时候，就是犯了这种错误，因为能够被灌注或吹动的只有物体。另外一些言辞也属于这种情况，例如，“广延就是物体”“幻象就是精灵”等。

第三种原因是将不存在于我们本身的事物的偶性的名词赋予了我们本身的偶性。诸如，“物体之中存在颜色”“空气中存在声音”等说法就属于这种谬误。

第四种是将物体的名词赋予名词或语言。当人们说起“某一类事物是普遍的”“某个生物是一个种属或某种普遍事物”的时候，就是这样。

第五种原因是将偶性的名词赋予名词或语言。例如有人说“某种事物的属性就是它的定义”“一个人的命令可以表示这个人的意志”等。

第六种原因是抛开正式语词，而选择使用隐喻、比喻或其他修辞学上的比喻来表达。例如，我们平时聊天可以这样说：这条路可以走到某处；有一则格言说过如此这般；等等。但实际上路不会走，格言也不可能说。这种在日常用语中的修辞绝对不可以出现在计算或寻求真理的过程中。

第七种原因是使用无意义名词，这些名词一般都来自经院学派，人们则通过死记硬背的方式来学习。这类词语包括两位共体[①]、体位转化[②]、体位同化[③]、永

① 宗教上指基督的神位和人位两者是共体的，哲学上指被假定为真实存在的观念是存在的。

② 宗教上指圣餐里的面包和酒转化成了基督的血和肉，也可以指实体转化，而一般的哲学观点都认为实体谈不上转化的概念。

③ 宗教上指圣餐中基督的血和肉存在于面包和酒里，也可以指实体同化，而一般的哲学观点也认为实体也谈不同化的概念。

恒的现在等所有经院哲学家的类似常用语。

一个人要是能避开上述所有问题，那么如果计算不是太长的话，他就很难再遇到任何得出谬误的情况，因为计算过长可能会让他忘记前面的一些事物。按照人类的天性，推理是所有人都具备的能力。想想看，怎么会有人笨到在几何学中犯了错，却不肯遵从他人的指正而固执己错呢？

由此可见，理性不像感觉和记忆一样是天生就有的，也不像慎虑是通过经验获得的，获得理性的唯一途径就是不断努力。我们要做的第一步就是以合适的方式运用名词，第二步就是利用名词这个基本元素的彼此连接组成一个判断，要注意连接方式一定要良好且有序；最后再进行三段论，也就是将不同的判断不断地组合起来，使得我们可以获得关于某个问题所属名词的全部结论。人们将这些东西称为学识。感觉和记忆只是与客观事实有关的知识，是不可更改的确定的东西。学识是与结果和不同事实之间的依存关系有关的知识。利用学识，我们可以判断自己在当下可以做什么事情，也能想象出要怎么根据自己的意愿做一些其他事情或是在别的情况下做出相似的事情；原因就在于，如果我们知道了某件事情发生的过程、原因和方式，那么如果类似的原因刚好是我们力所能及的事情，我们就会知道要怎么做才能导致相似结果的产生。

所以，还不能运用语词的儿童无法进行推理，却依然能被称为理性动物，正是因为他们在未来肯定能获得这种能力。大多数成年人也能使用简单的推理能力，比如，进行简单的计数等，但是推理在日常生活中却没什么用，在生活事务中因为经验、记忆和对待不同目的倾向性中存在差异，导致了人们在管理个人事务的水平上也有高下之分。特别是当中有很多事情还需要通过运气成分和彼此之间的错误影响来决定的时候。而在学识和行为准则上，因为人与人之间的差距过大，有些人甚至不知道其具体含义。在他们看来，几何学就是鬼画符；至于说其他方面的学识，这些人没有经过启蒙也不想要任何的进步，于是也完全不知道这些学问的起源和发展；在这方面，这些人就像是小孩子，完全不知道人是怎么出生的，所以他们就听信了妇人们的话，认为自己的兄弟姐妹并不是被生出来的，而是被人从园子里捡回来的。

没有学识的人，其自身的慎虑也能让情况稍微好一点，还算比较高尚；坏的是有些人会出现推理错误，或者是相信这些进行错误推理的人，从而让自己被困在虚假和荒谬的一般法则里。虽然不清楚原因和法则的人也会犯错，但是更糟糕的错误却是来自那些相信荒谬法则，而且把完全相反的原因当作一心追求的真理的人。

我们可以做出如下总结：清晰的语词就是照在人心上的光，不过我们一定要先通过严格的定义来检验这些语词，确定其中不再有混淆不清的意义；我们的脚步就是推理，我们走出的路就是不断增长的学识，而我们前行的目标就是人类的利益。与之相反，隐喻、无意义和意义模糊的语词就是路上遇到的鬼火，如果以此为依据进行推理，我们就会走失在无数的谬论中，并最终走向斗争、叛乱和屈辱的结局。

积累了丰富的经验就是慎虑，同理，积累了丰富的学识就是学问。虽然我们通常会用智慧来概括二者，但是拉丁人却对这两个词有明确的区分，他们认为前者是经验，后者是学识。为了让他们的这种区分能更清楚地被理解，我们可以举个例子来说明：有一个天生很会用武器的人，并且使用得也非常熟练；另外一个人除了可以熟练地使用武器之外，还拥有一种学问，他知道在所有可能的姿势中要在什么地方对敌人做出进攻或防御的动作。前一个人和后一个人的区别，就相当于慎虑之于学问的区别。显然两者都是有用的，只是后者的作用是绝对的。相信击剑师教导的不靠谱的法则的人，就像是盲目相信书本的权威，完全不睁开眼睛就跟着瞎子跑路的人一样，毫无章法地冲到敌人跟前，就算不死在敌人的剑下也一定会身败名裂。

学识的根据有些是完全肯定的，有些却不是。如果有人说自己对任意事物具有学识，并且可以将这种学识传授给他人，意思是他可以清楚明白地告诉别人这其中的道理，那么这就是肯定的。如果这个人只能在某些特殊情况下说自己的学识符合事实，而且他口中那些必然出现的事情在很多情况下也确实出现了，那么这就是不完全肯定的。因为人不可能通过经验观察，记住所有可以影响事情成败的因素。但是在任何事务中如果我们没有绝对肯定的学识作为指导，还不愿意使用自己天生的慎虑，而是去依靠那些权威作家笔下例外重重的普泛语词，那只能说明这个人是真的愚蠢，通常人们都用“迂腐”这个词来嘲笑他们。就算是那些喜欢在共和国议会中炫耀自己丰富的政治和历史知识的人，只要有足够的慎虑，也很少出现在关乎自身利益的家庭事务中还要炫耀学识的家伙。而在处理公共事务的时候，他们优先考虑的不是别人能不能做成这件事情，而是自己远见卓识的名声能否广为传播。

第六章 论通常被称为“激情”的自觉运动的内在开端及其表达术语

有两种运动形式是动物所特有的，一种是生命运动，一种是自觉运动。生命运动伴随动物的一生，出生时开始，死亡时停止，这种运动完全不需要构想，例如血液循环、脉搏、呼吸、消化、营养和排泄的过程都属于这一种。自觉运动又叫作动物运动，是预先在内心构想完成后才会发生的，比如，设计好的说话、行走或肢体动作等。感觉是人体器官及其他内在部分的运动，是由人们的所见所闻引起的运动。幻象是感觉消失之后这些内部运动留下的迹象。我们在第一章和第二章里已经分析过二者的概念。既然行走、说话这类自觉运动的发生都是由“去哪里”“怎么走”“说什么”这一类预先出现的想法决定的，那么构想出的映象就是自觉运动初始的内在开端。如果运动的物体是不可见的，或运动所在的空间因为太小而感知不到，那么尽管无知的人完全无法想象这种运动存在的任何一种形式，但是对其存在的事实却没有影响。因为，就算一个空间再小，对于运动的物体而言也是一个较大的空间，因为它必须经过一个更小的空间才可能在这个空间里实现移动。人体内自觉运动的各种开端，在没有最终转变成行走、说话、击打等可见的动作之前，通常被称为意向。

如果意向是朝着促使其产生的某种事物而去的，就称为欲望或愿望。愿望属于一般性名词，而欲望的对象则仅限于食物，如饥饿和干渴。如果意向表现出远离促使其产生的某种事物时，就称为厌恶。欲望和厌恶都是拉丁语的词汇，表示某种运动，欲望表示靠近，厌恶表示远离。自然确实会经常把一些真理摆在人们眼前，但是人们如果在事后想要追求什么超乎自然的存在时，就免不了要在真理面前摔个跟头。经院学派在单纯的行走和运动中没能发现实际存在的各种运动，却无法否认有某种运动存在的事实，因此就只能称其为隐喻式的运动。但是这种表述却十分荒谬，因为隐喻式的这个词虽然可以用来形容语词，却不能用来形容物体或运动的性质。

人们欲望的对象被称为他们爱的东西，人们厌恶的对象被称为他们恨的东西。所以爱就等同于欲望，只不过欲望的对象始终都不存在，而爱的对象一般都是存在的。同理，厌恶的对象并不存在，恨的对象往往是存在的。

欲望和厌恶有时候是天生的，例如对食物的欲望、排泄和排除的欲望等；将排泄和排除说成人们对体内所感受到的某种事物的厌恶可能更合适。除此之外的欲望都有具体的对象，这种欲望的效果是本人或他人已经尝试过的，来自身体经验。人们对自己不知道或认定不存在的事物是不会产生欲望的，除非他们已经尝试过。但是厌恶的对象却不仅限于已知的会对自身造成伤害的事物，还包括不知道是否会造成伤害的事物。

欲望和厌恶都不存在的情况，被称为漠视；这是一种发自内心的静止或不服从状态，是对某些事物的作用的反抗；出现漠视的原因可能是因为有其他更有力的事物存在，也可能是因为我们的经验中不存在这种事物。

因为人体的结构一直处在不断变化的状态中，所以相同的事物也不可能在同一人身上引起相同的欲望或厌恶；当然更不可能做到让所有人对某一对象产生相同的欲望。

对个体而言，所有欲望的对象都可以被称为善，所有厌恶的对象都可以被称为恶，而所有漠视的对象则可以称为无所谓或无关紧要。因为善、恶和无所谓等语词的使用方法永远都和使用者联系在一起，所以没有任何事物可以被单纯地或是绝对地做出以上评价。从对象自身的本质中，我们也不可能得出这类评判的普遍规则，如果没有国家，就只能由每个人自己来做出判断；如果存在国家，就由可以代表国家的人做出判断；如果存在争议的双方，也可以由双方共同推举出的仲裁者来做出判断。

拉丁语中有两个含义与善与恶的含义非常接近的词，但也有细微的差别，这两个词就是美与丑。美的含义是从表象可以得到善的预期的事物，丑的含义是从表象可以得到恶的预期的事物。不过，在我们的语言体系里并不存在能够表达这两种含义的普遍语词。我们形容美，有时会使用艳丽，有时却会使用美丽、壮美、漂亮、体面、清秀、可爱等词汇；而在形容丑的时候，就可能会用到污秽、畸形、难看、龌龊、讨厌等词汇，具体用法则取决于表达的需要。在使用得当的情况下，这些词都可以用来表示可以预示善或恶的表象。因此，就存在三种善：一种是期望中的善，我们称为美；一种是结果中的善，也是目的中的善，我们称为愉悦；一种是方式上的善，我们称为有用或有益。同理，也存在三种恶：一种是期望中的恶，我们称为丑；一种是结果和目的中的恶，我们称为麻烦；一种是方式上的恶，我们称为无用、无益或有害。

就像前面说的那样，真正存在于我们体内的一切感觉，都是外部对象的作用所引发的内部运动。从外在表现看，视觉就是光和色彩引起的运动，听觉就是声音引起的运动，嗅觉就是气味引起的运动，依次类推。所以，当同一个对象通过眼睛、耳朵以及其他感知器官的运动传导到内心时，实际出现的效果就只有运动或意向的产生，再无其他。这种运动或意向的本质是向引发结果的对象靠近的欲望或远离的厌恶。而这种运动的外在体现或感觉的本质就是愉悦或不快的心理。

被称为欲望的运动，从其表象上看就是高兴或愉悦，看上去可以起到强化或辅助生命运动的作用。因此让人高兴的事物，也会因为这种辅助和强化的作用被恰当地称为高兴和辅助；而产生相反情绪的事物，则会因为这种阻碍和干扰生命运动的作用被称为不快或烦恼。

如此说来，愉悦或高兴就可以视为善的表象或感觉，不快或烦恼则是恶的表象或感觉。所以，一切欲望和爱好都会伴随不同程度的愉悦，而一切憎恨或厌恶都会伴随不同程度的不快和烦恼。

愉悦和高兴有时来自对现实事物的感觉，称为感官的愉悦。（至于“肉欲”这个词，因为完全是贬义的，所以不会在法律条文之外的地方使用。）这种类型的愉悦，包含所有身体的增添和排除[①]；还有视觉、听觉、嗅觉、味觉和触觉方面所有令人愉悦的事物。还有一种愉悦是在预测事物的结果或最终效果时得出的结论时产生的，这种愉悦与此类事物能否引起感官的愉悦没有关系。这种愉悦属于能够得出这类结论的人的心理愉悦，通常称为快乐。同理，不快有时是感官直接引起的，称为痛楚；有时是对结果的预期引发的，称为悲伤。

而这些单纯的激情，虽然被称为欲望、爱好、爱情、厌恶、憎恨、快乐和悲伤等，在思考方式不同时，也会有不同的名词。首先，如果这些激情是一个接一个地出现，人们就会对其达到欲望的可能性有不同看法，使用的名词也就不同；其次，因为引起爱好或憎恨的对象不同，使用的称呼也会有差异；再次，不同的激情经常会被放在一起思考而得出不同名称；最后，不断变化和连续不断的状态本身也会造成影响。

当人们的观点是笃定的，欲望就叫作希望。

同理，当这种观点不存在的时候，就叫作失望。

---

① 霍布斯的特殊用语，意思是进食和消化排出。

当人们相信某种对象会造成伤害时，厌恶就叫作害怕。

如果认为通过反抗可以避免这种伤害，就叫作勇气。

突如其来的勇气叫作愤怒。

永远心怀希望叫作自信。

一直不抱希望叫作自卑。

当我们目击他人遭受巨大创伤，并且相信是暴力导致的，由此产生的愤怒叫作义愤。

希望某人幸福的欲望叫作仁慈、善良或仁爱；如果这种欲望的对象是全人类，就叫作善良的天性。

对财富的欲望叫作贪婪。贪婪始终是一个贬义词，因为追求财富的人，会在看到别人获得财富时感到不快。而这种欲望本身到底是要被谴责还是被允许，主要取决于获得财富的手段。

对地位和特权的欲望叫作野心。这个名词也是贬义的，理由和贪婪一样。

对实现目标帮助不大的事物的欲望，还有对实现目标妨碍不大的事物的恐惧，都可以叫作懦弱。

漠视这些微小的助益或危害，叫作豁达。

在面临死亡和受伤的威胁时表现出的豁达，就叫作勇敢。

在使用金钱的时候表现出来的豁达，叫作慷慨。

在这些小事上表现出来的懦弱，会根据人们的好恶被叫作可怜或寒酸。

以人际交往为目的产生的爱，叫作亲切。

以纯粹的感官愉悦为目的产生的爱，叫作自然的情欲。

回想或想象曾经的愉悦而产生的爱，叫作回味。

只爱一人同时也希望对方只爱自己的爱情，叫作爱之激情。

付出爱意又害怕对方不做出回应的畏惧心理，叫作忌妒。

想要让对方谴责自己的某种做法而故意伤害别人的欲望，叫作报复。

想要知其然并知其所以然的欲望，叫作好奇心。只有人才会产生好奇心，因此人与其他动物的不同之处不仅在于理性，还有这种特殊的激情。食欲和感官愉悦在其他动物身上占据绝对的支配地位，因此它们对事物的原因并不会过分关注。这是一种心理的欲望，因为不知疲倦地不停获取知识能让人产生一种持续的快乐，所以这种快乐就超过了短暂而强烈的肉体快感。

通过自己的大脑进行想象或通过公认的传说进行构想而产生的对不可见力量的敬畏，叫作宗教。

如果不是以公认的传说为依据，就叫作迷信。

如果这种想象出的力量真的与我们的想象一致，就叫作真正的宗教。

对原因和情况不了解而产生的恐惧心理，叫作恐慌。传说这种恐惧原本是牧神潘的创造，因此形容这种恐惧的词语也是来源于这个神的名字。事实上，最开始感到恐惧的人，对原因还是有一些认知的，只不过其他人都以为身边的人知道原因，就盲目跟随。所以，这是一种只会在一群人中才会产生的激情。

对新鲜事物的理解引起的快乐，叫作欣羡。这是人类才有的情绪，因为这种心理可以激发人们探索原因的欲望。

对自己的权势和能力的想象引发的快乐，是一种叫作自豪的愉悦心情。出现这种心情的原因如果是自己曾经的所作所为，就等同于自信。如果是别人的谄媚之词，或者只是自娱自乐的幻想，那么就是虚荣。虚荣这个名词用得非常合适，因为自信可以成为促使人努力进取的动因，而自以为是却不能，因此这个“虚”字用得就恰到好处。

认为自己缺乏权力而出现难过的情绪，就叫作沮丧。

青年人身上最容易出现这种与自身实际能力不相符的幻想，也就是虚荣心；英雄事迹和伟人的故事传说更容易膨胀这种虚荣心。但是，随着年龄的增长和工作经验的积累，这种心理会慢慢得到矫正。

突然产生的自豪，是一种可以引发笑表情的激情，这一现象的动因如果不是能够让自己感到愉悦的某种突然产生的动作，就可能是因为得知了他人的不足之处而突然间对自己发出的赞叹。清楚知道自己能力最差的人，最容易出现这样的情绪。这样的人只能通过找到他人的缺陷来实现自我满足。所以，经常嘲笑别人的缺陷就是一种懦弱的表现。因为帮助他人让他们不被耻笑，同时做到见贤思齐，才是一个伟人的责任和义务。

反之，突然产生的沮丧，是一种可以引起哭表情的激情。产生这种现象的原因通常是一些突发情况，比如，突然失去自己一直想要的东西或长期的依靠等，在妇女和儿童身上这种情况最常见。所以，哭有各种不同的原因，可能是友人的离去，可能是朋友的残暴，也有可能是他人出面调解破坏了自己原本的复仇计划。不过上述所有情况产生的哭和笑都属于突发性动作，等内心习惯以后，就会消失。老掉牙的笑话不可能再引人发笑，已经远去的灾难也不会让人流泪。

认识到自身能力的不足而觉得难过，叫作惭愧，这是一种因为羞愧而表现出脸红的激情。这种激情的产生是因为认识到了一些让人丢脸的事情。年轻人如果有这种表现，就说明他重视名誉，这是让人称赞的品质。在老年人身上也同样意味着重视名誉，但是因为这种认识出现得太晚，也就不那么值得称赞。

对名誉不在意，叫作不知羞耻。因为别人的苦难而难过，叫作怜悯，这种感情出现的原因是想象到自己身上也可能发生类似的事情，所以叫作感同身受，现在一般叫作共情。所以，当一个十恶不赦的人遭难的时候，那些相信自己最正直的人肯定最不可怜他。同理，那些觉得自己身上最不可能发生这种事情的人，也最难产生怜悯的感情。

对他人遭受的苦难表现冷漠，叫作残忍，表现冷漠通常是因为他的个人幸福有了可靠的保障。理由是，我完全不相信有人会无缘无故地对他人遭受的苦难感到幸灾乐祸。

因为竞争者在财富、声望或其他好的方面取得成功而觉得焦虑，并且努力争取达到或超过对方的成就，叫作竞赛；然而，如果在上述行为之外，还会想要阻挠或排挤对方，就叫作忌妒。

一个人对某一事物的欲望、厌恶、希望和害怕如果是交替出现的，他的思想一直在做或不做可能引发的或好或坏的结局中徘徊，让他对这一事物时而渴望、时而厌恶，时而觉得可行，时而又觉得无望，那么直到这件事情最终有了确定的行动结果或被判断为不可能的这段时间里产生的所有欲望、厌恶、希望和害怕的总和，就叫作斟酌。

按照这种说法，斟酌对过去的事物来说就是无意义的，因为很明显结果已经不可能改变。人们不会去斟酌已经确定不可能或被判断为不可能的事情，因为他们相信这种斟酌是无用的。但是，当我们相信某些不可能的事情或许还有那么一点可能的时候，因为并不确定斟酌是不是无用，反而会有斟酌的情况出现。我们把它叫作斟酌，是因为它让我们不会再单纯地凭自己的好恶来决定要不要做一件事。

不仅仅是人类，在其他动物身上也会有欲望、厌恶、希望和害怕交替出现的情况，所以兽类也会斟酌。

如果被斟酌的事物已经有了结果，或者已经被判断为不可能，那么一切斟酌可以说都结束了，因为在此之前，我们一直都有凭借自己好恶去行动的自由。

在斟酌中，直接关系到行动与否的欲望或厌恶，我们称为意志。它是希望的行为而不是希望的能力。既然兽类也会斟酌，自然也拥有意志。经院学派对意志的定义一般是理性的欲望，这个定义并不恰当。因为按照他们的定义，就不会出现违背理性的自愿行为。因为自愿行为正是从意志中产生的。假如我们不说这种欲望是合理的，而说它是从前面一个斟酌中产生的，这样一来定义完全符合我们在这里的说法。所以，意志就是斟酌中的最后一个欲望。通常我们说，一个人曾经想要做某件事，但是最后却没做，但更准确地说，这只是一种倾向，而倾向无法导致任何一种自愿行为；因为行为不是由倾向决定的，而是由最后一个倾向或者欲望所决定的。如果中途产生的欲望可以使任何一种行为成为自愿的，那么同理，中途产生的厌恶就可以使任何一种行为成为非自愿的。按照这种说法，一个行为就既是自愿行为又是非自愿行为。

根据上面的讨论我们可以得出一个明显的结论，因为贪婪、野心、情欲或其他欲望而出现的行为当然是自愿行为，但是因为厌恶、害怕行动结果而出现的行为也同样是自愿行为。

激情和思想的语言表达方式有相同之处，也存在不同之处。通常情况下激情的语言表达都是平铺直叙的。例如“我爱”“我怕”“我高兴”“我考虑”“我愿意”“我命令”等。但有些时候会使用一些特定的表达方式。只要不是在表达自身的激情之外，还用于做其他推论的，就都不算是断言的表达方式。斟酌会使用假设来表达。这种表达方式的正式用法一般是说出假设和结果。例如，“如果做好这件事，那么那件事就会发生”等。这跟推理使用的语言表达是一样的，只不过推理使用一般性词语，斟酌使用的一般都是特定语词。欲望和厌恶的表达方式是命令式。例如，“做这个”“禁止做那个”等。如果对方一定要触发或阻止某种行为，就是命令，如果不一定，就是请求或商量。虚荣、义愤、怜悯和报复的表达方式通常是祈求式的。体现求知欲的表达方式会比较特殊，是疑问式。例如，“这是什么”“什么时候会”“怎么做”“为什么会”等。除此之外，我就不曾发现过有其他激情的语言形式；因为诅咒、发誓、谩骂等并不能像一般语言一样表达具体含义，仅仅是一种舌头的惯性运动。

上述语言形式在我看来都是激情的表达或者自觉的表达，但是不能作为确定的标记。因为不管说话的人是不是具有这种激情，都可以随意使用这些语言。

想要寻找激情的标记，最好还是通过面容、肢体动作、行为和我们通过其他方式得知的这个人的目的或目标。

因为在斟酌中，正是对行为结果和序列的预测引起了欲望或厌恶的情绪，而这个结果是由一个很长的结果序列决定的，很少有人能够看到这个序列的尽头。不过仅仅针对可见的部分，假如结果中好的比坏的多，那么这个序列就是专家们所说的外在的或表象的善。而假如结果中坏的要比好的多，那么就是外在的或表象的恶。所以，最善于斟酌的人，肯定是因为他的经验和推理能让他对事物的结果看得最远而且预测最准。在他愿意的时候，也可以给旁人提供最好的建议。

一个人希望的事情如果总是能够做成，也就是说，他一直处在上升的状态，这就是人们口中的福祉，这里指的是现世的福祉。现世根本不存在心灵永恒的安宁，因为生活本身就是一种运动，无法杜绝欲望或恐惧的出现，这就如同感觉不可能消失一样。而上帝赐福给虔诚的信徒这种说法，听说只要你能领悟就已经处在幸福当中了。这种快乐就像是经院哲学家们口中的“至福直观”，根本不是一般人类可以理解的。

所有用来表达事物之善的语言形式，都叫作赞美；用来表达事物之伟大和强大的语言形式，都叫作推崇；在表达自己认为某人有福的时候，希腊人通常会说 μαναρισμός，在我们的语言体系中还没有与之意义对等的词。就目前而言，我们已经对激情的问题进行了充分的说明。

第七章　论讨论的结束或决断

所有被求知欲控制的讨论，无论是成功还是中途放弃，最后都会有一个结束。在讨论的整个环节链里面，无论中断发生在什么地方，在中断的时刻也会有一个结束。

假如这种讨论只是心理层面的，那么它包含的内容就是某一事物将会存在或将不存在，或是已经存在或者尚未存在的思想交替出现。因此，无论这个讨论的链条从哪里被中断，最后剩下的就只有：某一事物将会存在，或将不存在，或已经存在，或尚未存在的假设，以上所有这些都可以称为意见。在善与恶的斟酌中是交替出现的各种欲望，在关于过去和未来的真理讨论中是交替出现的各种意见。斟酌中的最后一种欲望叫作意志，而在关于过去和未来的真理讨论中的最后一个意见则叫作讨论者的判断、决断或最终结论。在关于善恶的问题中，交替出现的各种欲望的总和叫作斟酌；在关于真假的问题中，交替出现的各种意见的总和叫作怀疑。

关于过去或未来的绝对知识不可能成为任何一种讨论的结束。因为从根本上来说与事实有关的知识都是感觉，然后会变成记忆。我在前面说到过，有关序列的知识叫作学识，但这个定义有一定的前提，不是完全绝对的。没有人可以通过讨论得知某一事物在过去或未来存在与否，这是一种绝对的认识。我们能知道的只有：假如某事物存在，那么另一事物就会存在；假如某事物已经存在，那么另一事物也已经存在；假如某事物将会存在，那么另一事物也将会存在，等等。这些都属于有条件的认识。我们能认识到的并不是两种事物彼此联系而成的序列，而是同一个事物的两个不同名词彼此关联而成的序列。

所以，当讨论转变为语言，并且从语词的定义出发，随后将语词的定义连接在一起构成一般的断言，再把断言彼此连接构成三段论法，得到的完结或最后的总和就叫作结论。由此得到的结论，其中包含的思维就是我们通常称为学识的有条件的知识，或者是和语词序列有关的知识。即便这个讨论并不是从一个定义开始的，或者讨论中使用的定义并没有以正确的方式形成三段论，讨论的结束或结论也还是意见。这是关于讨论对象实际情况的意见，就算表达出来是一些难以理解的谬论或者毫无意义的语词也不会影响这一点。如果同一件事被两个及以上的人认识到，我们就可以说他们互相意识到了这个事实，也可以说这是他们的共同认识。因为这样的人对彼此来说，或是在面对与自身毫无关系的事件时，都是最好的见证者，所以从古至今最让人唾弃的恶行，就是说一些违背良知和意识的话，或者威胁其他人做这种事情；其原因是无论在过去还是现在，人们一直都严格地按照良知规范自己的言行。后来这个词有了一种比喻意义，可以用来表示一个人对自己的私事或是内心隐秘思想的认识，因此一些喜欢摆弄文字的人就把良心说成有目共睹的见证人。最后，还有一些人对自己的奇思妙想非常执着，也不管自己的想法有多荒谬，一味地固执己见；并且要用良知意识这个神圣崇高的词来定义自己的意见，仿佛是对众人宣告，对这些意见提出疑问或修改意见就是在犯罪；他们假装很清楚这些意见的正确性，但实际上他们最多只能知道自己是这样认为的。

如果一个人的讨论不是从定义开始的，那么就可能是从自己的另一种想法开始的，再不然就是从其他人的话开始，这时就相当于在说他丝毫不怀疑说话人对真理的认识以及此人正直诚实的品质。从自己的想法开始也还是可以称为意见。但是从别人的话开始时，与讨论关系更大的就不是事实而是这个说话的人，这时候讨论者的判断就叫作相信和信任。信任的对象是人，相信的对象则同时包含这个人和他的话的真实性。所以，“相信”这个词实际上表达了两方面观点，一方面是对这个人说的话的观点，另一方面是对这个人的品质的观点。信任一个人和信赖一个人是一个意思，也就是在表达认为这个人是诚实的人这一观点。不过相信某人的话则仅限于表达这段话的真实与否的观点。还需要指出一点，“我信”这种表达方式只能出现在神人著作中，同样的用法也适用于拉丁语中的“相信”和希腊语中的“信”。在其他著作中，想要表达类似的含义通常会使用“我相信他”“我信任他”“我信赖他”等词语来代替。拉丁语口的表达通常是“相信他”“信任他”，希腊语中的表达则是“相信”。教会在这类语词中采取的特殊使用方法，引发了很多关于基督教信仰的正确对象这一问题的争论。

然而宗教信条中的“信”并不是对某个人的信任，它指的是对教义的明证信仰和确认信仰。这一点不只针对基督徒，任何一个人在信神的时候，都会完全相信自己听到的神的话语就是真理，无论他是否能够真正理解这些话。无论什么人，他能够得到的信任和信赖也不可能更多，然而也不是所有人都对信条的教义深信不疑的。

根据上述内容，我们就可以得出如下结论：在我们相信某种说法真实可信的时候，如果相信的依据并不是来自事物本身或者自然理性原则，仅仅是因为说话者具备的权威还有自己对他的推崇，那么我们相信或者信任的就是这个说话者，得到信任的就是从他口中说出又被我们接受的话，这种推崇伴随的荣誉也都只属于这个人。所以，如果上帝的启示并不是直接给到我们，而我们只是相信了《圣经》中记载的话的确是上帝说的，那么我们相信的其实就是教会，我们接受的也是教会传达给我们的信息。一个人如果相信了先知以上帝的名义告诉自己的话，那么他相信的其实是先知的话，他推崇的也是先知本人；至于这个先知的话真实与否并不重要，此人也只是因为相信先知而全盘接受，这与先知本人是否货真价实无关。在除了宗教以外的历史问题上，也是一样的情况。假设，对于历史学家记载的关于亚历山大和恺撒大帝的事迹，我一个字都不信，那么如果这二位在天有灵，也完全没有理由觉得我冒犯了他们，真正有理由觉得被冒犯的人，只有记载了这一切的历史学家。假如李维亲口告诉我们，有一次上帝让一头牛口吐人言，我们却不相信，那么事实上我们不相信的是李维，而不是在怀疑上帝。这样一来结论就很明显了，如果我们已经因为某个人或是这个人著作的权威性选择相信了一件事情，那么不管这个人是不是上帝的使者，我们的信任都只是针对这个人罢了。

第八章　论通常意义上的“智慧”的美德和不良智慧的缺点

在各种各样的事物中，通常意义上的美德都是指那些因为过于优秀而显得十分珍贵的东西，都是通过比较产生的。要是每个人的各个方面都没有太大差别的话，也就不会有什么显得难能可贵的事物存在。智慧之德，在我们的概念里永远都是那种被人们赞美、珍惜并渴望能在自己身上也存在的心理能力，一般被称为良好的智慧。不过，智慧这个词也会用来表示某一种特殊能力，以此来表明它和其他能力的不同。

所谓的智慧之德一共分为两种，一种是自然的，另一种是获得的。这里的自然并不是指天生的，人类天生就具备的能力只有感觉。而在感觉方面，人与人之间的差距很小，甚至和野兽之间的差距也不大，所以不能被看作德。这里所说的自然，指的是不需要通过培养、学习或任何特殊方法，只需要经过实践和经验积累就能获得的智慧。这种自然的智慧有两个特点：第一点是构想非常敏捷，也就是思想与思想之间的连接关系非常紧密；第二点是可以保持稳定的状态朝着既定目标而去。反之，如果构想非常缓慢，就属于一种心理缺陷，通常会被称为迟钝或愚蠢，有时人们也会用一些表示运动迟缓或者滞涩的词来表达这种缺陷。

这种构想上的快慢之分，其原因就在于每个人的激情都是不一样的，也就是说，不同的人感兴趣的事物都不一样。这种差别造成的结果就是，一些人的思想在某条道路上狂奔的时候，另一些人的思想则在另一条路上飞驰。长此以往，通过构想而得出的事物的映象就会导致不同观点的产生。在这样的思维序列中，思考对象只有以下几个方面可供观察：一、相似之处有哪些；二、不同之处有哪些；三、能起到怎样的作用；四、这些作用产生的条件是什么。假如很少有人能够找出其中的相似之处，那么能够发现的少数人就可以说是具有智慧之德，结合上面的具体情况，也就是说，这个人具有良好的想象。能够看到明显的差异或相似中的细微差别叫作区别、识别和辨别；如果在很难做出区分的情况下依然可以清楚地分辨出来的人，我们就说他有良好的判断力；尤其是在交谈和办事的过程中，对时间、地点和人物都要进行识别。我们将这样的德称为明辨。想象如果没有明辨的加持就不能够被看作一种德，而不需要想象，明辨本身就是令人推崇的美德。人们不仅需要明辨时间、地点和人物，还需要知道在什么情况下会用到这种明辨的思想，也就是说，人们总是要去思考它们都有什么用处。如果能够做到这一点，那么具备这种明辨之德的人就能够轻松掌握很多比喻材料，这样一来在辩论时他不但可以提出大量论据作为佐证，还能用一些新奇巧妙的隐喻把论证变成讨人喜欢的隐喻来表达，更有可能因为这种隐喻的独特和超群之处让人为之倾倒。但是要小心在这期间不能迷失自己那个恒常的目标，否则这种幻象的长处就可能变成一种癫狂；有的人只要一开始辩论，就会被自己思想中出现的其他事物带偏，偏离主旨以后就会开始不停地说一些与原本主题无关的事情，最后让人不知所云，这种情况就属于癫狂了。对于这种愚蠢的行为，我暂时还不知道有其他的称呼。不过出现这种情况的原因有可能是经验不足，这种人经常会对一些事情感到大惊小怪，但其实这都是人们司空见惯的东西；也有可能是因为这个人本性就很斤斤计较，其他人毫不在意的事情，在他眼中都显得非常重要。而这些在他们看来很值得大说特说的奇闻逸事，也会让他们在讨论的过程中与问题主旨离得越来越远。

好的诗歌，无论是史诗还是剧诗，都要同时具备想象力和判断力，不过在诗作中显然想象力更重要一些，十四行诗和讽刺诗等也不例外。因为诗歌一直以来都会因为辞藻华丽而受人喜爱，但是切记不要过于浮夸，因为那样会让人厌恶。

好的史书一定要有良好的明辨力。因为历史典籍的优势就在于提供方法、保存真实和筛选适合在人们之中流传的事迹。想象在其中只能起到修辞上的作用。

在颂扬或斥责的言辞中，主要发挥作用的是想象力。因为语言的目的并不是为了陈述事实，而是想要通过一种高尚和卑鄙之间的对比进行赞美或贬斥。判断在其中也能发挥一定的作用，只不过是告诉人们在什么样的情况下某种行为应该受到赞扬或斥责。

在进行劝说或请求的时候，要视具体情况而定。如果真情实感最有用，那么就最需要判断力的帮助；如果虚情假意最有用，那么就最需要想象力的帮助。

论证、讨论等一切以探索真理为目的的严肃文字，都需要通过判断力来完成，想象力只有在需要使用恰当的比喻来帮助理解的时候才会出现。但是要注意，在这类文字中绝不可以出现隐喻，因为隐喻在本质上就是一种虚构的文字表达，用在讨论或推理当中很明显是愚蠢的做法。

在任何一种形式的讨论中，如果明辨有了很明显的不足之处，那么就算想象的部分再怎么精彩，都会让人觉得这个讨论是缺乏智慧的；但是如果其中的明辨已经显而易见，那么就算整个讨论非常缺乏想象力，也不会让人觉得缺乏智慧。

一个人隐秘的思想是可以包罗万象的，它可以是神圣的，也可以是亵渎的、纯洁的、淫秽的、端庄的、轻浮的，只要想得到就可以存在，这些思想既不会让人感到羞耻，也不会有人因此而受到指责。但如果要转变为说出口的话，就一定要在判断所允许的时间、地点和人物的范围内。例如，一位解剖学家或医生可以谈论或书写他们对污秽的事物的判断，因为这些人行为的目的是帮助他人，而非以此来取乐。但如果换成其他人，针对这样的问题夸夸其谈，随意发挥自己的想象力，那感觉就是前一秒刚掉进了泥潭里，下一秒就直接爬出来接见贵客一样，这种人与医生学者的区别只是缺乏明辨而已。如果是在一种轻松愉快的氛围下跟朋友闲聊，那么玩一点文字游戏，搞一些一语双关的小把戏倒是无伤大雅，甚至还可以比赛一下谁能想出更新奇的比喻。然而，如果是在布道的时候，当面对公众、陌生人或者一些可敬的人物时，玩谐音梗肯定会被人认为是在做蠢事，两种情况引出的不同评价也仅仅是后者缺乏明辨。因此，缺乏智慧指的就不是缺少想象，而是缺少明辨。那么，当一个人有判断力却缺乏想象力的时候，我们可以说他具有智慧；但如果他只有想象力而缺少判断力，就不能说具有智慧。

当一个人在心里已经确定了一个计划后，对很多的事物进行观察研究，并发现了这些事物可以在多大程度上帮助自己实现计划，或者这些事物可以对哪些计划的实现提供帮助，这种发现要是非常罕见，我们就说这个人的智慧是慎虑。这种智慧来自丰富的经验积累和对类似情况及结果的丰富记忆。在这方面，人们彼此之间没有太大差别，至少不如想象力和判断力的差距那么大，因为年龄相仿的人在经验的积累上都差不多，其中的区别仅仅是不同的情况下每个人的想法都会有所不同。擅长治理国家和擅长管理家务并不是两种不同程度的慎虑，两者是完全不同的事情，这就好比体积大于实物、等于实物和小于实物的绘画作品并不等于不同程度的艺术一样。普通的农民对自己的家务事肯定非常熟悉，就算是一个枢密大臣也不可能在别人的家务事上表现得更有远见。

除了慎虑，要是还有一些不公正或不诚实的手段，就像人们在恐惧或穷困的时候经常会做的那样，那么这种智慧就会被称为狡诈的邪恶智慧，这是一种懦弱的表现。因为豪迈的人最看不起不公正或者不诚实的帮助。拉丁语中的便宜行事在英语中被翻译成权宜之计，意思是为了避免眼前的危险和阻碍而让自己陷入了更大的麻烦。这种做法就像是用抢劫得来的钱去还债一样，是一种完全缺乏远见又十分狡诈的方法。这种行为被称为便宜行事，来源于 Versura 一词，意思是借高利贷偿还当前的债务利息。

我所说的获得的智慧是指通过专门的教育方式通过学习得到的智慧，其内容有且仅有推理。推理是通过正确运用语言获得的学识。与学识和推理有关的概念，我们在第五章和第六章中已经讨论过。

激情的差异导致了智慧的不同，而激情的差异则分别来自体质的不同和教养的差异。如果只是因为大脑或人体内外感官之间的性质不同，那么人与人在视觉、听觉或其他感官上的差异就肯定会和人们在想象与明辨上的差异一样大。所以，这种差别只能是激情导致的。激情不但会受到不同体质结构的影响，还会受到不同习惯和教养的影响。

对智慧的差异影响最大的激情，主要是对权势、财富、知识和荣誉不同程度的欲望。而这几种欲望都可以被归结为一种欲望，就是对权势的欲望，因为无论是财富、知识还是荣誉，都只是不同类型的权势。

所以，要是一个人对上面的各种欲望都缺乏热情，对什么事都抱着一种可有可无的态度，那么这个人虽然可以被看成一个老好人，完全不会得罪任何人，却很难具备强大的想象力和判断力。因为想象就等于是欲望的侦察兵，会到处探查通向既定目标的途径。这也是所有心理活动的敏捷性和稳定性的来源。欲望消失就意味着死亡，同理缺乏激情就等于愚蠢。对任何事情都无所谓，都冷漠麻木的人，就是一个精神萎靡、思想轻浮的人；而对任何一种事物的激情比普通人更强烈的人，就是一个疯狂的人。

所以，有多少种激情就可以有多少种疯狂。在有些情况下，强烈而过量的激情可能是由于身体器官的结构缺陷或机能受损导致的，当然激情过于强烈和持久也会给器官带来一定的损伤，影响人体的健康。但不管是哪一种情况，因此而出现的疯狂在本质上都是一样的。

过于强烈或持久的可以导致疯狂的激情，如果不是因为太过虚荣，就有可能是因为心情极度沮丧，前一种情况就叫作骄傲自负。

骄傲会让人变得容易被激怒，过量的时候就会变成疯狂，叫作盛怒或狂怒。所以，当报复的欲望过于强烈而且逐渐养成报复的习惯时，也会让器官受损而变成盛怒。过剩的爱情中掺杂了忌妒，也会变成盛怒。一个人如果在智慧、天赋、学识或外貌上把自己看得太高，思想就会变得轻浮散漫，如果产生了忌妒情绪就会变成盛怒。过分执着于任何一种事物的真理，在遇到反对意见的时候，也会变成盛怒。

沮丧让人毫无缘由地产生害怕的情绪，通常我们把它称为抑郁的疯狂，这种疯狂有各种不同的表现形式，例如总是到墓地或旷野里闲逛，搞一些迷信活动，或者对某些事物产生恐惧心理等。

综上所述，所有能够导致行为怪异或反常的激情都可以叫作疯狂，而且只要愿意付出一些时间和精力，你就可以整理出很多疯狂的种类。假如当激情过量时就会变成疯狂，那么可以肯定地说，当激情本身趋向于恶的时候就等于变成了不同程度的疯狂。

例如，一群自认为得到神祇，并且对这种想法执迷不悟的人，激情在这些人中的某一人身上导致的各种过激行为都不能明确地体现这群人的愚蠢行为。然而，如果这群人开始聚众谋划，那么一群人的狂怒激情表现就会变得非常显著。没有什么行为比对着自己最好的朋友怒吼、攻击和扔石头更能体现疯狂的事情了。但是这种事情比起那群人能够做出的疯狂举动来，根本就是小巫见大巫。这些人甚至可以出言伤害，甚至出手打击和杀害自己曾经想要一辈子保护的人。如果这种疯狂的举动出现在一群人的身上，那么这群人中的每个人就都是这样的。一个身处大海之中的人，虽然听不清自己周围的水声，但是他心里却很清楚，自己周围的水和其他地方同等分量的水一样，对构成眼前的狂风巨浪起到了一样的作用。同理，通过一两个人的激情不会让人感知到很大的骚乱，但是我们完全可以肯定，这些人的激情如果加在一起就可以构成足够颠覆整个国家的动乱中那些煽动性的声音。即便没有其他的证据可以说明这些人的疯狂情绪，但是仅从他们狂妄地宣称自己是获得神祇的人就已经足够说明问题。假如一个住在精神病院里的人可以跟你条理清晰地谈论各种话题，临别前你想要得知对方的身份以便下次可以再来拜访他，但是他居然跟你说自己是上帝，那么我觉得你已经不需要再等他做出任何的疯狂举动了，这句话足以证明此人的疯狂。

一般来说，我们都会把这样的神祇称为秘启精神，其来源往往都是非常侥幸地发现了人们的通病。因为当事人根本不清楚或者完全不记得自己得出这种特别的真理的推理过程，所以就立刻沾沾自喜地以为全能上帝对自己特别看重，通过圣灵以一种超自然的方式向自己揭示了这条真理。但事实上，这都是当事人自以为是的想法，更多时候他们得到的往往都是伪真理。

疯狂的举动都只是激情的一种过度表达，我们从饮酒的效果也可以得出这个结论，因为这种效果和器官失调的效果是一样的。醉酒的人会做出和疯狂的人一样的行为。有的人会暴怒，有的人会狂爱，也有的人会大笑，种种表现都是由当下在他们心中占据支配地位的不同激情所引起的。因为酒精可以让任何伪装失效，让他们意识不到自己激情下的丑态。我敢肯定，意识清醒的人即便是在最放松愉快的状态下独自散步时，也不愿意将自己思想上的轻浮和狂放公之于众，这就相当于明摆着说，大多数不受规则制约的激情都是疯狂。

有关导致疯狂的原因，从古至今世界上流传着两种说法：一种说法是激情使人疯狂；另一种是善或恶的鬼和精灵引起了疯狂。后者认为这些鬼和精灵会进入人的身体或附身其上，让人的器官出现一些怪异的运动，就像陷入疯狂的人常有的那样。因此持前一种观点的人会把这些陷入疯狂的人称为疯人，而持后一种观点的人就会说他们是被幽灵附体的人或者邪气发作的人。不过意大利人会同时使用疯人和幽灵附体的人这两种称呼。

希腊的一个城邦阿布德拉曾经在非常炎热的夏天组织大家一起观看悲剧安德罗墨达[①]，结果很多观众都开始发烧，这是由于炎热的天气和悲剧的效果共同

① 安德罗墨达（Andromeda），希腊神话中是埃塞俄比亚（Ethiopia）国王克甫斯（Cepheus）和王后卡西奥佩娅（Cassiopeia）的女儿，其母因不断炫耀女儿的美丽而得罪了海神波塞冬之妻安菲特里忒，于是被波塞冬报复。国王得到的神谕是要献出女儿才能平息神之怒，于是安德罗墨达被锁在了海边的礁石上，被路过的珀尔修斯（Perseus）所救后嫁与他为妻。

引发的意外。发烧的人什么都不做，只是将珀尔修斯[①]和安德罗墨达的名字连成长短句不停地念，而这种发烧的疯狂状态一直到冬天才慢慢好转。当时的人都认为这是因为悲剧在人们心中留下了激情的印象，才会出现这种疯狂的事情。在希腊的另一个城邦也出现过类似的疯狂事件，不过那一次只有少女受影响，其中很多人都上吊自杀了。大家都觉得是有魔鬼作乱，但是有一个人觉得，这种轻生的念头可能源自某种少女内心的激情，而且他相信这些女孩不会为了这个连自身名誉也毫不在意，所以他向执政官提出了自己的想法，让人把自杀的少女们的衣服都脱下来，把她们全身赤裸地挂在外面示众，听说这一举措轻松地制止了少女们的疯狂行径。但是还有另外一些希腊人，总是把疯狂说成神明的愤怒，很多时候都是愤怒女神欧墨尼得斯[②]，有时候也会说是农神息利斯、光明之神费保斯[③]或其他神明。古希腊人坚信这些行为都源于幻象，相信它们都是无形的生命，也就是我们通常所说的精灵。罗马人和犹太人都和希腊人持相同看法，因为他们把疯人叫作先知，也会根据他们对附身幽灵本质善恶的判断将其称为幽灵附体的人或疯人。非犹太人的异教徒会有这种看法很正常，因为他们会把健康和疾病、美德和罪恶以及很多自然的偶性都称为命运之神，并且进行崇拜。因此他们有时候会认为命运之神是魔鬼，有时候也会认为疟疾是魔鬼。但是，连犹太人都这么认为，就显得很奇怪。因为摩西和亚伯拉罕都没有说过自己能够进行预言是因为神明附体，他们都说自己听到了上帝的声音，看到了梦境或者异象。摩西的律法、道德规范和礼仪祭典中也没有提到过这种疯狂的状态，或者鬼神附体的说法。人们在说到上帝从摩西的体内取出灵分给七十长老[④]的时候，上帝那可被视为实体的灵也没有被分割。《圣经》内提到某人身上的圣灵，意思是说，这个人身上存在的更接近神性的灵。《出埃及记》第二十八章第 3 节说道："我用智慧的灵所充满的、给亚伦做衣服。"这句话并不是说放进这些人身体里的灵能做衣服，而是说这些

① 珀尔修斯（Perseus），是希腊神话中的英雄，宙斯之子。阿尔戈斯王阿克里西奥斯从神示得知将被女儿达那厄（Danae）所生之子杀死，便把女儿囚禁在铜塔中。宙斯化成金雨和达那厄相会，生下珀尔修斯。

② 欧墨尼得斯（Eumenides）是复仇三女神——阿勒克图（不安女神）（Alecto）、墨纪拉（妒忌女神）（Megaera）和提西福涅（报仇女神）（Tisiphone）的总称，任务是追捕并惩罚那些犯下严重罪行的人，无论罪人在哪里，她们总会跟着他，使他的良心受到痛悔的煎熬。因此只要世上有罪恶，她们就必然会存在。

③ 指太阳神阿波罗。

④ 《圣经·民数记》第十一章第 25 节。

人在此类工作上的灵性智慧能做衣服。在相同的意义下，如果一个人的灵作恶，通常都会被称为不洁之灵，其他灵也是如此；即便情况不是绝对的，但是如果所指的不是一般的德或恶时，就是这样。《旧约》里的其他先知也没有说过自己被神灵附体或者上帝在他们的身体里说话，他们都只是说上帝通过声音、异象或梦境给自己降下启示。因此，降灵就不可能是附体，而是下达命令。那么，犹太人是怎么产生鬼神附体这种概念的呢？除了全人类的共因，我想不出其他原因，那么这些人只是因为缺乏追根究底的好奇心，他们认为幸福就是低级的感官愉悦还有一切能够直接引起感官愉悦的事物。因为一旦发现某个人的心灵具备某种神奇的或与众不同的能力或缺陷时，如果不能很快发现导致这一现象的可能原因，人们几乎不可能认为这是自然现象；如果这种现象不是自然的，那就只能是超自然的，那么对于他们来说，超自然现象不是鬼神附体还能是什么？所以才会在过去出现这样的情况：当我们的救世主被一群人围在中间①，他的亲人怀疑他是疯人，想要出来把他拉住。但是一个文人却说他被恶魔比西卜②附身，又说他是在依靠鬼王赶鬼，这话的意思好像是在说大疯子制服小疯子。还有的人说③：“他是被鬼附身，所以才疯了。”而有些人觉得他是先知，所以就说：“这不是被鬼附身的人说的话。”所以，在《旧约》里，给耶稣施膏礼④的人虽然也是先知⑤，却有人对他说：“这样的疯人来见你是为了什么？”总之，结论已经很明显了，只要一个人的行为出现异常，犹太人就会相信他是被鬼魂或恶灵附身。只有撒都该人⑥持不同看法。不过他们的观点却是完全相反，并且十分极端，他们甚至不相信有任何精灵存在，这种看法几乎已经接近纯粹的无神论。所以，当他们说这些人是疯子而不是被幽灵附体的时候，可能会更让人生气。

既然这样，救主基督又为什么在替人医病的时候说他们是被鬼附身，而不是得了疯症？关于这个问题，我的答案仅仅说给那些以相同方式提出《圣经》反对日心说的人听。《圣经》这部作品只是向人们昭示天国，让人们准备好成为上帝忠诚温顺的子民。与世界和这个世界哲学有关的所有问题，就应该留给世人，

---

① 《马可福音》第三章第21节。

② 撒旦的别称，还有很多其他类似的称呼，都是用来称呼比较小的鬼神。

③ 《约翰福音》第十章第20节。

④ 古代封王时要进行膏礼，通常做法是把油膏涂在受封者头上。

⑤ 《列王纪下》第九章第21节。

⑥ 犹太教的一个支派，这一派信徒不承认复活、来世、灵魂和天使的存在。

让他们以此来锻炼自己的自然理性。昼夜交替是因为太阳的转动还是地球的转动；人们行为异常是因为激情所致还是因为魔鬼作怪，后一种原因会让人再也不敬畏魔鬼，以上问题都不会影响我们对全能上帝的臣服，而《圣经》的目的也仅仅是这个。而关于救主为什么对疾病说话像是对人说话一样，也不过是因为耶稣的话跟那些只是念了几句咒语就可以给人治病的人是一样的。无论念咒的人是不是在对鬼魂讲话，至少看上去都是同一种做法。耶稣不是还斥责过风①？他不是还斥责过热病②？但我们也不能因此就说热病是一种鬼怪。人们还听说过很多鬼对耶稣忏悔，关于这个也不需要有什么特别的解释，完全可以看成那些疯人对耶稣忏悔。耶稣还说过③有一个污秽的鬼在离开了一个人的身体之后，在无水之地徘徊，想要寻找可以安歇的地方，最后没有找到，就又回到了原来那个人身上，而且还带了七个比自己更坏的鬼一起。这很明显是一种比喻式的表达，意思是说这个人付出了一点努力想摆脱情欲，但后来又屈服在情欲之下，而且比之前严重了七倍。因此在《圣经》里面我找到的线索也都是让我们相信那些所谓的鬼神附体之人都是疯人。

还有一种出现在一部分人身上的谈话问题，也可以被看作一种疯狂，那就是我们在第三章里提到过的荒谬的语词滥用。这些人的话，如果连在一起看，完全是毫无意义的话。会出现这种问题，有时候是因为说话人没能正确理解自己死记硬背下来的话，还有一种可能就是说话人故意用一些晦涩难懂的词来行欺世盗名之举。这种情况只会出现在那些谈论难以理解的问题的经院哲学家身上，或是喜欢讨论一些晦涩艰深的哲学问题的人身上。一般人通常都不会说无意义的话，所以那些所谓卓越的人就会觉得这些人很愚蠢。想要证明这些人说出来的话并没有在其内心找到切实根据，我们还需要举几个例子。只要觉得有必要，谁都可以去找个经院哲学家聊聊看，试试看这个人能不能把类似三维体、神性、基督的本质、体位转化和自由意志等难题讨论中的随便一个章节，翻译成任何一种现代人能看懂的语言；或者翻译成任何一个生活在通俗拉丁语环境下的人能够看懂的还算通顺的拉丁文。我们试着来看看下面这几句话到底在说什么："第一因可能不会因为第二因的本质从属而将任何事物流入第二因？"这只是一个标题，来自萨

① 《马太福音》第十三章第 26 节。

② 《路加福音》第九章第 39 节。

③ 《马太福音》第十二章第 43 节。

勒兹氏的《论上帝的神助、运动与协助》的第一编第六章。人们如果大量出版这类书籍，如果不是自己疯了，那就是想让别人发疯。特别是在讨论关于体位转化的问题时，这些人总会在简单的开场白之后就开始说：白色性、隐形性、圆形性、量值、性质、可腐化性等无形之物会从圣餐面包中流出，进入神圣救主的身体里。按照他们的说法，那是不是还要把这众多的“性”“值”“质”看成附在耶稣身上的鬼？因为他们口中的鬼也都是没有实体却可以随意从一个地方出来，进入另一个地方的。因此，我们把这些荒谬的话视为一种疯狂也很恰当。这些人除了在为数不多的理智清醒时刻之外，在被清晰的世俗欲望的思想支配时，都会选择忍受这种探讨或作品。与智慧之德及其缺陷有关的问题，就讨论到这里。

第九章　论知识的几种主题

知识一共有两种，一种是与事实有关的知识，还有一种是与断言之间的推理有关的知识。第一种知识的本质是感觉和记忆，属于绝对的知识。举个例子，我们看到某件事正在进行，此时获得的知识就属于这一种；还有当我们回忆已经完成的事情时，获得的知识也属于这一种。需要向他人求证才能获得的知识，都属于这类知识。第二种知识我们通常称为学识，这种知识不绝对，也就是有条件的。比如，我们知道“如图所示为一个圆形，则通过这个图形中心点作直线，其中任意一条直线都可以将这个圆两等分”。得出这个结论时，我们拥有的知识就属于第二种。我们要求那些自认为具备推理能力的哲学家所必须具有的也是这种知识。

将与事实有关的知识记录下来，就是历史，历史也分为两种：自然历史和人文历史。自然历史也称为博物志，这是与不以人类意志为转移的客观事实和结果有关的历史，例如金属史、植物史、动物史、区域史等。人文历史则是记录国家人民自觉行为的历史。

记录学识的是一切含有断言推理的论证的书籍，统称为哲学书籍。这类书籍因为讨论的对象各有不同，因此会有很多不同分类。

第十章　论权势、身价、地位、尊重和资格

一般说来，人的权势是指一个人当前可以使用的，借以获取将来某种具体利益的手段。权势有两种：原始的和获得的。

原始的权势也叫作自然权势，是指一个人自身官能的优越性，例如具备出众的力量、美貌、慎虑、技能、口才、慷慨的性格或高贵的出身等。获得的权势是指凭借上面提到的自身优势或好运气来获得更多让自己占据优势的手段或工具的权势，例如财富、名望、朋友和上帝的暗中帮助（也就是我们常说的好运气）等。在这一点上，权势会像名望一样变得越来越大；也会像重物的运动一样跑得越来越快。

人类权势中最大的一种，是大多数人依据自愿原则联合在一起，将自身权势汇总到一个自然人或社会法人身上得到的权势；这个自然人或法人有时候会根据个人意志来行使全体成员的权势，国家的权势就属于这一种；有时候则会根据每个成员的意志来行使这个权势，两个党派结成联盟就属于这种情况。所以，拥有朋友和拥有仆人都是权势，因为这都是联合起来的力量。

同理，当富有和慷慨联合起来时，也会变成权势，因为我们可以借此获得朋友和仆人。如果缺少了慷慨，就不会有权势，因为这样的财富不但不能为人们提供保护，反而会因为财富引发的忌妒而让人成为被掠夺的对象。

当名望和权力结合在一起的时候也会变成权势，因为它能让想要得到庇护的人依附自己。

被全国人民爱戴，也就是得民心的名望也是一种权势，因为它和有权力的名望一样能聚集一群人。

让众人爱戴或畏惧某个人的任何品质或名望都是权势，因为它能让这个人得到很多人的帮助或者服务。

成功是一种权势，因为它能带来有才能或幸运的名声，因此能让人们产生畏惧或依靠的情绪。

掌权者平易近人的品质能够增加权势，因为这种品质可以让他获得人民拥戴。

无论在战争时期还是和平年代，做事谨慎精明的名声都是权势，因为人们都愿意让具备这种品质的人来管理自己。

出身显赫是权势，然而却有一定的限制，那就是只有在这种出身被赋予了特权的国家才能被算作权势。因为出身带来的权势正是依附于这种特权而存在的。

口才是权势，因为它是慎虑的一种外在表现。

良好的外表是一种权势，因为它是一种善的象征，能让人获得妇女和陌生人的喜爱。

学识也是一种权势，却是一种很小的权势，因为在任何人身上都不会有明显的外在表现，所以也很难被很多人承认；而且这种微小的权势也仅仅是针对很少一部分人身上的很少一部分事物。这是由学问的本质决定的，除了极少数精通的人几乎没有人能够了解。

服务于公共事业的技能，例如修建城堡、制造兵器和其他战争武器的技能，因为可以为国防事业和战争胜利提供帮助，所以也是一种权势。尽管所有这些技艺都来源于数学这个母亲，但是人们只有通过工匠的手才能看到，因此人们才会把接生婆当成产妇，以为所有的东西都是匠人的创造。

身价或者说一个人的价值，其实就是他的价格，这和其他一切事物并无不同；也就是说，如果我们需要使用某个人的力量，就要付出与之相当的代价。所以身价并不是绝对的，它是由其他人的需求和判断决定的。在战争期间特别是战役的紧要关头，擅长带兵打仗的人身价会非常高，但如果是和平年代就不会。博学、廉洁公正的法官在和平年代身价极高，但是在战争年代就差了很多。人的市场价格和任何一种东西一样，都是由买家而不是卖家来决定的。就算一个人尽其所能地自抬身价，事实上大多数人也都是这样做的，但是他真正的价值却不会超过他人的估价。

对彼此的评价一般叫作尊重或轻视。对一个人的高度评价叫尊重，对一个人评价低叫轻视。不过这里衡量高低的标准，其实是被评价者的自我评价。

国家赋予一个人的身价，就是他在公众之中的身价，通常被称为地位。评估和确定这种身价的方式通常是让这些人获得发号施令、裁断诉讼、公共职务等职位，或者授予他们一些称号或以其他名义彰显身价。

因为任何一件事向某人寻求帮助，都是尊重的表现，因为这种行为意味着认可这个人有提供帮助的能力。需要帮忙的事情难度越大，就说明得到的尊重越多。

服从也是尊重，因为人们只会服从他们认为有能力帮助或伤害自己的人，所以不服从就是轻视的表现。

赠送贵重的礼物就是尊重，因为送礼的人认可了他的权势，并想要以此换取自身保障。如果赠送微薄的礼物就是轻视，因为这只是一些小恩小惠，说明送礼的人认为自己不会需要这个人多大的帮助。

全心全意地为某人谋求福利就是尊重，阿谀奉承也是尊重，因为人们想要通过这种行为获得帮助或保障。反过来，如果完全不在意一个人的福利就是轻视。

流露出对一个人的爱慕或畏惧都是尊重，因为爱和恐惧都是对一个人极高的评价。如果爱和畏惧都没有达到预期就是轻视，因为这说明评价不足。

赞美或推崇一个人的幸福就是尊重，因为除了善、权势和幸福之外的东西都不值得人们推崇。反之，嘲笑、辱骂或者怜悯都是轻视。

言谈举止中表现出谦恭有礼的态度就是尊重，这说明说话者担心会冒犯对方。反之，如果语言粗鲁无礼、行为放浪甚至下流都是轻视。

相信或信任他人都是尊重，这说明自己看重对方的人品和权势。反之，怀疑的态度就是轻视。

认真聆听对方的意见或言论都是尊重，因为这说明我们认为对方具有真知灼见、雄辩之才或聪明智慧。反之，心不在焉、中途离开或者岔开话题都是轻视。

做出对方概念里、法律规定的或者传统习俗中代表尊重的行为就是尊重，因为尊重大家的尊重，等于认可了大家认可的权势。反之，如果拒绝做出此类行为就是轻视。

赞同别人的想法就是尊重，因为这代表我们认可了他的判断和见识。反之，不赞同他的意见就是轻视，也是在指责对方的错误；如果在很多事情上都不赞同，那就等于是在指责这个人的愚蠢。

模仿就是尊重，这种行为表示了强烈的赞同。反之，如果模仿他的敌人，就是在轻视这个人。

尊重某人所尊重的人，就等于尊重他本人，因为这代表我们认同他的判断。

反之，如果我们尊重他的敌人，就是在轻视他。

在困难面前征求别人意见或请求别人帮助就是尊重，因为这表示我们推崇这个人高明的见识或其他的权势。如果立场对换，有人向我们请求帮助，但是我们却拒绝了对方，就说明我们轻视他。

以上表示尊重的方式都是自然的，在国家内外都可以通用。但是君主或者国家的最高掌权者如果可以在国家之内将任何一种事物确定为尊重的象征，那么在这些国家中就还有其他表示尊重的方式。

国家的君主会用自己认可的任何一种可以代表其宠爱的称号、职位、任命或行为来荣宠臣民。

波斯国王想要表达自己对末底改[①]的尊荣，就让他穿上国王的衣服、戴上国王的王冠，骑着御马游街，还让一位王子在前面给他开路，一路上还对人们说："被国王喜爱尊荣的人就会获得这样的待遇。"而另一位波斯国王（也可能是这位国王的另一个时期）在奖励功臣的时候，对方要求穿国王的衣服，国王同意了，但是等这个人穿上衣服以后，却告诉众人，此人是作为国王的弄臣被赐穿王服的，因此这就变成了贬低的象征。由此可见，世俗的荣宠是从国家的人格中产生，由君主的意志决定的，所以，我们说这种尊荣是尘世的，将其称为世俗尊荣，例如官爵、职位、封号和某些地区的盾饰、彩衣等，人们认为具有这些东西的人深受国家荣宠，于是才会尊敬他们，这种国家的荣宠就是权势。

所有能证明和象征权势的东西、行为或品质都是令人尊重的事物。

所以，一个被很多人尊敬、爱戴或畏惧的人就是令人尊重的人，因为这足以说明此人的权势。一个人几乎不会被人尊敬，就是不令人尊重的人。

统治地位和胜利都令人尊重，因为两者都要通过权势来获得，被迫或因为恐惧而受人奴役，则是不令人尊重的。

长久的幸运令人尊重，因为这是受到神明眷顾的象征。倒霉和遭受损失则是不令人尊重的。财富令人尊重，因为财富等于权势。贫穷则是不令人尊重的。慷慨、大方、希望、勇敢、自信都是令人尊重的，因为这些意识都是从权势中产生的；懦弱、吝啬、胆小、自卑则是不令人尊重的。

果断是令人尊重的，因为这是对微不足道的困难和危险的蔑视。迟疑则是

---

① 波斯王亚哈随鲁的犹太王后以斯帖的叔父和保护人。以斯帖曾经因为得到国王的宠爱而拯救了犹太民族，文中提到的这件事记录在《以斯帖记》第六章第9节。

不令人尊重的，因为这表示过于关注微小的利害关系。因为如果一个人在时间允许的范围内，一直犹豫不决，就说明两者之间的差别其实很小，那么在这种情况下无法做出判断，就说明这个人过于斤斤计较，对小事过于重视就等于懦弱。

一个人的行为或语言，如果是通过或看上去是通过丰富的经验、学识、明辨或智慧产生的，就是令人尊重的，因为这些都是权势；反之如果是通过错误、无知或愚蠢产生的，则是不令人尊重的。

从容镇定如果是因为有了别的考虑，就是令人尊重的，因为专注思考也是权势的象征；如果只是强装镇定，则是不令人尊重的。因为前者就像是因为满载货物而让船只看上去稳重，而后者则像是因为用砂石或破烂填满船舱才让船只显得沉重。

因为财富、职位、壮举或任何一种出众的德行而声名大噪，都是令人尊重的，因为这些都代表着他所获得的权势。反之，默默无闻则是不令人尊重的。

名门望族出来的人令人尊重，因为这样的人能轻易得到家族和世交的帮助。反之，出身贫寒则是不令人尊重的。

因为主持公道而让自身蒙受损失的行为是令人尊敬的，因为这种行为是豪迈的表现，而豪迈又是权势的象征。反之，奸诈、欺骗和不公都是不令人尊重的。

对巨额财富的贪婪和对名誉的追求都是令人尊重的，因为他们追求的这些都是权势的象征。但如果为微不足道的事情表现出贪婪或者对一点小小的升迁汲汲营营就是不令人尊重的。

所有伟大而艰难的行为所代表的巨大权势，都是令人尊敬的，这一点无关于行为本身是否代表正义。因为尊重只是推崇权势的表现。正因如此，古代异教徒的诗歌里面才会经常描写诸神的淫乱、盗窃等奇伟却有违正义的行为，而这些描写完全表达了他们绝对的尊重，没有一点轻视的意思在里面。所以，朱庇特[①]最为人称道的事迹都是一些私通淫乱的行为，而墨丘利最让人称道的则是欺诈和盗窃的事迹。荷马在一首赞美诗里，对墨丘利最高的赞美，就是说他清晨出生，中午的时候就发明了音乐，而到了晚上就从阿波罗的牧人手中盗走了牛羊。

在大型国家出现之前，强盗是一种正当行业，人们都不觉得在海上或陆地上抢劫是一种不体面的行为。有这种观点的不只是希腊人，其他民族的人也一

---

① 朱庇特是罗马神话里统领神域和凡间的众神之王，古老的天空神及光明、法律之神，也是罗马十二主神之首。

样，我们通过古代历史就可以很清楚地说明这一点。现如今，我们的国家已经规定了私人决斗是违法行为，却是荣誉的象征；除非有一天，有明确规定说决斗可耻，拒绝决斗光荣，否则这种情况永远不会改变。因为在很多情况下，决斗代表勇敢的决定，而勇敢的基础则是力量和武艺，两者都是权势的象征。很多时候，决斗都是因为发生口角引起的，而决斗的一方或双方都因为面子而不得不投身其中。这些人不能控制自己鲁莽的性格，因此就只能因为冲动而进行决斗，以此来挽回面子。

世袭的盾饰和纹章，只有在其具备某些特权的地区是令人尊重的，因为权势就存在于这些特权、财富或在其他人身上也会受人尊重的事物。一般会将这种荣耀称为家族荣誉；这种传统来自日耳曼人，没有日耳曼风俗的地区或者没有日耳曼人居住的地方并没有出现过类似的东西。古希腊将领在奔赴战场之前，会按照自己的喜好在盾牌上刻画花纹；因为只有贫穷的普通士兵才会使用没有花纹的圆盾；古希腊人的盾牌并不会传给后人。罗马人的家族标志是世袭的，不过这些标志都是祖先的形象，而不是祖先的纹章。亚洲、非洲和美洲的民族中从来没有出现过类似的东西。只有日耳曼人才有这种风俗。英国、法国、西班牙、意大利等国家在他们派出大规模的军队帮助罗马人或者自己出兵征服这些地区的时候，也从他们那里得到了这种习俗。

古时候的日耳曼地区和其他地方一样，被很多小领主和族长割据，而且这些人之间还不停地发生战争。领主或者族长为了避免自己穿上盔甲以后士兵们认不出来，当然也是为了装饰，会在甲胄、盾牌和战袍上画一些野兽的形象，还会在头盔顶部加上一些突出的标志。这些盔甲上的装饰会传给子孙后代，嫡长子继承原始的样式，其他儿子会稍微变化一下，具体如何变化由族长来决定。而在许多这样的大家族联合在一起成为一个大国的时候，族长的这个职责就变成了一种非官方的独立职能。这些领主的后裔就是后来的古代贵族。这些人的徽记大多是一些凶猛的掠食动物，有时也会用城堡、堡垒、绶带、武器、栅栏等战争标志作为徽记，因为当时的人都崇尚武力。到后来，不只是君主国，民主国家也会对出征或凯旋的人颁发各种不同的盾饰和纹章，以此来奖励他们的功劳。与此有关的所有知识，细心的读者在阅读古希腊、罗马的历史时，都可以在介绍日耳曼民族及其风俗的章节中读到。

公爵、伯爵、侯爵、男爵等封号都是令人尊重的，因为这些都代表了国家掌权者赋予的身价。这些封号在古代都代表着某些职位或者职权，有些是从罗马人那里沿用的，还有一些是日耳曼人和法国人的。拉丁语中的公爵是 Duces，原意是战争中的将军。伯爵是 Comites，原意是跟将军一起出征的朋友，并且后来留下来治理和守卫被征服的疆土和人民。侯爵是 Marchiones，原意是治理帝国边境的伯爵。公爵、伯爵、侯爵等封号大约是在君士坦丁大帝统治时期流传到罗马帝国的。来源于日耳曼民兵的风俗，据说男爵是一个高卢封号，原意是大人，国王或王子在战时的随从都可以这样称呼。这个词最初的来源似乎是拉丁语中的士兵（Vir）一词，后来变成了 Ber 或 Bar，因为在高卢语中这两个词和拉丁语的 Vir 含义相同，再后来 Ber 和 Bar 变成了 Bero 和 Baro，因此人们就称呼这些人为 Berons，后来改为 Barons（男爵），西班牙语中称为 Varons。如果想知道这些封号详细的演变过程，可以去拜读希尔顿先生在这方面最杰出的著作，我就是从那里找到的。在经过一段时间后，这些尊荣的职位造成了混乱，为了维持和平安稳的统治，最后变成了没有职权的虚衔，在大部分国家和地区这些爵位都是用来表示地位的高低。被授予公爵、伯爵、侯爵、男爵等爵位以后，既不可能拥有封地，也不可能有这些地区的管辖权。在这之后还出现了很多其他封号，也都是为了表明国家之内臣民的地位而产生的。

资格并不是身价，也不是一个人的优势或美德。资格来自一个人的某种名副其实的特殊能力，我们一般将这种能力称为才能或担当。

最有资格成为将帅、法官或担任其他职务的人，肯定是具备执行与之相对应的职责所需要的最佳品质的人。最有资格成为富豪的，肯定是最会理财的人。如果一个缺乏相应品质的人依然具备资格，那就说明他身上还具有其他可以代替的价值。而且，一个人可以拥有获得财富、职位的资格，却不能要求在此之外还具有优先权，所以理应得到这种说法是不恰当的。因为，如果我们预设了存在某种权力，那么因为这种许诺的存在，应该获得的东西就会变成他有充分理由得到的东西。关于这个问题，我们会在讨论契约的时候详细说明。

第十一章　论品行的差异

品行的差异在这里并不是指言谈举止方面的问题，也就是像如何行礼、如何在人前漱口和剔牙这种小事情，而是指人类在建立和平、团结的共同生活时所必需的品质。为此，我们需要有一个清醒的认识，现世的幸福并不等于因满足现状而不思进取。老一辈道德学家口中的终极目标和至高之善是不存在的。一个人如果没有欲望是活不下去的，就像一个人停止感觉和映象以后也无法生存一样。幸福本质上就是欲望从一个目标到另一个目标不断迁移的过程，前一个目标的完成不过是为下一个目标奠定基础。之所以会这样，是因为人类欲望的目的并不是一瞬间一次性的享受，而是要保证通向未来欲望的道路一直存在。所以，人类全部的自愿行为和希望就不仅仅为了生活上的满足，而是这种生活长久的延续，两者的区别仅仅在于方法不同。导致出现这种不同的原因有两个：一是每个人的激情都是不同的；二是认知和观点上的差异，也就是每个人关于导致预期结果出现的原因的不同看法。

所以，我们最先要提出来的，就是人类共有的一种普遍倾向，那就是永远都不可能满足的、只有死亡才能让其停止的权势欲。会出现这种情况，并不总是因为人们贪得无厌、总是想要获得更多快乐的心态，也并不总是因为他对于一般的权势无法感到满足，而是因为如果他不想办法追求更高的权势，就有可能连现在已有的权势和以此获得幸福的手段也被人夺走。于是，得到了最高权力的君主才会不断地在国内修正法律，在国外发动战争，以此来确保自己的权势。一旦做到这些，人又会立刻产生新的欲望。每个人的情况都不一样，可能是开疆拓土，可能是穷奢极欲，也有可能是在艺术或才智上赢得赞美和丞承。

竞争财富、荣誉、统治权或其他权势，会让人自发地进行争夺、对抗和战争。因为竞争中的某一方如果想要满足自己的欲望，就必然要杀死、征服或驱逐他的对手。尤其是在竞争荣誉的时候，人们总会去厚古薄今。因为竞争的双方都是活着的人，所以过分赞誉死者，就会让还活着的人获得的荣誉相形见绌。

穷奢极欲会让人想要臣服于共同的权力。一旦有了这种念头，人们就会放弃通过自身努力来保障自身安全和幸福的想法。同理，畏惧死亡和伤痛的人也会有这种臣服的倾向。反之，贫穷和不屈服就会让人不满足于现状，追求军事权力的人想要让引发战争的因素永远存在。为此他们不惜激化矛盾，引发叛乱；因为战功只有通过参与战争才能获得，而打了败仗以后如果想要扭转局面，也只能通过下一次战争才能实现。

对知识以及和平年代的艺术的热爱，也会让人想要臣服于一个共同的权力，因为这样的欲望中都有一个生活安逸的前提，因此自然想要寻求他人的庇护。

热衷名誉会让人赞美那些在判断力上赢得自己尊重的人，因为我们从来都不会关心那些被自己轻视的人的名誉。热衷于死后的名誉，也会起到相同的作用。尘世的名誉虽然使人快乐，但是在人死后，这种快乐要么会被天堂里难以形容的快乐冲淡，要么会被地狱里难以承受的痛苦消磨殆尽，于是对人来说这种快乐似乎毫无意义。然而名誉也并不是虚无的东西，人们可以预见到这样的名誉以及它能给后代带来的好处，并通过这种预想获得当下的快乐。虽然我们不能亲眼看到这些事实，却可以构想，能产生感官快乐的事情，也能在映象上产生快乐。

一个人接受了难以报答的恩惠，而这个人又是他认为与自己地位相当的，那么受惠者虽然面上感激，内心其实是怨恨的。因为这种恩惠使他陷入了一种绝境，他变成了一个绝望的欠债人，因为不想面对债主，于是暗地里希望他去一个永远不会再见的地方。恩惠使人感恩，感恩是一个枷锁，无法回报的感恩就是永远不能卸下的枷锁。如果两个人地位相同，受惠者就难免心生怨怼。但如果这种恩惠是来自一个让人发自内心尊敬的人，就会让人心生敬爱，因为这样的恩惠不会带来压力，反而能让人心安理得并且心生喜悦。愉快地接受恩惠，就是感激，对感恩者来说感激是一种荣誉，甚至会让大多数人觉得这已经是一种报答。就算恩惠是来自平辈或地位更低的人，只要有报答的可能，就会让人心生敬爱；因为受惠者认为这样的感恩是一种互帮互助，于是就产生了在恩惠上的竞争心理。施惠者之间的这种竞争是最高贵且最有益的，因为这种竞争能让胜利者获得愉悦，而失败者承受的损失仅仅是承认这是一个恩惠。

施害人的行为如果超过了自己能够或愿意弥补的范围，他就会对受害人产生怨恨，因为他可以预见到自己的下场，或者是承受报复，或者是被怜悯宽恕，而这两个结果都会让人产生怨恨。

因为担心被压迫，人们会选择先出手或者团结起来。因为想要保障自己的生命和自由，只能这样做。

在动乱中，对自己的才智不够自信的人要比自以为才智过人或者善于权术的人胜算更高。因为后者总是习惯从长计议，而前者因为担心敌人的陷阱总是选择先下手为强。同样，采取战区内集结并利用军队自身全部优势的战略，比任何计策都更有用。

有强烈的虚荣心、不相信自身能力，却总是把自己想象成英雄豪杰的人，经常会装成很厉害的样子却不采取任何实际行动，因为这样的人在面临危险或困境的时候，除了暴露自身不足外他完全想象不出还有别的可能性。

这类人如果只是以周围人的奉承话或者自己曾经的侥幸成功作为自我评价的依据，而不是客观地判断自身能力并从中找出成功的可行性再行动，就很可能会做出欠缺考虑的事情；而在遇到危险和困难之后最可能做的就是退缩。如果找不到一个可以安全脱身的办法，他们就可能选择牺牲名誉，而不是生命，因为他们觉得名誉失去了还能找个理由挽回，但生命一旦失去就无法挽救。

在政治事务中对自己的智慧有绝对信心的人是有野心的。因为如果不在议会或者行政事务中担任公职，就会失去睿智的名声。由此可见，有口才的人往往更有野心，因为在他们自己和别人眼里，口才都是一种智慧的象征。

懦弱经常会让人犹豫不决，抓不住眼前的机会。如果一个人遇事不果断，事到临头还不知道要怎么做才好，那就说明任何一种做法都不会产生太大区别。那么在这种情况下还不能做决定，就说明这是个斤斤计较的人，因为在小事上计较而错失良机就是懦弱。

俭朴是穷人的美德，却无法让人做到需要集众人之力才能做到的事情。因为想要这些人不断努力就需要付出报酬，但支付报酬反而会影响努力的持续。

有口才且会讨好别人的人，容易赢得信任，因为口才是表面上的智慧，讨好是表面上的仁爱。如果人们还听说这个人很有军事才能，那么就会想要依附和臣服于他，因为智慧和仁爱的品质能够确保自己不被伤害，而军事才能可以确保自己不受到外来者伤害。

知识匮乏是指一个人缺乏对因果关系的认识，这样的人会产生依赖他人权威和看法的倾向。因为如果一个人在遇到事情的时候，不能依靠自己的意见，就只能依靠别人的意见，而这个别人必须是他觉得比自己更有智慧而且完全没有理由骗自己的人。

理解力匮乏就是缺乏对语词含义的认识，这样的人对自己不知道的真理会完全相信，对错误也毫不怀疑，就算是荒谬的话，只要出自他信赖之人的口，也会完全接受。其原因就在于，无法理解语词含义的人不能判断对错，也不能判断一句话是否荒谬。

因此，对于同一事物，当人们怀有不同激情的时候就会使用不同的名词来命名，例如对于某人的个人意见，当人们赞同的时候就称为意见，反对的时候就称为异端邪说。但究其本质，异端邪说也还是个人意见，只不过这个词里包含了更多愤怒和指责的含义。

在未经深入研究或理解不充分的时候，这种激情的差异也会让人无法区分众人的统一行动和一群人的多头行动。例如，区分不了罗马全体元老院议员杀死喀提林的统一行动和众多元老院议员刺杀恺撒的多头行动。这时，人们就可能认为一群人的多头行动是人民的统一行动，但事实上这群人会采取行动可能都是因为一个人在背后煽动和控制。

人们在不知道权利、公平、法律和正义的原始结构和成因之前，会以习俗和先例作为行事准则；这会让人相信被习俗惩戒的行为是非正义的，而自己可以想到例子或先例（被那些法律学家用野蛮的方式使用的虚假的公正尺度）并且没有被习俗惩戒的或者被习俗称赞的行为是正义的。这些人就像孩子一样，他们对善恶的判断标准都是从父母和老师那里学来的。区别在于孩子会坚持原则，成年人却不会。因为人长大了就不如小时候听话，他们就会游走在理性和习俗之间，选择对自己有利的标准。他们会因为利益需求而放弃习俗，也会在利益受到侵害的时候反对理性。所以，关于孰是孰非的问题才永远没有结论，人们有时候口诛笔伐，有时候兵戎相见，但是几何学里却不会出现这种情况，因为没有人关心这些方面的真理，它们与野心、利益和欲望毫无关联。我完全相信，如果有一天“三角形的三个内角和等于两个直角之和”这一结论会影响到某一位统治者或某个统治集团的利益，就算不会引发争议，与此相关的人也会在能力范围之内采取手段镇压这种学说，例如烧掉所有几何学书籍。

当人们不能认识到深层原因时，就会认为结果都是直接原因和工具原因导致的，因为这是他们有限认知的全部。所以，当人们不能承受重税的时候，怒火就会指向公务人员，包税人、税务官员和其他管理公共税收的官员就会成为泄愤的对象，人民也会加入反政府势力的阵营。事态发展下去，当人民发现自己彻底失去申诉的正当理由后，就会因为对惩戒的畏惧和对宽恕的惭愧而选择一起攻击最高政府机关。

当人们不了解自然原因时就不会产生怀疑，甚至会轻易相信很多完全不可能的事。原因就在于他不能发现其中的不可能性，在无法认识到其他情况的时候就只能选择相信。人们都乐于让人听到自己的见解，这时轻信就会导致谎言的产生。由此可见，虽然无知本身并不会损害他人，却能够让人轻信和散播谎言，甚至有时候还会主动说谎。

因为关心未来，所以人们会探索事物的原因。而获得关于原因的知识，可以帮助人们对当前的事情做出最合理的安排。

好奇心或热爱关于原因的知识会促使人通过结果来探知原因，并进一步寻找原因，经过不断探索最终必然会产生一个想法：存在一个最终的原因，它是永恒的原因，也是人们口中的上帝。所以，想要深入探索自然原因的人，就一定会相信永恒上帝的存在；但这些人心中不会产生符合神性的任何神的观念。这就好比一个天生眼盲的人，听到人们在谈论烤火取暖并且自己也被带到火堆旁边的时候，他能轻易地认识到并且完全相信火的存在，因为火让他感受到温暖，但是他却想象不出火的样子，他心里也不会有见过火的人心里产生的那种概念。同理，以存在于世间的可见之物和为人称道的秩序作为根据，我们可以想到存在一个原因，这就是人们口中的上帝，但是关于上帝的概念或映象却不可能出现在任何人心里。

另外，一些人几乎不会去探索自然原因，但是他们不知道带来这些巨大幸福和灾难的力量到底是什么，于是无知引发的恐惧会让他们主动设想出几种不可见的力量，并对这些被想象出来的事物产生敬畏，危急的时候会祈求，顺遂的时候会感激，他们会将自己幻想创造的偶像当作神明。如此一来，人们运用自己千变万化的想象，在这个世界上创造出了无数的神明。对不可见事物的这种畏惧，就是我们所谓宗教的自然种子；另外，一些人会用其他方式来敬畏这种不可见的力量，我们称其为迷信的自然种子。

有很多人都看到了宗教的自然种子。其中，一些人培育这些种子并加以装饰，最终让它变成了法律。他们还会根据自己的判断，运用自认为可以进行最有力的统治并最大限度地使用其权力的方法，随意编造与未来事件的原因有关的说辞。

第十二章　论宗教

因为除人类之外我们并没有发现任何宗教的迹象或成果，所以我们完全可以相信只有人类的身上才有宗教的种子；它存在于某种特殊品质中，这是人类独有的品质，至少在其他生物身上都没有这样突出的表现。

首先，对眼前事物追根究底的好奇心是全人类都有的本性，尽管在每个人身上的程度不一样，但即便是最缺乏好奇心的人也会去探究是什么东西让他交了好运或厄运。

其次，当人们认识到一件事物的开始，就会想到存在一个原因，让这件事不早不晚，刚好在这个时候发生。

因为兽类几乎没有预见性，不会想到去观察或者记忆自己眼前事物的顺序、结果以及因果关系，因此它们的幸福仅限于当下，也就是满足自己的食欲、肉欲和安逸的环境。但是，人类却会观察一件事情如何导致另一件事的发生，并记住其中的因果关系。当他不确定一件事情真正的原因时，因为好运或厄运的原因大都是无形之物，他就会按照自己想象的线索，或相信他觉得更有智慧的朋友的权威，并设想出一些原因。

前面提到的两个原因会让人产生焦虑。既然人们相信了事出有因这种说法，那么不管是过去还是未来发生的事情都会有其原因，那么一直想要避祸求福的人就难免要经常担心自己的将来。这样一来，所有的人，特别是那些对未来过分考虑的人就会陷入普罗米修斯的困境。因为正如普罗米修斯（这个名字的含义就是先知先觉的人）被绑在高加索山的峭壁上，每天都会有鹰来啄食他的肝脏，被吃掉的部分在晚上又会长出来那样；一个目光长远总是过分关注未来的人也会每天被死亡、贫穷或其他灾难带来的恐惧不断侵蚀，除了睡着的时候再也寻不到片刻安宁时光。

对于这种长存的恐惧，如果人类无法找出其原因，恐惧就会像黑暗一样围绕，因此恐惧必然有一个对象。于是，当眼前之物不可见时，就找不到好运和厄运的原因，那么就只能认为存在某种不可见的力量。也许正是因为这样，曾经会有些诗人说：最初，是人类的恐惧创造了神明。这种说法对诸神，也就是众多异教徒的神来说非常准确。然而，人类探知自然事物的原因及其不同的性质和作用的欲望却更容易让我们相信一个永恒、无限且全能的上帝的存在，这种想法很难从人们对未来即将发生在自己身上的事情的恐惧中产生。因为如果一个人看到了一个结果，就会通过这个结果来推理最近的一个原因，然后从这个原因推导出前一个原因，进而让自己陷入关于原因的探索中，最后，这个人会得出一个连异教的哲学家都认同的结论：必然存在一个最初的动因，即一个万物最初且永恒的原因，这就是人们口中的上帝这一称谓的含义。这些都不会让人想到自己的命运。

关心自己的命运不仅会让人产生恐惧，还会让人失去探求事物原因的欲望。这样一来就会出现以下情况：有多少种想象，就会出现多少神明。

人们通过这种方式想象出来的不可见的力量的实体，也不可能通过自然逻辑得出任何有关概念，只能相信他们和人类的灵魂一样，而灵魂的实体则与睡着后梦中所见的或清醒时镜中所见的幻影一样。人们意识不到这样的幻影源自自己的想象，反而相信这是真实和外在的实体，因此将其称为鬼神。拉丁人用影像或幻影来称呼它们，觉得这是和精灵一样的无实体的存在；他们相信这种让自己畏惧的不可见的力量和自己有着相似的外形，两者的区别仅在于对方可以随意显现或消失。但是任何人都不可能天生就相信精灵是无实体的。尽管人们可以把精灵和无形之物等意义相互矛盾的语词组合在一起，却不可能想象出任何与之匹配的事物。所以，当人们通过自己的推理认为存在一个无限、永恒且全能的上帝时，就只能接受一个事实，上帝是自己理解能力之外的事物，是一个不可思议的存在，其性质也不可能用无形的精灵这种语词来说明；那么，这就相当于他承认了自己的定义是无法理解的。就算他用无形的精灵来称呼上帝，也并不是出于方便理解的需要从教义本身出发，而是出于内心的虔敬想要使用一些尽可能区别于有形的属性的语词进行描述。

至于人们相信的这些不可见的力量通过什么方式发挥作用，或者说它们通过怎样的直接原因导致事物出现这个问题，如果不了解我们所谓的自然原因，人们就会根据其他准则来推测，而且几乎所有人都是这么做的，他们通过观察和记忆某次或某几次类似效果产生之前是什么来判断，但是完全不会发现前后事件之间的因果关系是什么。所以，他们会根据过往经验来推测未来会发生的事，并通过一种迷信的方式，以一些和祸福无关的事物为依据来祈求好运或厄运。雅典人在勒搬多战役[①]中祈求另一个佛米欧，庞培党人在非洲之战[②]中祈求另一个西庇阿，之后又有很多人在类似的情况下也会做这种事。他们还会以同样的方式，把自身的命运归因于他人或某个地方的风水，又或者是诸如女巫施法时念咒一样的

① 希腊科林斯海湾北部海港，公元前455年，伯罗奔尼撒战争中被雅典人占领并作为据点，雅典海军将领佛米欧曾经在这里以少胜多战胜了科林斯舰队。后来雅典人又在这个海港进行海战，出于迷信的心理，希望出现另一个佛米欧。

② 庞培与恺撒决裂后，在战争中被打败，并在逃往非洲的途中被击杀。他的党人出于迷信，说自己看到古罗马的著名将领西庇阿曾经在这里打败过汉尼拔，于是希望这里能出现第二个西庇阿击败恺撒。

话语（特别是话语中有上帝之名的时候），这些都让他们相信任何事物都具有某种不可见的魔力，能让石头变成面包，让面包变成人，或者把随便什么东西变成另外一种东西。

人们对不可见的力量表现出来的最自然的敬拜方式，只能是他们对人表示尊敬的那些方式，例如献祭、祈求、感恩、献身、祷祝、恭敬、念诵祭文、以其名义宣誓来表明信守承诺等。理性的作用也就是这些，剩下的就只能让他们就此停手，或者让那些他们觉得更聪明的人帮助自己发现更多的仪式。

最后一个问题，是这些不可见的力量是怎样向人们预示未来将会发生的事，尤其是一些和运势或事业成败有关的事情，关于这一点人们当然毫无头绪。于是人们只能按照习惯来，根据过去推测未来，这就很容易让人们把过去的一些偶然因素当成未来的预兆；还会让他们相信自己曾经信任的人给出的此类预言。

这就是四种宗教的自然种子：1. 关于鬼的观点；2. 对第二因的无知；3. 对敬畏之物的敬拜；4. 以偶然因素为预兆。因为人们不同的想象、判断和激情，上述因素会导致各种不同的仪式出现，有些人的仪式在另外一些人的眼里甚至会显得十分荒唐可笑。

有两种人会培育这些种子。第一种人会按照自己的意志来培育和整理，第二种人会按照上帝的命令和指示行动。不过两者的目的都是要让归附自己的人民更驯服，让他们可以互敬互爱、和平共处。因此，第一种宗教成了人类政治的组成部分，让人们知晓作为尘世君主的臣民应尽的一部分义务。第二种宗教则是神的政治，用来告知应许成为天国子民的人要遵守的戒律。异教徒的建国者和立法者都属于第一种，亚伯拉罕、摩西和昭示天国律法的救主基督是第二种。

关于不可见力量的性质，这些宗教的观点基本上是这样，只要是有名有姓的事物，就会有异教徒在某时某地将其当作鬼神；或是被异教徒的诗人想象成某种可以附体的精灵。

在宇宙形成之前的物质，被认为是一个名为混沌的神。

天空、海洋、星星、火、土、风等都被他们奉为神明。

男人和女人、鸟类、鳄鱼、牛犊、狗、蛇、葱、韭菜也都被奉为神明。而且，他们相信任何地方都充斥着名为魔鬼的精灵。平原上有男神盘和女神盘妮或者半人半兽神萨特，森林里有牧神和山林女妖，海里有海神特里顿和其他女妖，每一条河流和小溪里都有同名的水神和妖怪，每一个家庭都有家族的神，每个人都会有自己的守护神，地狱里有小鬼和鬼官卡隆[①]、刻耳柏洛斯[②]和弗里斯[③]等。夜晚到处都是死者的灵魂和成群的妖怪。不止如此，对于事物单纯的偶性和性质，例如时间、白天和黑夜、和平、和谐、爱情、争斗、美德、荣誉、健康、迟缓、热病等，人们也会赋予其神性，并建造庙宇进行祭祀；当他们祈祷这些东西靠近或远离自己的时候，就仿佛有与这些名称相对应的鬼怪降临在自己头上，让自己趋吉避凶。他们念诵缪斯[④]之名来祈求自己的智慧、念诵福尔图娜[⑤]之名来祈祷自己的愚昧、念诵丘比特之名来祈祷自己的欲望、念诵弗里斯之名祈祷自己的怒火、念诵普利阿普斯[⑥]之名祈祷自己的生殖器，当沾染了污秽邪气时又将其归咎于男女邪神英科比和萨可布[⑦]。只要是诗人能在自己的诗歌中赋予人性的事物，都能被他们当成鬼神。

创立异端邪教的人看到了宗教产生的第二个基础是人们的愚昧无知，而且人们习惯于将幸运的原因归结于一些与之毫无关联的事物上，于是就利用人们的无知避免了关于第二因的探讨，直接提出了司职不同的第二级神明。他们说人会怀孕是因为维纳斯[⑧]、艺术的出现是因为阿波罗[⑨]、阴险狡诈来自墨丘利[⑩]、风暴的产生是因为埃俄罗斯[⑪]，还有许多其他现象的产生都是因为各种不同的神明存在，这样就导致了在异教徒中间，神明的数量几乎和客观存在的事物一样多。

除了人们理所当然地认为可以用来祭祀神明的方式，如献祭、祈祷、还愿等各种活动以外，异教的立法者还会通过绘画和雕塑来塑造偶像，让愚昧的人，其中大多数是普通人相信偶像所代表的神明真的存在于偶像之中，好像他们就住

---

① 古希腊神话中冥界的船夫，负责将死者渡过冥河。

② 刻耳柏洛斯（Cerberus），是古希腊神话中的地狱看门犬。它有三个头和龙的尾巴，负责守卫地狱大门和阻止亡灵离开。

③ 复仇之神。

④ 希腊神话中主司艺术与科学的九位古老文艺女神的总称。

⑤ 罗马神话最古老的女神之一。作为时运女神，她司掌着人间的幸福和机遇。

⑥ 普利阿普斯（Priape）是狄俄尼索斯与阿芙洛狄特之子，是代表男性生殖器的神明。

⑦ 罗马神话中降生女巫与畸形婴儿的邪魔。

⑧ 罗马神话中爱与美的女神。

⑨ 古希腊神话中的光明、预言、音乐和医药之神，消灾解难之神，同时也是人类文明、迁徙和航海者的保护神。

⑩ 罗马神话中众神的使者，畜牧、小偷、商业、交通、旅游和体育之神。

⑪ 希腊罗马神话中的风神，藏于洞穴中，引起风暴。

在里面一样，于是人们就会产生更多敬畏。而且他们还会为偶像建造庙宇、划分土地、设立专门的祭祀官，还会在人事用途之外专门拨款，将洞穴、园林、森林、山峰甚至整个岛屿奉献给这些偶像。不只是把人、兽或妖魔的形象赋予这些神明，还会把感觉、语言、性、欲望和生殖等人类和动物的官能与激情也赋予这些异教的神。而且这种生殖不仅限于神明之间交配降生新的神，还包括神与人生育半人半神；他们和神明一样住在天上，例如酒神巴克科斯和大力神赫丘利等等。此外，这些神还被赋予了愤怒、报复等其他动物激情，他们还会因此而做出欺诈、盗窃、通奸等可以被视为为了贪图享乐或权势而出现的恶行；甚至所有在人们的普遍认知中属于违法的或其他不光彩的行为。

最后，是关于未来的预兆的问题，从自然规律的角度出发，是指依据过往经验进行猜测；从迷信的角度来说，就是指神的启示。而这些异教徒宗教的创立者，其中一些人是根据其对外宣称的经验，另一部分声称自己得到了神祇，在此之外还会有很多形式的迷信占卜。有时，他们会让人去德尔菲[①]、提洛[②]、阿蒙[③]或其他著名的神谕之所，让他们相信自己的命运就藏在那些僧侣口中含义模糊或者毫无逻辑的话里面。这些僧侣故意不把话说明白，而那些模棱两可的话怎么理解都能说得通，再不然还可以让你到那些硫矿洞里面走一遭，把自己搞得头昏脑涨、滑稽可笑再出来。有时，他们会让人去西比尔[④]的书里寻找。西比尔的预言书跟诺思特拉达穆斯[⑤]的预言可能有些类似，其中几本在罗马共和国时代非常有名，现存的一些残卷据说是人们后来伪造的。有时，他们会让人去寻找据说是被神明附体的疯子，这些人被称为神托，而命运就隐藏在他们的疯言疯语中，这

---

① 古希腊著名神谕所，对社会与政治生活影响极大，许多城邦的重大事务都取决于这儿的神谕。据传说最初为女神盖娅所创，后属阿波里，冬季则由戴奥尼苏神主宰其地。

② 爱琴海中圣岛，为提洛同盟所在地。据传说为海神波塞冬所浮起，宙斯以锚定之成为阿波罗神的出生地，岛上神庙甚多，以阿波罗庙最为著名。

③ 阿蒙（Amun），是八元神之一，与妻子姆特、儿子孔斯并称三柱神。当底比斯成为全埃及的都城后，他便成为埃及新王国时期的国神和新的太阳神。

④ 西比尔是西方传说中能预言未来的女巫。她是小亚细亚一个自称代神发言的女巫，传说她经常在各个城市、国家之间巡游。她曾作书九卷献给罗马王，罗马王因其索金太高而拒绝，西比尔烧掉三卷仍索原价，罗马王感到奇怪，读其书发现所预言之事极为重要，欲买其书，却已残缺不全。

⑤ 原名米歇尔·德·诺思特拉达穆斯（Nostradamus，1503 年 12 月 14 日—1566 年 7 月 2 日）是法国籍犹太裔预言家，精通希伯来文和希腊文，留下以四行体诗写成的预言集《百诗集》。

样的事件一般被称为神谕或预言。还有一些时候，他们会让人去出生地的星象中寻找，这种活动被称为占星术，被看作人事星相术的一部分。有时会让人在自身的希望和恐惧中寻找，称为反身征兆或预兆术。有时，他们会让人去寻找据说能和亡灵沟通的女巫，从她的预言中寻找，称为通灵术或巫术，但事实上这只是骗术，是联合起来作弊的手段。有时候也会让人在鸟类无意识的飞翔或觅食行为中寻找，称为灵雀验征术；有时在被献祭的牺牲的兽肠里寻找，称为兽肠验征术；有时候解梦，有时候听乌鸦或其他鸟类的叫声，有时候观察人的面貌特征，称为相面术。有时候也会观察人的掌纹，称为手相术。有时让人在一些不同寻常的现象中寻找，例如日月食、流行、地震、洪水、畸形的胎儿等，称为灾异征兆术。因为他们相信这些都是大灾难即将到来的征兆。有时候单纯地看随机事件的结果，例如抛硬币看正反面，数筛子眼，用荷马或维吉尔的诗来抽签等，都是一些没用且怪异的想法。人们很容易相信自己信赖的人所做的事，于是这就方便了这些人，让他们不必采用过激手段就可以利用人们的愚昧和畏惧。

于是，那些致力于让人民臣服并和平相处的异国建国者与立法者们在其权力所及之处都会非常重视一些事情：首先，会让自己的臣民相信，统治者提出的宗教信条并不是来自他们自己，而是来自神明或精灵的指示。或是让人相信自己并不是普通的人类，这样他们颁布的法律就更容易被接受，所以鲁玛·庞贝利乌斯[①]才会谎称自己在罗马人中制定的仪式是水神伊吉利娅[②]告诉他的。秘鲁的创建者才会对外宣称他和他的皇后是太阳的后裔。穆罕默德在建立宗教之初声称他可以变成鸽子和圣灵沟通。其次，他们还会想办法让人们相信，法律禁止的行为就是神明不喜欢的事。再次，他们还会规定一些必需的仪式、祈祷、献祭和节日活动，让人们相信通过这些活动可以平息神的愤怒。他们甚至还会让人相信，战争的失败、瘟疫、地震等灾难以及个人的不幸都来自神明的愤怒，而神会发怒是因为他们没有经常参加礼拜或者没有完全按照仪式规定来做。古罗马人虽然不会禁止人们否认预言家笔下与来世幸福相关的内容，但是很多罗马的伟人却都在公开的演讲中嘲笑过这些说法的荒唐，不过人们还是更愿意接受这种来世信仰而不是持反对意见。

统治者们通过此类制度达到了他们治国安邦的目的，让普通公民在遭遇不

① 罗马历史传说中第二个王，是仪式和法度的建立者。

② 罗马人的送子水神。

幸的时候，认为过错在自己身上，可能是宗教仪式的错误或不严谨，也可能是违反了法律，这样一来他们就不会想到要反抗统治者，而且盛大的节日庆典、娱乐活动和祭神活动期间的竞技活动也会转移人们的注意力，让他们只要能填饱肚子就不会对统治者感到不满，产生叛乱的想法。所以，当时占领疆土面积最大的罗马人才会完全放任各种宗教信仰的发展，只要这些宗教信条不会与世俗政府的统治有冲突就不会被禁止。我们通过历史书籍也证实了这一点，罗马人确实没有禁止过犹太教以外的任何宗教。因为犹太教那套独特的天国理论认为，臣服于任何一位尘世的君主或一个国家都是不合法的。通过上面的内容，我们就能清楚地知道异教徒们建立的宗教是如何变成国家政策的组成部分的。

上帝如果通过超自然的神祇在某地建立宗教，那么他同时也在那里建立了自己的特殊王国。他不只是制定了规范人与神之间行为的法律，也制定了规范人与人之间行为的法律。所以，在上帝创建的王国，世俗的法律和政策就变成了宗教的组成部分，那么这里就不存在世俗统治与宗教统治的区分。当然，上帝是这个世界的君主，但他也可以同时成为某一个特殊王国的君主，这种情况就像全军的指挥官也可以指挥自己麾下的某个连或某个团一样，两者并不存在冲突。上帝通过权力成为世界的君主，却通过契约成为选民的君主。与自然建立的上帝王国和通过契约建立的上帝王国有关的问题，我会在本书第三十五章详细地讨论。

以宗教传播的观点来看，上面这些种子或要素被分解出来的原因并不难理解。它们在本质上都是对神以及超自然的、不可见的力量的一种理解，这是人性中无法祛除的东西，并且在这一领域的某些名人的培养下，就会产生新的宗教。

我们发现，现有的宗教在建立之初都是以群众对某个人的信仰为基础的。众人相信这个人是任劳任怨为人们谋求福祉的贤者，还相信这个人是得到了神的准许、可以通过超自然的方式向人们传达神明旨意的圣徒。因此，我们就一定能得到以下结论：如果宗教管理者本人的智慧、诚实或仁慈受到怀疑，或者当他无法向人们显现神祇的征兆时，那么他想要维持的宗教也会受到怀疑；这时如果不使用世俗的武力进行镇压，就将会承受质疑和失去信徒的结果。

试图让人相信一些自相矛盾的说法，会让宗教的创立者或者想要在已建立的宗教上增加新东西的人失去睿智的好名声，因为矛盾双方不可能同时为真；因此让人相信这种说辞，就是在暴露自己的愚蠢，而提出这种说法的人也会因此事原形毕露，导致人们不再相信他声称来自神祇的所有事件。当然，人们可以在上面提到的很多事情中得到超自然的神祇，却没有一件事是违背自然理性的。

如果一个人要求其他人相信的事，自己在言行之中却表露出不相信的态度，那么他就会失去诚实的名声，而他的一切言行就会让自己变得声名狼藉，因为这些都是一个人行走在宗教这条大路上的拦路虎，例如偏私、残暴、渎神、贪婪、奢靡等都是。假如一个人总是做一些类似性质的事情，那么又有谁能相信他是真的信仰这种不可见的力量呢？毕竟在别人犯了一些小错误的时候他就会以此来威吓对方。

让人发现自己行为中的利己主义倾向会让人失去仁慈的名声。因为当他要求人们崇拜某种信仰，但是这个信仰看上去或实际上只能让他自己得到统治权、财富、地位或安逸的时候，就会是这个结果。因为人们相信能让自己受益的事情肯定是为了爱自己，而不是因为爱别人而做。

最后，人们只能通过奇迹、真实的预言（这其实也是奇迹的一种）或者不寻常的福祉来证明自己知晓了神明的意志。所以，在那些曾经展现过神迹的人口中得到的教义，如果有人想要在其上增加新的教义，却不能通过某种奇迹来证明，新的教义就不可能被已经接受过相关习俗和法律教育并产生相关信仰的地区以外的人接受。因为一个有判断力的人，在接受一个自然观点的时候会要求自然的象征和证据，那么在面对超自然的事物时，他也会要求超自然的证据，这个证据就是奇迹。

通过下面的事例，我们可以清楚地看到所有能够削弱人民信仰的因素。我们先来看以色列人的例子。摩西曾经通过展现奇迹并消除大灾难的方式引导以色列人走出埃及，让他们知道自己肩负的神圣使命。但是在摩西离开以色列人四十天之后，他们就背叛了从摩西这里接受的真神信仰，奉金牛犊为神[①]，再次沦落到偶像崇拜中去，而这个时间距离他们摆脱埃及人的统治也没多久。还有，当摩西、亚伦、约书亚和曾经在以色列见证过上帝伟大事迹的人陆续死去之后，新兴的一代人就立刻开始崇拜异教神巴力[②]。这些例子证明了奇迹一旦不再出现，信仰也会随之消失。

另外，撒母耳派自己的儿子到别士巴做士师[③]，但是他的儿子却贪赃枉法，

---

① 《出埃及记》第三十二章第 1~2 节。

② 腓尼基人信奉的太阳神。

③ 《撒母耳记》上第八章第 3 节。

做不公正的事情。因此，以色列人就要求不让上帝用不同的方式来做自己的王，他们向撒母耳申述，让他立一个王来统治自己，就像列国一样。这个例子说明当不公正出现的时候，信仰就会随之消失。这甚至让以色列人抛弃了上帝，不让他做自己的王。

基督教传入罗马帝国的时候，在各国已经见不到神托预言了，反而是使徒和福音书传布者的布道让各处的基督徒每天都以一个非常可观的数字在持续增加。基督教能够取得这样的成就，很大一部分原因可以说是当时异教僧侣的贪污腐败和在权贵之间玩弄权术而失去了民心。相同的原因也导致了罗马天主教会的宗教在英国和很多基督教国家被废除，其中一部分原因就是这些教士道德败坏，让人们的信仰产生了动摇。还有一部分原因就是经院学者们把亚里士多德的哲学观点引入宗教，导致了很多矛盾和荒谬教义的出现，让教士们背上了愚蠢和欺诈的坏名声。这样一来，人民就可能会像法国人或荷兰人那样，违背国王的意志背离这样的宗教；也可能会像英格兰人一样，在国王允许的情况下背离。

最后，罗马天主教会对外宣称很多为了得救必须做的事情，但是其中很多事情明显都只是为了教皇本人以及居住在各基督教国家的徒众谋福利；如果这些君主不是一门心思互相倾轧，他们本可以像英格兰一样轻松地拒绝接受这些教义并排除这些外来势力，完全没有必要发动战争，或者引发动乱。罗马教会要让人们相信：未经过主教加冕的国王，其权力便不是基督授予的；身为教士的国王是不可以结婚的；罗马教廷有权判断一个王子是否为合法婚姻所生的孩子；罗马教廷如果判定一个国王是异教徒，那么其臣民就没有义务效忠；教皇可以无理由废黜国王，并将国家交给任何一位臣民治理，教皇扎加利对法兰西王希尔普列克就是这么做的；修士和教士在任何一个国家牵涉刑事案件都不受该国国王裁判；当教会让人们相信这些时，还有谁能看不出来最终的受益者是谁呢？还有私人弥撒费、现世炼狱费到底都进了谁的口袋；除此之外我们还能看到很多其他以权谋私的痕迹；如果和我前面说的一样，世俗官员和风俗习惯的支持不会超过他们对教士的神圣、智慧和公正的品质的判断，那么上面这些事就完全可以毁掉最富生命力的信仰。这一点又有谁会想不明白？因此我就把这个世上所有宗教衰落的原因都归结为一点，那就是这些令人厌恶的教士们。也不只是天主教会才这样，就算是那些自认为宗教改革搞得最积极的教会也在所难免。

第十三章　论人类幸福与苦难的自然状况

自然条件下，人在身心两方面的能力都非常接近，因此虽然有些人的体力或者智力明显要超过普通人，但是把两方面的实力综合起来考虑，也不至于会出现人与人之间的差距大到可以让比较强的一方可以要求获得其他人不可以获得的任何一种好处。单纯考虑体力的话，即便是最弱小的人，如果使用计谋或者联合与自己同样处境危险的人，也可以获得足够的力量杀死最强大的人。

在智力方面，除了以语词作为基础的写作技巧之外，尤其是被我们称为科学的那一部分，也就是运用普遍的、绝对正确的规则来处理问题的能力；具备这种能力的人非常少，而且这种能力的范围也仅限极少数的事物，这种能力既不是与生俱来的，也不像慎虑是通过不断观察积累获得的。我发现人与人之间的差距更加微小，因为慎虑的本质是经验，在同样的事物中耗费相同的时间就能让人得到同等的慎虑。或许，人类对这种平等的怀疑仅仅是来自过度自信。几乎所有人都相信自己在智力上超过常人。意思就是，每个人都觉得除了少数盛名在外或因为与自己见解相同而得到自己推崇的人之外，其他人都是比不上自己的。因为从人类的本性出发，他们可能会承认有很多人比自己机智、比自己有口才、比自己有学问，但是没有人会觉得别人和自己一样有智慧。因为每个人都是从近处观察自己的智慧，并站在远处观察别人的智慧。不过这反倒证明了人与人在这一方面的平等。因为通常情况下，每个人都对自己得到的一份感到满意，就是平均分配最好的证据。

以能力的平等为基础，我们就可以推断达成目标的希望也是平等的。所以，如果有两个人同时想要获得相同却不可共享的东西时，彼此间就会形成敌对关系。两者的主要目的是保全自我，有时可能是单纯的享乐；而为了达成目标，双方都会争取摧毁或征服对方。那么就会出现一种情况，如果对方只有个人能力会让人产生畏惧，而侵犯者可以培养、建立或取得优势地位，那么他就可能会联合其他人的力量来夺取对方的劳动成果，甚至是生命或自由。当然，这个侵犯者也会受到来自其他人的相同威胁。

因为人与人之间互相猜疑和忌惮，所以想要自我保全最合理的办法就是先发制人，也就是通过武力或狡诈尽可能地掌控别人，直到他觉得没有其他力量可以威胁到自己为止。这种行为依旧在自我保全所要求的范围内，通常是允许的。但是有些人的征服行动已经超出了自我保全所要求的范围，其目的也只是想要体验征服的快感；而原本那些并没有侵略扩张想法的人，想要继续生存下去就不能一味地防守。于是，就产生了这样一个结果，统治权的扩张变成了人们自我保全的必要条件，理应得到允许。

而且，如果某个地方没有足以威慑众人的权力存在，那么人们就不可能愉快地相处，反而会生活得非常痛苦。因为每个人都希望周围的人对自己的评价跟他的自我评价相同。当一个人觉得被轻视或过分低估的时候，自然也会尽最大的勇气迫害对方并迫使他对自己有更高的评价，如果一个地方不存在能让众人和平相处的共同权力，那么这一点足以促使他们毁掉对方，而且被轻视的人还会用杀一儆百的方式让其他人也对自己有更高的评价。

因此，我们发现人类的天性中存在三种可以引发斗争的因素：首先是竞争，其次是猜忌，最后是荣誉。

竞争是为了逐利，猜忌是为求自保，而荣誉则会使人侵犯他人。在第一种情况下，人们会采用暴力手段奴役他人及其妻子儿女还有牲畜。在第二种情况下，人们则会为了保全上述一切而争斗。在第三种情况下，则是为了一些微不足道的事情而争斗。例如开个玩笑或者意见不合，以任何一种形式直接藐视他本人，间接地藐视他的亲友、民族、职业或名誉等。

这一切都让我们得出一个显而易见的结论：当不存在一个共同权力慑服众人的时候，人们就会处在战争状态中。

这种战争是每一个独立个人之间的战争。战争不只是存在于战役或战斗的行为中，也存在于通过战斗进行争夺的企图被普遍认可的阶段。所以，战争的性质中也包含了时间的概念，这就像我们在考虑天气的时候，也会遇到相同的情况。偶尔的暴风雨并不能决定恶劣天气的性质，但是连续很多天的暴雨倾向却可以；战争的性质也不是体现在实际的战斗行为中，而是存在于和平得不到保障的时期人们公认的战斗意图，此外的所有时期都属于和平时期。

因此，在人与人互相敌对的战争时期产生的一切，在人们只能凭借一己之力及创造性来维持生活的阶段也会出现。这一阶段不可能形成产业，这是由劳动成果的不稳定性所导致的。因此，一切种植、航海、进口商品的使用、舒适的建筑、耗时耗力进行拆卸的工具、地理、历史、文艺、文学和社会等都不会存在。而最坏的一点是人们需要时刻面对暴力死亡的恐惧和威胁，过着孤独、贫穷、龌龊、残酷且短命的生活。

人性居然会导致人与人之间出现互相排斥并且容易侵犯和毁灭对方的情况，从未认真思考过此类问题的人会觉得这是一个非常奇怪的结论。所以，他很可能不会相信这种由激情得出的结论，而更愿意运用经验来证明。既然如此，我们大可以让他结合自身情况来考虑。当他外出旅行时，会携带武器并尝试找到同伴；晚上睡觉时，会锁门；即使在自己的房间里，也会给箱子上锁。当他在做这些事情的时候，很清楚法律和武装官员会惩罚任何伤害他的行为。那么，当他带着武器旅行的时候，是如何看待与自己同属一国的人的？当他锁门的时候，是如何看待自己的同胞的？当他给箱子上锁的时候，又是如何看待自己的家人和仆人的？在上述情况下，他用以攻击人类的行为和我用来攻击的文字又有什么不同？然而我们的所作所为都不是在攻击人类的天性。人类的欲望和其他激情都不是罪过。在人类不知道法律禁止什么之前，所有激情导致的行为也都不是罪过；在没有制定法律之前，人们不可能知道法律禁止什么，而在他们同意推选一位立法者之前法律也不可能制定出来。

可能有人认为这种战争状态和人类所处的阶段从来都不曾出现过，我也认为这并不是这个世界普遍存在的状态，然而现如今依然有很多人在过着这样的生活。美洲大陆上的很多地区都生活着一些野蛮民族，这些地方没有政府，只存在一些小家族，而这些小家族的内部协调完全是依赖自然冲动，所以他们现在依旧过着我们前面所说的那种残酷的生活。但不管怎么样，我们都见过一个生活在和平时期的人在经历过一次内战以后会沦落到何种生活状态，而这些真实的例子也可以让我们清楚地认识到，当不存在能够让人产生畏惧的共同权力时，人类的生活方式是什么样的。

单独讨论某一个人时，任何时代都不会出现这种人与人之间的战争状态。但是在每个时代，君主和最高主权者的地位都是独立的，因此他们永远互相猜忌，保持战斗姿态。他们会盯着彼此，手拿武器震慑对方；派间谍到邻国刺探机密，派军队在边境驻扎并且建造防御工事和架设枪炮。所有这些都是一种战争的状态。但是，因为他们通过这种方式保障了臣民的产业，所以那些因为个人意志引发的自由行动所带来的悲惨境地就不会出现。

这种人与人之间的战争状态，还会导致另一个结果，不可能存在任何不公正的事情。因为在这种情况下，不可能产生是非对错和公正与否的观念。共同权力不存在的地方就不会出现法律，而法律不出现就谈不上公正与否的问题。在战争环境中，欺诈和暴力是两种主要的美德。公正和不义既不是心理官能，也不是体质官能。否则，当一个人在世界上独处的时候，这些官能就会如同感觉和激情一样存在。因此，这些都是群居人类的性质，而非独居人类的性质。导致这种情况出现的原因还包括没有财产、统治权以及你我的分别；任何一个人获得的东西，在他有能力维持的阶段都是属于他的。这就是单纯的天性会让人类实际陷入的恶劣处境，但是依然存在摆脱这种处境的可能，这需要人类的激情和理性共同作用。

对死亡的恐惧、对舒适生活的必需条件的向往，还有通过努力获得上述一切的希望，这些激情都会让人产生和平的倾向。因此，理智会提出一些能够让人接受并且简单易行的和平条件。在其他场合我们一般把这种和平条件叫作自然律，我会在接下来的两章进行更详细的讨论。

第十四章　论自然法、第二自然律和契约法

著作家们通常所说的自然权利，是指每个人通过自己希望的方式来运用自身能力保全自己的天性，同时也是保全自己性命的自由。所以，这样的自由就是一个人采用自己的判断和理性认为最合理的方式去执行无论什么事情的自由。

自由作为一个语词的准确含义，就是不存在外部阻碍的状态。这些阻碍通常都会在某种程度上限制他做某件事情的力量，却无法限制这个人根据自己的判断和理性选择的方式使用剩余的力量。

自然律是理性发现的戒律和普遍规律。这些戒律和普遍规律禁止任何毁伤自己生命或剥夺保障自我生命手段的行为，同时也禁止人们不采取理性判断为最能保全性命的行动。

在讨论这个问题的时候，经常有人会混淆权与律的概念，但我们需要将二者进行区分。因为权是一种可做可不做的自由，而律则要求人们必须选择其中的一种来执行。因此权与律的区别就像自由和义务的区别一样，在同一事物中并不

是相同的。

正如前一章说的那样，人类的自然状况就是人与人之间互相为敌的状态，在这样的状态下，每个人都会被自己的理性所支配。凡是自己可以利用的东西，都是可以帮助自己与敌人抗衡、保全自己性命的。那么就意味着，在这种状态下，每个人对每一种事物都具有权利，其中甚至包括了彼此的身体。所以，只要每一个人对每一种事物的自然权利继续存在，那么不管一个人的力量和智慧有多强大，都不可能为自己的生命提供足够的保障，让他的寿命和大自然一般情况下允许的一样长。所以，下面这句话就成为理性的戒律或普遍规律：任何人在有希望得到和平时，就要尽力追求和平；如果不可能得到和平，那么他就可以寻找并且利用战争的一切有利条件和帮助。

这条规律的前半部分包含了第一条也是基础自然律：追求和平以及信守和平。后半部分则概括了自然权利：尽其所能地保全自己。

基础自然律规定了人类要追求和平，由此就可以引申出第二条自然律：在别人也愿意的情况下，一个人可以为了达到和平与自我保全的目的，在他认为有必要的情况下，自愿放弃对某一种事物的自然权利；同时他人也需要出让与自己所让出的部分同等的自然权利。如果每一个人都继续保持可以凭借自由意志做任何事情的权利，那么人们就永远都处于战争状态之中。但是如果其他人不像自己一样也放弃相同的权利，那么任何一个人都不可以剥夺自己的权利，因为这是一种不必要的自我毁灭，而非和平的努力。这就是福音书上写着的戒律："你们愿意别人怎样待你们，你们也要怎样待人。"同时也是一条适用于所有人的准则：己所不欲，勿施于人。

一个人放弃行使自己对每一件事物的权利，就等于放弃了自己阻碍他人对同一事物享有权力的自由。当一个人放弃或出让个人权利的时候，并没有赋予任何一个人他之前所不曾有的权利，因为每一个人对每一件事物都拥有自然权利。这种行为只不过是自己退到一边，让另一个人不被自己妨碍地享受其原有的权利，但他仍然会受到其他人的妨碍。因此，当一个人的权利消失，另一个人也只不过是让自己行使原有权利时遇到的阻碍相应减少罢了。

出让权利可能只是放弃了权利，也可能是将权利转让给他人。如果出让权利的人不考虑其中的权益会被谁得到时，就是单纯的放弃权利。当出让者要将其中的权益赋予某一个或某一群人的时候，就是转让权利。

无论是哪种方式，只要一个人选择放弃或出让自己的权利，从此他就有义务或被规定不能妨碍那个接受了他已经放弃或承诺出让的权利的人享受其中的权益。

一个人不应该让自己的自愿行为成为无效行为，这是他的责任。因为权利已经被放弃或转让，所以此时妨碍就会因为不具有权利而变成不公正或损害。所以，人们在不公正或损害这个问题上的争论，就跟经院哲学家争论的荒谬非常相似。因为在这些争论中，荒谬就意味着反对自己最初的判断，而在人们看来，所谓背信弃义或伤害就是主动破坏本人最初自愿要做成的事情。单纯的放弃权利或转让权利的方式，就是通过某种自愿且充分的表达，向接受权利的人宣布或表明从此将放弃或转让也可能是已经放弃或已经转让了这种权利。表达的方式有些时候只有语言，有些时候只有行动，但是大多数情况下是语言和行动两者兼具。让人受到约束或承担义务的契约也是如此。契约所具备的约束力并非来自契约的本质，因为语言是最容易被破坏的东西，而是因为人们害怕毁约可能产生的严重后果。

一个人选择转让权利或放弃权利，永远是因为他想要从对方身上也获得某种权利，或是通过这种行为得到其他的权益。因为这完全是自愿的行为，而人类的一切自愿行为，其最终目的都是谋求某种对自身有利的东西。因此，就存在某些权利，无论一个人在语言和行动上是如何表示的，我们都不能认为他已经将其放弃或转让。如果有人受到了暴力攻击，对方意图夺取他的生命，那么他就不可能放弃抵抗的权利，因为这种放弃行为的目的不可能被判定为对自身有利。同理，伤害或监禁的情况也一样。首先是因为忍受上述行为得不到任何好处，正如伤害或监禁他人也不会给我们带来好处。其次是因为当一个人遭受暴力的时候，他无法确定对方是不是要杀死自己。最后是因为放弃权利或转让权利的目的是想要让自己的生命和安全得到保障，而且要让自己拥有可以保障生命且不会厌倦生命的手段。所以，如果一个人的语言或其他表达方式让人感觉到他好像是想要放弃前面提到的目的，而事实上他的表达正是为了达到这个目的，那么我们就不能认为这似乎就是他想要的或者他愿意的；我们只能认为他完全不知道人们将会如何解释他的语言和行为。

权利的互相转让叫作契约。

将某物的权利进行转让与将某物本身进行转让——也就是进行物品交付并不

是一回事。因为交付的行为既可以和现金交易、以物易物或土地置换一样，与权利转让同时进行，又可以晚一些进行。

除此以外，立约的一方可以先将约定的物品交付，并要求对方在将来的某个确定时间履行约定的义务，在此期间可以先托管，对他来说这个契约就可以叫作期约或信约。立约双方也都可以先订立契约并在之后的某个确定时间履行义务。在这种情况下，在未来履行契约的人是被信任的，如果他履行，就叫作践约或守约；如果是出自主观意愿不履行，就叫违约。

假如权利转让并不是相互的，并且出让权利的一方怀有某种目的，可能是想要以此得到某人或某人朋友的友谊或服务、为自己赢得慈善或慷慨的名声、抚慰自己饱受同情之苦的内心、在天国得到报偿等，那么这种权利转让就不是契约，而是馈赠、无偿赠送或恩惠。这几个语词表达的内容是完全一样的。

契约的表达有些是明确的，有些需要猜测。明确表达就是指可以按照言辞本意来理解契约的内容。这些言辞可以是现在时也可以是过去时，例如我给出、我承诺、我已经给出、我已经承诺、我愿意赠予你某物等。还有一些是将来时的言辞，例如我将给出、我将承诺等。我们把这些将来时的语词称为许诺。

猜测的表达可能是语言导致的也可能是沉默导致的，可能是行为导致的也可能是不作为导致的。通常情况下，所有契约的猜测表达都可以完全表明立约者自愿履行的任何事情。

仅含有单纯许诺的将来时语词，并不能充分表达无偿赠予的意愿，所以并不具有约束力。因为如果语词是将来时的，例如，明天我将给出等，这就意味着并没有给予，因此我的权利还没有转让，那么在我没有通过某种其他行为完成转让之前，这些权利仍属于我。但是如果使用现在时或过去时的语词，例如我已经给出或我给出并且会在明天交付等，那么就相当于我已经在今天就把明天的权利转让出去；尽管没有其他证据可以表明我的意愿，但是我的语词性质已经充分肯定了这种意愿。

“我愿意在明天把某物送给你”和“我将在明天把某物送给你”这两句话之间有很大区别。因为 I will 这个语词在前一句话里的含义是“我愿意”，表达了当前的一种意志行为，但是在后一句话里的含义是“我将”，表达了对未来的某种意志行为的许诺。那么，因为前一句话中的语词是现在时，所以就是将未来的权利进行转让；后一句话中的语词是将来时，因此并没有转让任何事物。然而要是在语词之外存在其他可以代表转让权利意愿的迹象，那么尽管是无偿赠予，我们却可以认为这个将来时的语词已经将权利进行转让。举个例子来说明，就像一个人要奖励赛跑第一名的选手，就属于无偿赠予；虽然他使用的语词表达是将来时，却完成了权利转让。如果他不愿意让人们那样理解他的语词，就不会让人们举行赛跑。

在契约中，权利不仅可以在使用现在时语词或过去时语词时进行转让，也可以在使用将来时语词的时候进行转让。因为任何一种契约都是权利的相互转让或交换，所以一个人单纯因为已经得到了交换利益的许诺而做出相应的许诺，就可以被理解为有意愿转让权利。因为他之前如果不愿意让自己的语词被这样理解，对方就不可能愿意先履行自己的义务。因此，在交易和其他契约行为中，许诺就可以视为信约，所以也具有约束力。

先行践约的一方，我们就说他是应当获得在对方履行契约时所接受的东西，他所接受的事物可以被视为他应得的。悬赏的奖金是对很多人承诺却只有获胜者可以得到时，或者是把钱币扔到人群中只要拿到的人都可以拥有时，尽管后者属于无偿赠予，但是通过获胜或拿到的方式取得的钱币都可以被视为应得的，也就可以作为应得之分而被保留。因为这项权利虽然因为悬赏或扔钱的动作而没有确定最终归属权，这个归属权要由竞争结果决定，但是权利出让却已经完成。但上述两种应得之分也有一点不同：契约中的应得之分，是来自我的权力和对方的需求；而自由赠予中的应得，是来自赠予者的善良。在契约中，我有充分的理由要求对方放弃权利，但是在自由赠予的情况下，我就没有这种理由让他放弃权利，而是在他主动放弃权利之后由我而不是别人应该获得这项权利。我认为经院学派区分相宜的应得和相称的应得，其意义就在于此。因为全能的上帝会允许那些不能摆脱肉体欲望却能遵守他的戒律和约束而经历过尘世的人进入天堂；而他们认为像这样经历过尘世的人就是因为相宜才应该进入天堂。由于人们都只能是因为上帝对世人普遍的仁慈，而不是因为自身的德行或权势而要求得到进入天堂的权利，所以他们认为不存在可以凭借相称的条件而进入天堂的人。关于这个问题，我只能说“我认为这种区分的意义就在于此”。但是这些争论者只有在术语的意义对自己有利时才会予以承认，因此我完全没有打算去肯定它们的任何一种意义，我只是想说，当赠予之物以竞争赢得奖励这种不确定方式进行转让时，对获奖者而言就是应得的，而且他有权要求把奖励视为自己的应得之分。

如果双方订立契约后都没有立刻履行义务，而是选择信任彼此，那么在纯粹的自然状态下，也就是在人与人之间的战争状态下，只要有任何一点合理的怀疑出现，契约就会失效。但是如果在两者之上存在一个共司的权利和力量足以强制双方践约的时候，这个契约就不会失效。因为语词几乎没有任何约束力，如果不存在某些强制力量下产生的畏惧心理，那么人们的野心、贪婪、愤怒以及其他激情就会不受约束。在纯粹的自然状态下，因为人人平等 并且关于对方有可能会违约的担心是否有合理依据全凭个人判断，也就无法设想会存在这样的强制性权力。如此一来，先履行义务的人就不能保障对方也会履行义务，那么他就相当于违背了不能放弃保全自己性命和生存手段的权利，并且让自己陷入任人宰割的境地。

然而在世俗国家，因为人们已经建立了一种共同权力去约束在其他情况下违约的人，所以这种对违约的担忧就变得毫无根据了。如此一来，根据信约应先行践约的人就有义务履行约定。

导致对违约的恐惧心理产生的事物，肯定是在订立契约之后才出现的事物，例如新出现的一些可以充分证明对方有意不履行契约的事实或征兆，此外就不会有什么能够让契约失效。既然某种事物在之前就不能妨碍人们提出承诺，那么在承诺之后它也不应该成为妨碍人们履行契约的因素。

当一个人转让任何一种权利时，相当于将自己权力范围内与之相应的享受权利的手段也一并转让。例如，某人将土地售出就相当于将其中生长的牧草和其他所有事物一起转让。出售水磨的人不能引走推动水磨的溪水。让出政府主权的人等于赋予对方征税征兵、立法以及设立官员的权利。

人类不可能和野兽订立信约。因为野兽听不懂人类的语言，所以无法理解和接受任何权利的转让，也不可能将自身的任何权利让出，不接受彼此的权利也就不可能建立信约。

与上帝立约只能通过上帝降下的超自然的神祇，或者通过上帝的助手以上帝的名义向代理人传达。因为除了上述两种方式外，我们再也找不到其他方法来确定自己的信约是不是真的被承认。那么任何人的誓言只要违反了自然法，就是无效的，因为由此得到的报偿就是不公正的。而如果誓言的内容原本就是自然法给出的指示，那么具有约束力的也不是誓言本身，而是自然法。

信约的内容或主旨一直都是经过谨慎思考的事物，因为订立信约本身就是意志的行为；这是一种行为，也是一种经过谨慎思考以后确定的最终行为。所以，信约的内容通常会被看作将来发生的事，也是立约双方认为可以履行的事情。

因此，明知道一件事情不可能却依然许诺就不是信约。但是如果这件事在事前被判断为可能，立约后却被证明不可能，那么这个信约就不会失效，契约虽然依旧具有约束力，但是这种约束力并不是针对这件事情本身的，而是针对这件事情被赋予的价值。假如践约依旧不可能实现，那么就只能要求此人通过诚实的努力尽量履行契约，因为任何人都不可能在这个程度之上承担义务。

解除信约有两种方式：一种是践约，一种是免除。前者是契约的自然结束，而免除则是通过对义务所基于的某种权利进行再次转让而让原本需要践约的人恢复自由。

在纯粹的自然状态下，因为恐惧而订立的契约也具有约束力。例如，我承诺向自己的敌人支付赎金或付出劳动以此来赎回自己的生命时，就会受到这种信约的约束，因为这是一种契约。其中一方获得的权益是生命，而另一方以此为交换得到的是金钱或者劳力。所以，与纯粹的自然状态下的情况相似，在没有相应法律禁止其履行契约时，这类信约就是有效的，所以战俘在受到信任将来要支付赎金的时候，就有支付的义务。假如一个弱国的君主因为恐惧而和一个强国的君主签订了不平等条约，那么他就有义务践约，除非出现了之前提到过的一种情况，也就是有新的可以引起恐惧的正当理由出现，让两国再次开战。就算是在一个国家内部，如果我被迫承诺支付赎金，以此来向强盗赎身，那么在民法没有解除契约之前，我依然有义务支付赎金。因为在我没有履行义务时如果该行为是合法的，那么我也可以因为恐惧而订立契约并合法地完成这件事。合法约定的事，如果违约就是不合法的。

先前的约定可以让后来的约定失效。因为如果一个人在今天已经将权利转让给某人，那么他明天就不再拥有这项权利，也就不可以转让给他人。所以，后来的许诺就会因为不存在可以转让的权利而失效。

不使用强力来防御强力的信约是不可能有效的。正如我之前说明的那样，没有人可以出让挽救自己生命或自由的权利，因为人类放弃任何一种权利都是为了保证不会出现这类威胁。所以，在暴力面前不反抗的承诺在任何信约中都不可能转让任何权利，并且没有任何约束力。因为一个人可以承诺“除非我做某件事，不然你可以杀了我”，但是他不能承诺“除非我做了某件事，不然你来杀我的时候我不会反抗”。因为反抗过后的死亡危害比较小，而不去反抗就已经确定要死亡的危害非常大，人类的天性决定了他会两害相权取其轻。这是一条被人们普遍认同的真理。我们可以很清楚地看到类似的事实，一个罪犯在伏法认罪之后，依然需要武装人员把他从监狱押送到刑场。

一个人选择控告自己却没有得到赦免的承诺，那么这种情况下的信约就是无效的。因为自然状态下每个人都是法官，谈不上控告；文明社会里控告之后就会有惩罚，惩罚是一种强力，人们没有不抵抗的义务；在控告父亲、妻子或恩人并让其被判刑后，指控者会感觉到痛苦就属于这种情况。因为指控者并不是出于自愿才提供证据，那么我们认为这个证据在本质上是不可靠的，也就不能作为判断依据；如果一个人的证据不可靠，他便没有义务提供。刑讯逼供得到的结果也不能作为证据。因为刑讯只能在追查真相的过程中作为推测和指引的手段，受刑者选择坦白是为了减轻自身痛苦，而不是为施刑者提供材料，因此我们就不能认为得到的是充分且可靠的证据。因为这个人用来解脱自己的指控无论是真实的还是捏造的，其行为的出发点都是保全自己生命的权利。

前面已经指出，语词的力量十分薄弱，无法约束人们践约，而在人类的天性中，只有两种在我们的设想中可以强化语词的力量：一种是对违约后可能产生后果的畏惧，另一种是因为表现出会践约而感到骄傲和荣誉。后面这种豪迈的感觉非常少见，因此不能作为依据，况且在追求权势、财富和肉欲享乐的人中更加罕见，而人类中的绝大部分又都是这种人。所以，我们可以借力的就是畏惧。畏惧有两个很常见的对象，一种是不可见的鬼神之力，一种是违约后将会得罪的某人的力量。虽然两种力量相比，前一种似乎更强大，但是后者却能让人产生更强烈的畏惧。对不可见力量的畏惧，具体到每一个人身上就是他信奉的宗教，在文明社会出现之前，这种畏惧就已经在人类本性中占有一定的地位；但是后面这种畏惧则不然，至少其地位没有大到让人信守承诺。因为在纯粹的自然状态下，我们无法在战争之外的地方看到权力的不平等。因此在文明社会出现之前，或是在战争中断了文明状态的时候，除了每个人对自己崇拜的神明以及他认为在自己违约后会报复自己的那些不可见力量的畏惧之外，就不存在其他可以强化双方通过协议订立的平等条约，让人们不被野心、贪婪、肉欲或其他强烈的欲望引诱而做出违约行为的条件了。所以，两个不受世俗权力约束的立约者能够做到的，就只有一起到自己畏惧的神明跟前发誓。这类誓言通常是附加在承诺之上的一种语言形式。做出承诺的人会通过这种语言表达来说明，如果他不履行诺言，就再也得不到神的慈悲，并且会受到神明的报复。异教徒的誓言一般是："不履行约定就让朱庇特神像我杀死这头野兽一样杀死我。"我们的誓言一般是："我会这样做，愿上帝保佑我。"这类誓言加上每个人在自己宗教中常用的各类仪式，就会让人对违约的恐惧变得越来越强烈。

通过这一点可以明显看出，除非使用发誓的人习惯的形式或仪式说出誓言，否则任何誓言都是无效的，都不能被当作誓言，而且不能对着任何一种不被发誓的人看作神明的任何事物发誓。有的时候人们会出于畏惧或讨好的心理以国王的名义起誓，以这种方式向人们表达自己将神的尊荣赋予国王。因此，在非必要的时候向神明起誓就等于亵渎神明，人们在日常对话中使用其他事物起誓的表达则根本不能算誓言，那只不过是在情绪激动之下养成的一种不虔诚的恶习。

我们还可以发现，誓言没有增强约束力的作用。因为如果信约是合法的，那么不管有没有誓言，神都认为契约是有约束力的；而如果信约是不合法的，那么再怎么发誓也不可能让它具有约束力。

第十五章　论其他自然法

根据前面一条自然法，也就是人们有义务将那些一旦保留下来就会妨碍人类和平的权利转让给其他人，就产生了第三自然法：订立的信约必须履行。如果没有这条自然法，信约就会变成没有任何用处的一纸空文，而每个人对所有事物的权利依旧存在，人与人之间也依旧处于战争状态。

这条自然法中包含了正义的根源。因为如果没有信约的出现，就不会出现权利的转让，那么每个人对一切事物都有权利，也就没有任何一种行为是不义的。而信约一旦订立，违约就是不义的事，因此不履行信约就是不义。任何一件事如果不是不义的，就一定是正义的。

然而正如前一章提到的那样，建立在相互信任基础上的信约，一旦其中一方产生了对方可能会违约的畏惧心理，就会失效；因此虽然信约的订立可以产生正义的概念，但是如果这种让人产生畏惧的原因依然存在，就不可能有真正的正义存在；而只要人们一直处在战争状态中，就不可能消除这种畏惧的原因。按照这种说法，在出现正义和不义等概念之前，就一定要先有某种强制的共同权力存在，它会让人们知道自己违约能够获得的利益根本比不上自己会受到的惩罚，这种畏惧心理会强制人们以公平的方式履行信约，也会强制人们以公平的方式来保持自己通过彼此之间的契约、以自己放弃普遍权利作为交换得到的所有权。这样的共同权力在国家出现之前并不存在。通过经院学派对正义的一般定义我们也可以得出这个结论，他们认为："正义是每个人将自己的所有物予以自己的恒定意志。"那么没有所有权的地方就没有不义；没有建立强制权力也就是国家的地方就没有所有权；在这种地方，每个人对一切事物都具有权利；因此，在没有国家的地方也就没有不义的事。由此可见，正义的本质是履行有效的信约，而只有在可以强制人们履行信约的社会权力建立起来之后信约才是有效的，所有权的概念也是在这个时候产生的。

有些愚蠢的人认为所谓的正义根本不存在，有时还会把这种话说出来。这些人会非常郑重而又肯定地说，当每个人为自己的生命保存和满足负责的时候，他们就没有理由不按照自己认为于此有利的方式去做。于是，是否立约，是否会履行约定这些问题，只要是对个人利益有帮助的，就不算违反理性。这些人的话没有否认信约的存在，也承认了信约可能履行也可能被破坏的事实，而且认可了遵守信约就叫正义，破坏信约就叫不义。然而这些人的问题在于：在没有了对神明的敬畏之后，因为这些愚蠢的人发自内心地认为神也是不存在的，不义是否在有些情况下不能与可以促使人们谋求自身利益的理性保持一致；特别是在不义可以带来的利益可以让人完全不顾指责和谩骂，甚至连别人的权势都不再顾虑的时候，这样的不义是否还能够与理性保持一致。神的王国是凭借暴力得到的，但如果这种暴力可以是不义的，那么又会出现什么情况？如果我们以这种方式获得了神的王国而且可以保证自己不受伤害，这难道是违反理性的行为？如果不违反理性，那么就不违反正义，否则正义也就不再是值得推崇的东西。在这个基础上进行推理，取得成功的恶行就能拥有美德之名，有的人不允许任何其他地方出现背信弃义的行为，却能容忍背信窃国的行为。异教徒相信萨刭恩是被自己的儿子朱庇特废黜的，但他们同时也相信朱庇特是惩罚不义的神明，这种情况和寇克编写的《利特顿[①]氏著作评注》一书中提到的一条法律有点像，这条法律的内容是

① 利特顿（Litleton）是英国著名法律学家，著有《论保有权》一书，其主要内容是讨论封建土地保有权。

这样的：法定王位继承人在因叛逆罪丧失公权时，仍保留王位继承权；而且自继承王位之日起，公权丧失的判定立即无效。按照这种说法，就很容易推论：虽然现任的国王是父亲，王位继承人弑父的行为也可以被冠以不义或是更加恶劣的罪名，然而其行为却绝不是违反理性的；因为人类一切出于意志行为的目的都是获得自身利益，而对这一目的最有帮助的行为则一定是最合乎理性的行为。但是不管怎么解释，这种看似能够以假乱真的推理都是不可能成立的。

现在的情况并不是还没有建立世俗权力，因此做出允诺的双方不受约束，其中任何一方是否会履行诺言也得不到保证的一个互相允诺，这样的允诺也根本算不上是信约。现在的问题是，立约双方中的一方已经履行契约或是已经存在迫使其中一方履行契约的权力时，履行信约到底会不会违反理性，也就是这么做会不会违反对方的利益。我个人的观点是，这么做不违反理性。想要说明这个问题，我们需要考虑以下几个方面：首先，无论一个人对任何一件事情有多大的把握或者多么强的预测能力，当他要做的事情足以导致他的自我毁灭时，无论过程中会出现什么意料之外的偶然情况可以让这件事情对他有利，也不可能让他做这件事情的行为变成理性的或者明智的行为。其次，在战争状态下，因为不存在可以让大家产生畏惧的共同权力，所以每个人之间的关系都是互相敌对的。在缺少联盟助力的情况下，任何人都很难依靠自己的力量和智慧来保全自己不被毁灭；在联盟中的每个人都怀着共同的信念，就是通过联合得到共同防御的力量；如果此时有人声称自己认为欺骗给自己提供帮助的人是一种合理的做法，那么他可以期待获得的合理的安全保障措施就只可能是从他的个人力量中能够得到的那些。于是，那些在破坏信约之后还要说自己觉得这种做法合理的人，就不会被任何一个联合在一起追求和平与安全的社会组织所接纳，除非接纳他的人犯了错误。而这个人就算被接纳后进入这个社会，也无法忽视这个错误中显而易见的危机；因为没有人可以凭借他人犯下的错误来保障自己的安全，这种手段本身就是不合理的。那么当这个社会抛弃或驱逐他时，这个人就会走向毁灭；如果他还能继续留在这个社会里，只能说明有人犯了错，但是他既不能预测也不能寄希望于别人身上偶然的错误，因此这种行为就违背了自我保全的理性。那么众人既然没有让这个人自生自灭，就只能说明他们是因为不确定怎样处置他对自己有利才选择暂时容忍这样的人存在。

那些有关如何能够得到天国牢固且永恒至福的说法，都是不靠谱的，唯一能够想得到的办法就只有不破坏信约并且遵守信约。

而在通过发动叛乱取得主权的另一个案例中，我们可以明显地看到：虽然这种结果是有可能的，但是因为不能以常理推断出这个结果，反而只能得到相反的结论。而且，通过这种手段得到国家的主权后，也会不断有其他人效仿这种手段来攻击自己，因此这种行为就是违反理性的。那么，正义，即遵守信约就是理性的通用法则，这条通用法则禁止人们做出任何威胁自身的事情，所以也是一条自然法。

更有甚者会认为，自然法并不是有助于人们保全尘世生命的法则，而是有助于人们获得死后至福的法则。他们相信破坏信约的行为可以帮助自己获得永恒至福，所以就是合理的且正义的。这些人将杀戮、废黜或反抗自己曾经同意授权并建立起来管辖自己主权者的行为视为功德。但是，我们并不能通过自然的理性获得任何有关人们死后情况的知识，更不用说与失信行为的死后报偿有关的任何知识，人们之所以会有这种认知，只是因为听说有些人通过超自然的手段了解到这件事，或是他们听说了有其他人得知另外一些人以某种超自然手段获悉此事。所以，背信就不能被称为理性或自然的准则。

还有一些人，他们虽然也承认守信是一条自然法，却相信有些人属于例外情况，例如异教徒和一直以来都不守信的那些人，这种观点也是不合乎理性的。其原因是，如果存在任何一种足以让我们解除已经订立的信约的错误，那么这个错误就非常有理由并且应该阻止我们订立信约。

正义与不义这两个名词，在用于人的方面和用于行为方面时表达的含义是不同的。用于人时，其含义是某个人的德行是否合乎理性；用于行为时，其含义是某些具体行为是否合乎理性，而与行为者的德行或生活方式无关。所以，正义之士是指那些时刻注意自己的行为，使之合乎理性的人；而不义之徒则是那些完全不考虑自己的行为是否正义的人。我们的日常用语中，很少会出现义士或不义之人这样的形容，我们一般使用的是有正义感和没有正义感这样的表达，但是这两组词语所表达的含义是完全相同的。因此，正义之士并不会因为偶尔的冲动之举或在与人和事有关的问题上犯了错并做出不义之举而失去正义的美名；不义之徒也不会因为自己在恐惧的时候做或不做某些事而失去不义的品质，因为他意志的根据并不是正义，而是他的行为能够带来多少好处。赋予人类行为正义属性的是一种非常珍稀可贵的品质或者是一种见义勇为的精神，在这种品质或精神的指引下，人们会出于羞耻心而不愿让人看到自己为了安逸的生活做出欺诈或不义的事情。这种品行上的正义被称为正义之德，那些认为不义是恶行的地方所谓的正义也属于这种情况。

但是正义的行为并不能让人获得正义之名，只能获得无罪的名声。而我们通常称之为伤害的那种行为的不义，也只能让人获得有罪的名声。

还有，品行的不义是指加害于人的意图或倾向，在没有付诸行动，并且没有一个假定的受害人时，就已经可以定性为不义。而行为的不义，也就是侵害则必须假定存在一个受害人，这个受害人就是立约者。因此，在很多情况下，进行侵害的是一个人，而承受损失的却是另一个人。例如，主人命令他的仆人将一笔钱送给一个陌生人，但是仆人却没有送，那么此时的受害人便是与仆人立约并使之服从命令的主人，然而承受损失的却是没有收到钱的陌生人；仆人对陌生人没有任何义务，他的行为也就构不成任何侵害。同理，在国家之内，平民之间可以免除彼此的债务，却不能宽恕使自己蒙受损失的抢劫或其他暴行。因为在前一种情况下受害人是平民自己，而在后一种情况下受害人却是国家的人格。

一个人受到的任何行为，只要与他向行为者表达的意愿相符，就不能说对他构成侵害。原因是，如果这个人没有事先订立信约，也就是说，他没有放弃自己可以做任何事的自然权利，那么就不存在破坏信约一说，因此这个行为也就没有对其构成侵害。如果已经订立信约，那么在他表现出对这个行为的意愿之后，契约就等于自动解除，因此也没有对他构成侵害。

著作家们认为行为的正义有两种：一种是交换的，呈算数比例；另一种是分配的，呈几何比例。由此可以推断，他们认为交换的正义在于立约的事物之间需要具有同等价值，分配的正义在于具备相同条件的人可以分得的利益也要相等。这似乎是在告诉我们低价买入高价卖出就是不义，让一个人获得的东西超过他应得的量也是不义。所有在立约过程中进行议价的事物，其价值都是由立约者的欲望来衡量的，因此立约者愿意付出的价值就是这些事物公正的价值。价值的依据也不是正义规定其应得的量，而是恩惠的多少。不过也有例外，那就是存在信约规定的条件。此时，其中一方履行信约便是对方履行信约的条件，这样的正义就是交换的正义而非分配的正义。由此可见，上述区别在通常意义下就存在谬误。确切地说，交换的正义是指在交易、雇用、借贷、交换、以物易物等契约行为中践约，也就是立约者的正义。

分配的正义是确定怎样的行为才是“正义的”，也就是公断人的正义。在这种情况下，如果一个人受到众人信赖被推举为公断人，并且履行了众人委托的内容，就可以说他将每个人应得的份额分配给每个人。这与正义的分配的概念相符，我们便可以说这是一种分配的正义，用一个更准确的词来概括就是公道。而且，这也属于一种自然法，我会在之后合适的时候进行说明。

正义是由已经存在的契约决定的，感恩则是由已经给出的恩惠所决定的，这个恩惠就是事先完成的自由赠予。这就是第四自然法，概括如下：“接受他人因单纯的恩惠而赠予的利益时，要努力让施惠者不会有正当理由后悔自己曾经做出的善意行为。”因为如果不是因为自身利益，没有人会给予他人恩惠。这中间的逻辑在于，赠予是自愿行为，对于任何人来说自愿行为的最终目的都是谋求自身的利益。如果人们会预见到自己在某件事上会蒙受损失，就不会出现恩惠或信任，也就不会出现互帮互助以及和谐共处的可能。那么，人们依然会处在战争状态下，这就违背了第一和基础自然法所规定的内容，也就是追求和平。违反这条自然法的行为叫作忘恩，忘恩与恩惠之间的关系，就如同不义与践约之间的关系。

第五自然法是适应，其含义是每个人都应该努力让自己与他人相适应。为了理解这条自然法，我们可以先这样来考虑：因为每个人的感情都是不同的，因此人们的社会倾向在本质上就存在差异。这种情况就很像堆砌在一起用来建造大厦的石头，假如其中有一块形状不规则并且凹凸不平，强行放进去就会占用其他石块的空间，建筑师又发现这块石头难以打磨，对整个建筑也会产生影响，于是就会判断这是块麻烦又不好用的石头，并选择扔掉它。同理，如果一群人中有一个性格古怪不讲情面的，非要留着自己可有可无但别人却必不可少的东西；而且这个人还非常固执，并拒绝改正，那么他就会被认定为妨碍社会秩序的人，并被抛弃或者驱逐。既然我们已经知道，每个人都会尽其所能地获得其保全自身所需要的一切，这既是出于每个人的自然权利，也是出于人类的本性，那么因为一些不重要的事情而违反这条规则的人就理应承担这一行为引发的战争；而其行为本身也已经违反了追求和平的基本自然法。遵守这条自然法叫作合群，拉丁语中叫作顺应；反之，则叫作不合群、固执、我行我素、无法无天等。

第六自然法是，当犯错的人已经悔改，承诺不再重犯并请求宽恕的时候，就应该宽恕他曾经的过错。因为宽恕意味着允许人们促进和平。尽管对于不能放下敌意的人来说，这种允许并不是热爱和平的表现，而是懦弱的表现，但是如果一个人已经对将来做出保证，而对方还要拒绝就等于不愿意追求和平，因此也就违背了基本自然法。

第七自然法是在以怨报怨，也就是在实施报复行为的过程中，人们应该考虑的并不是过去承受的损失，而是将来会获得的好处。

这条自然律规定只允许出于让人改过自新并以儆效尤的目的而实施惩罚，除此之外的惩罚全都要禁止。这条自然法是上一条自然法，也就是在人们承诺之后需要宽恕这条自然法会引出的一个必然结果。而且，如果不是为了告诫犯错者或谋求将来的利益而实施报复行为，那么就只能说明此人对肆意伤害他人这种无目的行为感到满足或荣耀。总而言之，目的都是属于将来的事物，这种无目的的荣耀与理性的虚荣相违背。毫无理由的侵害行为会引发战争，也就违反了自然法，通常被称为残暴。

所有敌意和轻蔑的表现都会引起争斗，因为大多数人宁愿承担失去生命的危险也不愿意忍受耻辱。因此，我们定下一条戒律，也是第八自然法，任何人都不允许以行为、语言、表情和姿势等表现出对他人的敌意或轻蔑。违反这条自然法，一般被称为侮辱。

就像我们在前面已经说过的那样，在纯粹的自然状态下，人与人之间是平等的关系，完全不存在优劣之分。如今我们看到的所有不平等状态，都是因为市民法的出现。我知道亚里士多德有关学说的基础，也就是他在《政治学》开篇就已经提出的说法：根据人类不同的天性，有些人生来适合“治人”，这些人属于贤明的人，他认为哲学家就属于这一类。而另外一类人则更适合被人管理，因为这些人身强力壮，却又不是哲学家。他的这种说法就像是在告诉我们，主仆关系的建立并不是以双方意愿为基础，而是建立在双方的智力差异上。这种说法不仅违背了理性，也违反了经验；因为这个世界上几乎不会有人愚蠢到不愿意自己来管理自身事务，而更愿意陷入受制于人。当一个智者非常骄傲地和一个怀疑他智慧的人用力量一争高下的时候，并不会永远保持胜利或者在大多数情况下如此，我们甚至可以说他几乎不可能获得胜利。所以，如果说人生而平等，那么这就应该被当作事实来承认。如果说人并非生而平等，那么因为每个人都相信这种平等，而且不愿意在不平等的状态下进入和平状态，所以这种平等也一样必须被承认。于是，我制定了第九自然法，每个人都要承认自己与他人是平等的，违反这条自然法就叫作骄傲。

根据承认平等的自然法，我们可以得出下一条自然法，在进入和平状态时，如果一个人不赞成他人要为自己保留的某项权利，那么这个人也不得要求保留该项权利。为了追求和平，人们都不得不放弃某些自然权利，也就是凭借自身意愿做任何事情的权利；同理，为了保障自己的生命，人们也必须保留某些权利，例如支配自己身体的权利，享有空气和水的权利、运动的权利，经过从某地到某地的一段道路的权利，以及其他一切保障生活的持续和品质必不可少的权利。在这条规则下，如果人们在建立和平的时候要求自己不允许他人获得的东西，就等于是不承认人生而平等的法则，因而也就违反了自然法。我们将遵守这种自然法的人称为谦和谨慎，将违反这种自然法的人称为骄傲放纵，希腊人则把破坏这条自然法的行为称为非分之想。

而且，如果一个人因为接受信托而在两人之间担任仲裁者，那么自然法中有一条戒律就要求他要公正地做出裁断。因为如果做不到这一点，人们之间的纠纷就只能通过战争来解决。如此说来，裁断中有偏私行为的人就是滥用职权、妨碍人们任用公正的仲裁者，那么这个人就因为违反自然法而成了战争的原因。

这条自然法依据的规则是，将应当属于每个人的事物平等地分配到相应的人手中，遵守这条自然法就叫作公道。也像我前面说过的那样，这种行为可以称为分配的正义，违反这条自然法的行为就叫作偏私。

根据这条法则，我们可以推论出另一条法则：如果不可分割的事物能够共享，就应该共享，而且在数量允许的情况下不应该有任何限制；如果数量不允许，就应当根据有权分享的人数按照比例分配。因为如果不这么做的话，就违背了公道的原则。

然而，当出现不可分割也不可共享的事物时，依据公道的自然法，就应当要求所有的权利归属通过抽签的方式来决定，否则就让所有有权享用的人轮流使用，而第一个享有者由抽签决定。因为要遵守公平分配的自然法，而人们也想不出抽签以外的公平分配的方式。

抽签有两种方式，第一种是由人的意志来决定，第二种是根据自然方式来决定。人的意志决定是指竞争者彼此之间通过协商认可的方式。自然的决断则是根据嫡长继承权或原始占有权来决定，前者被古希腊人称为按照命运的安排给予。

所以，当某事物不能分割也不可共享的时候，就应该将它的权利归属于第一占有者；在某些情况下，则应该根据命运的安排将其归属于长子。

下面这一条也是自然法：只要是调解和平的人都应该获得安全通行的保证。因为规定了人们要以和平为目的的自然法，同时也规定了人们应该以调解为手段，而安全通行是进行调解的前提。

尽管人们非常愿意遵守这些自然法，但是在涉及个人行为时仍旧避免不了问题的出现。第一个问题就是究竟有没有执行。第二个问题是，如果已经执行，那么是否合法。我们将前者称为实施问题，后者称为权利问题。所以，除非与之相关的几方共同约定服从于其他方面的裁定，否则这些人就还会与之前一样，无法得到和平。这个被服从的其他方面被称为公断人。因此，自然法规定：争议的各方应将其权利交由公断人进行裁定。

既然我们已经预设了一个前提，也就是所有人的行为都是以谋求个人利益为目的，那么任何人都不适合在自己的争讼案件里充当公断人。就算他非常合适，但是根据公平原则双方要均享利益，如果其中一方可以被接受成为公断人，那么另一方自然也可以被接受；那么事情的争端也就是战争的原因不会消失，而是以违背自然法的形式继续存在。

同理，如果有人在一场争讼案件中充当公断人，而其中一方胜诉会让他获得更多利益、荣誉或满足时，那么他就不适合在任何此类案件中充当公断人；因为尽管他只是不可避免地收受贿赂，但其本质依旧是受贿，因此人们就没有相信他的义务。按照这样的方式去做，争端和战争都不会消失，这就违反了自然法。

出现与事实有关的纠纷时，因为公断人对争议双方必须怀有同等的信任，如果不能获得其他证据，就一定要信任第三方、第四方或其他更多方面的人，不然事情得不到解决，最后就只能通过武力解决，而这种解决方式显然违背自然法。

上面这些都是规定人们要以和平方式在群体中保全自己的自然法，这些都是与文明社会相关的原理。除此之外，还存在其他会损害个人的事物，例如酗酒以及一切放纵的行为。不过这些都没有必要在这里提出，也不适合在此处讨论。

因为大多数人都在为了维持生计而奔波，剩下的人又因为比较粗心而不能理解与上面这些自然法有关的微妙推演。但是为了让所有人都找不到借口，我们将这些自然法归纳为一条精简的总则，即便是最平庸的人也可以理解，那就是“己所不欲，勿施于人”。这条总则告诉我们，想要理解自然法只需要做到下面一点：当一个人把自己的行为和他人的行为放在一个天平上进行比较时，如果发现他人的行为总是显得太重，就把自己和他人的位置对调一下，让自己的激情和自重感别在其中增添重量，这样一来，上述所有的自然法在他的眼中，就没有一条是不合理的。

在内心里，自然法是具有约束力的，也就是说只要自然法出现就可以约束某一种欲望。但是在外部，也就是在付诸行动时则不是一直具有约束力。因为如果一个人善良谦逊，当其他人不履行诺言时他依旧兑现自己的所有诺言，那么这个人只能把自己变成他人的牺牲品，并且最后必然会走向自我毁灭，这便违背了所有让人保全本性的自然法的基础。反之，如果一个人拥有足够的保证，可以确定周围的人会遵守上述自然法，但是他自己却不遵守的时候，他追求的就不再是和平而是战争，最后就会让暴力毁掉自己的本性。

任何一种在内心具有约束力的自然法，不只是会因为出现与之相违背的事实而被破坏，也可能会因为与之相符的事实而被破坏，当人们认为其与之相违背时就是如此。因为在这种情况下，虽然行为本身与自然法相符，却与目的相违背，此时如果约束是仅限于内心的话，就等于已经被打破。

自然法是恒定的，不义、忘恩、骄纵、骄傲、不公、偏私等永远都不可能合乎自然法。因为绝对不可能存在这样一种道理，可以使战争保全生命，使和平杀死人类。

因为这些自然法只能约束人们的欲望和主观努力，此处指的努力是真诚而长久的努力，因此人们很容易遵守。既然自然法只是要求人们付出努力，努力履行自然法就等于实现了自然法，而实现了自然法的人，我们就称之为正义的人。

研究这些自然法的科学是唯一真正的道德哲学，因为道德哲学本质上就是研究人与人之间交流和往来中存在的善与恶的科学。我们便用善与恶两个名词来表示自己的欲望和厌恶，人们则因为不同的气质、习惯和学识而产生不同的欲望和厌恶。这些好恶判断上的区别不仅仅是在味觉、嗅觉、听觉、触觉和视觉等感官方面，也存在于对生活中的同一行为是否合理的判断上，甚至同一个人在不同时期也不能保证其判断会前后一致。在某一时期被指责为恶的行为，在另一个时期可能会被赞扬为善。由此就会引起争论和争执，最终则会引发战争。因此，当个人好恶便是衡量善恶的标准时，人们就处在纯粹的自然状态，也就是战争状态中。因此，所有人都会赞成一个观点：和平是善，由此可知所有促成和平的手段和方法，例如我们之前提到的正义、感恩、恭谨、公道、仁爱以及其余自然法也是善。换言之，这些都是美德，而与之相反的恶行则都是恶。因为研究美德与恶行的科学就是道德哲学，所以与自然法有关的真正的学说都属于道德哲学。尽管在道德哲学领域的著作家们都承认同样的美德与恶行，但是因为这些人并未发现美德中的善在哪里，也没有发现美德是作为促进和平、友爱且安逸的生活的手段而受到推崇的，因此他们就认为美德取决于适度的激情。这就好像在说，毅勇并非因为勇敢的动机，而是在于勇敢的程度；慷慨也不是因为馈赠的动机，而在于赠予的数量。

一直以来，人们都将这些理性的规定称为法，但是这个称谓其实并不恰当，因为其本质不过是规定了哪些内容有助于人们自我保全和自我防卫的法则或结论而已。正式的说法应该是，法律是有权管辖他人的人说出的话。但如果我们相信这些法则都出自有权力支配万物的上帝之口，那么也就可以被恰当地称为法。

第十六章　论人、授权人以及被人格化的事物

所谓的人，如果不是言语和行为被视为发自其自身的个人，那么就是言语和行为被视为代表其他人或通过现实或虚拟方式属于他的任意其他事物的语言和行为的个人。

言语和行为被视为发自其自身的个人，叫作自然人；被视为代表他人的言语和行为时，叫作拟人或虚拟人。

人这个词出自拉丁文。希腊文中没有人的说法，而是用面貌这个词，其含义与拉丁文中的“人”一样，指的是在舞台上装扮成某个人的打扮或外表，有时指代的事物会更加具体，专门指装饰面部的面具或面甲。后来这个词的含义发生了变化，不再是专门的舞台用语，而是指代法庭和剧院里一切行动和言语的代表。因此，在舞台上以及日常用语中，人的含义便等同于演员的含义。作为代表的人的含义就是扮演或代表自己或其他人。代表某人的意思就是负担这个人的人格或者以这个人的名义去做事。西塞罗说，我负担着三重人格：我自己、我的对

手和裁判者，在这句话里他使用的就是这种含义。在不同的时代背景下，我们对这类代理人有着不同的称呼，例如代表、代表者、助手、副牧师、代诉人、代理人、公诉人扮演者等。

当拟人的言语和行为获得了被代表者的承认时，我们就称他为代理人，承认其言行的被代表者则被称为授权人。在这种情况下，代理人是根据授权行动的。授权者如果是在物品或财产方面进行授权，则称为所有者；如果是在行为方面进行授权，则称为授权人。正如占有权被称为所有权，采取任何一种行动的权利就叫作授权。于是，一直以来授权的含义就是做出任何行为的权利，根据授权行动就是指根据具有该项权利的人的委托或许可行动。

在此基础上，我们可以进行推论，当代理人根据授权订立信约的时候，授权者就会像自己亲自订立信约一样受到约束，并且授权人也要对该信约产生的所有后果负责。这样一来，我们在第十四章里面提到的所有人与人之间以自然人身份订立契约的性质，当其刚好也在代理人、代诉人或代表从授权人手中获得的授权委托范围之内时，也是成立的。

那么，当一个人跟代理人或代表订约时，如果不知道自己授予对方的权利有多少，那么危险发生的时候就要自己来承担责任。因为如果一个人自己并不是授权人的话，那么订立的信约对其也不会产生任何约束。当然，如果订立的信约违反了授权者的授权或者是在授权范围之外，那么授权者也不会受到约束。

当代理人与授权人订立信约后，受到约束要服从授权人时，如果授权人命令他做出任何违反自然法的行为，那么违反自然法的就不是行为者而是授权者。因为虽然行为本身是违反自然法的，却不是他的行为。反之，如果他拒绝听从授权者的命令而采取行动，就会违反禁止破坏信约的自然法。

如果一个人通过代理人在中间的作用与授权人订立契约，却不知道代理人具备的权威，他依据的就只是代理人的言辞；那么当他提出要求而代理人获得的授权无法证明时，他就不再受约束，因为在缺乏授权者的保证时与授权者订立的相关契约就不会生效。但是如果这个人在与代理人订立契约之前就已经知道，他从中能得到的保证只有代理人的言辞，那么这个契约就是有效的，因为在这种情况下代理人已经把自己变成了授权者。因此，当授权内容明确时，信约就对授权者有约束力而对代理人无约束力；当授权内容为虚拟时，信约就只对代理人有约束力，因为在这种情况下只有他自己是授权者。

很少有无法通过虚拟代理的方式进行代表的事物。像教堂、医院、桥梁等无生命物体可以由教区长、主人或监督者代表。无生命的物体自己不可能成为授权者，因此也不能对代理人进行授权，但是代理人依旧能根据其主人或管理者的授权，对这些事物进行维护和保养。按照这种说法，在拥有世俗政府的国家建立之前，这类事物都不可能由人代表。

同理，不具备理性能力的儿童、白痴和疯子都可以由监护人或管理人代表，但是在他们恢复理性或被监护人或管理人判断为具备理性的时期之外，并不能成为监护人或管理人任何行为的授权者。但是在这些人无法运用理性的时期，有权管理他们的人却可以对监护人进行授权。然而这种情况也只能出现在世俗国家，因为除此之外的地方并不存在对人的管辖权。

偶像或是纯粹来自人们内心虚构的事物可以由人代表，异教神就属于这种情况。国家会任命官员代表这些神，官员可以拥有人们奉献的财产、财物以及权利的使用权。但是偶像在本质上什么都不是，因此也不可能成为授权者。真正进行授权的其实是国家，因此在世俗国家出现之前，异教神也不可能由人代表。

真神可以由人代表。最初，上帝是由摩西代表的，当时摩西治理的以色列人并不是他的子民，而是上帝的子民；他不用“摩西说”这样的说法来以自己的名义治理人民，而是用“神说”这样的说法来以上帝的名义治理人民。后来，上帝是由降临人世、教化犹太人并引导全人类进入圣父天国的人子、神之子、神圣的救世主耶稣基督代表，基督并不是自己来到人间，而是上帝派遣到人间来的。而在此之后，上帝是由在使徒身上说话并推动使徒的圣灵或保惠师代表，圣灵也并非自己来到人间的，而是由圣父和圣子派遣到人间来的。

在一群人中，如果每个人都作为个人同意由其中一个人来代表自己，那么这群人就会形成单一人格；其原因在于代表者人格的统一性，而不是这群人也就是被代表者的统一性。承担这个单一并且也是唯一人格的就是代表者，在一群人中，我们只能如此理解统一性的概念。

因为在自然状态下，一群人不可能是一个人而只能是许多人。而代表者以这群人的名义做的每一件事说的每一句话，都不能被理解为只有一个授权人，而是要理解为有众多授权人。其中每个人都以个人的身份对共同的代表者授权。如果授权人授予代表者无限的权利，那么他们就要承认代表者的所有行为。反之，如果授权人给出一定限制，明确代表者可以在哪些问题上并且在多大程度上可以代表自己时，那么这群人中就不存在承认代表者超出委托范围之外的事物的人。

假如代表者由多人组成，那就必须把多数人的意见作为所有人的意见。例如，当出现一个问题，并且少数人赞成而多数人反对时，那么反对票在抵消了赞成票之后依旧有剩余；此时已经没有人出来反对剩余的这些反对票，那么它就成为代表者仅剩的意见。

如果由多人组成的代表者人数为偶数，并且数量不多时，经常会出现意见相反的双方人数相等的情况，于是就会因为无法得出统一意见而不能采取行动。但有时这样的结果也可以给出决定问题的最终意见。例如，在判定一个人是否有罪的问题上，双方票数相等就意味着法官无法判罪，因此就直接宣告无罪。但是反过来说却不成立，不能说因为法官无法宣告无罪，所以就直接判了罪。其中的原理就是，在一个案件的听审结束后，没有判罪就等于宣告无罪；而反过来说不宣告无罪就是判罪的说法则不正确。在审议立即执行还是延缓执行时，也采用相同的方式。当持两种意见的人数相等而无法决定立即执行的时候，就等于是确定了延缓执行的结果。

否则，如果代表者是由三个或以上奇数的人或集团组成，而其中每个人都可以用一个反对票来抵消另一个人的赞成票，那么这个数字是不具有代表性的。因为在很多情况下，或是在进行重大事项的决策时，常常会因为意见不统一或利益分配不一致而产生分歧。因此，这种形式既不适合管理很多其他事务，也不适合管理群众的政府，这个问题在战时尤为突出。

授权者分为两种：一种是纯粹的授权者，我在前面给出的定义已经说明，这是一种绝对承认代表者行为的授权者；另一种是有条件地承认代表者的行为或信约的授权者，意思是承诺当代表者在某一时刻或此前不做出某种行为时，他便承认自己授权者的身份。这种有条件的授权者，叫作担保人，拉丁语中叫作发誓担保者或保证人；在特指债务问题时叫作担保人，在出面与法官或行政长官交涉时叫作保证人。

第二部分
论　国　家

第十七章　论国家的成因、产生及定义

我们可以看到，生性热爱自由并且热衷于统治他人的人类选择让自己受到束缚而在国家中生活，其最终目的、动机或企图就是希望通过这种方式保全自己，进而让自己过上更满意的生活；换句话说，就是让自己可以摆脱战争的悲惨境遇。正如我们在第八章中说过的那样，没有可以震慑众人的有形力量、没有可以约束他们践约并遵守第十四、第十五章中提到的各种自然法的刑法的威力，人类的激情必将导致大家陷入战争状态。

在正义、公道、恭谨、仁爱以及可以概括为“己所不欲，勿施于人”的所有这些自然法缺乏某种可以使人服从的权威时，就会与各种让人们陷入偏私、骄傲和复仇等境地的自然激情产生矛盾。缺乏武力支持的信约不过是一纸空文，不可能拥有让人获得安全保障的力量。那么尽管已经有了自然法，但是如果缺乏权力或权力不足以保障人们安全的时候，每个人都可以合法地选择用自己的力量和计谋来防范其他人，而且他们也会这样去做；因为自然法虽然存在，但人们只有在自己愿意并且可以得到安全保障的前提下才会去遵守。在所有以小氏族的形式生活的人群中，互相抢劫都是一种正当职业，没有人会认为这种行为违反了自然法，甚至抢得的赃物越多，一个人获得的荣誉也会越多。在这类行为中，人类除了荣誉律以外不再遵循其他律法，而荣誉律禁止行为残暴、不允许剥夺人的生命也不允许抢夺他人的农具。如今的城邦以及国家，其本质都只是规模大一些的氏族。他们现在所做的一切，正是当初小氏族做过的事情。这些人会以危险、害怕入侵者、担心有人协助入侵者等各种名义，以保障自身安全为由进行领土扩张，这些人会尽其所能地通过各种阴谋阳谋来征服或削弱自己的邻国；因为没有其他的保障，因此这种做法不仅能冠上正义之名，而且可以让自己流芳百世。

少数人的联合并不能让人获得这样的安全保障。因为初始人数不多，因此当某一方稍微增加一点人数就会建立优势，而当这个人数优势足以决定战争胜负

的时候，就会促使人们进行侵略。能够让人确信自己可以获得安全保障的群体大小，并不取决于群体本身的具体人数有多少，而是取决于我们畏惧的敌人与我方之间的人数相差多少。只有在敌人的人数与自身相比并不具备明显优势，并且不会促使敌人尝试发动战争的时候，才可能让人们觉得自己有充分的安全保障。

就算群体数量再大，如果其中每个成员都按照自己的判断和欲望来支配个人行为，那么我们就不能对这个群体抱有希望，觉得他们能够勠力同心抵抗外侮并且对内不会伤害彼此。因为在如何运用力量的问题上如果不能达成一致，就不可能互相协助，相反他们会互相掣肘，并且在内部就抵消了彼此的力量。这样的群体很容易被一群齐心协力的少数人征服，而且即便是在没有外部敌人的时候，他们也会为了自身利益而互相争斗。其原因就在于，如果我们可以提出一种假设，认为一个大群体在没有可以让人敬畏的共同权力时，人们依然愿意遵守信义以及其他自然法，那么我们就可以假设这种情况同样可以出现在全人类当中；而这样一来，任何一种形式的世俗政府或国家都不会产生，也就没有产生的必要了，因为在这种情况下人们不用服从权力就可以得到和平。

人们想要获得终生的安全保障，而这样的保障对他们来说，如果仅仅是在一场战役或一次战争的有限时间内服从某个判断的指挥和管理是远远不够的。因为虽然他们可以在这段时间内因一致对外而取得胜利，但是在这之后，一旦共同的敌人消失了，或者被一部分人视为敌人的人却被另外一部分人当作朋友，那么大家就会因为利益的纠纷而导致团体的瓦解，最终再次陷入战争状态。

当然，有些动物在生活中也可以和平共处，因此亚里士多德将它们称为政治动物，如蜜蜂、蚂蚁等。但是，这些动物都是依靠自己的欲望和判断在行动，并且它们也无法通过语言来告知同伴自己认为哪种方式有助于公共利益。于是，有些人就会提出一个问题：为什么人类不能这样生活？我的回答是：第一，人类会主动竞争，追求荣誉和地位，动物却没有这样的意识。这和意识会导致人类中间出现忌妒和仇恨的情绪并引发战争，而这种情况在动物中也不会出现。

第二，这些动物的个体利益和公共利益是一致的，当它们根据天性为个体利益打算的时候，也同样会有助于公共利益。但是人类则不然，人类的快乐来自同他人的比较，只有自己比别人好才能让他们觉得快乐。

第三，这些动物无法像人类一样运用理智，认识不到公共管理中的任何问题，也不觉得自己有能力认识到这些问题。但是人类却相反，很多人都会觉得自己比别人更聪明、更有能力、更善于管理公众，因此，有些人努力朝着一个方向改革，另一些人却又努力朝着另一个方向改革，最终就会让群体陷入混乱和内战。

第四，这些动物虽然可以通过声音来向对方表达自己的欲望和其他情感，却不能像人类一样掌握颠倒黑白的语言技巧，将明显的善恶程度夸大或者缩小，随意干扰别人的判断，破坏和平的生活。

第五，这些动物没有理智，因而无法区分无形的侵害和有形的损失，所以，它们在安逸的时刻不会觉得同伴得罪了自己；但是处于安逸状态的人类却是最让人头疼的，因为他们闲来无事就喜欢抖机灵，对国家当局者的决策指手画脚。

最后，这些动物是在自然的状态下合作互助的，但是人类却是根据信约的要求才会合作，而信约是人为的。因此，自然就需要在信约之外还存在另外一种东西来让信约保持下去，这个东西就是共同权力，它可以让人们畏惧并服从进而为谋求公共利益采取行动。

如果要建立这样一个共同权力，让众人可以抵御外侮并且阻止内部纷争，保障每个人都可以通过自己的劳动以及土地的丰收维持生计并且生活得很好，那么就只有一个办法：让众人将所有的权力和力量委托给某个人或某个可以通过多数意见将众人的意志转化为一个统一意志的多人集团。也就是说，指定一个人或一个多人集团来代表众人的人格，每个人都承认授权这个承担集体人格的人在有关公共安全及和平方面采取的一切行为或命令他人做出的行为，在此类行为中，众人都自愿服从他的意志和判断。在这个意义上，就不再是简单的同意或协调，而是所有人真正地统一在一个共同人格中；这个人格建立在众人相互立约的基础上，其方式可以用一种方式来描述，仿佛每个人都在对其他所有的人宣布：我承认这个人或这个集团，我会放弃我管理自身的权利，并将这个权利授予这个人或这个集团，但是有一个条件，就是你也要授予他相同的权利，并以相同的方式承认他的所有行为。完成这件事以后，以这种方式形成统一人格的集体就可以被称为国家，拉丁语中叫作城邦。这就是伟大的利维坦（Leviathan）的诞生，如果要用一种更让人尊敬的方式来称呼它，那就是活的上帝的诞生；我们在永恒的上帝那里获得和平与安全的保障正是来自它。因为根据国家之内每个人的授权，它可以使用所有委托给它的力量和权力，让内部的众人服从，维持和平的状态，并协力合作抵抗外部的敌人。在它身上，存在着国家的本质。用定义来说明就是，这是一群人互相订立信约，每个人都对其行为授权，让其可以运用它认为有利于公共和平与共同防卫的方式来运用集体的力量与手段的一个人格。

承担这个人格的人被称为主权者，我们说他具有主权，而集体中其他的人都是这个人的臣民。

人们可以通过两种方式获得这种主权：第一种方式是运用自然之力取得，例如一个人可以让子孙服从自己的统治，因为如果他们拒绝，他就可以剥夺其生命。这种方式还有另外一种形式，就是通过战争让人服从于自己的意志，并以此为条件赦免战败者的生命。第二种方式是人们通过互相之间订立契约，自愿服从一个他认为可以保障自己安全并抵抗外来侵害的人或集团。后者可以被称为政治国家，或按约建立的国家；前者可以被称为以力取得的国家。我们先来讨论按约建立的国家。

第十八章　论按信约建立的主权者的权利

当一群人真正地经过共同协商做出决定，而且每个人都与所有其他个体订立信约，无论大多数人把代表众人集体人格的权利授予任何一个人或一个由多人组成的集团让其成为众人的代表者，赞成或反对这一代表的每个人都会以相同的方式对这个人或这个集团以维护彼此之间的和平生活以及抵御外侮为目的的所有行为及判断授权，就如那些是自己的行为和判断一样。这样建立的国家就可以被称为按约建立的国家。

经过一群人的同意并授予主权的个人或集团的所有权利和职能，都是通过以这种形式按约建立的国家而获得的。

首先，因为这些人彼此之间订立了信约，那么任何与之产生冲突的旧信约就不再对他们有约束力。于是，作为一个按约建立国家的臣民，他就必然会被信约所约束，必须承认某个人的行为和判断，并且根据法律，在没有这个人允许的情况下他也不能在自己之间重新订立信约，使自己在任何事情上服从其他人。因此，作为君主国的臣民，在没有君主允许的情况下，就不能脱离君主政体重返自然人的战争状态，也不能将自己的人格从承担者的身上拿走并授予其他人或集团。因为这些人已经在彼此之间订立信约，承认自己之间选定的主权者的一切行为以及他认为适宜的一切行为，并被称为所有这些的授权者。所以，如果有人提出反对，那么众人就会破坏自己与这个人订立的信约，这是不义。而且，集体中的每个人都已经把主权授予了承担自己人格的人，如果废黜主权者，就等于是在掠夺自己的所有物，这也是不义。再者，企图废黜主权者的人，在因为这些企图而失去生命或受到惩罚时，其本人也是自己遭受一切行为的授权者，因为在按约建立国家之后，他也就成了主权者所有行为的授权者；因为一个人做出任何将会受到自己授予的权力惩罚的行为时都是不义，因此这也是不义的。有的人会给自己找到一个借口，说自己之所以会做出违抗主权者的事情，是因为他们与上帝而不是人类订立了新的信约，这也是不义的。因为在没有神的代理人在中间起作用的情况下，是不可能与上帝定约的，而且只有在上帝之下具有主权的神的代理人才能做到这一点。然而这种与上帝约定的说辞就连说话者本人，也会发自内心地认为是谎言，因此这种做法不仅是不义的，还是卑鄙懦弱的。

其次，因为被选为主权者的人获得的承担集体人格的权利来自人们彼此之间的信约，而不是因为主权者与其中任何人订立的信约，所以对主权者来说就不会出现破坏信约的可能；那么其臣民也就不可能以取消主权为理由不服从他们的主权者。显而易见，被选为主权者的人此前没有与自己的臣民定约，不然的话他就一定要将这群人作为一个整体与其定约，或是与其中的每个人分别定约。前者显然是不可能的，因为这时的一群人还不能被看成一个人格。而如果是后者，也就是有多少人就要定多少约，那么这些信约在他取得统治权之后也一样会失效。因为如果主权者的任何行为被其中一个人说成破坏信约的行为，那么这个行为也一样是他自己的行为，是彼此定约的所有人的行为。因为这些行为的依据正是他们每个人的人格以及每个人授予主权者的权利。而且，如果这群人中的某个人或某些人认为按约推选主权者时，主权者有违反信约的情况，但是另外一群人或主权者又认为并没有这种情况，那么此时就没有可以对这一分歧进行裁断的仲裁者。其结果就是众人再一次运用武力解决问题，也就是重新得到了使用自己的力量来保护自己的权利，这种情况就与之前按约建立国家的目的背道而驰了。这就等于说，通过事先订立信约的方式来授予主权是毫无意义的。有些人认为，君主的主权都是来自事先订立的信约，认为这是一种有条件的主权。而之所以会产生这种想法，是因为他们并不理解下面这条简单的真理：信约本身只是空洞的言辞，它只能凭借从公众的武力中获得的力量来约束、阻止、强制或保护立约者；

而这些从公众武力中获得的力量，其实就是从拥有主权者的自由集体手中获得的力量。主权者可以是一个人，也可以是一个集团，其行为获得了全体承认并且通过整体团结在一起的力量来执行。不过，在主权者是一个集团的情况下，没有人会产生在按约建立国家时曾出现过任何此类信约的想法。这一点可以通过一个例子来说明，没有人会愚蠢到认为，罗马城邦的人民与罗马人订立信约，其内容是在某些前提下保有主权。如果这个信约没有履行，罗马人可依法保留废黜罗马城邦人民的权利。人们没能看出君主政体和民主政体之间的道理相通，其实只是因为某些人的野心，他们对君主政体感到灰心失望，并且更倾向于自己希望可以参与其中的集体政府。

第三，因为多数人之间彼此达成一致并推选了一位主权者，那在这种情况下，曾经持反对意见的人就必须同意大多数人的意见；也就是他必须自愿说明自己承认主权者的所有行为，不然其余人就有正当理由杀死他。原因是，如果他是自愿成为这个集体的一员，那么其行为就足以表达其意愿，也就是说，他已经默认了要遵守大多数人制定的规则。那么一旦他表示拒绝遵守或质疑大多数人的任何规则，就等于是破坏了自己先前的约定，其行为就是不义。无论他是否属于这个集体，也无论之前的规定是否征求了他的同意，只要他不服从他们的决定，就一定会被集体抛弃重新回到战争状态；处在这个状态，任何一个人杀死他的行为都不会被认为是不义。

第四，在按约建立国家以后，每一位臣民都是按约建立的主权者所有行为与判断的授权者，因此我们可以得出一个推论：主权者的任何行为都不可能对其臣民构成侵害，而其臣民中也没有任何人可以指控他不义，因为如果一个人是根据另一个人的授权而去做某件事，那么这件事就不可能对授权者构成侵害。在按约建立国家以后，每个人都是主权者所有行为的授权者，因此怨恨主权者做出侵害行为的人就等于是在怨恨经过自己授权的行为，那么他能指控的人也只有自己而不是其他什么人。他甚至连指控自己进行侵害也是不可以的，因为一个人不可能对自己做出侵害的行为。当然，主权者的某些行为有可能是不公道的，但是准确来说这些行为既不能算是不义，也不能算是侵害。

第五，根据上述原因可以得知，臣民处死主权者，或是以任何一种方式来惩罚主权者的行为都是不义的。因为每一位臣民都是主权者行为的授权者，那么他们的行为就相当于是因为自己所做的事情而让另一个人受到惩罚。

因为按约建立的国家，其宗旨就是保证全体的和平与防御，对这一目的拥有权利的人也同样拥有对于手段的权利。因此，主权者无论是个人还是集团，都有权对和平与防御的手段进行核定，也有权对和平与防御的阻碍和威胁进行核定。为了保障和平与防御，为了防止内部的分裂，为了抵抗外部的敌人，主权者自然有权采取一些他认为有必要的行为，或是防患于未然，或是在和平与安全被破坏时尽一切努力挽救。于是，就有了下面这一条。

第六，判定哪些学说和思想会威胁和平，哪些可以维护和平，判定在对公众讲话的时候什么人在什么情况下在多大程度上是可信的，还有判定所有书籍在出版之前，其中的观点应该由谁来审核等问题，都属于主权范围。因为人们的行动是以思想为指导，为了维持人与人之间的和平与和谐，管理好人们的思想就等于是管理好人们的行为。虽然我们在学术上都应该尊重真理，但是这并不妨碍根据和平的原则对这些真理进行管理。因为违背和平原则的学说就不能被视为真理，正如和平与和谐的原则也不能违背自然法。当然，国家的统治者和教育者们有可能会因为一时疏漏或者办事不力，而让人们普遍地接受了错误的学说，让一些与真理相违背的学说广泛地传播，但是突然地、杂乱无章地引入一些真理也绝对不可能破坏和平，只不过会偶尔引发战争。因为如果已经被如此不负责任地统治，甚至敢于通过武力来维护或引入某种思想，那么这些人就仍然处在战争状态。他们目前的状态并不能被认为是和平状态，而是因为畏惧彼此而暂时处于休战状态，这种情况就像长期生活在战场周围的人一样。因此，主权者有权判定思想和学说，或任命所有的审核人员，把这件事看作维护和平必不可少的事情，并以此来预防纷争和内战。

第七，以下所有权力都属于主权范围，即订立规则，让所有人都知道自己可以享有哪些财物，可以做哪些事情并且不会被其他臣民妨碍。这些规则通常被人们称为法度。前面已经提及过，在主权建立之前，所有人对所有事物都具有权利，因此就必然陷入战争状态。因此，法度是维护和平必不可少的，同时又取决于主权，因此也就是主权为了维护公众和平应尽的义务。与你的、我的（私有财产权）以及臣民行为的善与恶、合法与违法有关的规则就是市民法，也就是每个国家都各自拥有的法律。不过市民法这个词现在已经用来特指罗马城邦的古民法，因为当时的罗马城邦统治了这个世界上很大一部分地区，所以其法律也就成了这些地区的国法。

第八，主权还包括司法权，即关于所有世俗法律与自然法以及所有关于事实纠纷的听审判决权利。因为如果纠纷不得到裁决就不能保证臣民不互相侵害，那么与私有财产权有关的法律便不会再被人遵守，自我保全的天然和必然欲望会促使每个人都运用自己的力量来保卫自己的权利；这样一来人们就会重新回到战争状态，也就违背了按约建立国家的宗旨。

第九，与其他国家结盟或开战的权利也属于主权范围。这项权利包含了以公共利益为前提时，判断在哪些时期需要组建多大规模的军队，并对其进行武装以及发放军饷的权利，还有向臣民征收财物并用来支付战争费用的权利。因为保护臣民力量的强弱是由军队是否强大决定的，而军队强大与否则取决于众人的力量是否统一并由一个人来指挥。指挥是主权者决定的，因此是主权者的所有物；因为国家军队的指挥权并不需要任何制度进行规定，就能让拥有者变成主权者。因此，无论一支军队的将军是谁，其最高统帅永远都是主权者。

第十，主权还包括平时和战时所有议员、大臣、地方长官以及官吏的甄选权。既然主权者有保证公共和平与安全的责任，那么他就应该具有相应的权力，可以保证其可以采用自己认为最合理的方式来完成这项职责。

第十一，主权者还被授予了一种权力，就是根据已有的法律给予臣民荣誉、爵位以及财富等奖赏或是刑罚、罚金以及名誉上的惩戒等。如果一个地方之前没有制定法律，那么就根据主权者认为对鼓励人们奉献国家以及防止人们损害国家利益最有效的方式来执行。

最后，鉴于天性使然，人们在对待自己的时候总是有着比较高的评价，与此同时还希望得到周围人的尊敬，而在面对别人的时候总是给出比较低的评价，这样一来就会不断地出现竞争、论争、党争等，以致最后总会酿成战争，于是人们会互相摧毁并使得抵抗外部入侵的能力变弱；为了避免出现这种情况，就必须制定相应的荣誉法规，而且需要有一个公开透明的统一标准来衡量为国家做出贡献或有能力为国家做出贡献的人的身价；而且需要一批掌握足够武力的人来执行这套法律。不过，我们在前面就已经说明，不只是国家所有军事力量或者武力，而且有对一切纠纷的司法裁判权都是归属于主权者的，所以主权者也就掌握了授予臣民荣誉头衔，规定所有人的等级与地位，在公开以及私人环境中往来礼节的权力。

上面这些就是构成主权要素的权利，也是用以辨别哪个人或哪个集团才是主权者的标志，因为这些权利既不能转让也不能分割。有些权利即使被转让出去也不会削弱他保卫臣民的权力，例如铸币权、未成年人财产继承权及人身权利的处置权、市场交易优先权等明文规定的特权，但是如果他将军事主权移交，保留司法权就毫无意义，因为法律无法执行；如果他出让了征税权，那么就不可能保留军事主权；如果他将统治真理学说的权利出让，则国民就会因为迷信的恐惧而发动叛乱。所以，只要我们对以上提到的任何一种权利进行思考，就会立刻发现：即使保留其他一切权利，也不会对维持和平与正义有任何帮助，这便违背了按约建立国家的初衷。这种权利的分割就是那种“分之则国将不国”的分割；因为如果这种分割不是在之前就已经完成，就不可能会出现内部分裂成敌对阵营的情况。如果当初英格兰的大多数人没有接受这种观点，把这些权利在君主、上院、下院之间进行分割，人民就不可能会分裂，也不会因为政见不同而引发内战。这个惨痛的教训让人们深刻地认识到了主权的这个特点，因此现在的英国已经很少有人不知道主权是不可分割的这件事，而且在下一次和平到来的时候也都会承认这一点，这种情况会一直持续到大家忘记那些痛苦的时候。但是如果普通人没有得到比现在更好的启示，那么这种认知就很难继续保持。

因为这些都是不可或缺且不可分割的权利，因此就必然会得到一个结论：上述任何一种权利，无论以怎样的言辞在形式上进行转让，只要主权者没有直接宣告放弃，而接受权利的人也依旧承认转让人依然保留主权者之名，这种权利的转让就是无效的；因为就算这个人将所有可以转让的权利都转让出去，只要主权再一次回到他手中，所有让出的权利就会作为其不可分割的附属权利一起归还到他手里。

因为这巨大的权力本身是不可分割的，还是属于主权之中不可分离的一部分，所以有些人认为拥有主权的君主，其权力虽然超过每一个单独的臣民，却小于全体臣民的权力加在一起的总和，这种观点就显得毫无根据了。因为如果他们口中的全体指的并不是像一个人一样的集体，那么全体跟每一个人的概念便是相同的，这句话的逻辑就完全不通。但是如果他们所说的全体是指将全体臣民看作一个人的话，而这个人格的承担者又是主权者，那么全体的权力就等同于主权者的权力，此时这句话的逻辑依旧不通。当主权者是一个多人组成的集团时，他们就能很清楚地看到这种不通的情况，但是在君主身上他们就看不出来了。所以，无论主权者是谁，其结果都不会有改变。

主权者的权力高于任何一个臣民或是全体臣民，他的地位也一样是最高的。因为所有尊荣的地位都来自主权。勋爵、伯爵、公爵和三公等身份都是主权者赐予的，就像仆人在主人眼里都一样，不会有哪一个地位更尊荣一样，主权者对待所有臣民也是一视同仁。虽然当主权者不在的时候，这些人的地位有高下之分，但是在主权者面前，他们所有人的光彩就会像处在阳光之下的群星一样暗淡。

但是关于这一点，可能会有人进行反驳：臣民的处境太悲惨，他们只能任由掌握了无限权力的个人或集团成员的不正常激情和欲望摆布。通常情况下，君主国的人相信这是君主的问题，民主国家或其他主权集团治下的人则认为所有的弊端都来自这个国家的形式。事实上，只要权力构成足以用来保障臣民的和平与安全，那么任何一种政府形态都没有不同。只要是人做的事情就不能保证没有错，而在任何一种政府形式之下，全体臣民有可能遭受的最严重的侵害以及由内战和可怕的灾难带来的所有问题；与那种没有统治者也没有法律法规和强制力量来制约人们，以确保他们不会互相掠夺和报复的混乱状态相比，都根本不值一提。我们需要认识到，最高统治者施加给臣民的最大压力，绝对不是因为他一时兴起想要削弱或者损害自己的臣民，也不是因为这样做能让他得到任何好处，主权者自身的力量与荣誉都来自其臣民的活力。所有这些压力都来自臣民的抵抗情绪，因为他们不愿意为了自我防卫纳税。这样一来，统治者不得不尽其所能地在平时征税，才能保证遇到紧急或突发情况时有能力应对外部敌人。因为每一个人天生就带着一副高倍放大镜，它由人自身的激情与自私组成；通过这副放大镜去评价任何一笔小钱，都能让人们产生巨大的埋怨。但是这些人却没有一副望远镜，它由伦理学和政治学组成；通过这副望远镜，他们就可以从远处看到自己头上一直笼罩着的、不依靠这些税款就不可能躲过的灾难。

第十九章　论按信约建立的国家的类型和主权继承问题

主权者的不同，也就是代表全体和其中每个人代表的差异决定了国家之间的差异。统治权如果不是掌握在一个人手里，就一定是掌握在由多人组成的会议手里。会议如果不是每个人都有权进入，就是只有不同于其他人的某一部分人才有权进入。那么我们就能很清楚地看到，只存在三种国家。代表者如果不是一个人就一定是很多人。如果代表者是很多人，那么就只能是由全体成员组成的会议或是有一部分组成的会议。当代表者是一个人时，这个国家就是君主国。当代表者是由聚集在一起的所有人组成的会议时，这个国家就是民主国家或平民国家。当代表者是其中一部分人组成的会议时，这个国家就是贵族国家。除此之外便不可能存在其他种类的国家。因为我们在前面已经说过，主权必须是不可分割的整体，归属于某一个人、许多人或全体。

历史和政治方面的书籍里面还会出现其他的政体名称，例如僭主政体、寡头政体等。然而这些名称并不是其他种类的政体形式的名称，而是上述政府在被人憎恨的时候使用的名称。当人们对君主政体的统治感到不满的时候，就会称之为僭主政体；对贵族政体感到不满的时候，就会称之为寡头政体。同理，在他们对民主政体感到不满的时候，就会称之为无政府状态，意思就是没有政府的状态。但是我觉得没有人会觉得没有政府也能算是一种新的政府形式。出于相同的原因，人们不应该在自己喜欢某种政府的时候，就认为这是某种政府；而在自己感到厌恶或者觉得受到统治者压迫的时候，就认为这是另一种政府。

当然，处在绝对自由状态下的人，只要他们愿意就可以将自己的权利赋予某个人，让他代表全体的每一个人，也同样可以赋予某个由多人组成的集团。所以，只要他们觉得对自己有利，就可以绝对服从任何君主或是代表者。那么在主权已经建立的地方，除了在某些特殊目的上受主权限制的代表者之外，同一位臣民就不会再有其他代表者。因为如果还有其他代表就等于同时建立两位主权者，也就意味着有两个代理人在同时承担每个人的人格，如果两位代表者出现分歧，就一定会分割主权，但是如果要维持和平主权就不可分割，因此这种情况必然会使人陷入战争状态，就违背了所有按约建立国家的宗旨。由此可知，主权会议因为邀请其治下的人民派遣代表出席会议并表达其意见或愿望，所以将这些人视为人民的绝对代表者，而不把自己看成绝对代表者的观点有多么的荒谬。同理，在君主国家，这样的观点也一样是荒谬的。我很费解，这样一条显而易见的真理，为什么最近总是被人忽略，而且会出现这样的情况：在君主国，其君主的主权来自传承六百年的王统，只有他才能被称为主权者，每一位臣民都称呼他陛下，他们非常确信这是自己的君主，却不觉得他是臣民的代表者；他们居然一致赞同将代表者这个称号授予那些被认为是接受了君主的命令前来呈递请愿书并在君主允许的范围内参政议政的人。现如今身为人民绝对代表者的人可以把这当成一个教训：如果他们要履行人民的委托，就一定要让人们认清此类代表职务的性质，而且要注意避免他们在任何情况下承认任何其他总代表。

这三类国家的区别并不在于权力属性的差异，而在于实现公共和平与安全的方法，也就是达到按约建立国家目的的手段有所不同。将君主政体和另外两种政体进行比较，我们就会发现：首先，代表者无论是一个人还是多人组成的会议，充当这个角色的个人或集团中的成员同时也具备自然人的身份。尽管政治身份赋予他要谋求公共利益的责任，但是他会同样甚至会更加注意谋求个人和亲友的利益。而当个人利益与公共利益发生冲突的时候，人们通常会选择个人利益，因为一般来说，情感的力量总是比理性的力量更加强大。由此可知，当公私利益结合得最紧密的时候，公共利益就能得到最大的推动。在君主国，个人利益等同于公共利益。因为君主的财富、权力和尊荣全都来自人民的财富、权力和荣誉。如果人民贫困弱小或是因不够团结而导致集体力量的削弱，让国家无法抵抗外来的侵略，那么君主的富有、尊荣和安全就无从谈起。但是在民主政体或贵族政体中，对贪污腐败或野心家的个人利益而言，人民的繁荣能够带来的好处反而不如谎言、欺诈行为或内战那么多。

其次，君主可以根据自己的意愿在任何时间、地点听取任何人的意见，所以他可以完全不必在意地位和品级，召见他所需要的能够解决问题的专家提供意见。时间由他自己确定，保密程度也完全可以得到保障。但是如果一个主权会议需要听取意见，就只有最初有权进入会议的人才可以。而这些人一般都擅长谋求私利却在学问上不怎么有研究，这些人发表意见的时候通常侃侃而谈，也的确起到鼓舞士气的效果，但是这样的激情行动却无法掌控。因为情感的火焰只能让理性迷失，而不能让人头脑更清醒。而且，因为会议成员众多，所以时间上就会受到很多限制，保密就更加不可能。

第三，君主的决断如果出现前后不一的情况，只可能是因为人性中的善变。但是议会中除了人性外，还有人数产生的矛盾。因为原本一项决议通过以后就不应当再做出改变，但是总有少数人会因为安全、疏忽或私人问题而未能出席，或是总有少部分持反对意见的人一直出席，这样一来昨天得出的结论就很有可能在今天被全部推翻。

第四，君主绝对不会因为忌妒或利益做出自己反对自己的事情，议会则不然，他们甚至有可能因此引发内战。

第五，君主国中一直存在着一种弊端，就是任何一位臣民的全部财产都可能会因为某个人的权力而被剥夺，使君主的宠臣或君主身边的谄媚之徒中饱私囊。我承认这是一个很大的弊端，而且是不可避免的问题。但是在议会的统治下也会出现同样的问题，因为这些人手上也有相同的权力；而且君主会听信谗言，议会也会被说客们蛊惑；这些人也会互相吹捧、彼此勾结，借此来满足各自的野心和贪婪。相比之下，君主的宠臣人数比较少，除了有亲缘关系的人几乎不会提拔别的什么人。但是议会里这样的人却很多，他们的亲属人数也比任何君主都多。此外，君主的宠臣往往有能力伤害敌人，也有能力帮助友人。但是那些说客，也就是主权议会偏爱的人，虽然有很大的权力去伤害别人，却没什么权力救人。因为人类的本性已经决定，为人辩护总是要比攻讦他人更需要好口才，而指控别人却比为人脱罪看上去更加正义。

第六，君主政体还有一个弊端，就是主权有可能传到一个孩子或善恶不分的人手中。在这种情况下，就必须有一个人或是多人组成的会议来代表他运用权力，这类人作为君主人格和权力的监护人和管理者，会根据君主的权利以君主的名义来治理国家。但是，如果说上面这种做法是有问题的，那么就等于在说所有的政府形式都比混乱和内战带来的问题更严重。这就意味着，所有明确的危险都一定是因为那些互相争夺这个名利双收的位置的人带来的。为了说明这个弊端并不是从君主政体这种政府形式中产生的，我们可以对下面这两种情况进行分析：第一种情况是，前任君主已经立下遗嘱明确地指定了监护人，或是默认了现有的习俗所规定的那个将会获得幼主监护权的人。如果在这种情况下依旧出现了这种弊端，那么就不能说是君主政体的原因，而是因为臣民的野心和不义；而无论在哪种政府形式的统治下，只要人民没有接受到良好的关于自身义务和主权权利的教育，就可能会出现同样的问题。第二种情况是，前任君主根本没有留下幼主监护权归属的解决办法。在这种情况下就可以依据自然律提出的一条充分法则，幼主的监护权应该属于一般而言幼主的权力得到保障对他最有利，而幼主的权力被剥夺或削弱对他最不利的那个人。既然我们知道人的天性都是自私自利并且追求个人地位提高的，那么把幼主的监护权交给一个杀死或伤害幼主可以让自己的地位有所提升的人就不是监护幼主而是窃国。所以，在制定相关规则解决了所有可能因为幼主执政这一问题产生的纠纷后，如果还出现足以破坏和平的争斗，问题的原因就不可能是君主政体这种政府形式，而是臣民的野心以及他们对自身的义务缺乏正确认识。另外，在讨论关于和谈、开战以及立法等问题的时候，如果一个大国的主权掌握在一个大的议会手中，那么情况和掌握在幼主手中的政府并没有什么区别。因为年幼的君主缺乏判断，所以不能否定他人提出的意见，只能接受身为监护人的个人或集体的意见；同理，议会也只能无条件地接受大多数人的意见，无论这个意见本身是好的还是坏的。年幼的君主需要监护人或保护者来保障他的安全与权力，大国的主权议会在遭遇动荡和危机的时候也需要权利保护人，即独裁者或可以保障权力的人。这样的人会暂时成为君主，在某一段时期可以被授权运用所有权力。而在这段时期结束时，这个权力往往会被剥夺，相较于幼主的权力被保护人、摄政者或其他人剥夺，这种情况更为常见。

正如我前面说过的那样，只存在三种形式的主权：主权由一个人掌控的君主政体、主权由全体人民大会掌控的民主政体、主权由某些被指定的或通过其他方式而与其他人有所区别的部分人组成的议会掌控的贵族政体。

但是如果我们观察曾经出现过的以及目前存在的具体国家时，就很难将它们归为上述三种形式，所以产生一种观点，认为还存在由以上三种形式混合而成的其他形式。例如，存在一种国家，君主是选任产生的并且只在一段时期内可以掌握主权；还有一种国家，君主的权力具有一定限制；但是大多数著作家依然将这两种国家称为君主政体。同理，如果一个民主国家或贵族国家在战胜了某个国家之后派遣主席、总督或地方长官来统治这个国家，乍一看这个国家就很像民主政府或是贵族政府，但事实并非如此。因为选任产生的君主并不是主权者，权力受限的君主也不是主权者，他们都只是主权者的大臣。处在另一个民主政府或贵族政府统治下的行省的统治方式，同样不会是民主式的或贵族式的，而是君主式的。

首先，我们来看选任的君主。这类君主的权力有些是仅限本人终身享有，例如目前基督教世界的许多国家和地区；有些是仅限几年或几个月可以享有，例如罗马独裁者。如果这些君主有权指定继承者，那么君主就不再是选任而是世袭。如果君主无权指定继承者，那么就会有一个被公众所知的人或议会在君主死后选出继位的君主，否则这个国家就会在君主死后解体，重新回到战争状态。如果在君主死后有权授予主权的人选是已知的，那么很明显他原本就已经掌握了主权；因为一个人如果无权保有并在自己认为有利时自行占有某样东西，那么他也无权将这样东西授予他人。但是如果在原本的君主死后，没有人有权授予主权，那么为了避免内战而被众人委托获得执政权的人就有权，并且根据自然法他有义务指定继任的君主。那么当这个人被选定的时候，他其实已经成了绝对的主权者。

其次，权力有限的君主，他的地位一定在可以限制他的某个人或某些人之下，一个地位不高于其他所有人的人就不是地位最高的人，那么他也就不是主权者。因此，主权从头到尾都在可以限制他权力的议会手中，那么这个政府就不是君主政体，而是民主政体或贵族政体。例如古代的斯巴达，两位君主拥有军队指挥权，但是监察委员才是主权的拥有者。

再次，我们举个例子来说明，罗马曾经派遣一位主席统治犹太人，但是那里并不会因此而成为民主国家，因为统治他们的并不是一个他们中每个人都有权进入的议会；也不会成为一个贵族国家，因为统治他们的也不是一个由他们推选出来的任何人组成的议会。真正统治他们的实际上就只是一个人。对罗马人民而言这是一个全民议会或民主政体，但是犹太人并没有权利加入这样的政府形式，因此对他们来说这就是一位君主。一个民族从自己的内部推选出全部或部分的人组成议会并进行统治时，可以被称为民主政体或贵族政体，但如果统治他们的议会并不是自己选出来的，那么就是君主政体。这并不是一个人对其他人进行统治的君主政体，而是一个民族对另一个民族进行统治的君主政体。

上述所有的政府形式，其构成性质料都会死亡，无论是君主还是议会成员都有死去的一天。为了保障人民的和平，就一定要像制定拟人的规定一样，制定拟永恒生命的规定。如果缺少这项规定，议会统治下的人民就会在一个时代结束以后重新回到战争状态，而被一个人统治的人民就会在统治者去世后立刻回到战争状态中。人们将这种拟永生的状态称为继承权。

在任何一种完备的政府形式中，都是由现任主权者来制定继承规则。因为如果这个规则是由个人或平民组成的议会来掌管，就等于是由臣民掌管，那么主权者可以任意拿到自己手中，这样一来就等于权利还是在主权者身上。但是如果不交给某个人掌管，而是要重新选举，那么国家就会随之解体，权利就会落在有能力抢夺的人手里，这样就违背了建立国家以保障永久的安全而不是暂时安全的目的。

对民主政体来说，只要被统治的人民没有被消灭殆尽，全民议会就不会消失，因此在这种政府形式之下就不存在所谓的继承权。

在贵族政体中，如果议会的成员死亡，选任补位议员的权利由负责所有参议人员与官员选拔工作的议会以主权者的身份掌管，代表作为代理人的一切行为，都是臣民中的每个人作为授权人的行为。尽管主权议会可以对他人进行授权，让其选出继任者，但是选举的根据仍旧是议会的权力，如果公众提出要求，议会也可以根据自己的权力撤销已经选定的人。

在君主政体中，关于继承权的问题才是最难解决的，其原因就在于乍看之下并不能明确地知道谁来指定继位者，很多情况下被指定的继位者究竟是谁也并不明确。因为在这两种情况下，需要运用比任何一个人平时习惯运用得更加严密的推理才行。因为选任的君主和权力有限的君主都不具备主权的所有权，而只有使用权，因此我们需要考虑的问题就只是具有主权的君主的继位者由谁来指定，也就是谁能决定这个继承权的归属，那么就需要考虑以下情况：如果不是在位国王有权规定继承问题，那么这个权利就一定重新回归到混乱的群众当中了。因为如果是后者，主权者死后没有给群众指定新的主权者，也就是没有一个新的代表者来承担每个人的统一人格，来代表他们的意志做出统一的行动，那么他们就不可能选出一位新的君主；于是每个人都拥有了相同的权利，可以选择服从他们认为最能保护自己的人；要是有可能还会运用自己的力量来保护自己，这就相当于重新回到混乱的状态，也就是人们之间彼此为敌的战争状态，这就违背了最初建立君主国的初衷。由此可见，只要按约建立了君主国，那么指定继承者的问题就完全取决于在位君主的判断和意志。

还有一个问题就是，在位的君主指定的继承主权的人是谁。这个问题可以根据君主留下的明确的言辞和遗嘱来判断，也可以根据他充分表示默认的内容来进行判断。

君主在世的时候以口头或书面方式，通过明确的言辞或遗嘱来宣布，例如罗马最初的几位皇帝就是通过这种方式来宣布继承人的。因为继承人这个词本身的含义并不是说传位者的子女或近亲，而仅仅是代表传位者通过任何一种方式来宣布有权继承他地位的任何一个人。所以，假如君主通过口头或书面的方式明确宣布某个人将会继承他的王位，那么当君主去世后这个人就会立刻拥有成为君主的权利。

但是如果没有遗嘱或者明确地表示，就要服从可以代表意志的其他自然表示，其中一种就是习俗。因此，如果习俗规定了亲缘关系最近的人拥有继承权，那么这项权利就应该归他所有。因为如果在位的君主不愿意，他在生前就很容易将这件事告知众人。同理，如果习俗规定了亲缘关系最近的男性拥有继承权，那么符合这一条件的男性就拥有了该项权利。如果习俗规定了女性优先于男性，也是一样的。因为无论习俗如何规定，人们都可以通过语词来限制；如果他没有这样做，就等于默认了这项习俗。

如果既没有遗嘱也没有固定的风俗，就可以做出如下理解：首先，君主的意愿是继续保持君主政体，因为他本人认同这种形式的政府。其次，他的子女应该有优先继承权，因为我们可以根据人类的天性提出假设，相比其他人的子女，人们更愿意提拔自己的子女；而在自己的子女中他会更倾向于儿子，因为男性比女性更适合应对操劳和风险。最后，如果他没有子女，兄弟就有优先权，依此类推，血缘关系比较近的人优先于比较远的人；因为我们一直可以相信亲缘关系越近感情也越好。而且有一点也是显而易见的，如果最亲近的人获得了尊贵荣耀，人们因为亲缘关系而获得的荣誉也最多。

假如我们承认君主利用传位的约定或益处来处理继承问题的合法性，那么可能有人会提出一个很严重的问题进行反驳，因为君主可以将自己的统治权卖给或传给一个外国人。一个外国人肯定是一个不习惯本国政府统治的人，也不能熟练运用本国语言；一般来说，这种情况会导致彼此互相轻视，继任的君主也可能会因此而压迫臣民。当然，这是一个很大的弊端，但是这不一定是因为一个由外国人领导的政府导致的，而是因为统治者不善于治理国家也不懂真正的政治法则。因此，罗马人在征服了众多民族之后，为了让被征服者接受自己的统治，最常用的做法就是尽量平息民怨；他们不但让被征服的一个民族或是其中的主要人物获得罗马人的称号，甚至会邀请其中很多人来到罗马城中担任元老院议员和其他重要职务。我们国家最贤明的君主詹姆斯王，正在尽其所能地促进他所统治的英格兰与苏格兰的合并，也正是为了达到这个目的。如果他能成功，那么就很可能阻止正让这两个国家陷入悲惨境地的内战。如此说来，君主按照自己的意志来处理继承权问题，虽然可能会因为君主的过失而在有些时候被发现是个弊端，却不会对人民构成任何侵害。我们也可以利用下面这一点来证明这种方式的合法性：无论把主权传给一个外国人会产生怎样的弊端，君主跟一个外国人结婚也会出现同样的问题，因为在这种情况下继承权就会归属于身为外国人的配偶，但是人们却都认可了这种婚姻的合法性。

第二十章　论宗法的管辖权和专制管辖权

通过武力来获得主权的国家就是以力取得的国家。通过武力获得主权，是指每个人单独或众人之中的大多数人，因为对死亡或囚禁感到害怕而对可以掌握自己生命和自由的个人或议会的一切行为授权。

以力取得的管辖权或主权与按约建立的主权的区别在于：在按约建立的国家，人们是因为互相畏惧而选择主权者并服从他，但主权者本身不是他们畏惧的人。但是在以力取得的国家，人们服从的人也是他们畏惧的人。在这两种情况下，人们都是出于畏惧才选择服从。那些认为出于死亡和暴力的信约一概无效的人，需要注意这一点。如果他们的观点是正确的，那么在任何一个国家人们都没有服从的义务。当然，在任何一种形式的国家建立以后，如果臣民出于暴力或死亡威胁做出的承诺中有违法的内容，那么这个信约就不成立，也就没有约束力。但是信约不成立的原因并非因为立约者出于畏惧做出了承诺，而是因为立约者对其承诺的事物不具有权利。而且，如果他最终并没有履行应当依法履行的契约，其原因也并不是信约无效让他不再有义务这样做，而是因为主权者判断他可以不做。反之，无论在什么情况下，一个人如果依法订立信约而又破坏了信约，都是不合法的。但是，如果主权者解除了他的义务，那么就等于是之前强迫他立约的人作为有权解除义务的授权人为他解除了义务。

但是在这两类国家中，主权者的权力及其必然结果是相同的。主权者的权力不得转让他人也不可以被他人剥夺，任何臣民都不能指控主权者对其进行侵害，任何臣民都不能惩罚主权者，主权者有权审定和平所需的必要条件，审定在何时何地需要开战或是议和，审定学说，他是唯一的立法者，也是各类纠纷的最高仲裁者，包括地方长官、参议人员和将领在内的所有官员和大臣都由主权者甄选，所有的荣誉头衔、功勋等级和赏罚机制也都由主权者决定。上述各项内容成立的原因也与上一章关于按约建立的主权的权利及其必然结果的原因相同。

获得管辖权有两种方式：一种是通过世代生育的关系获取，另一种是通过征服来获取。前者属于父母对子女的管辖权，叫作宗法的管辖权。这种通过世代的生育关系而建立的管辖权，并不是因为父母生育了子女就天然获得了管辖权，而是因为子女用一种明确的方式或其他形式充分证明了自己接受对方的管辖。因为上帝规定了男人在生育的时候要有一位协助者，因此子女必然是父亲和母亲两者共同生育的。如果是这样，那么父母对子女就应该有同等的管辖权，子女也要同等地服从父母双方，但这根本不可能，因为没有人可以同时服从两位主人。有些人认为管辖权应该只属于父亲，因为男性更优越。但实际上他们的想法是错的，男人和女人在体力和慎虑上的差距并非一直都很大，甚至大到了可以不需要通过战争就能决定权利的归属。在某些国家，这类纠纷的裁决由国家法律执行，而大多数情况都对父亲更有利，虽然并不绝对；因为在大多数国家中，氏族的建立者都是父亲而不是母亲。但我们目前需要考虑的是纯粹的自然状态，我们设想一下在这时并没有婚姻法，也没有教育法或相关规定，只有自然法、两性关系以及子女的自然倾向。在这种情况下，如果不是父母双方立约并以此来决定子女管辖权的归属，那么就没有任何有关的规定。如果已经立约规定，就按照契约的内容执行权利。历史上，我们也可以看到相关的例子，亚马逊人①与帮助她们繁衍后代的邻国男子就有过一项约定，如果生育了男孩就归该国所有，如果生育女孩就归自己所有，因此这种情况下女子的管辖权就在母亲这里。

如果没有立约，管辖权则属于母亲。因为如果没有婚姻法，在只有自然法存在的情况下，母亲不说明就没有人知道谁是孩子的父亲。那么子女的管辖权便取决于母亲的意志，因此也就归属于母亲。而且，通过观察也可以发现，婴儿从一开始就受到母亲权力的掌控，母亲可以选择抚育他或抛弃他。如果母亲选择抚育他，那么就等于他从母亲那里得到了生命，也就有义务只服从母亲一个人，因此，子女的管辖权便属于母亲。但如果母亲选择抛弃他，然后另一个人捡到并养育了他，那么他的管辖权就属于收养人，因为这个被捡到的婴儿应该服从保全他生命的人。其中的道理是这样的，一个人选择服从另一个人，是为了保全生命，每个人都要允诺服从那个可以掌握自己生死的人。

如果母亲是父亲的臣民，那么子女的管辖权就属于父亲。如果父亲是母亲的臣民，当女王和臣子结婚时就是这样，那么子女的管辖权就属于母亲，因为父亲一样也是母亲的臣民。

---

① 亚马逊人（Amazones），是古希腊神话中一个全部由女战士构成的民族，占据着小亚细亚、佛里吉亚、色雷斯和叙利亚的许多地方。

如果父母分别是两个不同国家的君主，关于其子女的管辖权：如果双方已经针对此事立约，那么管辖权就按照契约来执行。如果没有立约，那么管辖权就按照他所在国家或地区的规定来执行，因为任何一个国家的主权者对其境内的所有居民都具有管辖权。

一个人如果对子女具有管辖权，那么他对子女的子女以及孙辈的子女也同样具有管辖权。因为当人们对一个人的人格具有管辖权的时候，他就对这个人拥有的一切都具有管辖权，否则，管辖权的存在就只是空谈。

宗法管辖权的继承权与王位继承权的处理方式相同。关于王位继承权的具体规则我们已经在上一章进行了充分说明。

有些著作家将通过征服和战争胜利获得的管辖权称为专制的管辖权。这个词是从希腊语的 Αεσπόγης 一词演变而来，原意是领主或主人。这就是主人对仆人的管辖权。胜利者通过如下方式可以获得管辖权：被征服者为了保全当下的生命安全，以明确的言辞或其他形式充分表明自己的意愿并与之立约，规定在允许他保全生命及自由的前提下，胜利者可以随意支配。立约之后，被征服者就会成为仆人，在立约之前则不是。因为无论仆人这个词的来源是服务还是饶过其性命，这个问题可以交给语言学家来争论，在这里的意思都不是俘虏；不是那些关在监牢里面或者被套上枷锁的俘虏，只能等待俘获他们的主人，或是从他们的俘获者手中将他们买下来的主人的处置。因为这样的人通常被称为奴隶，完全不受任何义务的约束，他们可以冲出监牢、卸下枷锁，杀死或掳走自己的主人，这些做法都符合正义的原则。但是仆人指的是一个在被俘虏后获得了人身自由，向主人承诺自己不会再逃跑，也不会对主人使用暴力，并以此获得主人信任的人。

所以，获得被征服者管辖权的方式并不是战胜他，而是让他自己立约。他并不是因为被征服而受到约束的，也就是说，被打败、被俘虏或是被迫逃窜都不能让他负有义务，这一切都只能让他服从战胜者，对其委由求全。在没有做出承诺之前，战胜者也不会因为对方投降，就肩负让对方可以不必听凭自己处置的义务。投降这件事情，只有在胜利者觉得合适的情况下才有约束力。

当一个人请求饶命的时候，就是以投降的方式来让自己免于被战胜者当前的怒火波及而失去性命，在这之后就是以赎金或服役的方式来求和并保全生命。因此，被饶过性命的人不意味着生命已经安全，而是这件事情被延后处理。因为这个人投降的条件并不是保全性命，而是听凭战胜者处治。只有战胜者愿意，他才能获得生命的保障，如此一来服役才会变成他的义务。在监狱里或是被铁链锁住被迫劳作的奴隶，他们劳动的原因并不是义务，而是想要尽可能少地面对俘获自己主人的残酷对待。

仆人的主人，同时也是仆人拥有的所有事物的主人，具有任意取用其拥有的一切的权利；意思就是，仆人的财产、仆从、子女等，主人都可以在自己认为需要的时候随时取用。因为仆人是在立约服从之后才保全了自己的生命，而立约服从就意味着他承认并对主人的一切行为授权，如果主人因为他拒绝服从而剥夺了他的生命或自由，或用其他方式来惩罚仆人，这些也都是经过他本人的授权，因此，仆人就不能控告主人侵害了自己。

总而言之，宗法的管辖权和专制的管辖权的权利和必然结果，与按约建立的主权者的权利和必然结果是完全相同的，两者的依据也是完全相同，这些依据我们已经在前一章进行了充分说明。因此，如果一个人同时成为两个不同种类国家的君主，他在其中一个国家拥有的主权是人们按约建立的主权，而在另一个国家拥有的主权则是依靠征服获得的；也就是说，后面一种主权是因为每一个人出于畏惧失去生命或自由而选择投降时获得的；那么如果这个君主以征服者的名义，认为后者是一个被征服的国家而提出比前一个国家更多的要求时，这个行为就可以充分说明他对主权权利缺乏认识。因为主权者对于这两类国家而言都是绝对的，否则便不存在主权；否则每个人都会在能力允许的情况下，以合法的方式通过武力保障自己的生命，这样一来就变成了战争状态。

由此可见，一个大家族如果不是某个国家的一部分，根据这个家族的主权权利就可以成为一个小国；无论这个家族的构成是个人及其子女、个人及其仆人或是个人及其子女和仆人，情况都是一样的；这时，父亲或家长就是主权者。但是一个家族除非可以凭借自身人数或运气获得某种力量，让他人不通过战争就无法征服自己，否则就不能算是严格意义上的国家。其原因是，如果一群人明显属于弱势群体，即使联合在一起也无法保全自己，那么在面临险境的时候每个人都可以运用自己的理智来自救；他可以根据自己的判断来选择最好的方式，或者投降，或者逃跑；这种情况跟一小队士兵遭遇敌方大队人马时一样，为了免遭屠戮，士兵可以选择缴械投降或逃跑。我们通过观察这些事实，并对人们建立国家选择臣服于有能力保全自己的君主或议会这一行为的性质、目的以及需求进行思考和推演之后，所得出的关于主权权利方面的所有内容，已经在前面进行了充分说明。

接下来让我们看看，关于这个问题，《圣经》是如何向我们说明的。以色列子民对摩西说：求你和我们说话，我们必听；不要神和我们说话，恐怕我们死亡[①]。这句话就表明了对摩西的绝对服从。关于君主权利的问题，上帝曾借撒母耳之口说："管辖你们的王必这样行，他必派你们的儿子为他赶车、跟马、奔走在车前，收割庄稼，制造军器和车上的器械。必取你们的女儿为他制作香膏、做饭烤饼。也必取你们的田地、葡萄园、橄榄园，赐给他的臣仆。你们的粮食和葡萄园所出的，他必取十分之一，给他的太监和臣仆。又必取你们的仆人和婢女、健壮的少年人供他的差役。你们的羊群他必取十分之一。你们也必做他的仆人。"[②]这就是绝对的权力，最后一句话"你们也必做他的仆人"对这一点做出了总结。但是以色列人在得知自己的王将会拥有哪些权利后，依然同意他做王，而且回答说："使我们像列国一样，有王治理我们、统治我们、为我们争战。"[③]这句话肯定了主权者在军事及司法方面的一切权利，其中一个人可能转让给另一个人的绝对权力。还有，所罗门在对上帝祷告时说："求你赐我智慧，可以判断你的民，能辨别是非。"[④]由此可见，诉讼仲裁以及制定辨别是非的规则的权利也属于主权者。这些规则就是法律，因此主权者拥有立法权。扫罗曾经派人追杀大卫，但是当大卫有权力杀死扫罗并且追随大卫的人也打算这样做的时候，大卫却阻止道："我在耶和华面前万不敢伸手害他，因为他是耶和华的受膏者。"[⑤]关于臣仆服从的义务，圣保罗曾说："你们做仆人的，要凡事听从主人。"[⑥]他又说："你们做儿女的，要凡事听从父母。"[⑦]这句话就指出了在宗法统治权或专制统治权之下的人们要绝对服从，而且他还说："文士和法利赛人坐在摩西的位上。凡他们所吩咐你们的，你们都要谨守、遵行。"[⑧]这里也指出了绝对服从的义务。圣保罗也说："你要提醒众人，叫他们顺服做官的、掌权的，遵他们的命。"[⑨]这也是一种绝对服从。最后，我们的救主自己也通过这样一句话，告诉我们人民有义

① 《旧约·出埃及记》第二十章第19节。
② 《旧约·撒母耳记上》第八章第11、12等节。
③ 《旧约·撒母耳记上》第八章第19节。
④ 《旧约·列王纪上》第三章第9节。
⑤ 《旧约·撒母耳记上》第二十四章第6节。
⑥ 《新约·歌罗西书》第三章第22节。
⑦ 《新约·歌罗西书》第三章第20节。
⑧ 《新约·马太福音》第二十三章第2~3节。
⑨ 《新约·提多书》第三章第2节。

务缴纳国王征收的赋税："恺撒的物当归给恺撒。"[①] 而且他自己也做出了缴税的行动。还有，在需要的时候，君主可以单凭一句话就拿走任何一位臣民的任何一样东西，而是否有这样的需要则由君主判断；因为作为犹太人的王，耶稣自己就曾经吩咐过门徒拿走驴和驴驹，把自己送到耶路撒冷。他说："你们往对面村子里去，必看见一匹驴拴在那里，还有驴驹同在一处，你们解开牵到我这里来，若有人对你们说什么，你们就说，主要用它，那人必立时让你们牵来。"[②] 他们不会问他的需要有没有充分的理由，也没有问这件事是不是出自他的判断，而只是服从他的意志。

除了上面几段话，还可以补充一段《创世纪》里面的话："你们便如神能知善恶。"[③] "谁告诉你们赤身裸体呢，莫非你吃了我吩咐你不可吃的那树上的果子吗？"[④] 认识和判断善恶已经以智慧之树果实的名义被禁止，这是上帝对亚当服从自己的考验，但是魔鬼却让那个女人生出了野心，毕竟此前女人就已经认为这果实赏心悦目，魔鬼告诉女人，尝过这个果实以后他们就会像神一样能知善恶，于是两人都吃了，而且也的确做出了神做的事，也就是判断善恶，但是他们却没有获得新的能力可以直接辨别善恶。据说两人吃过果实之后看到自己赤身裸体。关于这段话，没有人解释说两人之前仿佛是瞎子，看不见自己的身体。这句话的含义非常清楚，此时他们才第一次判断出自己是赤身裸体的，这就说明上帝的意志要将其创造成丑陋的模样；他们觉得耻辱，就暗自腹诽上帝，因此上帝说：你们这些本应该服从的人居然开始指责判断我的命令了吗？意思是，臣民不能指责或质疑有管辖权的人的命令；虽然这句话的表达是比喻式的，但表达的含义却非常明确。

因此，按照我的理解，理性和《圣经》的判断都已经很明确：无论主权是像君主国一样只属于一个人，还是和民主国家或贵族国家一样归属于议会，其范围都可以穷尽人们想象的极限。有人可能会觉得这种无限的权力会带来很多隐患，但是如果没有这种权力，人们就会进入长久的战争状态，这是一个更坏的结果。人们现世的情况不可能完全没有问题，但是对任何一个国家来说，最大的问题都

---

① 《新约·马太福音》第二十二章第 21 节。

② 《新约·马太福音》第二十一章第 2~3 节。

③ 《旧约·创世纪》第三章第 5 节。

④ 《旧约·创世纪》第三章第 11 节。

来自臣民的反抗以及破坏建立国家的信约。无论哪个人认为主权过大，并想方设法限制主权，其结果就只能是他必须服从一个可以限制主权的权力，也就是服从一个比主权更大的权力。

最大的反对声音来自实践，有人会问：臣民在何时何地承认过这种权力？于是我们就可以反问：一个王国在何时何地经历过长久的安定与和谐？有些民族的国家可以长久地存在，不遭到外部问题就不会灭亡，这些民族的臣民就从未质疑主权的问题。不管怎么说，一个人如果没有运用严格的理智来思考国家的性质与成因并清楚地认识这些问题，又因为搞不清楚这些问题而经常遭遇痛苦，那么他根据这些实践经验提出的所有问题都是谬误。因为就算全世界的人都在沙滩上打地基，我们也不能因此就认为这样打地基是对的。建立与维持一个国家的技术跟几何与算术的法则一样，却与打网球那种只以实践为基础的技术不同。穷人没有时间去研究这些法则，而有时间研究这些法则的人到现在都没有追根究底的好奇心以及坚持不懈的研究方法去发现这些法则。

第二十一章　论臣民的自由

自由这个词原本的含义是指不受阻碍的状态，这里所说的阻碍是指影响运动的外部障碍，适用于无理性、无生命的事物，也同样适用于具备理性的事物。对任何事物来说，只要是因为受到束缚或是被包围而只能在有限的空间内运动，并且造成这个有限空间的原因是某种外部障碍时，我们就说这一事物没有越出这一空间的自由。因此，当任何一种生物被墙壁禁锢或被锁链束缚时，或是当水被堤坝或器皿阻挡并且一旦阻挡消失就会流到更大的范围时，我们通常会说它们无法像在没有这些外部障碍时一样自由运动。但是，如果运动的障碍来自事物本身的构成，我们便不会说它缺少运动的自由，而会说它缺少运动的力量，例如静止的石头和卧病在床的人。

根据本来的意义，自由人这个词指的是在力量和智慧所能及的范围内，可以想做什么就做什么而不会被妨碍的人。但是如果将“自由”一词运用到物体之外的事物上，就属于语词滥用。因为物体如果不是在运动状态就不可能遇到阻碍。我们可以通过举例说明，当人们说一条路是自由的时，所指的并非道路本身的自由，而是行走在这条路上的人不会遇到阻碍。当人们提到赠予的自由时，也并非在说赠予物的自由，而是赠予者的自由，也就是指他可以不受任何法律或信约的约束做出赠予的行为。同理，当我们可以自由说话的时候，也并非在说声音或吐字的自由，而是指说话人的表达方式并不会受到法律限制。最后，还有自由意志这个词，我们通过词语的用法可以得出的结论也不是意志、欲望或意向的自由，而是人的自由；这种自由指的是他可以不被妨碍地做自己具有意志、欲望或意向的事情。

畏惧与自由可以并存。例如，一个乘船渡海的人，因为害怕船只沉没而将货物扔到海里，这一行为是他意志的充分体现。因为如果愿意，他也完全可以不这样做。因此，这就是一个自由人的行为。同理，有的时候人们会因为畏惧监禁而选择偿还债务，而且他做出这个行为的时候也没有人出面阻止，因此这也是自由的人的行为。通常情况下，人们由于畏惧法律权威而做出的一切行为，他们也有充分的自由不去做。

自由与必然也可以共存。例如，水沿着河道向下流淌，这一现象不仅仅体现了物体运动的自由，也体现了运动的必然性。人类的自愿行为也是如此。自愿行为的原因是人类的意志，因此属于自由的行为。但是人类的一切行为，无论出自哪一种意志、欲望或意向，都必然有其原因，而所有的原因又都是属于一个原因链条中的一环，也就存在一个原因的原因，最终会引出所有原因的第一因，它由上帝掌握，因此自愿行为便是一种必然的行为。只要能够认清这些原因之间的内在联系，人类一切自愿行为的必然性这一推论就是显而易见的。因此，俯察万物并为其制定规则的上帝，同时也会俯察人类根据自己意志采取行动的自由，并且让这些行为都具有刚好完全符合上帝意志的必然性。虽然很多时候，人们的行为并不是出自上帝的命令，因此也就并没有获得相关的授权，但是人类所有的欲望或激情，其根本原因却都是来自上帝的意志。如果上帝的意志不能保证人类意志的必然性，进而保证由人类意志导致的一切的必然性，那么人类的自由就会与上帝的全能和自由发生冲突，并且互相妨碍。就当前的问题而言，上述全部内容足可以说明唯一能被正式称为自由的天赋自由。

人们为了保全自己并取得和平，制造了人造的人，也就是我们所谓的国家。他们还制造了人造的锁链，称为国法，并且以互相订立信约的方式将锁链的一端拴在被他们赋予主权的个人或议会的嘴上，另一端则拴在自己的耳朵上。这些锁链在本质上是脆弱的，因此锁链得以维系的原因也并不在于其坚不可摧，而在于其一旦被破坏将会带来的危害。

现在我们所要讨论的臣民的自由，仅仅是相对这些锁链而言的自由。我们非常清楚，在这个世界上没有一个国家能够制定出一套完备的法律，可以完全规定人们的一言一行，这件事根本不可能实现，那么我们就必然能得出一个推论：在法律规定的范围之外，人们可以自由地采取行动，做出理性判断最有利于自身的事情。因为，如果自由的本来意义就是人身自由，是指一个人不受任何禁锢和约束的自由，那么很显然人们已经拥有了这样的自由，而他们还每天吵吵闹闹地要求获得这种自由的做法就非常荒谬。而且，如果人们觉得自由指的是免除法律的束缚，那么他们要求的这种自由也同样非常荒谬；因为那样一种自由，就意味着每个人都有权主宰自己的生命。尽管这些事看上去非常荒谬，但是人们确实提出了这种要求。因为他们不知道，如果没有掌握了武力的个人或一群人来执行法律，他们也就无法被法律所保护。因此，臣民的自由只存在于主权者未做出规定的事物中，例如交易或订立其他契约的自由，选择自己的居住地、食物和职业的自由，还有按照自己认为合适的方式来教育子女的自由等。

但是我们不能因为这种自由，就认为主权者可以剥夺臣民生命的主权被取消或限制了。前面已经说过，无论主权者有什么过错，他的任何行为都不能被称为不义或对臣民构成侵害；因为每一位臣民都是主权者的一切行为的授权者，主权者仅仅是上帝的臣民，因此只需要服从自然律，除此之外主权者拥有对任何事物的权利。因此，在一个国家里，主权者可以通过命令处死任何臣民，但是双方都没有做任何对不起对方的事情。耶弗在祭祀仪式中把自己的女儿当作牺牲就属于这种情况[①]。在这种情况下失去生命的人，有自由做出自己的行为，但是处死他的人也没有对他构成侵害。同理，在主权君主处死无辜臣民时，这种说法依然成立。例如，大卫杀死乌利亚的行为[②]虽然因为不公道而违反了自然律，却没有

① 据《圣经·士师记》记载，基列人耶弗是妓女的儿子，被自己合法婚姻所生的兄弟赶出。后来他率领军队，在以色列人被敌人攻击的时候出兵营救，并许诺战胜后会将自己在军营里遇到的第一个人献祭上帝，而这个人就是他的独生女儿。因此，他将自己的女儿作为牺牲献祭，但并不因此获罪。

② 据《圣经·撒母耳记下》记载，大卫王贪图勇士乌利亚妻子的美貌，与之私通，并派乌利亚到最危险的战场上去，设计他死于敌人之手。随后将乌利亚的妻子接到自己的宫殿，并生了一个儿子，因此令上帝不喜。

对乌利亚构成侵害，而只对上帝构成侵害；因为乌利亚已经把自己按照意志自由行为的权利授予大卫，因此大卫并没有对乌利亚构成侵害。但因为大卫是上帝的臣民，而自然律禁止一切不公道的行为，因此大卫对上帝构成了侵害。关于这一点，大卫在对这件事进行忏悔时说的话也可以证明，他说："我对你犯罪，唯独得罪了你。"[①] 同理，雅典人在把国内最有权势的人放逐十年的时候，也并不认为自己的行为是不义之举。但是他们从来都不关心被放逐的人犯了什么罪，他们只关心这个人可能带来什么危害。雅典人甚至会下令放逐一个陌生人，每一位公民将自己想要放逐的人的名字写在贝壳上，并带到市场上去，免去了实际诉讼的过程，有时他们甚至会把阿利斯泰提放逐出去，原因就是他有公正的好名声；有时他们又会放逐经常开粗俗玩笑的海帕波罗斯之流，理由就是跟他开个玩笑。但是我们并不能说身为雅典主权者的雅典人没有放逐这些人的权利，或是雅典人没有公正或开玩笑的自由。

希腊罗马人的哲学书与历史书中提及的自由，还有从希腊罗马人那里继承了政治学说的人在自己的著作和讨论中推崇的自由，都不是指个人的自由，而是指国家的自由，这种自由与国法和国家还未出现时每个人具有的自由完全一样，所能导致的结果也完全一样。因为一群没有主权者的人，就只能处在人与人彼此为敌的战争状态中。他们没有遗产可以传给儿子，也不能希望从父亲手中继承遗产；不存在财务和土地的所有权，也没有安全保障，每个人都拥有绝对的、完全的自由。每个独立的国家也是如此，每个国家而不是国家中的每一个人，都有绝对的自由做出其判断最有助于国家利益的事情，这个判断是由有权代表国家的个人或者议会做出的。而且，这样的国家也一直都处在战争状态中，因为四周都是战场，所以要武装边界，架设大炮指向四周。当人们说雅典人和罗马人是自由的时，这句话的含义是他们是自由的国家，这并不意味着任何一位臣民都有自由反抗的代表者，而是意味着他们的代表者有自由反抗或侵略其他民族。路加城的塔楼上现如今还写着大大的两个字——自由，但是没有人能根据这一点进行推测，认为路加城的军民要比君士坦丁堡的居民更自由，或者认为他们可以更少地担负国家的徭役。无论是君主国还是民主国，两者享有的自由并没有区别。

但是自由的美名可以轻易地蛊惑世人，并且人们缺乏区别这种自由的判断力，因而会将只属于公众的权利当作个人遗产和天生的权利。而在这种错误的认

① 见《诗篇》第五十一章。

知被这方面的权威人士肯定过之后，也就难怪会引起动乱，导致政权的更迭。西方国家的人，大都是从亚里士多德、西塞罗以及其他希腊罗马人那里接受有关国家制度与权利的观点。这些人都生活在民主国家中，他们书中关于这些权利的描写，也不是通过自然原理进行推导得出的，而是根据自己的时间经验记录下来的；这种情况就像语言学家根据当时的实际情况记录语言规则，或是根据荷马和维吉尔的诗篇记录诗文的规则一样。为防止人民产生更换政府的想法，雅典人接受的教育就是认为自己是自由的人民，而所有君主国的人都是奴隶。因此，亚里士多德在他的《政治学》一书中写道："在民主国家中，自由是理所当然的，因为一般观点认为，在任何其他的政府形式下的人，都是没有自由的。"[①] 和亚里士多德一样，西塞罗和其他著作家的政治理论也是来自憎恨君主政体的罗马人的教育，这些教育者最开始由废除君主、瓜分罗马主权的人担任，后来则由他们的继承者担任。因为人们都看过这些希腊和拉丁著作家的书，在这种虚假的自由影响下养成了一种习惯，那就是认同暴乱和毫无顾忌地控制主权者的行为，随后又想控制这些控制主权者的人，最后导致血流成河。于是我觉得可以实事求是地说：人们做任何一件事情付出的代价，都比不上西方世界学习希措和拉丁文著作付出的代价大。

现在我们来看一下真正的臣民自由是什么样子；也就是在主权者已经明确地给出命令的情况下，有哪些事是人们可以拒绝但不会被看作不义的。在讨论这个问题之前，我们要先来考虑一下，在建立国家的时候，巨民出让的权利有哪些。用另一种方式来表达就是，我们要考虑一下当人们一致认同并选择了一个人或一个议会作为主权者的一切行为时，自己放弃了哪些自由。这两句话说的其实是同一件事。因为在我们的服从这一行为中，同时包含了我们的义务以及我们的自由，所以我们必须以此为依据，在这个观点的基础上进行推论。因为每个人都是生而自由的，所以任何人需要承担的义务也就来自他自己的行为。要得出这个论点则需要一定的依据，可以是明确的言辞，如"我承认此人的所有行为"；也可以是服从此人权力的人的意向，判断这种意向的根据则是服从者采取行动的目的。因此，我们可以从以下两个方面推导出臣民的自由：一种就是语词以及其他可以产生同等效果的表达；另一种则是建立主权的目的，也就是臣民互相之间的和平共处以及在面对外部威胁时的共同防御。

---

① 见《政治学》第六篇，第2章。

第一，既然按约建立的主权是每个人之间互相订立信约产生的，而以力取得的主权是被征服者对胜利者或子女对父母订立信约产生的，那么我们就可以很清楚一点：每一位臣民对不能根据信约进行权利转让的一切事物都具有自由。我们已经在第十四章中证明过，不防卫自身的信约是无效信约。所以，主权者如果命令其臣民自戕、自残、自伤或在受到他人攻击时不得抵抗，或者命令他绝食、放弃呼吸、放弃医药或任何一种失去就无法活下去的事物，尽管主权者的判决本身合乎正义，但是被命令的人仍然有自由拒不服从。

主权者或其掌权者如果在审问一个人，并要求他陈述自己所犯罪行的时候，被审问者在没有获得宽恕保证的情况下，就没有义务认罪。正如我们在第十四章中证明过的，任何人都不能因为信约的约束指控自己。

而且，臣民对主权者的承认是通过这样一句话来表达的：我对他的一切行为授权或我对他的一切行为负责。而这句话并没有对他原有的天赋自由进行任何的限制。因为允许他杀我，并不是说在他下命令的时候我有义务自杀。“你可以随意杀死我或我的朋友”这句话表达的是一种含义，“我会杀死自己或我的朋友”这句话表达的则是另一种含义。因此，我们能够得出以下结论。

语词本身并不能让任何一个人有义务杀死自己或任何一个人。有些情况下，人们会因为主权者的命令而有义务去做一些危险或不光彩的事情；那么我们就可以知道，表示服从的言辞并不足以让这件事成为义务，是否能成为义务只取决于接受命令者的意向，而这种意向则取决于他将要做这件事的目的。因此，当主权者命令我们做一件事时，如果我们拒绝将会阻碍建立主权目的的达成，我们就没有自由拒绝；反之，我们就有自由拒绝。

出于相同的原因，当臣民需要奉命从军杀敌却拒绝这一命令的时候，虽然主权者有充分的理由处死他，但是在很多情况下，他拒绝的行为却不能被认为是不义的。例如，他自己虽然拒绝服役，却找到了一个同样可以胜任士兵职责的人来代替自己，这样一来他就不算是逃避国家的服役。对于天性胆小的人我们也要予以理解，这种人并不仅限于妇女，当然也没有人会让妇女去面对这种危险，对于像妇女一样胆小的人我们也应该理解。两军交战的时候，任何一方都可能会出现逃兵，但是如果临战逃脱的原因不是背叛而是恐惧，那这士兵的行为就不能被视为不义，而只能说是不光彩。同理，逃避战争并不是不义，而是懦弱。但是如果这个人已经领了军饷应征入伍，那就不能再以害怕为借口逃避战争；此时他不只是有义务参与战斗，而且在没有长官允许的情况下也不可以逃走。而且，如果国家的防御要求所有人都必须拿起武器战斗，那么所有人就都有义务，否则这些人建立了国家，却又没有勇气和决心保卫国家，这个国家的存在就毫无意义了。

无论一个人是否有罪，任何人都没有为了保护他而对抗国家武力的自由；因为这种自由会让主权者丧失保卫臣民的手段，并且摧毁政府的根本。但是如果现在已经出现了这种情况，一群人已经做出了反抗国家武力的不义行为或是全都犯了死罪，他们都知道自己会因此性命不保，那么这时他们是否有自由联合在一起互相帮助、防卫彼此呢？当然有，因为这时他们做的事情是保护自己的生命，无论是否有罪的人都有这样的自由。当然，他们曾经破坏义务的行为是不义的，之后拿起武器虽然是为了支持自己前面的行为，却不能是另一次不义行为。如果他们拿起武器是为了保全性命，那就完全不是不义。但是如果他们已经被赦免，就不能再以此为借口进行自卫，而继续帮助或保护他人的行为也因此变成不合法。

其他方面的自由则取决于法律规定。只要是主权者没有通过法律条款加以规定的事情，臣民都有自由根据自己的判断来决定是否采取行动。所以，这方面的自由就会因为时间和环境的变化而有所不同，自由的大小则取决于主权者的判断，也就是他认为怎样对国家最有利。例如，英格兰曾经有段时期，人们有自由使用武力驱赶进入自己土地的非法入侵者。不过后来，这样的自由权利被国王和议会以成文规定取消了。再比如，世界上某些地方的人，有自由娶多个妻子，但是在另外一些地方人们则没有这样的自由。

如果臣民与主权者发生争议，而争议的内容是根据已有法律而来的债务、土地或财物所有权、徭役以及任何与体罚或罚款相关的问题时，臣民就有自由向主权者指定的法官提起诉讼来维护自己的权利，这种情况和他向另一位臣民提起诉讼是相同的。因为主权者提出的需求既然是根据法律提出的，也就是说，他没有根据主权者的权力提出要求，这就是一个明确的意向，表明主权者已经声明自己要求的内容不能超过根据法律规定其应当获得的东西。因此，这样的诉讼就没有违反主权者的意志，臣民也有自由要求听审自己的案件，依据相关法规仲裁。但是如果主权者是根据自己的权力提出要求或征收任何事物，就不存在任何法律诉讼问题。因为主权者依据自己权力采取的一切行为，都是根据臣民授予的权力做出的；在这种情况下起诉主权者就等于是起诉自己。

如果君主或主权会议授予全体或部分臣民一种自由，而一旦这种权利授予成立就无法保证臣民的安全时，这种授予就是无效的，除非主权者本人明确表示放弃主权或把主权转让他人。因为如果这件事出自主权者的意愿，他完全可以公开声明通过明确的言辞表达放弃或转让的意思，但是他没有这么做，那么我们就应该认为他并不愿意。而之所以授予这种自由，是因为他不知道这种自由会与主权发生冲突，因此主权依旧被保留。那么，与主权绑定的所有必需的权力，例如宣战与和谈、司法权、任命官员和选举参议人员、征税以及第十八章中所列举的所有其他权力也一并保留。

应当做出如下理解，只有在主权者用来保护臣民的权力可以持续的时期内，臣民对主权者才有义务。因为如果在没有其他人可以保护自己时，人们是不能根据信约放弃自己天然的自卫权利的。主权是国家的灵魂，如果灵魂离开了躯体，肢体就不会再接受灵魂的任何指令采取行动。服从是为了寻求保护，一个人无论是在自己的武力还是他人的武力中得到了这样的保护，出于天性都会对这种武力表示服从并尽其所能地让它持续下去。尽管建立主权的人希望这种主权是永恒的，但主权的本质却决定了它会因为各种原因导致灭亡，不只是来自外部的忧患，还有来自内部的激情与盲目，也会使主权在建立的那一刻起就埋下很多有可能因为内部矛盾而萌芽的来自主权内部的死亡种子。

一个臣民如果成为战争俘虏，或是自己的人身安全与生存手段已经掌握在敌人手中，而想要获得生命与自由的保障就只能臣服战胜者，那么他就有自由接受这种交换条件；接受这样的交换条件，他就会成为战胜者的臣民，而这也是他要保全自己生命仅有的选择，同样的道理也适用于一个臣民在相同的条件下被拘留在国外时。但是如果一个臣民被监禁、被刑具锁住或是以任何一种方式被剥夺自由时，就不能被视为受到信约约束而只能选择服从；在这种情况下，只要找到机会，他就可以采取任何一种方法逃跑。

如果君主放弃了自己的主权同时也放弃了继承人的主权，那么臣民就会恢复绝对的天赋自由。因为虽然按照自然法的规定，人们能够确定他的儿子或亲缘关系最近的人是谁；但是正如前一章所说，继承权的归属完全取决于主权者的意志。因此，如果主权者自愿放弃指定继承人，那么主权和服从关系也会随之消失。如果在君主死去后人们找不到公认的亲属，也没有人出面宣布继承人，也会出现同样的情况。因为在这种情况下人们找不到继承人，服从的义务也就不存在了。

如果臣民被主权者放逐，那么在放逐期间，这个人就不再是他的臣民。但是如果臣民只是被主权者派到国外任职或只是请假出国旅游，这个人就仍然是他的臣民，但这是根据主权者之间的契约而不是服从的信约而来的。因为无论是什么人，在进入他国领土后都应该服从该国法律，除非他因为与主权者关系亲密或是拿到了特许，并因此享有不遵守的特权。

如果一个君主在战争中被俘虏并表示臣服于胜利者，那么他的臣民就解除了原有义务，并对胜利者负有义务。但如果君主只是成为俘虏或失去自由，就不能被认为是放弃主权，此时臣民依旧有义务服从之前由君主任命的官员；这些官员仍旧以君主的名义统治臣民，而不是以他们自己的名义。主权者的权利依旧存在，唯一的问题来自行政方面，也就是官员的委派上面；如果君主没有办法委派新的官员，那么我们就认为他仍然同意任用自己之前选派的人。

第二十二章　论臣民的政治团体和私人团体

我们已经讨论了国家的产生、形式和权力，接下来我们要讨论的就是国家每一部分的具体情况。首先，我们要探讨的部分，是相当于自然人身体上与肌肉相似的团体。我所理解的团体，就是因某种利益或事业而互相联合的任意数量的人。有些团体是正规的，有些则是非正规的。任何一个个人或多人组成的会议，只要是被规定为全体代表者的团体，就属于正规团体，除此之外的团体都属于非正规团体。

有些正规团体是独立的且绝对的，除了该团体的代表者之外不会服从任何人，这种团体就是国家，我们在前面五章里已经讨论过。除此之外的团体都不是独立团体，因此会从属于某一个主权者，而团体中的所有成员以及该团体的代表则都是他们所从属的主权者的臣民。

这些从属于主权者的团体有些是政治团体，有些是私人团体。政治团体也被称为法人，是根据国家主权者的权力建立的。私人团体则是由臣民彼此之间自发建立，或是根据外国人的权力建立。因为任何一种根据外国政权获得的权力，在本国都不具备公共属性，因此只能是私人的。

私人团体中有些是合法团体，有些是非法团体。如果国家允许该团体存在，那么这就是合法团体，否则就是非法团体。没有代表者的团体被称为非正规团体，这类团体都是由人群会聚而产生的。如果这类团体的存在是国家允许的，而且团体建立的目的也不是为了犯罪，那么就是合法团体，例如为了观赏戏剧、赶集或是其他不危害公众的活动及目的会聚起来的人群都属于这一种。如果该团体心怀叵测，或是会集了众多意图不明的人，就是非法团体。

任何一个政治团体的代表者，其权力都会受到一定限制，而限制程度则由主权者规定。因为不受限制的权力就是绝对的主权。在任何一个国家，主权者就是全体臣民的绝对代表。因此，任何一位臣民想要成为国家中任何一部分的代表者都必须经过主权者的授权。如果主权者允许臣民的政治团体在任何一种企图下拥有一位绝对的代表者，就等于放弃国家在这方面的统治，同时也分裂了统治权，这就违背了和平与防卫的宗旨；如果主权者的授权并没有明确且直接表达出解除臣民关系的意向，我们就不能认为主权者做出了这样的行为。因为只要存在与该意向相反的任何其他情况，语词的结果就不能充分表达其意志，而只能说明这是他的笔误或是预测失误，而这样的错误在任何一个人的生活中都时有发生。

我们可以从以下两方面来判断一个政治团体的权力范围：一是主权者发布的命令以及颁发的证书，二是国家的法律。

当人们按约建立或以力取得一个独立国家时，不需要任何文件来证明，因为在这种情况下代表者的权力只受到不成文的自然法的约束，除此之外就不受任何限制。但如果是一个从属团体，就需要在时间、地点以及业务范围等方面有各种不同的限制，而如果不用文件来证明并帮助记忆就不会有人记得住，如果没有加盖主权当局印鉴或是其他类型可以作为主权当局象征的永久性徽记来证明的特殊许可文件，并且对全体成员宣读，那么也就不会有人注意到它的存在。

因为对这些团体的权限进行明文规定十分困难，有时甚至根本做不到对其权限做出任何明文规定，因此，全体臣民普遍要遵守的一般法律就必须在全部特殊许可中没有做出规定的一切范围内对代表者依法具有的行为权力进行明确规定。所以：

对政治团体而言，代表者如果是一个人，那么他代表该团体人格做出的任何行为，假如不在该团体的特殊许可或法律规定范围之内，这些行为就属于他的个人行为，既不能被视为该团体的行为，也不能被视为团体中除他之外任何一位成员的行为。因为在特殊许可和法律的规定外，他就不能代表除自己以外的任何人的人格。但如果他的行为没有超出规定权限的范围，那么就是团体中每一个成员的行为；因为主权者是所有人的无限代表，所以每个人都是主权者的一切行为的授权者；在主权者许可范围内的行为也是主权者的行为，因此该团体中的每个成员也都是该行为的授权者。

代表者如果是一个会议，那么该会议规定的所有行为，无论是否已经在特殊许可范围内，也无论是否有法律依据，都是该会议政治团体的行为，也是投票赞成促使该规定成立的每一个投票者的行为；却不是出席会议却投了反对票的人的行为，也不是未出席的人的行为，除非这个人虽然缺席，却让人代替他投票。我们会将这类行为看作该会议的行为，是因为这个行为是会议中多数人投票赞成的结果。如果这个行为涉及犯罪，这个会议则会在可能的范围内受到相应的惩罚，例如解散该团体或撤销许可等，对一个虚拟团体或人造团体来说，这等于宣判了死刑。而既然自然律免除了一切政治团体的肉体刑罚，如果该会议拥有公共资金，并且未犯罪的成员并没有资金所有权，便可以对该会议处以罚金。按照这种说法，没有投票的人都是无罪的，只要不是在特殊许可中进行了明确规定的，该会议的行为就不能代表任何人，因此没有投票赞成的人也就不会被会议的行为牵连获罪。

政治团体的代表者如果是一个人，而这个人又向团体成员之外的人借债，那么债务就是代表者个人的债务。任何特殊许可都不必限制借款，因为人类的自身倾向对借款而言就已经是一种限制。如果特殊许可让代表者有权使团体成员偿还他本人的借款，那就意味着他拥有这些人的主权。如此一来，这种授权如果不是来自人类本性中经常出现的错误，并因为无法充分体现授权者的意志而使该行为失效，就是充分得到授权者许可的行为；而如果是后者，就意味着该团体的代表者已经成为最高代表者，我们此处讨论的是从属团体，这种情况已经不属于我们所要讨论的范畴。因此，这类债务就只是代表者一个人的责任，其他成员都没有义务偿还。因为债权人对该团体的许可和限制并不明了，就只会将借款的人视为债务人；又因为代表者在这种情况下只能代表自己，而不能代表他人，那么债务人就只有他自己。因此，如果有公共财产，代表者就必须使用公共财产偿还；如果没有公共财产，代表者就必须用他的个人财产偿还。

相同的规则也适用于代表者因为契约或罚金而欠款的情况。

然而，如果团体的代表者是一个会议，而团体的债务又来自非团体成员时，那么团体中所有投票赞成借款、赞成应付款项的契约或是赞成某种行为并引起相应惩罚的人，都要对这项债务负责，并且有责任的人只是团体中投了赞成票的人。这些人投票的行为就代表了他们承诺偿还债务，因为授权借款的人有偿还部分甚至全部债务的义务；想要解除这项义务，除非有人已经将欠款还清。

但是如果团体的债务来自内部成员，那么在拥有公共资金的情况下，只有会议本身有义务使用公共资金偿还债务。原因是既然借款的人是内部成员，那么他就有投票的权利，他在投票赞成借款的同时赞成了应当偿还的结果。而如果他当时投票反对借款，或是根本没有出席投票会议，却做出了借款的行为，那就等于推翻了自己之前的否定意见，因此就会受到自己后来通过行为表达的意见的约束；结果就是他同时成了贷款者和借款者，那么他就无权要求任何人还款，只能要求使用公共财产偿还。如果公共财产无法偿还，那么他也没有其他的办法，他不能埋怨别人，只能埋怨自己；因为在借款之前他肯定也了解会议的活动和资金状况，在没有受到强力威胁的情况下做出把钱借给会议的决定，只能是因为自己的愚蠢。

由此可见，当一个人身处一个从属于主权者之下的政治团体时，对代表会议做出的决定明确提出反对意见并且记录和证明自己反对意见的行为，不只是合法行为，而且在很多时候都是对自己有利的做法；如果他没有这样做，就很有可能要归还他人欠下的债务，或是对他人的犯罪行为负责。不过当一个人身处主权会议中的时候，就没有这种自由。一是因为在主权会议中对公开意见提出反对，就等于是在反对主权；二是因为每一位臣民都已经对主权者的命令进行授权，因此无论主权者将来命令臣民做什么事情，当它成为一个命令的时候就已经是正当的，虽然上帝并不是一直赞同这种行为的正当性。

政治团体如果要进行分类，差不多可以找出无数个种类，因为在团体事务方面它们就已经是千差万别，可谓复杂纷繁，数不胜数；而且又因为受到时间、地点和人数的限制，出现更多的区别。在团体事务中，有一部分是因为政务而委派的。首先，一个行省的政务可以交给一个会议来主持，这时所有的决议都要通过多数票来决定；这类会议就属于政治团体，其权力限制则由会议接受的委托内容来确定。行省这个词的本来含义是负责或掌管某项事务的人委托在其之下的某个人在该项事务上为他代拆代行。因此，如果一个国家之内各个地区的法律并不相同，或是彼此之间距离遥远，并且部分地区政府的行政事务需要委托不同人负责时，如果一个地区并非主权者常驻之地并且主权者将该地区政务委托他人负责时，这个地区就可以叫作行省。但是，很少会有把行省的政务委托给常驻该地区的会议负责的情况。在很多行省中，罗马人都拥有主权，但是他们通常都会委托一位总督或政务官驻在当地管理行政事务，而不会选择像罗马城和附近地区一样通过会议进行管理。同理，英格兰在派移民团进入弗吉尼亚和索马里兰时，尽管是由身在伦敦的会议统辖当地政府，但是这些会议却没有委托当地的会议代为管理行政事务，而是派遣总督到每一个殖民地去。这是由每个人的天性决定的，当一个人能够亲自到场的时候，他愿意参与到当地政府中去，但如果是他不能够亲自到场的地区，其本性就会驱使他将共同利益的相关事务委托给一个君主式的政府来管理，而不是让一个平民式的政府去管理；当涉及重大金额的个人资产时我们也可以清楚地看到这种天性，如果一个人不愿意劳心劳力地管理自己在这方面的事务，他会愿意将这些事务委托给一个家人代管，而不是让一个由很多朋友和家人组成的会议进行管理。然而无论事实究竟如何，我们都可以做出一种假设，将一个行省或殖民地的政府委托给一个会议来管理。在这种情况下，我们需要声明一点：该会议对外负有的债务以及规定并公布的任何非法行为，都仅仅是投票赞成者的行为，而不是投票反对和缺席者的行为，理由如前所述。如果殖民地由一个境外会议管理，那么在殖民地以外的任何地方该会议对本殖民地的任何人或事物都不能行使任何权力，也不能因为债务或其他义务在殖民地以外拘留他们；因为该会议只在其掌管的殖民地境内享有当地法律所允许的各种补救手段，而在该殖民地以外的地方却不享有司法裁判权或政务职权，虽然该会议有权在其成员违反会议规定时处以罚金，但是在殖民地之外却没有这样的权力。我们在此处谈及的有关行省或殖民地政务会议的所有权利，对管理城市、大学、学院、教会的会议或任何负责人事管理的会议也同样适用。

通常情况下，在任何一个政治团体中，如果其中有成员认为自身受到其所在团体的侵害，该团体都无权审理与之相关的案件，此时案件的审理权属于主权者和主权者委派审理此类案件的法官，或是主权者专门为了审理这个案件即将指派的法官。因为就这个团体而言，在这类案件中团体成员和团体本身都是臣民。但是在主权会议中情况就完全不同。因为在主权会议中，虽然主权者自己也身处案件之中，但是仲裁者却只有他自己，除此之外就再也不可能有仲裁者。

为达到良好的管理对外贸易这一目的而设立的政治团体，其代表者最适合的形式就是全体成员组成的会议，也就是说，每一位出资者都可以根据自己的意愿出席这个会议并参与团体内任何事务的审议和决议。想要证明这一点，我们先来思考一个问题，既然商人可以自己进行货物的进口和出口，又为什么要联合起来组建一个公司呢？当然，在国内购买商品后，能够独立出资雇一艘船将其运往境外的商人很少，这种情况在从国外购买商品并想要运到国内销售的商人中也一样存在，因此商人们便有需要组建一个团体；团体中的每个人可以选择按照出资比例分红，也可以选择亲自将进口或出口的货物按照自己认为适合的价格出售。但是这种团体不能被称为政治团体，因为这个团体并不存在一个可以强制其成员服从所有国民需要服从的共同法律之外的任何法律的共同代表者。这个团体之所以会出现，是为了获得更大的利益。有两种方法可以帮助其达成这一目的，一是国内外的独家购买，二是国内外的独家销售。因此，如果允许一群商人成为一个法人或政治团体，就等于允许他们进行独家购买和销售，这是一种双重的垄断。在针对某国专门成立公司时，就会出现一种情况，只有这家公司可以在该国销售货物；这就相当于国内独家购买并在国外独家销售。也就是说，在国内只有一位购买者，在国外也只有一位销售者。两者对一个商人来说都是有利条件，这就意味着他可以在国内用低价买入商品，再运到国外高价卖出。对于外来商品而言，在国外也只有一个购买者，在国内只有一个销售者，对于投资者而言，两者依旧非常有利。

这种双重垄断无论对国内人民还是国外人民来说都是不利的。因为是独家出口，所以在购买国内人民的农产品和手工产品时他们就可以随便压价；同时，在售卖人民所需的一切进口商品时他们也可以随便抬价，这两种情况对人民来说都是不利的。而在另一方面，这些人在独家销售本国商品的同时又独家购买外国商品，这样一来他们就可以想办法用低价购买并高价卖出，而这种做法对外国人来说是不利的。因为在独家销售的地区，商品价格普遍偏高；而在独家收购的地区，商品价格就会被压得很低。因此，这样的公司就只能是垄断公司。不过，如果这样的公司在国外市场上团结一致，而在国内市场上却各行其是的话，也就是说，他们都会按照自己认为合适的定价来交易时，对国家而言就非常有利。

在这种情况下，此类商人团体的成员只需要共同出资建造并购买船只、准备所需的粮食并雇用船员；除此之外他们就不再有共同资本，因为这个团体建立的目的并非追求共同利益，而是追求个人利益；因此，团体中的每个人都有权知晓自己投入的资金做何用途，也就是说，每个成员都有权参加规定款项用途的会议，并查看团体的账目。基于这个理由，此类团体的代表者就必须是一个会议，并且每个成员只要愿意就可以出席会议并参与决策。

如果一个商人的政治团体以代表会议的名义对非团体成员负有债务，那么团体中每位成员都自动负有偿还义务。因为借款人不可能了解团体内部的法规，那么就只能将这些人当作一群人来看待，所以在团体中有人通过偿还债款来解除众人的义务之前，每个人都有义务偿还全部债款。但如果借款人是团体中的一个成员，那么债权人本身也是全部债务的债务人，因此在团体拥有公共资金的情况下就可以从中索还，除此之外再没有其他方式可以拿到这笔钱。

如果国家向该团体征税，那么就应该理解为是按照每位成员在团体中投入资金的比例向每个人征税。因为此时对于这个团体而言，公共资金仅限于每个人在其中投入的资金。

如果该团体因为某些非法行为而被处以罚金，那么只有投票赞成该行为的执行以及在行为执行过程中提供帮助的人才应该受到惩罚。因为其余团体成员除了参加这个团体之外并不存在其他的罪行；而如果有人要认为这也是一种罪行的话，也会因为这个团体是根据国家权力的规定而成立的这一点使其成为无罪。

如果团体成员向该团体借债，该团体有权控告他，却无权没收他的货物，或者对他实施人身监禁，因为这两项权力都属于国家，而不属于团体。如果该团体可以根据自身权力做这些事情，那么也可以根据自身权力判定债务应该偿还，这样一来就成了自己案件的法官。

这类为人事管理或商务管理而建立的团体，有些是永久的，有些是有明文规定期限的。另外，还有一种团体也是有时限的，不过这种团体的时限是由团体所从事的业务性质决定的。例如，如果一个主权君主或主权会议认为需要下令召集各个城邦和地区的代表，让他们前来陈述民情和民需，或者是为制定良好的法律提供咨询意见等，并要求每个地区和城邦都派遣一位代表在指定的时间来到指定的地点集会，那么在规定的时间和地点，这些代表就可以被看成代表其境内每位臣民的政治团体；不过这些代表仅仅在根据主权将他们召集起来的个人或会议委托他们陈述的问题上才能被看成这种团体。当召集人或会议宣布委托或讨论的问题已经结束时，这个团体也随之自动解散。因为如果这些代表是人民的绝对代表，那么他们就形成了主权会议；这样一来，同一个人民就会同时拥有两个主权者或是主权会议，这种情况与人们追求的和平是相违背的。因此，在主权建立后，除了根据主权产生的人民代表权，就不存在任何绝对的人民代表权。至于这种团体到底能在多大限度内代表全体人民，这一点在召集会议的文件中已经做出明确规定，因为人民只会为了达成主权者发布的文件所规定的内容而选派代表。

合法的正规私人团体是指那些除了所有臣民共同服从的法律外，在建立时并没有获得其他特许或书面证明的团体。这类团体之所以被认为是正规的，是因为其成员都联合在一位代表者身上，例如由父亲或家长作为一个家庭的管理者时，这个家庭就属于这种团体。因为他可以在法律规定的范围内管理和约束自己的孩子和仆人，但在此范围之外却不行；因为任何人都没有义务服从法律禁止的行为。而在其他行为上，只要这个人还是这个家族的成员，就要将父亲或家长作为直接的主权者并服从于他。因为在按约建立国家之前，父亲和家长都是自己家庭的绝对主权者，而在此之后，他失去的权力也不会超过国家法律取走的范围。

不合法的正规私人团体是指虽然联合在一个代表者身上，却缺乏公共权力作为基础的私人团体。例如，乞丐、小偷和吉卜赛人为了方便行乞或盗窃而组成的帮会，就属于这种团体；根据任何外国人的权力，在他国领土内结成组织、党派，以方便自己传播学说并反对该国权力的集团也属于这种团体。

非正规团体从性质上判断只是一种联盟，或者只是会聚在一起的人群；这种团体的结合并不是因为某种特殊目的，也不是因为彼此间的义务，而只是因为相似的意志和意向。这种团体是否合法，则要看团体中每个人的目的是否合法，而目的是否合法则需要结合当时的情况加以判定。

组成联盟的目的通常是互相防卫，在这一方面，国家就相当于全体臣民联合起来组成的联盟，因此在大多数情况下一个国家之内由部分臣民组成的联盟都是没有必要的，并且总是带着一点非法企图的意味。如此一来，这种联盟必然是非法的，通常被称为私党或阴谋集团。因为联盟是根据契约建立的，如果只是单纯的依据自然法，而不是将权力交给某个人或某个会议来强制执行，那么联盟就只有在不出现正当的怀疑理由时才有效。因此，一个国家联盟如果在其存续期间并不存在使大家畏惧的共同权力，那么这个联盟不但是合法的，而且是有利的。

但是同一个国家的任何一个臣民都可以通过主权获得其权利，因此对维护和平与正义来说联盟的存在就没有必要，而如果联盟中的人图谋不轨或者对国家来说意图不明时，这个联盟就是非法的。因为，任何私人力量的联合如果是以图谋不轨为前提就是不义。而如果联盟意图不明对人民来说就是一种危险，意图的隐瞒本身也是不义。

在一个主权会议中，如果有一部分人在没有权力依据的情况下聚集在一起，并企图共同指挥其他人，就属于非法的私党或阴谋集团，因为他们是在采用欺诈的手段让该会议服从他们的私利。但如果在会议中讨论和审议的问题只涉及个人私利，那么会议中的某个成员尽量与其他人搞好关系的做法就称不上不义，因为在这种情况下他的身份并不是议会成员，就算他对关系亲密的人行贿，也不能算是不义，只能说其行为是法律禁止的。因为这就是人类的真实情况，没有钱在某些时候就没法伸张正义，而且在听审和裁决之前，任何人都可以相信自己的理由就是正义的。

在任何一个国家里，供个人驱使的仆役如果超过了财产管理以及合法用途所需的数量，就会变成不合法的私党。因为既然国家为个人提供了安全保障，他就不再需要私人力量进行防卫。在文明化并不彻底的民族中，一些大家族会彼此为敌并使用武力互相攻击；但我们很清楚一点，这种行为是不义的。因为如果他们的行为合乎正义，就说明他们没有国家。

家族成员之间结党营私固然是不义的，为统治宗教和国家而结党营私也同样是不义，因为这种行为与人民的和平与安全相违背，并且剥夺了主权者的武力。为统治宗教而结成的私党有教皇党、新教党等；为统治国家结成的私党则包括古罗马的贵族党、古希腊的贵族党及民治党等。

聚集的群众属于非正规团体，是否合法则取决于聚集的目的和具体人数。如果聚集的目的合法且明确，那么聚集行为就是合法的，例如，人们通常在教堂里聚会或是正常人数的群众聚集在公共剧场里。因为如果聚集的人数多得异常，情况就会变得不明确，如果参与集会的人不能给出充分而具体的理由说明自己为什么会参与其中，就会被人认为怀有非法企图或是意图制造骚乱。例如，一千个人联合签名写一份请愿书并呈交给法官或地方长官的行为是合法的，但是如果这一千个人全都跑过来就会变成一个制造骚乱的集会，因为这件事只要一两个人就可以办成。然而在这种情况下，集会是否合法并不取决于某个确定的人数，而是取决于当时的官吏有能力镇压并依法制裁的人数。

超过正常数目的人聚集在一起共同对付他们控告的对象，这种集会就属于非法制造骚乱，因为如果只是要将诉状呈交给长官，一个人或少数几个人就完全足够。圣保罗当初在以弗所遭遇的就是这种情况。当时，底米丢和一大群人一起带着保罗的两个随行者来到长官面前，并一起高声呼唤："大哉以弗所人的亚底米阿。"[①] 这两个人向当地人传教，他们宣讲的内容违反了他们的宗教和产业规则，因此他们采用这种方式要求依法惩治两人。根据该民族的法律，要求依法惩办这两个人的行为是正当的，但是他们在此集会却被认为是不合法的，因此地方长官便说了下面的话来责备这群人："若是底米丢和他同行的人有控告人的事，自有放告的日子。也有方伯，可以彼此对告。你们若问别的事，就可以照常例聚集断定。今日的扰乱本是无缘无故，我们难免被查问。论到这样聚众，我们也说不出所以然来。"[②] 如果一个人将许多人聚集在一起，这些人却给不出一个正当理由，那么就是在制造骚乱，而且这群人还没有能力为其负责。有关团体和人群聚合的问题我就说到这里。正如前文所述，这些团体可以比作人体上相对应的部分，合法团体可以比作肌肉，非法团体则可以比作因为邪风入体而生出的毒瘤和脓疮。

第二十三章　论主权权利的政务大臣

我已经在上一章讨论了国家中与人体结构类似的部分，这一章将要讨论的是与官能类似的部分，那就是政务大臣。

政务大臣是国家的主权者（可以是君主也可以是议会）委任处理某种事务并且在该项事务上有权代表国家人格的人。主权者无论是君主还是议会，都具有双重人格，用通俗一点的话来解释就是具有双重身份，一重是自然身份，另一重是政治身份。一位君主不仅具有国家的人格，同时还具有自然人的人格；一个议会不仅具有国家的人格，同时还具有会议的人格；因此，以自然人身份作为臣仆的人就不是政务大臣，政务大臣是真正掌管公共事务的人。所以，在一个贵族国家

① 《使徒行传》第十九章第 34 节。

② 《使徒行传》第十九章第 38~40 节。

或民主国家，议会的门房、卫兵以及其他只是为了给与会者提供方便在议会工作的人员都不是政务大臣。在君主国家，王室的庶务官、侍从、府库官以及其他官员也不是政务大臣。

有些政务大臣接受的委托是负责整个国家全部地区或部分地区的政务。负责全国政务，可能是因为幼主的监护人或摄政王受到前任国王的委托，在幼主年幼的时候负责全国的政务。在这种情况下，当他以主权者的名义发布命令或颁布法令时，只要内容不与主权产生冲突，每一位臣民就都有服从的义务。而掌管某个地区或行省的政务，通常是君主或议会委任一位省长、巡抚、政务官或总督来掌管该地区的所有政务。在这种情况下，他在该行省所做的一切事情，只要是以主权者的名义并且与主权者的权利没有冲突，就对该行省内的所有人都有约束力。这类监护人、总督和省长具有多大权利，完全取决于主权者的意志。如果没有明确的文字可以表明转让主权是出自主权者的意志，那么这个人接受的所有委派都不可以被理解为这种主权的转让。这类政务大臣的功能很像可以保证人类身体可以正常运动的神经和肌腱。

其余类型的政务大臣都有自己的专门职责，也就是在国内外掌管某项特殊事务。在国内事务上，我们首先要说的是掌管国家经济事务的大臣。一切有权管理贡品、捐税、地租、罚金以一切与公共收入等与钱款的征收并发放、账目登记工作相关的人员都属于政务大臣。之所以说他们是大臣，是因为他们的服务对象是国家代表者，而且其职能范围并不能超出主权者的命令和授权；之所以说他们是政务大臣，则是因为他们是以自己的政治身份在提供这些服务。

其次是具有军事管辖权的人，例如掌管兵器、暴雷、港口、指挥和征召士兵或为士兵发放军饷的人，还有可以通过海陆两栖筹备任何军需物资的人，他们都是政务大臣。而一个军人如果没有统辖权，虽然也是在为国家战斗，却不能代表国家的人格，因为不存在让其代表国家人格的对象。而具有统辖权的军人，则只有在面对自己下辖的人时才能代表国家人格。

有权教化人民或让他人教化人民，使人民认识到自己对主权者的义务，认识到正义和不义的区别，并可以让众人和谐相处，维护和平，共同对抗外部敌人的人，也是政务大臣。说他们是大臣，是因为他们的这些行为都不是基于自身的权力，而是基于他人的权力；说他们是政务大臣，则是因为他们正在做的都是自己的分内之事，并且都是基于主权者的权力。只有君主和主权会议才能直接从上帝手中获得权力，并以此来教化和启发民众；只有主权者才能纯粹地凭借神的恩宠获得权力，而完全不必从其他人的恩宠中获得权力。例如在君主国中就是这样说：蒙神与王之恩宠，或是蒙上天和君王的旨意。

掌管司法事务的人也是政务大臣。因为这些人在裁判席上的时候，代表的是主权者的人格，而他们做出的判决也是主权者的判决。因为就像前面说过的，一切司法权在本质上都是包含在主权范围内的，因此所有的法官在本质上就是拥有主权的某一个人或某一群人的大臣。因为争讼通常有两个方面，一方面是关于事实的，另一方面是关于法律的，所以在审判过程中也会分成这两个方面；这样一来，在同一个诉讼案中就可能出现两个法官：一个针对事实进行审判，一个依据法律进行审判。

在以上两种诉讼中，审判者与被审判者之间可能会发生争执。基于两者的身份都是主权者的臣民，因此在公道的原则之下，这类争执就应该交给双方都认可的人来审判，因为没有人可以在自己的诉讼案里担任法官。但是主权者是双方共同承认的审判者，因此如果主权者不亲自听审并对案件做出判决，就要指定一位双方都认可的人来担任法官。那么，我们就可以认为可以通过不同的方式在他们中间取得协议：首先，如果被告因为怀疑选定的法官与此案件有利益关系，并允许他提出异议（事实上原告已经给自己选好了法官），那么就可以认为他没有提出异议的法官就是他认可的法官。其次，如果被告已经向另外一位法官上诉，就不能更进一步再去上诉，因为这个上诉就是他选择的结果。最后，如果被告向主权者上诉，而且主权者或原被告双方承认的代表人已经做出判决，那么这个判决就是最终判决，因为被告是由他们亲自指定的法官审判的，也就等于是由他们自己审判的。

讨论过公正合理的司法属性，我忍不住要说一说英格兰原有的民诉法庭和公诉法庭的绝妙组织[①]。这里所谓的民诉是指原被告双方都是平民，而公诉是指原告是主权者，因此公诉也叫王室诉讼。因为人被分成了两个阶级：贵族和平民。贵族原本拥有一项特权，就是在所有会出现死刑的审判中只用贵族当审判者，而且有多少贵族出席审判就可以有多少审判者。这种情况一直以来都被视为一种特权，因此这时的审判者就是他们最理想的审判者人选。而在民事诉讼中所有的审判者都是由当地人来充当，即使是贵族的民事诉讼案也一样，他可以对被

① 1873 年“司法法案”通过后改制。

选为审判者的人提出异议，一直到被选出来的十二个人都获得他的同意为止，之后就由这十二个人对这个案件做出审判。既然审理案件的法官是他亲自挑选确定的，那么他就再也没有理由说这个判决不能算是最终判决。这些通过主权者的授权，获得了教化民众或为人民审理案件的权力的政务官员，他们作为一个国家的一部分所起到的作用，刚好就相当于人体中的喉舌。

通过主权者的授权，获得执行判决结果、代主权者颁布法律、镇压骚乱、拘捕歹徒及掌管其他安全保障事务的权力的人，也都是政务大臣。因为他们基于这些权力所做的一切都属于国家行为，这些人在国家中起到的作用相当于人身上的双手。

在国外事务上，政务大臣是指在面对外国时可以代表本国人格的人，包括所有根据公共权力和公务接受对外工作的大使、信使、代理人和使者等。

但是，如果一个国家内部比较混乱，并且只是根据其中某一私党的权力派出的人，虽然到外国也会被接待，但是他既不属于国家的政务大臣，也不属于国家的私臣，因为这些人的一切行为都没有经过国家授权。同理，君主派使节前往吊唁、恭贺或协助各种礼仪，虽然使节是凭借国家的权力前往，但是因为他所承办的事务属于私人事务，代表的是主权者的自然人身份，因此属于私臣。还有，当一个人接受密令前往国外，目的是打探他国的意见和实力时，尽管权力依据和负责事务都属于国家，但是因为他对外只能代表自己的人格，对方并不会承认他的其他人格，因此他也只是一个私臣，不过他却是国家的大臣，起到的作用相当于自然人身上的眼睛。受到派遣接受人民的请愿书或其他诉状的人，也是国家的政务大臣，在负责这项职务时可以代表主权者，其作用相当于自然人身上的耳朵。

如果国家的参议人员或参议会被认为不具有司法裁判权或管辖权，而仅仅是在主权者主动征询或并未征询的情况下提供意见，那么就不属于掌管公务的人。因为他们提供意见的对象只是主权者，而主权者在场的情况下，其人格就不可能由他人代表。不过一直以来，由参议人员组成的团体都会拥有某些其他权力，如果不是司法裁判权，就可能是直接的行政权力。例如，在君主国家，他们的职务就是代表君主向政务大臣下达命令；在民主国家，参议会或元老院则是作为参议机构，将讨论结果传达给民众。不过，在负责任命法官、审理案件、接待使节等方面工作的时候，他们是以人民大臣的身份在做这些事。在贵族国家，国家的参议院本身就是主权会议，因此只对自己提供意见，而不会向任何其他方面提供意见。

第二十四章　论国家的营养和殖民地

国家的营养包含了生活物资的数量和分配，同时也包含了这些物资的管理和筹备，而且包含培养完成后通过便利的渠道输送到公众手中供其使用。

这些物资的数量受到大自然的限制，并且仅限于某些商品，上帝通常会通过人类共同母亲的双乳，即海洋和陆地将这些商品无偿地赐给人类，或是让人类通过劳动来换取。

营养的物资包括动物、植物以及矿物等。上帝赐给人类的数量非常丰富，并且大都放在人们眼前的土地上或者是临近地面的地方，而人们只需要稍微付出一点劳动就可以获取这些物资，所以营养物资的数量首先取决于上帝的恩惠，其次则取决于人类的勤奋程度。

这类物资通常被称为商品，包括国产货物和外来货物。在本国境内可以获得的商品就是国产货物，从境外输入的商品就是外来货物。因为每个国家统治的领土有限，因此除了个别地域广阔的国家，就很少有国家可以生产维持整个身体及运动所需的全部物资，而且很少会有某个国家生产的所有东西中不存在个别超过需要数量的。因此，境内获得的商品在通过交易、正义的战争或劳动等方式换取从国外获得的商品后，除了供应本国需求的数量之外，就不存在多余的商品，因为人类的劳动与任何其他事物一样，都可以成为可供盈利的商品。有些国家管辖的领土大小只能满足本国人居住的需求，却可以同时满足维持和扩张国力的需要；这其中一部分是通过在不同地域之间的贸易往来的劳动实现的，另一部分则是通过将进口原料生产成工业品并进行售卖实现的。

这些物资的分配实际上就是关于我的、你的以及他的制度，概括来说就是关于私有财产的制度，在任何国家里这都是主权者的权力。前文已经讲过，不曾建立国家的地方，人与人之间就会永远处于战争状态。因此，一个人凭借武力获取并持有的所有事物就都属于他。但这既不是私有制也不是公有制，只是一种不稳定的状态。这种情况如此显而易见，以致热烈拥护自由的西塞罗也曾在公开的答辩中将所有私有财产权归之于市民法。他说："市民法如果遭到摒弃或者只是没有好好维护，更不用说被压制的时候，任何人可以从自己祖先那里获得的或是可以传给自己后代的东西，就再也没有丝毫的保障。"而且他还说："一旦取消市民法，就再也没有人能知道什么是自己的、什么是别人的。"既然私有财产权的建立是国家建立的结果，而国家的一切行为都是通过代表者实现的，因此建立私有财产权就是主权者的行为，这种行为通过法律来表现，而法律则只有具有主权的人才有权制定。曾经有人将法律称为 Nóuos，意为分配，并且将正义定义为把每个人自己的东西分配给每一个人，关于这个道理人类在古时就已经有了非常清晰的认识。

营养物资分配的第一条法律就是土地的分配法。在分配过程中，主权者根据自己认为公正或是符合公共利益的方式分给每个人，任何一个臣民或某些臣民的看法都不会产生影响。以色列的子民身处旷野时便已经是一个国家，但是在成为福地的主人之前这些人都是缺少各类地上产出的商品的。得到土地后，也并没有按照这些人的意志进行分配，而是祭司以利亚撒和将军约书亚两人共同决定了如何在这群以色列人中进行分配。以色列人当时有十二个支派，约书亚将约瑟的支派分成两个支派[①]，从而形成十三个支派，却将土地分成十二份。利未族没有分得土地，而是只能分得全部产品的十分之一。由此可见，这种土地分配的决定十分随意。当一个民族通过征服获得土地时，虽然不会一直像过去的犹太人一样杀光原住民，而是让很多人、大部分人甚至全部人保留原本的财产，但此后的状态却发生变化，这些人会将这些财产视为胜利者分配给自己的财物，英格兰人就是这样从征服者威廉手中得到自己的全部财产的。

由此我们可以得出推论，臣民的土地私有权是一种排斥其他臣民使用自己土地的权利，但是身为主权者的议会或君主除外。既然主权者是国家人格的代表者，那么他所有行为的目的都是维护国家的和平与安全，因此土地的分配也一定是基于以上两个原则。如此一来，主权者的任何行为如果与这一目的相违背，就等于是与将自身的和平与安全委托给他，并授权他按照自己的良心和意志做出决断的每个臣民的意志相违背，因此基于每一位臣民的意志，我们可以认为这个行为是无效的。当然，一位主权君主或主权会议中的大多数人都可能会因为私欲而做出很多违背良知的事情，这些行为肯定违背了臣民的委托和自然法，但是任何

① 根据《圣经》记载，约瑟支派被分成玛拿西和以法莲两个支派。

臣民却都不能以此为由就有权指责主权者或是对他开战，也不能怨恨主权者；因为他们已经承认了主权者所有的行为，并且在他们对主权者授权的时候，就已经把他所有的行为变成了他们自己的行为。关于主权者的命令在什么情况下会违反公道和自然法，我们以后会在其他地方进行讨论。在分配土地时，我们可以想象国家本身也可以得到一份，并由主权者保留并使用；而土地的数量也可以非常多，多到足以承担维持公共和平与防御所需的一切费用。假如我们可以想象出一位能够摒弃人类所有欲望和弱点的代表者，那么这种做法无疑是正确的。然而我们既然已经知道了人性是什么样子，就该知道将一部分土地或者收入划为国有是毫无用处的；如果主权落在一个不谨慎对待公共财产或者会轻易发动战争的冒险家手里，那么这样的君主或者议会就很容易导致国家解体，并让人们陷入纯粹的自然状态或是战争状态中。国家承受不起任何禁食的规定，因为国家的支出并不取决于本身的食欲，而是取决于外部的偶然事件以及邻国的食欲，因此公共财富只能受限于一些紧急状况，除此之外就不再受任何限制。英格兰的征服者威廉不仅自己保留了大量林地和猎区供自己狩猎游玩以及保存林木，还将大量土地收归己用，而在他赐给臣民的土地上依旧保留不同的徭役，而这些徭役看上去都不是用来维持自己公共身份上的开支，而完全是他身为自然人时候的经费。之所以这么说，是因为他和他的继承者都是在自己觉得必要的时候向全体臣民的土地任意征收税款，而完全不考虑国家的需要。从另一方面考虑，如果当初规定这些公共土地和徭役作为国家的充足经费，就会违背建立国家的契约，因为我们通过日后追加的税收也可以清楚地意识到这笔经费并不充足，而后来王室的微薄收入也证明了，这笔资金还可以进行出让和缩减。因此，为国家划拨一部分资产起不到任何作用，因为国家可以将其出售或转赠；而如果国家的代表者这样做了，就证明这笔资产的售卖或转赠已经完成。

正如土地分配一样，规定臣民在何时何地可以进行何种商品的对外贸易也是主权者的权利。其原因是，假如平民可以自行决定这些内容，有些唯利是图的人就可能会因此将一些可以危害本国的手段提供给敌人，同时将一些可能对国人毫无益处或是造成伤害却能满足欲望的商品输入境内并危害国人。因此，批准或禁止某个对外贸易的地点或项目的权利只能属于国家，也就是由主权者来对所有相关问题做出判断。

除此以外，想要维持一个国家，仅仅让每个人对一份土地或少数商品享有私有财产权或是有某些实用的技术享有天赋所有权还不够，而且世上存在的每一种技艺对每个人的生存和幸福来说几乎都是不可或缺的；所以，人们必须通过某种方式，可以是交换或者订立契约将自己可以让渡的所有物拿出，并将其所有权转让出去。因此，臣民之间的交易、交换、借贷、租赁、雇佣等所有契约，应该以什么样的文字和形式订立才会生效等问题，就应该由国家做出规定，也就是要主权者来规定。与营养物质及其在国家成员中分配有关的问题，考虑到本书的体例，上述内容就已经足够。

我所理解的所有商品的管理，就是将暂时不消费并储存起来作为将来的营养的所有商品置换成价值相当且便于携带，完全不会影响人们在各地迁移的事物，也就是黄金、白银和货币。理由如下：在任何一个国家，黄金和白银都被当地人看作非常珍贵的事物，因此就可以作为一种非常方便的衡量各国商品的尺度；而主权者铸造的货币，无论使用的是什么材质，都可以作为本国臣民之间衡量一切物品的价值尺度。通过这种方式，所有可移动和不可以动的商品都可以随着人们离开常住地，前往任何地方。金银货币可以在国内臣民之间流通，并在流通的过程中给各个部分提供营养。这种情况和国家的血液流通很像：因为自然人身上的血液也是由土地上的产物构成，并且在流动的过程中为人体的各个部分带去营养。

黄金和白银作为贵金属，其价值是本身材质决定的，因此便具有一种特性，那就是作为各地区商品的共同衡量尺度，其价值不会因为一个或少数几个国家的权力发生变化。而货币作为贱金属，其价值就很容易上下浮动。此外，金银还有一种特性，在必要的情况下，能够让国家的手臂伸到国土之外的地方；不仅能供应在外旅行的臣民，还可以为整个军队提供给养。但是铸币的价格并不取决于材质，而是取决于印字；因为容易受环境影响，所以只能在国内流通；就算在国内也会因为法律的变化而使其价值减少，在很多时候让持有者蒙受损失。

有两种途径可以将货币交付给公众使用，一种是送交国库，包括征收人员、保管人员和出纳人员；一种是从国库中取出重新发放并用来支付公共费用，包括保管人员以及接受委托执行款项派发的官员。在这方面拟人与自然人也非常相像，自然人的静脉接收身体各部分的血液并输送到心脏，血液在心脏里恢复生机后，再通过动脉将血液送出，使身体各部分充满生机并维持运动。

国家的子嗣指的就是殖民地或移民地区，通常是由一个指挥官或是总督带领一群人前往一个之前无人居住或是因为战乱而变得人烟稀少的国外定居。已经完成开拓的殖民地分为两种：一种是形成独立的共和国，已经解除了自己对当初派他们前往此地主权者的服从关系，很多古代的国家都属于这一种。在这种情况下，他们原本的国家就称为母国，母国对殖民地的要求也像是已经解除了家庭管辖关系的父亲对子女的要求一样，仅仅是维持一种尊重和友好的关系。另一种是依旧同母国联合，罗马人的殖民地就是这样。在这种情况下，该地区就不能成为一个国家而是一个行省，只是派出人民来到此地国家的一部分。因此，除了要对母国表示尊敬并维持同盟关系外，殖民地的权力还要完全取决于主权者批准他们拓殖的特许。

第二十五章　论建议

日常用语中的词句往往变化无常，以此为根据来判断事物的性质显然非常荒谬。这一点在命题和建议的混淆中就显而易见，而之所以会出现这样的混淆则是因为提供建议与下达命令的时候说话者采用的都是命令式，在很多其他情况下也是如此。因为“做这件事”不但可以作为命令者的语词，同时也可以作为提供建议或劝诫者的语词，几乎没有人会发现不了这几种说法在性质上的巨大差异。而且在对说话者和说话对象的身份、说话的前提进行观察之后，也几乎没有人区分不出。然而，当这些语句出现在书面上的时候，因为很多人不愿意或没有能力对客观情况进行深入的思考，就会选择采取自己认为最适合的方式来行动，也就是按照他们预想中的结果或认同的方式来行动，于是就会在某些情况下把提供建议者的话当成命令者的话，某些情况则完全相反。为了避免此类错误的产生，并且赋予命令、建议以及劝诫的语句明确的固有含义，我将做出如下定义。

如果一个人说“要怎样怎样”或“不可以怎样”时，说出这话的动机完全出于说话者的个人意志，那么这就是命令。很明显，我们可以从这一点得出一个结论：命令者在发出命令时仅代表其个人利益，因为这个命令发出的理由就是他自己的意志，而任何一个人的意志都是以为自己谋求某种利益为目标的。

如果一个人说“要怎样怎样”或“不可以怎样”时，而且这番话的由来仅仅是考虑到说话对象有可能因此获得的利益，那么这就是建议。从这一点我们也可以得出一个推论：无论提出建议的人内心真正的想法是什么，他代表的始终都是征求建议者的利益。

于是，命令和建议两者就有了显著的区别，那就是命令是为自己谋求利益，建议是为他人谋求利益。由此可以引出第二个区别：对于命令，人们有义务要付诸行动，这一点与订立信约的情形一样；但是对于别人的建议来说，他们就没有这种义务，因为不采纳建议有可能受到伤害的只有他自己；如果他因为这个建议而订立信约，那么此时建议就具备了命令的性质。命令和建议之间还有第三个区别：任何人都无权声称自己可以成为他人的建议者，因为他无法说出自己在其中的利益；他只能提出一个理由，说明自己想要了解他人的计划，并以此要求获得提供建议的授权或是在其中谋求别的利益。而其中的个人利益，正如前文所说，是每个人的意志的根本目的。

建议还具有一种性质：无论征求意见的人从对方那里得到的是什么结果，根据公道的原则都不可以指控或是惩罚对方，因为向他人征求建议就是让他人提出自己认为最好的意见。因此，一个人如果是因为主权者的咨询而提供咨议，那么无论主权者是君主或是议会，根据公道的原则提议者都不会因为自己的建议而受罚；因为不论他的意见是否与大多数人的意见相一致，都一定是符合需要辩论的提案。因为如果会议在辩论结束之前就可以得出公众意见，那么征询以及接受进一步的建议都是完全没有必要的，其原因在于所有审议以及辩论决议的最终目的都是会议的公众意见。在通常意义上，征询建议的人被视为授权人，不能加以惩罚，主权者都做不到的事情，其他人就更不必说。但是如果一个臣民向另一个臣民提出建议，让他去做违法的事，那么无论提议者是恶意为之还是因为缺少法律知识，国家都可以惩罚这个提议者；因为在一个所有人都应该对自己服从的法律多加关注的地方，法律上的无知完全不能作为充分的理由。

劝说和劝阻都是希望被采纳的建议，表现了提议者的强烈意愿；简单说来，这就是一种强迫性的建议。因为劝说者并不会详细推理建议可能导致的后果，而且不会使用真正的逻辑推理的力量，他所做的不过是鼓动被劝说的对象采取行动。当人们劝阻某人做出某件事的时候，也是这种情况。所以，这类人在说话的过程中会更加注意听众的情绪和舆论，并且采用明喻、暗喻、举例以及其他演讲技巧，让听众相信如果采纳了他的意见会产生什么效果、可以得到什么荣誉或是这种做法多么正义。

由此可知：首先，劝说与劝阻的提出都是为了提议者的利益而非提议对象的利益，这与提议者的义务相违背；通过建议的定义可知，提供建议的人应当考虑的是征求建议者的利益，而不是自己的利益。从提议者滔滔不绝的话语和激励督促或装腔作势行为中我们都可以很清楚地看到这一点，他所有建议的提出都是为了自己牟利。因为没有人向他提出要求，提议者只是根据自己的需要给出建议；因此，这些建议的主要目的就是追求个人利益，至于对方的利益有可能只是附带或是完全没有被考虑在内的。

其次，劝说和劝阻只在对公众讲话的时候起作用。因为如果说话的对象只是一个人，那么就很可能被中途打断，而说话者提出的理由也可能需要接受更为严苛的考验；公众的人数众多，完全做不到跟一个对公众无差别地发表演说的人进行辩论或交流。

最后，如果有人征求建议，而提议者却进行劝说或劝阻，那么我们就可以说这是一个腐化的建议者，就仿佛他被自己的利益贿赂了。因为无论他提供的建议多好，我们都不能因此承认提供此类意见的人是一个好的建议者，这就像我们不能说一个因为对财富的贪婪而做出公正判决的法官是公正的法官一样。但如果是有权依法下达命令的人，例如一个家庭的父亲或是一个军队的领袖，那么这类人进行劝说或劝阻的行为不但是正义的，而且是必要且值得称赞的。但此时的建议就已经变成命令了。如果下达这种命令的原因是让人从事某些辛苦的工作，那么就非常有必要，当然更多的是出于人道主义的考虑，采用鼓励的方式和建议的语气来下达命令，而不是用简单粗暴的命令式语气，因为这样会让听者在心理上更舒适。

关于表达命令和建议的语言形式之间的区别，我们可以引用《圣经》中的例子进行说明，“除我之外，你不可有别的神”①、“不可为自己雕偶像”②、“不可妄称耶和华你神的名”③、“守安息日为圣日”④、“孝敬父母”⑤、“不可杀人”⑥、“不可偷

① 《旧约·申命记》第五章第 7 节。

② 《旧约·申命记》第五章第 8 节。

③ 《旧约·申命记》第五章第 11 节。

④ 《旧约·申命记》第五章第 12 节。

⑤ 《旧约·申命记》第五章第 16 节。

⑥ 《旧约·申命记》第五章第 17 节。

盗”[①]等都是命令，因为上帝的意志就是众人服从命令的理由，而我们每个人都有义务服从上帝。但是“要变卖你一切所有的，分给穷人”“你还要来跟从我”[②]等就是建议，因为我们会选择这么做，是由我们将来会在天国得到更多的财富这种利益所决定的。“你们往对面的村子里去，必看见一匹驴拴在那里，还有驴驹同在一处，你们解开牵到我这里来”[③]是命令，因为他们之所以这样做，是为了服从主的意志，但是“你们各人要悔改，奉那耶稣基督的名受洗”就是意见，因为我们选择这么做只是出于自身利益的考虑，这其中完全没有考虑到全能的主的任何利益；无论人类如何背叛，全能的主都会是我们的王，但我们如果想要免除因为自身罪恶即将遭受的惩罚，就只能选择这样做。

我们现在已经根据建议的性质对建议和命令进行了区分，其区别就在于提供者提出的行为有可能或必然导致的结果对采纳建议的人是否有利，用同样的方式我们也可以推论出一个人是否可以成为一个合适的参议人员。因为经验只是关于曾经见过的行为结果的记忆，而建议就是将经验告知他人时使用的语言。建议有着和智慧一样的优点和缺点。对国家的法人而言，参议人员要做的就是在记忆和心理讨论中提供服务。自然人和国家在这一方面虽然有相似之处，但也有一个很大不同：自然人是通过感官的自然对象获取经验的，这些对象在对其发生作用时并不具有激情也不涉及个人利益，但是为国家代表者提供建议的人却不一定，而且在很多情况下这些人的忠诚都有待商榷。所以，我们就可以提出第一点，作为一个称职的参议者所需的首要条件：其自身的利益与目的不得与对方的利益与目的有冲突。

第二点，参议者的职责所在，那就是在审议某一行为时，需要以简明扼要并且真实客观的方式让对方了解现在的情况以及行为的后果。所以，在提出建议时就需要采用最直接的方式来阐述真理；也就是说，要尽可能在现有证据的支撑下，用最可靠的推理和最准确且有意义的语言来说明。因此，那些根据书本的权威或案例得出的草率而不确切的推论，那些在激情之下出现的所有含糊不清又逻辑混乱的表达方式，还有一切隐喻式的言辞都是万万不能出现在参议者身上的，因为上述推理和表达方式只能用在欺骗或迷惑对方的时候。

---

① 《旧约·申命记》第五章第 19 节。

② 《新约·路加福音》第十八章第 22 节。

③ 《新约·马太福音》第二十一章第 2 节。

第三点，因为所有人都是通过经验和长期研究从而获得了建议的能力，而关于管理一个庞大的国家所需要处理的一切事务，没有人会认为自己具备全部的经验。所以，无论是什么人，都只能在自己非常精通并且有过深入思考和研究的领域才能成为一个良好的参议者。既然保障内部和平与抵抗外来入侵是一个国家的职责所在，那么我们就可以得知：在人类的情感、政府的权利、公平、法律、正义和荣誉头衔的性质等方面的渊博知识，全都需要经过研究积累才能获得。而且，在本国和邻国的国力、财富、地理人情以及邻国是否可能有以任何一种方式侵略本国的企图和倾向等问题上，也需要有渊博的知识，这些都需要积累丰富的经验。上述所有方面的事务，不仅仅是就整体而言，而且是细化到每个小的方面都需要有经验丰富的人经年累月地考察和深入研究。正如我们在第八章说的那样，建议所需要的智慧是判断。在这方面，人们之间的差异主要来自所受教育不同，每个人从事的研究与业务也有所不同。在做任何一件事情的时候，如果能够依据颠扑不破的绝对法则，正如几何学之于机械和建筑一样，那么学习或发现这一法则的人的意见就远比所有人的经验更重要。但如果没有这样的法则作为依据，那么在针对某种特定业务时经验最丰富的人做出的判断往往最优，因此他就是参议者的最佳人选。

第四点，如果参议者要提供对本国有用的关于其他国家的建议，那么他就必须熟知该国的情报和文献，还有两国签订的所有条约以及在其他方面的国家事务。在这类事务中，如果不是国家代表者选定的合适人选，完全不可能胜任。由此可见，如果国家没有向这个人征求建议，就说明这个人不可能在这方面的事务上提供良好的建议。

第五点，假设我们可以根据需要来规定参议人员的人数，那么在征求意见时最好的办法就是分别向每个人征求意见，而不是让他们聚在一起发表意见。这样说有以下几个原因：首先，在分别听取建议的时候，可以得到每个人的真实意见，而聚众讨论得出的意见往往是人云亦云，或是手脚完全不听使唤只能被身边侃侃而谈的人控制，因为这些人总是担心自己的看法会让前面发言的人或是整个议会感到不快，有些则是担心自己在对问题的理解上显得不如持相反意见的人那么敏锐有洞见。其次，聚众讨论时难免会出现一些人的利益与公众利益相冲突，在自身利益受影响的时候，他们就会在激情的驱使下变得不依不饶地大发议论，从而让在场的听众也被这些人的意见所左右。人们的情绪就像是燃烧的柴火，人们彼此分开的时候，情绪都比较温和，但只要聚在一起就会变成熊熊烈火。尤其是他们互相进行语言攻击的时候，更是会借着提供建议的名义，将大火烧遍全国。再次，在分别听取意见的时候可以随时打断对方或提出问题，以此来考察意见的理由正确与否，以及可行性如何。但如果是多人讨论的情况下，就不可能这么做。当众人聚在一起讨论一个问题的时候，每个人都会被庞杂的议论搞得头昏脑涨、大惊小怪，最后也不能明确知道自己应该采取什么行动。而且，参与讨论的人一多，就难免出现一两个野心家，他们急于显示自己出众的口才与政治手腕，在提出意见的时候就会完全不顾及客观事实，只想着把书本上那些五花八门的理论拼凑成自己天花乱坠的演说，以此来博得众人的掌声。无论如何，这些都是毫不相干的事情，却占用了大量讨论时间；而如果换成秘密咨询的情况，上面的问题就完全可以避免。最后，审议公共事务的时候，经常会出现需要保密的情况，那么此时如果要组织多人会议进行讨论，就要冒很大的风险。所以，如果是大的会议在遇到这类问题时，就需要挑选出少部分在这类事务上能力出众且忠贞不贰的人来处理。

总之，试想一下，在涉及儿女婚嫁、土地治理、家务管理、个人财产等问题的时候，如果有人希望或者愿意接受参议者为其分忧的话，他是否接受开个会向众多参议者听取意见呢，尤其是这些人中有可能还有一些见不得他生活富足的话，就更难接受了。最好的办法，就是一个人在很多审慎参议者的帮助下处理事务，并且向每个人征询意见的时候都能做到各取所长；这种情况就像是在打网球的时候把一个厉害的副手放在了他最合适的位置上。差一点的办法，就是成为一个完全没有帮手的人，完全依靠自己的判断来处理。最差的办法就是一个人在事务上被各种参议意见所左右，并且除非赞成者占大多数，否则任何意见都不能通过，就算通过，反对的一方出于忌妒或利益考虑又会不断在执行过程中设置障碍。这就像是在打球的时候虽然有厉害的选手一起去，但是这些选手却坐着独轮车或者其他笨重的交通工具，驾车人的手脑又不协调，让动作更慢。这个时候参与的人越多情况就越糟糕，如果还有人希望这件事做不成，那情况就真的是坏到了极点。虽说多人之眼胜于一人之目，但这话放在参议者众多的时候就不是绝对的，只有一个人掌握了最终决定权的时候才可以这么说。不然的话，每只眼睛都从不同的角度看待同一事物，就往往偏向自己的利益。不愿意偏离目标的人，虽然用两只眼睛四处观察，但是瞄准目标的时候却只用一只眼睛。因此，一个大的民主国家得以延续的理由，可能是面对共同的敌人所以团结一致，可能是国内有杰出的人物能凭借声望号召臣民，可能是只有少数人秘密协商，可能是党派之间势均力敌，互相制衡，但绝不可能是因为在会议上的公开讨论。而一个小国的延续想要超过强大邻邦对它心存忌妒的时限，无论对于君主国还是民主国来说，都是人类的智慧所不能及的。

第二十六章　论民约法和市民法

所谓民约法，是指一旦成为国家公民就有义务服从的法律，而不是成为某个国家的公民时才有义务要服从的法律。因为研究特殊法律的相关知识，是从事各个国家法律研究工作的人需要做的事，而关于一般民约法的知识，对每个人来说都是一样的。人们将古罗马的法律称为市民法，这一称呼来源于“城邦”一词，城邦即是国家。处在罗马帝国统治下受到这部法律约束的国家，至今仍保留了部分被认为适用的法律，并以市民法来称呼这部分法律，用来和本国其他的国法进行区分。但是在这里，我们却不是要讨论这种法律，我们并不想要讨论某个具体地域的法律情况，而是要说明法律的本质，正如柏拉图、亚里士多德、西塞罗和许多其他并非专门从事法律研究的人所做的那样。

首先，有一点是显而易见的，普遍意义上的法律都是命令而非建议，而且并不是任何人对任何人的命令，而是针对原本就有义务服从的人发布的命令；而国法则是在这种命令之中加入了发布者的名字，那就是国家法人。

鉴于以上情况，我对约法做出以下定义：对每一位臣民而言，约法就是国家以语言、文字或其他充分的意志表现形式命令他以此来辨别是非的法规；也就是说，用来分辨哪些事情是合乎法规的，哪些事情是违反法规的。

在这个定义中，所有的方面都非常清晰。因为任何人都可以看出，法律发布的对象有些是全体臣民，有些是某一地区的臣民，有些是从事某种职业的臣民，另有一些就是特别针对某些人。因此，只有对身为法令所指对象的人来说这些法律才是真正意义上的法律，对其余的人来说却不是。而且，法律是关于正义与不义的法规，如果一件事被判定为不义，那它必然是违反了某些法律。另外，除国家以外没有人可以制定法律，因为臣民只有义务服从国家。法令还必须充分明确地进行表达，不然就没有人知道要如何服从。因此，从这个定义出发，作为必然结果而得出的一切推论就应该被看作真理。现在我将要从这里开始做出以下推论。

1. 在任何一个国家中，都只有主权者可以充当立法者，无论这个国家的主权者像君主国一样只是一个人，还是像贵族国家或民主国家一样是多人组成的会议。因为立法者是制定法律的人，而只有国家才能规定并且命令人们遵守被称为法律的法规。因此，国家才是真正的立法者。但是国家并不是人，国家要做任何事情都只能通过代表者；代表者就是国家的主权者，因此主权者才是国家唯一的立法者。同理，已经制定完成的法律也只有主权者才能废除，因为想要废除一项法律只有一种方式，那就是通过制定一种新的法律来禁止执行原有的法律。

2. 身为国家主权者，无论个人还是会议，都无须服从法律。既然主权者有权制定和废除法律，那么只要他愿意就可以重新立法并废除对自己产生妨碍的任何法律，让自己不受该法律的约束；由此可见，主权者原本就不受法律约束。因为一个人如果不愿意被约束就可以不受约束，就说明他原本就不受约束。而且任何人都不可能对自身负有义务，因为系上铃铛的人就可以解下铃铛，因此如果一个人只对其自身承担义务，也就等于根本不承担任何义务。

3. 当旧有习俗获得法律的权威时，并不是因为它存在的时间长短，而是因为主权者通过沉默的方式表达了自己的意志，因为沉默有时候就代表了赞同。如果没有主权者的默许，它也就不可能成为法律。因此，如果主权者并不是通过当前的意志，而是以原有的法律作为某一项权利的根据时，他的权利并不受时间长短的限制，关于这个问题我们只能通过公道的原则进行判断，因为很多不公正的行为和判断长期以来都没有被废止。法律学家认为，除了合理的习俗之外，其余的都不能被认为是法律，而那些陋习则应当被废除。但是哪些是合理的，哪些需要被废除，则需要由主权者，也就是主权议会或君主来判断。

4. 自然法和民约法的范围相同且彼此相容。因为自然法就是公道、正义、感恩以及由此而来的各种道德，正如我在第十五章末尾说过的那样，在纯粹的自然状态下这些都不能成为正式的法律，而是能作为引导人们走向和平与顺从的精神品质。在国家成立之后，它们就会成为真正的法律，此前却不然；因为建国后它们就成了国家的命令，因此可以称为民约法，而强制人们服从的则是主权者。因为当臣民之间出现纠纷时，想要在他们中间宣布公道、正义、道德的概念并使其具有约束力，就只能通过主权者的法令，并且对违反法令者将会受到的惩罚也做出明确规定，因此这种法令就成了国法的一部分。于是，在世界上的任何一个国家，自然法都是国法的一个组成部分。反过来说，民约法也是自然法指令的一个组成部分。因为正义就是履行信约并且将属于每个人的东西分给每个人，这是自然法的指令，而国家的每个臣民都订立了必须服从国法信约，立约的方式可以是聚集在一起推选出共同的代表者并在彼此之间立约，也可以是在被武力征服以后承诺服从以此来保全生命并与代表者立约，因此服从国法也是自然法的一个组成部分。民约法和自然法不是同一种法律，两者分属法律的不同部分，其中有明确文字记载的部分被称为民约法，没有明确文字记载的部分被称为自然法。但是自然权利也就是人们的天赋自由则可以通过民约法进行限制和剥夺，我们甚至可以说正是为了限制这种自由人们才制定了法律，因为如果不这样任何一种和平都只能是空谈。这个世界上的法律会存在，其目的就只是需要通过某种方式来限制人类的天赋自由，让他们不会做出伤害彼此的行为，而是互帮互助、团结一致抵抗共同的敌人。

5. 一个国家的主权者如果征服了在另一套成文法统治之下的人民，最后又沿用原有的法律进行统治，此时这些法律就是征服者的民约法，而不是被征服的国家的民约法。因为如今的立法者已经不是当初凭借权力立法的人，而是凭借权力让原有法律仍具有权威并成为法律的人。因此，如果一个国家境内有许多不同省份，而这些省份中分别存在只属于本省的符合本省习俗的法律时，我们并不能认为这些习俗具有效力只是因为存在的时间够长，而是要认为它们之前是通过明文规定或其他方式被公布为主权者的法规或成文法的法律，而现在它们依旧被称为法律，也并不是因为它们是长久以来一直延续的习俗，而是因为现在的主权者将其定为法律。但是，如果有一种不成文法在一个国家的各个行省中被人们普遍遵守，而且在执行过程中也没有出现过任何不公正的情况，那么这种法律就不可能是其他什么法律，而只能是对全人类具有普遍约束力的自然法。

6. 既然我们已经认识到，一切成文法与不成文法，其权威和效力均是来自国家的意志，也就是代表者的意志；代表者在君主国就是君主，在其他国家就是主权会议。那么，有些国家的杰出法律学家居然会在自己的著作中直接或间接地指出立法权取决于平民或下级法官，这种观点的来源就非常令人费解。例如，有人说："只有议会能掌管不成文法。"事实上这种说法只有在议会是主权者，并且会议的召集和解散都可以自行决定的情况下才能成立。因为如果存在某个人有权解散议会，那么他就有权掌管这个议会，因此也就有权掌管他们的掌管者。如果不存在这种权利，则法律的掌管者就不是议会而是主权议会。在议会本身就是主权者的地方，无论议会出于何种理由在其统治的地区广开言路、招纳人才，也不会有人认为这种会议可以因此获得立法权。还有另一种说法："武力和法律是国家的左膀右臂。"前者掌握在国王手里，后者掌握在议会手里。这话的意思仿佛是武力掌控在法律无权管制的任何一个人手里时，国家仍然可以存在。

7. 法律绝对不可以违反理性，而且法律之所以是法律，并不取决于构成法律的文字，也就是说，并不取决于每个部分的结构，而是取决于法律的内容是否符合立法者的意志，这是我们的法律学家一致认同的。这一点也是千真万确的，不过还有一个问题，那就是谁的理性将会被承认并成为法律。并不是任何一个平民的理性都能成为法律的，若真是这样，法律中将会产生的矛盾和冲突将会与经院学派一样多。当然，也不会像爱德华·柯克爵士说的那样，是一种经过长期观察、研究和经验的梳理产生的后天产物。因为长期研究很有可能会加深并且增多错误的判断。造房子的时候如果地基打得不牢，那么房子造得越高，崩塌的风险就越大，后果也就越严重。耗费相同的时间，经过同样辛勤努力进行研究和观察的人，他们得到的推理和结论通常是，而且必然是各有不同的。因此，可以构成法律的就不可能是法官的慎虑或是低级法官的智慧，而只能是这个人造人，也就是国家的理性和命令。因为当国家体现在代表者身上的时候就只是一个人，所以法律中就不会轻易出现矛盾；即便出现了，出于同样的原因，也可以通过法律的说明和修正来消除这种矛盾。在一切法庭中行使裁判权的都是主权者，也就是国家法人，下级法官应当对主权者制定这项法律的缘由表示尊重，从而使自己的判决符合主权者的法律；于是他的判决就等于是主权者的判决，除此之外的判决都只能认为是他自己的判决，而且是不公正的判决。

8. 法律是一种命令，需要通过语言、文字或其他可以作为充分论据体现发布命令者意志的方式宣布或表达。由此我们可以得出一个推论，国家发布的任何命令，只对可以理解其含义的人来说才是法律。对先天痴傻的人以及疯子和儿童来说，就像对禽兽来说一样，法律根本就不存在。人们不可能评判这些人的行为是公正还是不义，因为这些人根本没有能力订立信约，也不可能理解立约的后果；因此他们也不必像那些在彼此之间立约并建立国家的人所必须做的那样，对任何一个主权者授权。和那些因为先天原因或后天的偶然事故而丧失理解某项特殊法律能力的人一样，如果一个人并非个人原因而导致自己在某次偶然事故中失去了理解某项特殊法律的能力时，这个人若做出违反法律的行为也不应当被追究责任；准确地说，这样的法律对他来说根本就不是法律。所以，在这里我们就有必要讨论以下问题：想要认识法律，也就是想要充分理解什么是君主政体及其他政府形式之下主权者的意志，需要具备怎样的论据或形式。

首先，如果某项法律对所有臣民具有普遍约束力，并且这项法律不是成文法，也没有以其他方式在人们可见之处进行公布，那么这项法律就是自然法。因为人们并没有通过任何人的语言或文字，仅仅根据自己的理性判断就可以认定是法律的任何事物，一定是符合所有人理性的事物，而这个属性只有自然法具备，其余任何法律都没有。那么，对于自然法就不需要有任何的公布或者宣示，因为其含义已经被依据世所公认的话进行了概括，那就是“己所不欲，勿施于人”。

其次，如果一项法律只在某些情况下对人有约束力，或是只对某一部分人有约束力，却不是成文法也没有过口头宣布，那么它也是自然法；判断此类法律的依据，与在同样情况下区分出有别于一般臣民的人时采用的方式和依据也是相同的。原因是无论哪种法律，如果没有经过制定者以文字或其他形式公布，就只能通过服从者的理智来认识；因此，这样的法律不但是国法，而且是自然法。例如，主权者任命了一位公务大臣，却没有书面文件来指导具体行动，那么他只能按照理性的指引做出行动。假设他是一位法官，法官需要注意的就是让自己的判决与主权者的理性保持一致，而这种理性一直以来都被认为是公道，因此法官的行为就受到自然法的约束而遵守公道的原则。假如他是一位大使，那么在书面文件做出明确规定以外的所有事务中，他的行为就应当遵从理性判断为对主权者的利益最有利的方式，主权者所有的公私大臣的行为也都要遵从这项原则。上述一切天赋理性的指令全都可以概括在忠诚这项品质之中，而忠诚则包含在自然正义之中。

除自然法之外的一切法律都应具备一个必不可少的要素，那就是以众人可以明确知晓的来自主权者的语言、文字或行为向有义务服从该法律的所有人公布。因为想要了解他人的意志，就只能根据这个人的语言和行为做出判断，或根据他的目的与范围进行推测。而对国家的法人来说，这种目的和范围则永远都被认为是合乎公道和理性的。在文字流传开来之前，古人通常会把法律编成歌谣，人们喜欢随口唱诵，因为这样更便于记忆。正因如此，所罗门才会让一个人把十诫系在十根手指上[①]，摩西和以色列人重新定约的时候指定的法律，也都要求他们让自己的“儿女，无论坐在家里、走在路上、躺着还是站着的时候，都要谈论。并且要写在房屋的门框上，并城门上”[②]，还要“召集他们男、女、孩子……使他们听”[③]。

仅仅通过明文规定及对外公布并不足以赋予法律权威，必须有充分的证据可以说明它来自主权者的意志。因为平民如果有足够的力量或是他自己相信有足够的力量可以通过不正当的方式达成自己的野心并且不受惩罚时，就会在不经立法者同意或违背立法者意志的情况下将自己青睐的事物公布为法律。因此，法律必不可少的部分不只是公布，还有授权者和权力的充分证明。对任何一个国家来说，授权人或立法者都是非常明显的，因为主权者是经过每一个人同意才建立的，所以每个人都认为这是众所周知的事实。虽然大多数人都愚蠢又粗心，以致在当初按约建立国家面临的情况慢慢消失以后，就不再思考自己究竟是依靠谁的力量来防御外来入侵、保护自己的劳动成果、在受到侵害时获得补偿。但只要稍微思索一下，就不可能对这点产生任何疑问，所以不清楚主权归属这件事完全是无法原谅的过失。而且，既然每个人都是主动要求或自愿接受这一权力的保护，那么任何人都不应该做有损这一权力的事情就成了一条自然理性的指令，因而也是一条明显的自然法。所以，主权者是谁这个问题，如果还有人不清楚，那就只能是他自己的过失，无论心怀叵测之人如何辩解，都不可能再让人怀有疑虑。这个问题的难点在于如何证明权力来自主权者。想要解决这个难题就要对公共典籍、公众辩护人、公众代理人和公家印鉴有一定了解，一切法律都是通过上述形式得到充分证明的。这里说的证明并不是授权，因为证明中只包含了证据和记录，并没有法律的权力依据，因为权力的依据只可能存在于主权者的命令中。

因此，如果有人发生了以自然法为根据的侵害问题，也就是与普遍的公道有关的问题，接受委托有权审理案件的法官的判决，就可以作为该案件中自然法

---

① 《旧约·箴言篇》第七章第3节。

② 《旧约·申命记》第十一章第19节。

③ 《旧约·申命记》第三十一章第12节。

的充分证明。专业从事法律研究的人提供的意见虽然有助于解决纠纷，却只能被当作意见；在听审过后，依旧需要由法官向人们公布相关的法律。

如果是关于根据成文法规定的内容，那么当一个人的行为可能会构成某种侵害或犯罪行为时，只要他愿意就可以亲自或请他人查阅法律典籍，并在行动之前就能充分认识到这是不是一种侵害。而且，他也应该这样去做。因为一个人如果已经对自己的行为是否正义产生了怀疑，并且只要愿意就可以知道结果时，依旧做出这样的行为就是非法的。同理，如果有人觉得自己在关于成文法规定的内容方面受到了侵害，而他又可以亲自或请他人查阅时，却在查阅相关法律之前就提出诉讼，那么他的控诉行为就是不当的，而且只能说明此人的目的在于给别人添麻烦而不是维护自己的权利。

如果涉及服从官吏的问题，那么通过查看盖有关防的委任书，听取委任书宣读的内容，或是有其他方法可以得知委任书的情况，就可以充分证明这个官吏的权力。因为每个人都有义务尽其所能地去了解有可能和自己未来的行为产生关系的所有成文法。

我们已经明确了立法者是谁，也知道了法律要通过明文或自然原因充分地公之于众，那么要让法律具有约束力还需要另一个非常重要的条件。法律的本质不在于文字，而在于法律的意义或意向，也就是说，在于权威的释义，换句话说就是立法者的观点。所以，如何解释法律完全要看主权当局，有权解释法律的人只有全体臣民都要臣服的唯一主权者制定的人选。否则，法律就可能因为解释者自身的狡诈而使其意义与主权者的意志发生冲突，通过这种方式，解释者就将自己变成了立法者。

一切成文法和不成文法都需要解释。不成文的自然法对公正无私的人来说是最容易通过其天赋的理性来认识的，这样一来违反自然律的人就找不到任何借口；但是我们需要认识到一点，在某些情况下很少甚至几乎没有人会不受到自私或其他激情的干扰，这样一来，自然法就变成了最难以理解的法律，因此也就需要最精明能干的人来给出解释。成文法因为是通过文字表达，字句简短的因为一两个字产生的歧义而遭到曲解，字句冗长的则会因为很多字产生的歧义而被曲解得更加厉害；最终的结果就是，成文法无论篇幅长短，只要对制定法律的最终因缺乏透彻的理解，人们都不可能有很好的认识。关于这个最终因的知识，则来自立法者本身。因此，对立法者而言，法律上就不存在解不开的结；他要么就理出头绪解开它，要么就像亚历山大用剑斩断戈尔迪乌姆之结[①]那样直接通过立法权造一个自己想要的头绪出来，这一点任何一个解释法律的人都办不到。

一个国家的自然法不能以伦理哲学方面的书籍作为解释依据。无论一个著作家的意见多么正确，缺少国家权力的支持，仅凭自身权威也不可能使他的意见成为法律。在本书中我提到的所有关于伦理道德的内容，以及它们在达到并维持和平的必要性虽然都是明显的真理，却不能因此而使其成为法律，它们之所以是法律，是因为在世界各国的民约法中都有这部分内容。因为伦理道德虽然天然地合乎理性，却只有通过主权者的权力才能成为法律，否则自然法成为不成文法就会是一个很大的谬误；关于这个问题，人们已经发表了数不清的著作，而当中互相矛盾或自相矛盾的地方更是数不胜数。

对自然法的解释，就是主权当局指定的听审和判决属于此类纠纷的法官写下的判决词，这种解释就是在当前的案件中运用自然法。因为在判决过程中，法官要做的事情只是考虑诉讼人的要求是否符合自然理性和公道的原则，因此他写下的判决词就是对自然法的解释。这样的判决词之所以具有权威，是因为这并不是法官个人做出的判决，而是法官根据主权者的权力做出的判决；因此这个判决就变成了主权者的判决，而主权者的判决对于案件的诉讼双方而言就等于法律。

主权者及其下属法官在关于公道的裁判中不可能不犯错误。如果他在此后处理类似案件时，发现做出相反的判决更合乎公道，那么他就有义务做出这种判决。任何人犯过的错误都不能变成自身的准则，更不能约束他一错到底。基于相同的原因，虽然其他法官已经宣誓服从这一判决，但是这也不可能成为他们的法律。因为对于可变的法律来说，尽管在主权者事先知情并允诺的情况下，根据其权力做出错误的判决就相当于在所有细节都相同的案件中制定了新的法律，但如果是自然法这种恒定的法律，此类判决对于同一法官或不同法官来说都不可能作为一条永恒的法律。无论是国王还是法官，都有新旧更替，就算天地也有毁灭的一天，但是自然法永远都不会消失，因为它是上帝的永恒法律。就算从古至今所有法官的判决加在一起也不可能构成一条可以违反自然公道的法律。从前的法官做出的任何判决的案例都不能作为一个法官做出不合理判决的依据，也不可能让现在的法官在自己判案的时候可以省下力气不必运用自己的天赋理性来判断怎样

① 戈尔迪乌姆之结（Gordian knot），西方传说中的物品，神谕说，如果谁能解开这个结，那么他就会成为亚细亚之王。

做才合乎公道。例如惩罚无辜的人就违反了自然法。无辜是指在法律上宣告无罪，并且被法官承认了无辜的人；但我们假设有这样一个案件：有个人被指控死罪，而他本人因为发现了仇人的狠毒和权势以及法官们贪赃枉法的行径，所以便由于害怕自己可能承受的后果而逃跑；后来他被拘捕并提交法庭，在案件审理的过程中他充分证明了自己并没有犯罪，因此被无罪释放，却被剥夺了财产，很明显这是一个惩罚无辜者的案例。

于是，我才提出这个观点：世界上的任何地方都不能把曾经做出同样判决的法官的判决作为自然法的解释或制定为法律。因为当初做出这个判决的法官就已经是做了不公正的判决，而任何不公正的行为都不应该被后来的法官们所效仿。成文法可以做出规定，禁止无罪之人潜逃，并惩罚潜逃的无罪之人。但是如果一个人已经在法律上被宣告无罪，可随后又以他曾经因害怕遭受侵害而逃跑为由判定他有罪，那么这就跟判定的性质相冲突了，而这样的判定在判决做出以后也不可能继续存在。但是在英格兰的不成文法中，却有一位伟大的法学家做出了下面这条规定。他说："如果一个无辜之人被指控犯下重罪，而他本人因为惧怕重罪的判决潜逃；虽然关于这项重罪他在法律上被宣告无罪，但是如果他被发现是畏罪潜逃的话，即使他是无辜的，也要被剥夺全部财产、牲畜、债款和职务。因为关于上述剥夺的各项内容，法律并不允许人们对根据此人潜逃做出的判定而提出任何相反的证据。"通过这段文字我们可以发现，一个在法律上已经被宣告无罪的无辜之人，虽然本身是无辜的，而且没有成文法禁止他潜逃，但是他却在宣告无罪之后根据一项法律的判定被处以剥夺全部财产的惩罚。如果根据此人已经潜逃的事实，法律做出的判定是应判处死刑，那么这个人就应该判死刑。但是如果这个判定并不是根据事实而来，那这个人为什么要受到被剥夺所有财产的惩罚？因此这绝不可能是英格兰的法律，这项判决也不可能是依法判断而做出的判决，这只能是法官个人做出的判决。而且，所谓的依法判定不允许提出证据反驳也是违反法律的。因为所有的法官，无论是主权者还是下属法官，如果拒绝听取证言，就等于拒绝公正的审判。因为虽然判决本身是公正的，但是一个不听取证词就做出判决的法官就不是公正的法官。这种法官的判定只是偏见，无论一个人声称自己是根据哪种案例和从前的判决，都不应该把这样的判定带到法官的审判席上。因为相信从前的案例而让自己做出错误判决的例子还有很多，但是我们只要举出这一个就足以说明问题，法官的判决对诉讼人来说虽然是法律，但是对后来的任何一个法官来说都不是法律。

同理，如果问题涉及成文法的意义，写成文字来诠释法律的人并不是解释者，因为与法律条文相比，写出来的解释更容易被别人挑剔，那么就需要用其他的诠释来补充；如此一来，这个解释就变得没完没了。因此，除非主权者授权给某个解释者，让下属法官必须服从，不然解释者就只能是普通法官，那么情况就会和不成文法中的一样。法官们做出的判决对案件的诉讼双方来说是法律，但是其他法官在处理同类案件的时候却不受这个判决的约束，并做出相似的判决。因为即便是在成文法的解释中，法官也有可能犯错，然而任何下属法官的错误，都不可能动摇作为主权者的普遍判决的法律。

关于成文法，通常人们都会将法律的文字和文义进行区分。如果文字就是指可以从字面上获得的任何确切含义，那么其本身都是非常明确的。然而所有的文字无论是在本意上还是在比喻义上都非常容易混淆，在一般讨论中可以用来表达多重意义，但是在法律上只能有一种意义。如果文字指的是行文的意义，那么就等于是法律的文义或宗旨。换句话说，行文的意义本来就是立法者想要通过法律的文字来表达的意义。立法者的宗旨从始至终都是主持公道，如果法官认为主权者并不是这么认为的，那么就是大不敬。因此，当法律的文字无法作为合理判决的充分依据时，就应该用自然法进行补充。如果案件很难做出判决，就应该延缓判决，直到可以找到更充分的依据时再下结论。例如，有一条成文法是这样规定的：被人以武力驱逐出住宅的人，可以凭借武力再次进入。但是如果一个人是因为自己的大意而导致住宅被闲置，而当他回来的时候又被人以武力拒之门外，关于这种情况，并没有成文法做出明确规定。事情已经很明白，这个案情的处理办法就包含在同一条法律中，不然这个人就再也无计可施，而令人无法可想显然是违背了主权者立法的宗旨。再举个例子，法律已经做出明文规定要求根据证据做出判决，有一个人被人诬告做了某事，但是法官却亲眼看到这件事是另一个人做的。在这种情况下，法官不能根据法律的文字规定判无辜者有罪，但是也不能违反文字规定不考虑证人的证据直接做出判决。于是他只能要求主权者另派一位法官接替自己，而他则作为证人提供证词。因此，成文法的文字会给人带来不便，而这种不便只能通过法律的宗旨来寻求更好的解释，但是任何的不便都不能成为人们违反法律判决的依据。因为任何一个判定是非的法官都不能判断一件事对国家来说方便与否。

法官作为一个良好的法律解释者，并不需要像一个律师一样具备研究法律的相关知识。对法官而言，就像他看待事实的时候只需要通过证人和证据，对待法律的时候他要做的也只是通过有权宣布法律的人向他宣布的成文法以及主权者颁布的法令，法官并不需要实现关注自己需要审判的案件。因为证人会向他提供有关事实的所有言辞，而解释法律的人则会在辩护的时候根据权威意见当场向他解释法律相关内容。在英格兰的医院中所有的贵族都曾是法官，并听审和判决过很多疑难案件。但这些人中精通法律的人很少，从事相关行业的人更少。虽然他们会向被指定出席的法律专家们咨询意见，但判决的权力却只掌握在他们自己的手里。相同情况下，在一般的权利审判中，都是由十二个平民来担任法官，他们在判决事实的同时也判决权利，并会直接宣告原告是否胜诉的审判结果。这些人不只是事实的裁判者，也是权利的裁判者。在刑事案件中，这些人不仅要判断被告是否已经构成犯罪事实，还要判决其罪行属于谋杀、杀人、重罪或侵犯等，这些都属于法律的判决。然而按照规定，这些人不必熟知相关法律，因此就会有一个人经过授权将案件中涉及的法律告知他们。但是，如果这些人没有按照提供咨询者的意见进行裁判，除非可以证明这些人的判决违背良知，或是贪污受贿，否则裁判者并不会因此受罚。

成为一个好的法官或是好的法律解释者的首要条件，就是要对自然法中主要的规则“公平”具有正确的认识。这一点并不能依靠阅读他们的书籍获得，而只能凭借自己善良的天赋理性和深思熟虑获得。人们普遍相信有最多的空闲时间并且最喜欢思考这类问题的人，对它的理解也最深刻。其次，要有视名利如粪土的精神。再次，在审判过程中，要做到不受所有爱恨、恐惧、愤怒、同情等感情的影响。最后，在听审时要保持耐心并集中精神，还要有良好的记忆力和分析能力，这样才能让自己可以记住、消化并运用自己获悉的所有内容。

法律的分类和分别，很多法律方面的著作家已经通过各种不同的方式提出。因为这无关于问题的本质，而只是与著述者的眼界以及他采取的分类方式有关。在查士丁尼法典中，可以发现市民法被分为七种。

第一种是君主也就是罗马皇帝的谕旨、敕书、律令，因为全体人民的一切权力都掌握在君主手里，英格兰国王的告谕与此相似。

第二种是罗马全体人民的命令，如果问题是元老院提出的，那么元老院也包含在其中，因为这种法律是当初主权还掌握在人民手中时被制定的。其中一些法律没有被皇帝废除，便因为皇室的权力而被保留为法律，因为但凡具有约束力的法律都应该被认为是根据有权力废除这项法律的人的权力制定的法律。英格兰的议会法案大体上与这类法律非常相似。

第三种是罗马平民的命令，如果问题是由人民的保民官提出的，那么元老院就不包含其中，这些命令中没有被皇帝取消的，就会根据皇室的权力而被保留为法律。英格兰下院的法令就与这种法律类似。

第四种是元老院法令，当罗马人民的人口越来越多时，聚会变得非常不方便，皇帝认为与元老院商议更加方便，因此就不再同人民商议。枢密院法案和这种法令就很像。

第五种是执政官或营造官的布告。英格兰首席法官的布告就属于这一种。

第六种是法律学家的解答，指的是经过皇帝授权有权解释法律并且在有人就相关法律问题进行咨询时有权提供解答的法律学家们的意见和见解。按照皇帝的命令，法官在下判决时必须遵循这些解答。如果英国的法律也规定其他法官必须遵循此类答案做出判决，那么此类解答就有点像英国的审判案例。在英国，不成文法法官并不是正式的法官，而仅仅是提供咨询的法官，正式法官都是由贵族或当地十二人组成，在法律上他们会向咨询法官征求意见。

第七种是不成文的习俗，本质上就是在皇帝默许下的拟法律。在这些习俗与自然法没有冲突的时候，就可以成为真正的法律。

另一种分类方式是将法律分成自然法与成文法两种，自然法从创世之初到现在一直都是法律，而且不仅被称为自然法，也被称为道德法规，包括信义、公道以及所有对和平与仁爱思想有益的品德，这些内容我在第十四、十五章已经进行过说明。

成文法并非自创世以来就存在的法律，而是具有主权管辖他人的人凭借自己的意志制定的法律。这些法律中有些是具有明确的文字说明的，有些则是通过其他可以表现立法者意志的方式传达给众人的。

成文法中有一部分是人制定的，还有一部分是神制定的。人制定的成文法则包括分配法和刑法。分配法是决定臣民权利的法律，其作用是向每个人宣布他获得并保有的土地或财物的所有权以及行动的权利或自由的依据，法律内容宣布的对象是全体臣民。刑法的作用是告知应该对触犯法律的人施加哪种惩罚的法律，法律内容宣布的对象是负责执行相关惩罚的官员和大臣。虽然每一个人都应该知道自己做出的违法行为，在事先已经规定要接受怎样的惩罚，但是该法令宣布的对象却不是犯罪者，因为我们不能认为犯罪者会诚实地惩罚自己。法令提出的对象应该是被指派来监督执行惩罚措施的政务大臣。大部分刑法内容都会跟分配法编写在一起，有的时候也称为判例，因为一切法律都可以被认为是普遍的判例或立法者的判决。这就像对受审者来说，每一项判决都等于是法律一样。

神定成文法是上帝的戒律，并不是从创世之初就存在的，也不是可以普遍约束所有人的法律，这些戒律只是得到上帝授权的人宣布给某个特定的民族或某些人的法律。而自然法因为是永恒且普遍的法律，所以全部属于神的法律。但是我们要如何才能确认被指定者宣布神定成文法的权力呢？上帝可能会以超自然的方式命令某个人向其余人宣布。法律需要具备一个要素，就是要让受约束的人确切地知晓宣布法律的人的权力，但是通过自然的方式人们完全无法确定一项法律是来自上帝的。如果一个人并没有获得超自然的神祇，又如何能确定宣布者获得的神祇呢？他又有什么义务去服从呢？第一个问题的答案非常明显，一个自身并没有获得特殊神祇的人是无从知晓旁人是否获得了神祇的。一个人可能会因为看到某个人展现了奇迹，或始终保持圣洁，或行动智慧福报多得异常，而确信某个人具有神祇，因为这些都是得到了上帝特别眷顾的证明，却不能作为获得了特殊神祇的充分证明。奇迹的确是神奇而反常的事情，而且对于某些人来说虽然如此，对另外一些人来说却未必。一个人可以假装圣洁，人们在凡尘俗世中见证的福报往往是上帝通过自然手段和普通原因造就的结果。因此，任何人都不可能通过自然理性确保自己知道另一个人具有上帝意旨的超自然的神祇。这仅仅是一种信念。每个人显示的迹象有大有小，因而信念的坚定程度也有所不同。

不过第二个问题，也就是人们为什么有义务要服从这件事，就比较容易解释。因为如果宣布的法律不违反自然法，因为自然法已经是确认的上帝的法律，人们也都保证会服从的情况下，就会自然而然受到自身行为的约束。在此处我们所说的是必须服从，而不是必须相信。因为命令无法约束一个人的信念和内心的思想，只有上帝一般或特殊的作用才能做到这一点。信仰超自然法并不是要履行法律，而是要承认法律。这并非人类对上帝负有义务，而是上帝赐予他所喜爱的人的天大的恩惠。而且，即便不信仰这种法律也不意味着破坏神律，只不过是抛弃了除自然律之外的一切神律罢了。列举一些《圣经》中与此相关的事例或证据就可以更清楚地说明这一点。以超自然的方式，上帝与亚伯拉罕这样订立信约：

“你和你的后裔必世世代代遵守我的约。”[①] 亚伯拉罕的后裔并没有获得这一神祇，因为当时他们还没有出生；但是他们仍旧成了立约的一方，并且有义务服从亚伯拉罕向他们宣布的法律。如果不是因为他们必须服从自己的父母，就不可能产生这样的义务。为人父母者，如果像亚伯拉罕一样不必服从于人间的权力，便对其子女和仆人具有主权。上帝还对亚伯拉罕说：“地上的万国都必因他得福……为要叫他吩咐他的众子和眷属遵守我的道，秉公行义。”[②] 由此可见，亚伯拉罕的家人并没有得到启示，他们之所以服从是因为原本就有义务要服从自己的主权者。在西奈山上见到上帝的只有摩西，其他人被禁止靠近，触犯者将会受到死亡的惩罚，但是他们必须服从摩西向他们宣布的所有上帝的律法。“求你和我们说话，我们必听，不要神和我们说话，恐怕我们死亡。”[③] 出现这种情况的原因，除了他们自己的服从，还能有什么呢？通过以上两段话我们可以清楚并且充分地认识到，在一个国家，如果臣民自身没有特别而肯定地获得上帝意旨的神祇时，就必须把国家的命令当作上帝的意旨来服从。因为如果任何人都可以随意地将自己的梦境或幻象当作上帝的戒律，那么关于上帝的戒律这个问题就很难有两个人可以达成一致了。如果这些梦境和幻象获得了尊重，那么国家的命令就会受到所有人的藐视。因此我得出以下结论：所有不违反道德法则的事物，同样也不会违反自然法，当国家以法令宣布其为神律时，全部臣民都有义务将其当成神律来服从。对任何一个人的理性而言，这一点也是显而易见的。因为任何事物只要不违反自然法，都能以主权者的名义宣布其为法律，而如果是以上帝的名义提出的，那么人们受到的约束就不可能更少了。而且，无论在哪个地方，人们都不被允许在国家宣布的上帝戒律之外宣称存在其他的上帝戒律。基督教国家会惩罚背叛基督教的人，其他国家也会惩罚那些建立本国法律所禁止的宗教的人。因为在国家没有做出明确规定的事情上，根据平衡这一项自然法，同时也是上帝的永恒法律，每个人都应该平等地享受他的自由。

还有一种分类方式将法律分为基本法和非基本法。无论从哪位著作家那里我都找不出基本法有什么意义，但是人们以这种方式来区分法律非常有必要。

因为对一切国家而言，基本法指的就是被废除以后，国家就会像被毁掉了

① 《旧约·创世纪》第十七章第10节。

② 《旧约·创世纪》第十八章第18节。

③ 《旧约·出埃及记》第二十章第19节。

地基的房屋一样，再也无法维持并会立刻解体的法律。因此，根据基本法，臣民必须支持已经赋予主权者，并且国家一旦缺乏便无法继续维持的所有权力，无论主权者是君主还是主权会议。这些权力包括宣战、结盟、司法、官员任命以及主权者在做出他认为有利于公共福祉的所有事情时需要的权力。非基本法指的就是在废除以后不会导致国家解体的法律。例如与臣民诉讼有关的法律就属于这一种。有关法律的分类我就写到这里。

我发现民约法与民约权利这两个词，即便是学识最渊博的著作家也经常不加区分地用来表示相同的事物，这么做其实很不应该。因为权利就是自由，是指没有被民约法剥夺的自由。民约法是一种义务，这种义务剥夺了自然法赋予我们的自由。自然赋予每个人运用自身力量保护自己的权利，并有权先一步攻击受到自己怀疑的邻居以求自保，但是民约法却在所有因为得到法律的保障而无惧此类风险的地方剥夺了这种权利。权利与法律的区别，就如同自由与义务的区别。

同样的情况也出现在法律和特许状这两个词中间，它们也被当成同样的事物在混用。但特许状来是自于主权者的授权，它不是法律，而是法律的豁免权。法律术语通常是“兹命”或“兹令”，特许状使用的语词则是“兹赐予”或“兹给予”等。但是赐予或给予的事物并不是通过法律来强迫对方接受。法律可以约束全体臣民，但自由或特许状只能是属于某个人或少部分人的。因为如果全国的臣民在任何一件事情上都具有自由，就意味着在这件事情上并没有制定法律，或是原本制定了法律但如今已经废除。

第二十七章　论罪行、宽恕和减刑

罪恶不只是违反法律的行为，也包括所有藐视立法者的表现。因为这种藐视会彻底破坏立法者所有的法律。那么，罪恶就不仅仅是做法律禁止的事情，发表法律禁止的言论，或是不去做法律要求必须做的事情，而且包括犯罪的意图或企图。因为违反法律的企图已经相当于在某种程度上对执掌法律者的藐视。单纯地幻想侵占他人的财产、奴仆、妻子以取悦自己，却没有通过武力或欺诈手段巧取豪夺，这样的意图并不会触犯“不可贪婪”的戒律。如果一个人对另一个人的期待只是此人会受到伤害或感到不幸，那么单纯幻想这个人的死亡并不是一种罪恶，只有下定决心为此而采取某种行动时才是罪恶。对某种一旦成为现实就会让人感到快乐的事物产生幻想，并因此而感到快乐是人类和其他动物共有的情感，而且这种情感深深地根植于我们的天性中，因此如果连这种程度的幻想都被当成罪恶的话，就等于把做人也当成了罪恶。有些人认为，人类最初的心灵活动就是罪恶，只是因为畏惧上帝，才将它们压制了；联想到上面这一点，我就会觉得这些人对自己和他人的要求都未免过于严苛了。然而，在这个问题上我也愿意毫不讳言地说，严苛一点总好过不够严格。

罪行是一种罪恶，因为它是通过言行来触犯法律的禁忌，或是违反法律的命令不做某事。因此每一种罪行都是一种罪恶，却不能因此就说每一种罪恶都是一种罪行。有盗窃或杀人的企图，就算从未在言行上体现出来，也是一种罪恶，因为洞见人类思想的上帝有权让他对此负责。但这种企图并没有变成切实的言行，俗世的法官也就不能以这种意图作为证据，因此就不能称为罪行。希腊人用 ἁμάρτημα、ἔγκλημα 和 αἰτία 三个词语来表明这种区别，第一个词表示罪恶，意思是一切违反法律的行为；后面两个词表示罪行，只能用来指代一个人能够以此来指控另一个人的那种罪恶。但没有转化为某种外在可见的意图时，人类就不能对其进行指控。同样的情况，在拉丁语中罪恶一词就用来表示所有违背法律的事情，罪行一词则只能用来指可在法官面前做出明确指控的罪恶，因此也就是说已经不再是简单的意图。

从上面讨论的罪恶与法律以及罪行与民约法的关系，我们可以做出以下几个推论：第一，没有法律的地方就没有罪恶。然而，因为自然法是永恒且普遍的法律，所以破坏信约，忘恩负义，骄傲放纵以及一切有违道德准则的事就一定会被认为是罪恶。第二，没有民约法的地方就没有罪行。因为在这样的地方就只剩下一种法律，那就是自然法，因此就不可能出现指控；每个人都是自己的法官，只有自己的良心会对其提出指控，而能为他辩解的也只有他的真实意图是否公正。于是，当他怀着公正的意图时，其行为就不是罪恶，反之就是罪恶，但不是罪行。第三，没有主权的地方就没有罪行。因为不存在主权的地方也就不存在任何法律的保障，所以每个人都可以运用自身力量来保障自己。其中的道理是，每个人在按约建立主权时，都不能认为放弃了保障自己人身安全的权利，任何主权的建立都是以保证人身安全为最终目的。不过这个理由包含的只有那些没有做出任何行为意图取消保卫他们权力的人，因为在取消这种权力方面做出任何一点努力就已经被判定为一种罪行。

所有罪行的原因都可以归结为理解上的缺陷、推理上的错误或情感的爆发。理解上的缺陷叫作无知，推理上的缺陷叫作谬误。无知又可以分为三种，一种是对律法的无知，一种是对主权者的无知，一种是对刑罚的无知。任何人都不可能以自己对自然法则的无知为借口，因为每个人在有能力运用智慧的时候就应该懂得一条自然法则，己所不欲，勿施于人。所以，无论一个人走到哪里，只要他的行为触犯了当地法律，就是一种罪行。假如有人从印度到我们这里来，劝说人们信奉新的宗教，或教唆他人做出某种必将触犯我国法律的事情，那么无论他对自己宣讲的事物多么笃信，他的行为依旧是一种罪行，单凭这一点我们就有正当的理由惩罚他。惩罚的理由不只是因为他宣传的教义是谬误的，而且因为他做出了自己也强烈反对的事情：那就是有人从我们这里去到他的国家，并且努力尝试改变他们的宗教。但是，如果一个人并不知道民约法，那么在民约法向他宣布之前，在一个陌生的国家他是可以得到宽恕的，因为在此之前任何民约法对他都没有约束力。

类似的情况还有，如果本国的民约法没有充分宣布，人们不能做到只要想知道就能知道，而且这个人的行为也没有触犯自然法，那么对民约法的无知就可以作为一个充分的理由，让他得到宽恕。除此之外，不存在任何情况可以让人以不知道民约法为由得到宽恕。

一个人在自己经常居住的地方却不知道当地的主权者是谁，这个理由并不能让他得到宽恕，因为他应该知道让自己在当地得到保护的权力属于谁。

在已经宣布过法律的地方，对刑罚的无知不能让他得到宽恕。因为如果没有刑罚的震慑，法律就不足以成为法律，而只能是一堆空话。因此，一个人在破坏法律的时候虽然不知道会有怎样的刑罚，却也要接受惩罚。因为一个人在自愿做出某种行为时，就已经接受了该行为可能带来的一切已知后果。在任何一个国家，破坏法律将会受到惩罚都是众所周知的结果。如果法律已经对惩罚做出明确规定，他就应该接受相应的惩罚；如果没有做出规定，那么他就应该接受任意规定的某种惩罚。因为一个人在不受其他限制时，仅凭个人意志就做出侵害行为，他既然破坏了主权者指定的法律，那么就应该接受主权者除自己意志以外不受任何限制的惩罚。

如果法律中已经规定了伴随某种罪行而来的惩罚，或是在同类案件中经常会施加某种惩罚，那么罪犯就可以避免严厉的惩罚。因为如果某种罪行已知的惩罚不够严厉，不足以让人们不去做这件事，那么就等于是在诱惑他人犯罪。原因是：当人们把自己行不义之事可以获得的利益与他们可能会遭受的惩罚进行比较时，在本性的驱使下一定会选择对自己更有利的一方。因此，如果他受到的惩罚比已知的法律规定或其他同类罪犯的惩罚更重，那就相当于法律在诱惑和欺骗他。

在行为发生后制定的一切法律，都不能让该行为变成罪行。因为如果该行为违反自然法，那么法律便是在行为之前成立；如果是成文法，那么在制定之前不可能为人所知，也就不具有约束力。但是如果事先已经制定法律禁止这种行为，并且没有事先通过文字说明或案例规定更轻的惩罚，那么依照上一段的理由，行为人就要按照事后的规定接受惩罚。

因为推理的缺陷，也就是谬误，人们通常会在三个方面触犯法律：一是运用错误的原则。例如，当一个人看到从古至今所有国家的不义之举，都因为行为人的强大武力或最终胜利而被认可，强大的人可以打破本国陈旧法律的限制，只有弱者或是失败者才会沦为罪犯，因此他就将以下观点作为推理的原则或依据："正义只不过是空谈，一个人凭借自身努力和偶然机遇得到的一切都是自己的。世界各国的实践不可能是错的，过往的事例就是我们今后效仿的充分理由。"这样的观点还有很多。如果承认了这一点，那么任何行为本身都不能被判定为罪行，因为判断其是否为罪行的标准是行为者的成败，而不是法律的规定。同一件事情究竟是善是恶，也只能交给命运决断。因此，马留认为是罪恶的事，苏拉却认为是功绩；等到了恺撒手里，法律还是原来的法律，但事情又变成了罪恶，于是国家就永远没个安宁，得不到和平。

二是听信异端，这些异端的倡导者中，有些人会曲解自然法，使其与民约法的内容互相矛盾；有些人则将一些与臣民义务相冲突的旧有风俗或他个人提倡的观点解释成法律。

三是以正确的原则作为依据却得出错误的推论。

会犯这种错误的人，往往是行事草率，并且急于求成的人。这种人通常都自视甚高，并且认为此类事物并不需要耗费时间并且用心钻研，反而只需要普通的经验和一些天赋智慧就可以完成，而这些东西几乎每个人都相信自己已经具备。但是，并不比这简单的关于是非判断的知识，任何一个没有经过长期研究的人都不敢自称具备了。这种推理缺陷，并不能作为一个人在自称为私人事务的地方犯下罪行时获得宽恕的理由，不过其中一些可以使他的罪责减轻。担任公职的人自然更谈不上这一点，因为这些人都称自己是有理智的人，但他们想要获得宽恕的理由却是自己缺乏理智。

导致犯罪的激情中，最常见的是虚荣或因为愚蠢错误地高估了自己的身价，这种人似乎认为，身价的差别在于智慧、财富、出身或某种天赋品质所带来的结果，而非主权者的意志。从这一点出发我们可以做出一种假设：在这类人身上施加法律所规定的惩罚时，相较于法律规定的全体臣民普遍应该接受的惩罚，施加在这些人身上的惩罚应该比施加在那些被称为一般平民的出身寒微的无知者身上的惩罚要轻一些。

如此一来，就会经常出现一种情况，那些因为自身拥有巨额财富而觉得自己身价更高的人，往往更有勇气去犯罪，并企图通过贿赂法官或使用金钱及其他报酬的方式来得到宽恕。

拥有众多亲族并且实力强大，又在群众中获得很高声誉的人往往不害怕触犯法律。因为这类人有希望用自己具备的实力压制掌握司法权力的当局。

自认为才智过人者往往会批判统治者的行为、质疑统治者的权威；而且在公开谈话中总是动摇法律，声称除了自己为达目的而要求应该被判定为罪行的事情之外，就不存在其他罪行。这些人中最容易出现的犯罪就是因为欺诈自己的同辈，因为他们总觉得自己的企图十分巧妙，他人难以察觉。而这些我认为都是那些自以为聪明的人自作聪明的结果。会引起国家动乱的通常都是内战，而引发内战的罪魁祸首一般都活不到自己的企图可以实现的那一天。结果就是，他的罪行遗留下来的可怕后果往往会落在他最不希望遭受侵害的后代身上，这个结果足以说明他们并不像自己以为的那么有智慧。希望他人察觉不到自己欺骗的意图而行骗的人通常都是自欺欺人，他们以为自己隐藏在黑暗中，但事实上只是因为他们自己被蒙蔽了双眼；小孩子会遮住自己的眼睛，并且相信这样就把别人的眼睛也一起遮住了，而这些人也不比孩子聪明多少。

通常情况下，虚荣的人如果不懦弱，就很容易被激怒。这些人很容易把一次普通对话中的不客气看成对自己的轻蔑，而很多罪恶通常都是从愤怒开始的。

仇恨、淫欲、野心和贪婪等激情容易导致那些罪恶的产生，每个人根据自己的经验和理解都能很清楚地认识到，因此我们无须赘述，只需要指出下面这一点：这些激情是人类与其他所有动物天性之中最顽固的弱点，如果没有在这方面运用独特的理智或经常施加严厉的惩罚，就很难预防这些激情的后果。因为人们常常会把自己憎恨的事物看成自己无法逃避的苦恼的原因所在，那么这个人没有足够的毅力去坚持，就只能选择消灭这个给自己带来苦恼的原因，以此来换取安宁。前面这种很难有人能做到，后面这种在不违背法律的情况下几乎不可能。野心和贪婪是经常存在于人们内心的激情，而且富有压力，但理智却不能经常存在与之相抗衡。因此，只要有希望可以不必接受惩罚，这些激情就会对人们产生影响。淫欲虽然不是一种长久的激情，但出现时却非常强烈，而且强烈的程度完全可以抵消人们对其可能带来的微不足道的惩罚的恐惧。

恐惧是所有人类激情中最不容易导致犯罪的一种。而且，当破坏法律能给人带来利益和愉悦时，除了某些生来就心胸开阔的人，就只有恐惧能让人选择遵守法律。不过在很多情况下，人们也可能会因为恐惧而犯罪。

恐惧的激情导致的行为并不一定都能被视为正当，只有这种恐惧来自人身伤害时才是，我们称其为人身伤害畏惧感，想要消除这种畏惧感，人们除了采取行动以外几乎找不到其他办法。当一个人受到攻击，并且害怕自己会立刻死于这种攻击时，如果他找不到躲避的方法，只能选择攻击对方，那么他击伤甚至击毙对方的行为也不算是罪行。因为人们在按约建立国家时，都不认为自己在法律无法保障自己的情况下放弃对自己生命和身体的防卫。但如果一个人只是根据另一个人的行为或威胁的言辞而得出推论，认为对方有可能杀死自己，并选择先发制人杀死对方，其行为就是一种罪行，因为在此之前他完全有时间和方法寻求主权者的庇护。如果有人听到了他人侮辱性的言辞，或是遭受某些微小的侵害，但立法者并没有针对这些事情规定惩罚，并且不认为具有理智的人会在意这些事；但是这个人却因此感到恐惧，并且相信你如果自己不报复回去就会被人看不起，而且会很容易再次遭到类似的侵害；为了避免承受这些可能，如果这个人选择破坏法律，并通过私人报复来保障日后的安宁，这种做法就是罪行。因为这种侵害并没有发生在人的身上，而只是发生在他的幻想中；但是这种轻微到义士或认为自己有足够勇气的人都会完全忽略的问题，在我们这里却因为近年来一种盛行的风俗，而让年轻人和虚荣心比较强的人对此非常敏感。有些人比较迷信或者很容易轻信他人讲述的玄奇事件，并因此对鬼怪产生恐惧心理，而且因为害怕自己做或不做某事会受到鬼怪的伤害而选择做出了相应的事情，但做这种事情显然是违法的；在这种情况下，做或者不做这些事情的人并不会因为自己的恐惧而得到宽恕，反而会被判定为一种罪行。原因就像我在第二章中已经说明过的那样，按照自然的逻辑，梦境只是人类感官在清醒时得到的印象在入睡后残留的幻象。当人们由于偶然的事件而不确定自己是否在梦境中时，梦境看上去就和真正的异象一样，假如一个人敢凭借自己或他人的梦境、不经确证的异象或没有获得国家允许崇拜的超自然智力制造的幻象而触犯法律，其行为就已经违背了自然法，也就是一种违法行为；他服从了自己的想象或是他人的意志，却不知道有没有意义，也不知道述梦者的话是不是真的。依照自然法，如果一个人获得允许可以做这样的事情，那么每个人都应该被允许。如果每个人都被允许做这样的事情，那么任何法律都不能成立，国家也会随之解体。

通过各种罪行的不同来源，我们可以很清楚地看到，这些罪行的性质并不像古代斯多葛学派认为的那样，都是相同的。不只是对看上去是罪行但经过证实后发现根本不是罪行的事实可以宽恕，而且对于看上去很严重但经过证实后发现是比较轻的罪行的事实也可以减刑。斯多葛学派有一点是对的，一切罪行都应该蒙不义之名，正如偏离直线的所有线都被称为曲线一样；但这并不意味着所有罪行都是同样不义的，正如所有的曲线弯曲的程度都不一样；斯多葛学派没有认识到这一点，所以才会认为杀鸡和弑父是同等罪行。

只有可以在同时消除罪行的性质的同时也解除法律约束力的事物，才能够完全宽恕某种行为。一旦某种行为与法律相违背，而行为者又要受到这项法律约束的时候，该行为就肯定是一种罪行。

没有途径可以获知法律，可以让人得到完全的宽恕。因为没有办法知道的法律对一个人不具有约束力。然而不愿意去查问却不能被看成没有途径获知法律。而且，自称在管理私人事务上具有足够理智的人，我们也不能认为他缺乏获知自然法的途径。因为人们正是通过他自称具备的那种理智来认识自然法的。只有孩子和疯子才能在做出违反自然法的行为时可以得到宽恕。

如果一个人并非由于个人失误而成为俘虏或让自己的人身安全与生活手段都被敌人掌握时，他就不再有义务服从法律。因为如果他不服从自己的敌人就可能失去生命，那么这种服从就不是罪恶。因为在法律无法保障生命时，任何人都不再受法律约束，只能运用自己理性认为最好的办法来保卫自己。

如果一个人因为害怕马上会失去生命而被迫违反了法律，那么他就可以得到完全的宽恕，因为任何法律都不能约束人放弃保全自己的权利。假设这种法律具有约束力，人们也可以给出如下理由："如果我不做，马上就会死；如果我做了，却可以晚一些再死，因此我这样做就能多活一段时间。"如此一来，自然就会强迫他这样做了。

如果一个人缺少食物或其他保障生活必需的东西，并且除了犯罪没有任何办法保全自己，就像发生大饥荒的时候无法用钱购买也不能依靠施舍，只能靠抢劫或盗窃获取食物一样；也像是抢夺他人的剑来保全自己的生命一样，那么他就可以得到完全的宽恕，理由跟上一段相同。

如果一个人因为另一个人的授权而做出违法行为，对授权者而言，代行者仅凭这一委托就可以得到宽恕；因为没有人可以指控自己存在于另一个单纯的工具人身上的行为。然而对因为这种行为而遭受侵害的人来说，却不能得到宽恕，因为在这类违法行为中，授权者和行为者都是犯罪者。由此可以得出一个结论：当具有主权的个人或会议命令一个人去做一件违反既定法律的事情时，这种行为则可以获得完全的宽恕。原因是，既然主权者就是授权者，那么他就不应该谴责这种行为；而如果作为主权者都没有正当的理由提出指控，那么其他人都更加没有理由去惩罚这种行为。况且，在主权者命令这个人去做一件违反了自己之前制定的法律的事情时，对于这一既定事实而言，主权者的命令本身就相当于废除了这条法律。

如果身为主权者的个人或会议放弃了主权中必不可少的任何权利，并因此让臣民获得了任何与主权不相容的自由，也就是与国家的存在不相容的权利时，臣民如果拒绝服从这种被授予的权力相违背的任何命令，就是一种罪恶，而且其行为也违背了臣民的义务，因为他既然出于自我防卫的需要自愿建立了主权，那么他就应该看出哪些事情与主权不相容，而且应该看到自己之所以被授予这种与主权不相容的自由，是因为人们对其可怕后果的无知。但如果他既不服从命令，又反抗执行命令的官吏，那么其行为就是一种罪行；因为如果他提出申诉，就可以在不破坏和平的前提下将问题妥善地处理。

判断罪行的轻重有很多不同的衡量标准。第一，是犯罪动机中包含的恶意；第二，是罪行的恶劣影响；第三，是罪行导致后果的危害；第四，是时间、地点和人物等综合条件造成的结果。

同样的违法行为，其罪恶的动机如果是因为倚仗自己的势力、财富或亲友来抵抗执法者，那么就要比希望自己的罪行不被发现或畏罪潜逃等动机更为恶劣。因为相信自己可以凭借强大实力逍遥法外的动机，在任何时机和诱惑之下都会成为藐视法律的根源。而后一种情况，犯罪者只是因为最危险的恐惧而逃跑，这一动机本身就会让他在日后更加服从。同样的罪行，明知故犯要比误以为行为合法更为严重。因为一个人胆敢违背良知犯下罪行，必然是相信自己有强大的武力或其他权势作为倚仗，这种信心会让他再次犯下罪行，而误犯者在意识到自己的错误后，则会遵守法律。

因为相信了获得公认的学者的权威或法律解释者的说法而犯错，要比因为自己独断专行固执己见犯下的错误轻一些。因为通过公共权力对公众宣布的事情就等于是国家宣传的事情，有关当局在没有出面进行控制前，就相当于法律。任何罪行在没有否定主权，也没有违背明确的法律时，都可以获得完全的宽恕。而如果一个人是根据自己的判断采取行动，那么就要根据他的判断正确与否来判定他的罪行是否成立。

同样一种行为，如果之前的人总是受到惩罚，那么罪恶就比之前有许多人被赦免要严重。因为先前的案例都是主权者给予犯罪者有可能免罪的希望。而让人产生这种可以得到宽恕的希望和想法，并因此让其他潜在犯罪者受到鼓励的人，也相当于参与了犯罪行为，根据这种道理他就不该让犯罪者负全责。

因为一时冲动犯下的罪行，要比蓄谋已久的罪行轻；因为激情是人类天性中共同的弱点，所以还有可能获得减刑。然而对事先经过计划的罪行来说，犯罪者已经将所有情况考虑周全，他知道法律及其惩罚，也知道这种行为会造成哪些社会影响。在他选择犯罪的时候，就已经藐视了这一切，并让其在自己的欲望之下屈服。但是无论是哪种冲动，都不能让人获得完全的宽恕。因为从开始知道法律到做出犯罪行为的整个过程中，都可以被视为斟酌的时间，他应该在想到法律的时候将自己那不合法度的感情约束起来。

如果法律已经在全体人民面前进行过公开的、详尽的宣读并解释，那么此时触犯法律的行为罪恶就比较严重；反之，如果并没有经过这一过程，而且人们想要查找、确定法律的内容也比较麻烦，可能还要耽误自己的工作并且委托私人去打听的话，罪恶就比较轻。因为后者的一部分问题可以推给人类的通病；但是前者明显是因为疏忽，而这种疏忽中或多或少地体现出对主权者的藐视。

虽然法律已经明确禁止了某些行为，但是立法者通过其他方式明确地表示默许时，违反法律的罪恶要比罪行同时被法律和立法者禁止时轻一些。因为立法者的意志就是法律，但这种情况下显然同时存在两种法律；如果一个人无法通过命令中明确的论据来判断主权者认可的事情，而只能通过其他途径来判断的时候，就可以得到完全的宽恕。但是无论遵守还是触犯立法者制定的法律都会受到惩罚，因此立法者就变成了触犯法律的一部分原因，那么根据这一点我们就不该把全部罪责算在罪犯头上。例如，法律禁止决斗，违者处以死刑。但拒绝决斗的人却会永远遭到鄙视和嘲笑，有时候主权者也会认为这种人难当大任因此不会委派职务，也不会在战争中晋升。但如果他就这样接受决斗，那么鉴于每个人都有权努力获得主权者的好感，他就不应该被严厉惩罚，因为惩罚他的人也要承担一部分错误。我这样说并不是因为我鼓励大家争取私下报复的权利或是做任何不服从的事，我只是想告诉大家统治者要注意自己明确禁止了哪些行为，而且不要再通过委婉的方式去鼓励这些行为。从古至今，对于能够旁观君主言行的人来说，眼见为实对其行为的约束力要远超过法律本身。尽管臣民的义务是按照君主的命令行事，而不是效仿君主的行为做事，但是在上帝没有赐给人们一重超自然的非同一般的恩宠来恪守这条戒律之前，这项义务是不可能被很好地履行的。

而且，如果以罪行产生的影响来衡量其危害，则有以下几种情况：第一，相同的行为受到伤害的人多时要比人少时罪恶严重。由此可见，如果一种罪行造成的损害不仅限于当时，而是会在将来也会有人模仿并造成损害，那么其严重性就要超过仅限于当时的犯罪。因为前者会不断滋生繁衍，让更多的人受到伤害，但后者却不会留下这种贻害。被正式承认的传教士如果有违反国教的言论，罪过要比一个普通人做同样的事更重；在生活有亵渎或毫无节制的情况，以及做出任何违反教规的事情时，也是如此。同理，从事法律专业的人宣扬任何有削弱主权倾向的观点或行为时，罪恶也要比普通人更重。一个人如果有明哲思辨的名声，他的话会被世人当成行为准则，他做的事会成为人们的榜样，那么在他做出违法行为时，其罪恶要比做出同样行为的普通人更重。因为这种人的行为已经不是单纯的犯罪，而是将其当作法律向世人传播。总而言之，罪行造成的影响越恶劣，其罪恶越严重；也就是说，对那些不选择走自己的路而总是看着前人手中明灯的弱者而言，这些恶劣影响就会因为损害了后面的很多人，而使罪恶变得更大。

与国家现状敌对的行为要比与私人敌对的行为罪恶更大，因为前者造成的伤害会影响到所有人。包括把国家的物理情报或机密泄露给敌人以及针对国家代表者的一切企图，还有在当时或将来不通过语言和行为来削弱代表者权力的所有企图；在拉丁文中这类罪恶被称为大不敬，指违反基本法的企图或行为。

同理，让判决失效的罪行要比对一个人或少数人造成的侵害罪恶更重，例如贪污受贿做假证的行为要比接受相同数目或更多的钱却使用其他方法对一个人行骗时的罪恶更重。因为前者侵害的不仅是因为这种判决蒙受冤屈的人，还包括一切判决都会被其影响而失效；而且这种做法还会给人们借口使用武力并进行私人报复。

侵占或贪污公共财产和税收的罪恶要比抢劫或诈骗私人财物的罪恶更重，因为前者相当于同时侵占了很多人的财产。

假冒公共机关、伪造公章或公共货币的罪恶要比假冒私人或伪造私章的罪恶更重，因为这种欺骗行为损害的是公众利益。

针对私人的违法行为，造成的损害在普通人中引起的反感越强烈罪恶就越重。因此：

杀人要比不伤害性命的其他伤害罪恶更重。

虐杀比单纯的杀戮罪恶更重。

致人伤残比抢夺财物的罪恶更重。

以死亡或伤害威胁对方抢夺财物比不为人知的盗窃罪恶更重。

强奸比诱奸罪恶更重。

奸污已婚妇女比奸污未婚妇女罪恶更重。

通常情况下对这些事情的评判就是如此。虽然针对同样的罪行，不同的人关注的程度有所不同，但是法律不会考虑个人倾向，只会考虑人类普遍的倾向。

因此，如果一个人因为他人语言或态度上的侮辱而感到冒犯，而这种行为造成的损害仅限于受辱者本人感到愤怒而已，那么无论是希腊罗马还是其他国家的法律都不会管这种事情，立法者认为愤怒的真正原因并不是侮辱，因为知晓自己品德的人根本不会受到影响，因此真正的原因只是感到冒犯的人的懦弱。

而且，对私人犯下的罪行，其罪恶也会因为人物、时间和地点的身份不同而加重。例如，杀死自己的父母就比杀死别人的父母罪恶更重，尽管父母已经把自己的权力移交并服从民约法，但曾经因为自然律而具有主权的他们仍然享有曾经作为主权者的尊荣。抢劫贫困的人要比抢劫富有的人罪恶更重，因为前者对受害人造成的损失更为严重。

在规定应该敬神的时间或地点犯罪，要比在其他的时间或地点犯罪的罪恶更严重，因为这样的罪行的根源是对更权威的法律的藐视。

我们还可以列举许多其他可以加重或减轻罪行的情况，但根据上面已经提到的例子，所有人都能清楚地认识到应该怎样去衡量可能被提出来的任何其他罪行。

最后，因为几乎一切罪行都不只是对私人造成侵害，而且也对国家造成侵害；所以同一罪行以国家的名义起诉时就称为公罪，以私人的名义起诉时就称为私罪。与之相对应的，两者提出的诉讼则称为公诉和自诉。例如，在一起谋杀案的诉讼中，如果原告是平民，就称为自诉；如果原告是主权者，就称为公诉。

第二十八章　论惩罚和奖赏

惩罚是指公众当局认为某人做或不做某事的行为已经触犯了法律，为了让臣民的意志更好地服从法律，而对此人施加的痛苦。

在还没有根据上述定义做出任何推论之前，我们必须解决一个非常重要的问题，那就是在所有的案件中，惩罚的权利或权力到底是从何而来。因为根据我们之前讨论的内容可以知道，没有人会认为自己因为受到信约的约束就不得抵抗暴力。那么根据这一点我们就不认为是他授权别人可以使用暴力伤害自己。在按约建立国家时，每个人都放弃了自己防卫他人的权利，但仍旧保留了防卫自己的权利。而且人们有义务听从主权者的命令去惩罚他人，却没有义务惩罚自己。但如果是按照契约去为主权者惩罚他人，就意味着主权者是有权施加伤害的，否则就不可能授权给别人。所以，我们可以得出一个显而易见的结论，国家具有施加惩罚的权利，但这个权利并不是来自臣民任何形式的转让和赠予。不过在此之前我也说明过一点，在国家建立之前，任何人对任何事物都具有权利，并且为了保全自身有权做他认为必要的任何事；基于这一点，他可以征服、伤害或杀死任何人。国家对臣民施加惩罚的依据也是这项权利。臣民没有赋予主权者这项权利，而只是放弃了属于自己的这项权利，主权者的力量因此而增强，于是就可以采用自己认为最适合保全全体臣民的方式来行使这项权利。因此并不是谁赋予了他这项权利，而是为他保留了这项权利，并且只有他保留了这项权利，并且除了要受到自然法的约束外，他所保留的这项权利就如同人们在纯粹的自然状态下，也就是人与人互相为敌的状态下那样完整。

根据惩罚的定义，我得出如下推论：第一，来自私人的报复或侵害行为，准确来说都不能被称为惩罚，因为施加这些行为的人并不是公共当局。

第二，在公共当局发放各种福利的时候，如果被忽略或没有优先获得并不是惩罚，因为并没有人因为这种事情遭受新的损失，充其量只是让他维持原状。

第三，在没有公开判定罪行之前，公共当局施加的任何痛苦都不能叫作惩罚，而只能被看作一种敌意的表现，因为可以作为施加惩罚根据的条件应该是此前由公共当局判定为犯罪的行为。

第四，篡权的权力当局和未获得主权者授权的法官所施加的痛苦不能被称为惩罚，而只能被看作一种敌意的表现，因为篡权的权力当局并没有得到受罚者的授权，因此不能被看作权力当局的行为。

第五，不以让罪犯服从法律，或是让其他人通过罪犯的事例服从法律，或施加痛苦的行为并不能达到前两种目的时，就不能被称为惩罚，而仅仅是一种敌意的表现。因为如果行为的目的并不包含在上述几项之中，那么行为造成的伤害就不能概括在惩罚的名义下。

第六，某些行为在自然状况下就有可能引起会带来损害的后果，例如某人在攻击他人的行为中被反杀或是受伤，或某人因为从事违法活动而患病等都属于这种情况；虽然对创造了自然的上帝来说，这种伤害可以看作施加的，因此可以称为一种天罚；但对人来说就不能概括在惩罚的名义下，因为施加这种伤害的权力并不是来自人。

第七，如果对罪犯施加的伤害比他从事犯罪活动得到的利益或满足少时，这种行为就不属于惩罚。而且与其说这是对犯罪行为的惩罚，倒不如说是回报或补偿更贴切。因为施加惩罚的目的是让人们更加服从法律，但如果惩罚与利益相比显得太轻，那么就不可能达到这个目的，反而会起到相反的效果。

第八，如果法律本身已经存在关于惩罚的明确规定，而犯罪者却受到了更严厉的惩罚，那么超出的部分就不是惩罚，而是一种敌意的表现。因为惩罚的目的并不是报复，而是威慑。严厉的惩罚如果不能被公众所知晓，那么它所产生的威慑效果就会被已经公布出来的较轻的惩罚抵消，因此意料之外的伤害行为就不能算作惩罚的一部分。但是如果法律本身并没有明确规定，那么无论施加哪种程度的伤害都具有惩罚的性质。因为如果一个人触犯了并没有规定相应惩罚的法律，就已经可以预见其结果，那就是他将会受到不确定的，任凭他人来确定的惩罚。

第九，在颁布禁令之前的违反行为，如果对其施加伤害就不是惩罚而是一种敌意的表现。因为法律还没有制定的时候，其行为就称不上违法，而惩罚的前提是已经存在一种经过判定的违法行为，因此在法律没有制定以前施加的惩罚就不能称为惩罚，而是一种敌意的表现。

第十，施加在国家代表者身上的任何伤害都不是惩罚，而是一种敌意的表现。因为惩罚的本质是根据公共权力施加的伤害行为，而这种权力是只有代表者本身才具有的权力。

最后，施加在公众的敌人身上的损害都不是惩罚。因为这样的人可能从来都没有服从过这项法律，因此也就称不上违法；也可能是原本服从过，但现在已经宣布不再服从并且因此否认自己的行为违法，所以施加在这类人身上的任何伤害都只能被认为是一种敌意的表现。不过，在已经公开宣布成为敌对双方时，人们施加的一切伤害都是合法的。由此可以得出一个结论：无论法律对叛国罪规定了怎样的惩罚，如果一个臣民在已知的情况下依旧明知故犯，并通过言辞或行为否认国家代表者的权力，那么代表者就可以合法地按照自己的意志对他施加任何伤害行为。因为他已经表示自己拒绝服从法律，相当于否定了法律规定的相应惩罚，所以作为国家公敌的他就只能听凭代表者处置，施加代表者认为合适的任何伤害。因为法律规定的惩罚，其对象都是国家的臣民，而不是曾经以行动表示自己是国家的臣民，之后又明知故犯以自己的言行公开叛国并否认主权的敌人。

关于惩罚的分类，第一种也是最普遍的一种就是将其分为神的惩罚和人的惩罚两种，神的惩罚我们会在后面更方便的时候进行讨论。

人的惩罚是指根据人的命令施加的惩罚，包括体刑、财产刑、名誉刑、监禁、放逐等，也可以是上述几种的混合惩罚。

体刑是根据施刑者的意愿直接在受刑者身体上施加的惩罚，例如鞭笞、伤害或剥夺其原本可以合法享受的肉体享受等。

体刑中有一部分是极刑，还有一部分是比极刑轻一些的刑罚。极刑就是死刑，其中有些只是处死，有些还会加上拷打等刑罚。比极刑更轻的刑罚有鞭笞、打伤、以锁链禁锢或任何其他不会致死的肉体上的痛苦。在施加一种惩罚时，如果施刑者并没有想让受刑者死亡，但是最终却导致了受刑者的死亡，那么这种损伤虽然因为不可预见的偶然性造成了死亡的结果，但是这种惩罚也不可能认为是死刑。在这种情况下，死亡并不是主动施加的，而只是偶然造成的。

财产刑不但包括剥夺一定数量的金钱，还包括剥夺土地以及其他可以用于金钱交易的财物。如果一条法律规定了这种惩罚，但惩罚的目的只是通过违法者筹措资金，那么准确说来这种行为就不能叫作惩罚，而只能认为是享有法律特权或豁免需要付出的代价。这种法律规定，并不是对某一类行为禁止，而只是禁止了一部分无力支付款项的人做出这种行为。如果这种法律是自然法或宗教的一部分则不然。因为在这种情况下，这就不是豁免而是违法。例如，如果法律规定妄自以上帝之名自称的人须处以罚金，那么交付罚金就不是对冒用神之名义这一行为豁免的代价，而是对违反了一条必要法律的惩罚。同理，法律规定受伤者可以获得对方付出的一笔钱，这是对他所受损伤的一种赔偿，这种赔偿可以解除受害者提出的指控，但无法抵消犯罪者的罪行。

名誉刑是国家对犯罪者施加一种让他变得不名誉的损害，或是剥夺某种可以为他带来荣誉的利益。有些事物本身就带有荣誉的性质，例如勇敢、豪迈、睿智或其他身心方面的能力等。还有一些是因为国家的规定而成为荣誉，例如勋章、称谓、官职以及所有主权者用来表示荣宠的标志等。虽然前者可能会因为自身的性质或偶然事件而丧失，却不能以法律的名义剥夺，因此这些能力的丧失就不能被视为一种惩罚。但是后者却可以被将其规定为荣誉的公共当局取消，这就是货真价实的惩罚，例如撤销受罚者的勋章、荣衔、官职或是宣布受刑者在未来不能获得此类荣誉等。

监禁是指一个人被公共当局剥夺了自由。实施这种行为有两种不同的目的：一种是看管被告人，另一种是让受刑者感到痛苦。前者不属于惩罚的范围，因为任何人在受审并判罪之前都不能认为可以被施加惩罚。因此，一个人在案件审理之前，如果收到了超过保证其看管所必需的束缚，并因此而造成任何损害时，这种监禁就属于违反自然法的行为。但后者却属于惩罚，因为这是公共当局已经判定其违法行为后对其施加的损害。我认为的监禁是一切外部障碍造成的行动束缚；这种障碍可能是房子，也就是人们常说的监狱；也可能是岛屿，例如有时人们会说某人被幽禁在一座岛上；还有可能被送往工作场所，例如古代有人被判处在矿上做工，现代有人被判处在帆船里划桨；此外，还包括锁链以及一切可以约束行动的事物。

放逐是指一个人因为某种罪行而被判处离开国家领土或其中某一部分，并且永远或在规定的时间内不能返回。究其本质而言，如果没有其他附加条件，这看上去不像是一种惩罚，更像是一种逃避，或是以远离的方式逃脱惩罚的一种公开命令。西塞罗说，罗马城邦从未规定过此类惩罚，只是将其称为危险时的避难。因为如果一个人只是被放逐，并且可以享有自己的财产和土地收入，那么对他来说这只是换个环境，算不上是惩罚。而且对于任何一种惩罚的目的，也就是对促使人们更加服从法律并以此维护国家利益这个目的没有任何帮助。在很多情况下，这种惩罚反而会让国家受到损害。因为一个遭受放逐的人，对他的国家来说就已经成了一个合法的敌人，因为他已经不再是这个国家的成员。但是如果他还被剥夺了土地和财产，那么他所受的惩罚也不是放逐，而应该属于财产刑。

对无辜的臣民施加惩罚，无论惩罚轻重都违背自然法。因为惩罚的对象只有罪行，对无辜臣民而言根本不存在惩罚一说。由此可见，这种做法首先就违反了禁止任何人为了将来利益之外的任何目的对他人进行报复的自然法，因为惩罚无辜者对国家没有任何好处。其次，这种行为违反了禁止人们忘恩负义的自然法。因为最初的主权都是每一个臣民出于保全自身的目的才同意授予并服从主权的，所以惩罚无辜者就等于以怨报德。最后，这种行为还违反了要求人们遵守公道的自然法，惩罚无辜者的刑罚发生时就意味着公道原则被打破。

但对本国臣民以外的人施加任何伤害，如果其目的是保障国家利益并且没有破坏原有的任何信约，那么其行为就没有违背自然法。因为本国臣民之外的人，如果不是敌人，就一定是根据原有信约已经不再是本国臣民的人。但如果国家认为敌人可能会威胁到自己，并因此发动战争，那么根据原始的自然权利这种行为就是合法的。在过去的战争时代，刀剑不会判定无辜者和有罪之人，同理，战胜者也不会。除非对本国人民有利，否则也不会考虑仁慈的做法。因此，如果臣民中有人故意否认已经建立的国家主权，那么国家对他施行的报复不但可以合法地追溯到他的祖先，而且对当时并未出生因此某种程度上来说是无辜者的第三代和第四代人实行报复也是合法的行为。因为这种罪行的本质就是公布自己拒绝服从的态度，那么也就是回到了通常所说的叛乱的战争状态，因此犯罪者就不是作为一个臣民，而是作为一个敌人承受这些伤害行为。因为叛乱就是回到战争。

奖赏可以通过两种方式获得：赠予或契约。如果是根据契约获得的奖赏就称为俸禄或薪资，这是对已经完成或承诺完成的服务赋予的利益。如果是赠予，就是赐予者为了鼓励人们或让人们提供服务而基于的恩惠。因此，国家主权者对某一公职规定了薪资后，根据信义公职人员就有义务执行相应的职务；否则，他就只是从荣誉的方面表示必须感激并且努力回报。因为如果人们被命令放弃个人事业并且无偿为国家服务时，虽然在法律上别无选择，但是除非这项工作要求他不得不这样做，否则依据自然法和建立国家的契约，他便没有这样的义务，因为既然主权者可以运用臣民的一切财物，那么就算是最低等级的士兵也可以将自己作战应得的薪饷当作债务讨还。

主权者出于畏惧臣民具有的某种权势或能力，认为其足以威胁国家，并因此给予臣民利益时，就不能称为奖赏。原因是既然每个人都有义务不损害国家利益，那么这其中就不存在任何契约，因此也就不是薪资；但这也不是恩惠，因为这是通过主权者的恐惧强行索要的好处，这种情况原本就不该出现在主权者身上。这倒不如说是一种牺牲，是一种主权者以其自然人身份而非国家法人的身份做出的牺牲，其目的是让那个在他眼中比自己更强大的人消除不满的情绪。但是，这种做法不会让人服从，只能起反作用，让对方得寸进尺，以此来索要更多好处。

有些薪资是固定的，由国库支付；有些薪资是临时且不固定的，只在某人完成该项职务时支付。后者在有些情况下会对国家造成损害，例如在司法方面就是如此。法官及法庭官员的利益如果体现在送审的案件众多时，必然出现两种弊端：一种是诉讼，因为案件越多，利益就越大；第二种与第一种有些关联，就是抢夺案件审理权，每个法庭都会尽量争夺案件。行政官署中就不会出现这样的弊端，因为无论他们做出任何努力都不可能让自己的工作增加。以上内容可以充分说明奖赏的性质，它们就像是国家的肢体和关节活动的神经和肌腱。

到这里，我已经说明了人类的天性，他们因为傲慢和其他激情不得不服从政府的统治；而且我还说明了人类统治者的巨大权力，我们把这种统治者比作利维坦；这个比喻出自《约伯记》第十二章最后两节，上帝在其中说明了利维坦的巨大力量后，称之为骄傲之王。上帝说："在地上的造物，没有像他一样无惧的。凡高大的，他无不藐视，他在骄傲的水族上做王。"但是和地上所有的生物一样，他也会有死亡的一天，也会有腐朽的时候。而且，虽然他在地上无所畏惧，但是在天上却有必须畏惧的对象，并应当服从那里的法律。所以，在后面的几章我会讨论他的疾病和死亡的原因，还有他必须服从哪些自然法。

第二十九章　论导致一个国家衰弱或解体的因素

拥有有限生命的人类创造的东西虽然不能获得永恒的生命，但如果人们真的可以做到运用他们自认为具有的理性，那么他们的国家至少不会因为内在的问题导致灭亡。因为按照国家建立的性质，本来是想要让他可以和人类、自然法或让自然拥有生命力的正义之道一样长久的。因此，当一个国家不是毁于外部的暴力，而是因为内部失调导致解体的时候，问题就不是出在作为质料（matter）的人的身上，而是出在他的创造者和安排者身上。当人们最终对混乱的冲突和互相残杀感到厌倦以后，就一定想要团结在一起建造一座坚固而持久的大厦；此时因为没有不可或缺的技术，所以没有办法制定合适的法律统一彼此的行为；又因为缺少谦恭礼让的品质，以致不愿意磨掉自己这个庞然大物身上粗糙碍事的棱角，而在没有一个才能出众的设计师提供帮助的情况下，建造出来的就只能是一个摇摇欲坠的建筑物；这样的建筑就算在他自己的时代都难以支撑，最后也一定会倒塌到他的后代身上。

因此，在国家的所有问题中，我们首先要说的就是在按约建立国家时因为制度的不完善而导致的问题，这些问题与人类因先天不足导致的各种疾病非常像。

第一种情况就是，人们在建立国家时，对于保障国家和平与防卫所必需的各种权力，在不足够的时候也表示已经足够。因此会导致一种情况的出现，那就是当他为了保证公共安全运用已经被放弃的权力时，就会被看作一种不义的行为；而只要有机会，在这种情况下人们就会发动叛乱。这就像是患病的父母生下的孩子一样，如果不是早早夭折，就会因为想要排除身体上的先天痼疾而生脓疮。君主之所以放弃这种必需的权力，有时可能是出于对自己指责所必需的权力的无知，但有时也可能是他觉得自己有希望在自己想要的时候收回这种权力。但他们关于这个问题的推论显然是不高明的，因为原本使得他们遵守诺言的依据将会被其他国家用来反对他们；因为所有的国家都会为了维护本国臣民的利益，不错过任何一次削弱邻国的机会。例如坎特伯雷大主教托马斯·柏克特就曾经在教皇的支持下反对亨利二世；因为原本征服王威廉即位的时候曾经宣誓不干涉教会自由，并且免除了教士对国家的服从。还有威廉·奴佛斯王也曾经借助男爵的势力在他与哥哥争夺王位的斗争中获胜，其结果是让男爵的势力扩张到了与主权不相容的程度，后来他们对约翰王往东叛乱，也获得了法国人的支持。

这种情况也不仅限于君主国。在古罗马共和国虽然有元老院暨罗马人民来担任国家代表，但是元老院和人民都不能要求具有一切权力，而这就引发了提比略·革拉古、盖约·革拉古、路西乌·菲通尼奴斯等人的叛乱，后来在马留和苏拉的统治下元老院和人民之间也发生了战争，后来相同的战争在庞培和恺撒的统治下也有发生，最终导致民主政体的解体，罗马人民又建立起君主政体。

雅典人民曾经禁止自己做一件事情，就是任何人都不可以提起为了夺回萨拉米斯岛而再次发动战争的事情，违禁者将被处以死刑。如果不是梭伦因此假装发狂，又穿上疯人的衣服并做出一副狂态，哼唱歌谣对那些跟在他身后跑的人提出这个问题，雅典人就会因此多了一个经常在自己门外窥伺的敌人。任何一个被限制了一点点权力的国家都不得不遭受这样的损害和变故。

我要说的第二种情况，就是传播一些蛊惑人心的谬论给国家造成的疾病。有一种说法："每个平民都是善恶行为的裁判者。"在没有出现法律的自然状态下，这句话并没有错，而且在政府的法律法规没有规定的事物上也没有错。但在其他情况下，可以裁断行为善恶的只有国家的法律，能作为法官的则是立法者，而立法者始终代表的都是国家。按照这种谬论，人们会在内心权衡，对国家的命题怀有疑问，最后会根据个人的判断来考虑这个命令对自己是否有利，再决定要不要服从，如此一来国家就会陷入混乱并且被削弱。

还有一种说法与民约社会是互相冲突的，"一切违反个人良知意识的行为都是罪恶"。这个说法产生的前提就是每个人自己都可以成为善恶的裁断者。因为一个人的良知意识就是他的个人判断。个人判断会出错，良知意识也一样。因此，如果一个人不服从民约法，那么他一切违反良知意识的行为就都是犯罪，因为他唯一可以遵循的法则就只剩下自己的理性。但对于一个国家的臣民来说则不然，因为法律就是公众的良知意识，而他事先就已经做出保证会服从。如若不然，仅作为个人意见存在的良知意识肯定是千差万别，那么国家就难免陷入混乱的局面；此时臣民如果要服从主权者，也必然是在对自己有利的前提下。

多数人还接受过一种非常普遍的教导：信仰和圣洁的品质不能通过学习和理性获得，而只能通过超自然的神圣感应或传承获得。如果承认了这点，那么一个人也就不必为自己的信仰找任何依据了，难道不能所有的基督徒都是先知吗？难道我们就一定要以国家的法律为标准，就不能以个人的神圣感应作为行为的标准吗？如果是这样的话，我们还是犯了自作主张的错。还有一种可能就是，错误地把自称以超自然方式获得神圣感应的个人当成善恶的评判者，如此一来任何民约政府都会逐渐瓦解。信仰是通过聆听传道获得的，而我们会有聆听的机会是因为偶然走到了传道者面前，这种偶然出自全能上帝的安排，并非超自然因素；只不过当所有的偶然汇聚到一起就会因为数量庞大而让人无法观察。信仰和圣洁的品质确实罕见，却称不上奇迹，这只是上帝在他认为恰当的时机通过教育、训练、纠正及其他自然方式让他的选民中间出现了这些结果而已。这三种对和平与政府来说危言耸听的观点，我主要是从那些不学无术的神职人员的言辞和文字中获知的，这些人违背理性原则断章取义，将《圣经》中的内容胡乱拼凑，尽其所能地让人们相信圣洁的品质与自然理性是互相矛盾的。

第四种与国家性质互相矛盾的观点是，主权者要服从民约法。

当然，主权者必须服从自然法，因为这是神的法律，没有个人或国家可以废除这项法律。但是主权者却不会服从他作为国家代表者指定的法律。因为服从法律就等于服从国家，服从国家就是服从主权者，也就是服从自己；一个人只服从自己就不是服从法律。这种错误观点的产生，是因为把法律置于主权者之上，也是把法官和有权惩罚他的权力当局置于主权者之上，事实上就是造就了一个新的主权者；相同的原因还可以造就第三个主权者，并被置于两者之上用于惩罚第二个主权者，这样下去就会不断重复出现新的主权者，最终导致国家出现混乱并走向解体。

第五种可以使国家解体的观点是：每一位臣民对其财产都具有绝对所有权，这种权利甚至可以排斥主权者的权利。诚然，每个人的所有权都可以排斥其他所有臣民的权利。但这个人的权利是主权者赋予的，如果失去了主权者的保障，其他所有人就对他的这些财产拥有了同等的权利。但如果这种所有权会排斥主权者的权利，那么主权者便会无法执行他保障国内和平与抵抗外部敌人的指责；那么国家也将会随之消失。

如果臣民的所有权不排斥主权者对其财物的权利，那么也不能排斥司法和行政机关的权利，因为这两个机关代表的正是主权者本人。

第六种观点直接明确地与国家的本质相冲突，那就是主权是可以分割的。分割国家的权利等于分裂国家，因为被分割的主权会自动摧毁彼此。持这类观点的民众主要是因为追随了那些自以为是的、不以立法权力为依据的法律专家们的理论。

与错误的观点相同，邻国如果建立的是与本国不同的政体，其作为一个榜样也会促使国民想要改变国内现有的政体形式。犹太人就曾经受到这种情况的蛊惑而背弃了上帝，并到先知撒母耳那里要求像列国一样为他们立一个国王。希腊的一些小城邦也因为这个原因，在贵族党和平民党的煽动下不得安宁。差不多在每个城邦你都可以发现想要模仿拉栖第梦人[①]的居民，同时还可以发现先要模仿雅典人的人。我相信很多人对最近看到英格兰模仿荷兰而出现的骚乱感到十分满意，因为他们觉得想要国家富强，只要改变一下政府的形式就可以。因为人类本性中就有喜新厌旧的因素。如果他们还有一个因此而走向富强的邻国，在这种刺激下，他们基本上只能选择顺从那些强力劝说他们做出改变的人。

专门针对君主政体发动的叛乱，其中最主要的原因就是阅读古希腊与罗马人的书籍。青年和一切不具备坚定理智且无法抵抗思想毒素的人，在阅读这些书籍中描写的军队统领取得的丰功伟绩以及所有其他行为时，都会产生一种强烈的快乐的印象，他们的内心会认为这种伟大繁盛的景象并不是因为个别人的雄心壮志而是因为平民政体的形式造成的，不过他们却完全没有想到因为这种不完善的政治形式，这些城邦经常会发生叛乱和内战。我想说的是，这些人在读过这些书以后就会做出弑君的事情，因为在希腊和拉丁著作家们的作品和政治论述中，只要事先将君主定性为暴君，其弑君的行为就会被合法化，而且变成值得称颂的英雄之举。他们并没有说弑君作为杀害君主的行为是合法的，而是说杀死暴君这种除暴的行为是合法的。生活在君主国的人从这类书籍中还能得到一种观点，那就是生活在民主国家的人可以享受自由，而生活在君主国家的人都是奴隶。注意这里说的是生活在君主国家的人而不是生活在民主国家的人会获得这种观点，因为后者根本没机会见到这种事。总之，我想不出还有什么事会比下面这种做法更能威胁君主国，那就是现在已经不让一些谨慎的学者们对这些书籍进行适当的校正，以便去除其中可能毒害精神的部分，就让人们随意公开阅读。我可以毫不

---

① 即斯巴达人。

迟疑地说这种毒害，就像是被疯狗咬过留下的毒素一样，医生将这种病称为恐水症。被咬的人经常干咳难耐，但是又怕水，看上去就好像这种毒也要把患者变成狗。与此相似，当一个君主国的统治一直被那些民主作家像犬吠一样疯狂攻击，在被咬到要害之后这个国家就会非常需要一个强势的君主，但是又因为国民患有一种恐暴症，担心这样的君主会带来高压统治的问题，因此对这样的君主又很惧怕。

正如有些圣师相信人有三魂，有些人也相信国家的灵魂也就是主权者同样不止一个；这些人还提出了最高权力与主权对立、神律与法律并立以及神权和世俗权力并存等观点；他们用一些根本没有意义且语焉不详的语词和区别来迷惑众人，让人们相信事实正好符合某些人的想象，还存在着一个与现在并行的不可见的王国，好像是一个存在于黑暗中的灵界王国。既然世俗权力和国家权力显然是同一种权力，而最高权力、制定神律的权力和赋予宗教特权的权力意味着国家，那么由此可以得出一个结论：如果一个地方存在两个主权者，一个有权制定法律，另一个有权制定神律，那么对同一个臣民来说就存在两个国家，这就是一个分裂的王国，根本不可能维持。虽然我们可以用世俗与灵界来进行区分，但这种称呼毫无意义，这依旧是两个王国，每一个臣民都要服从两个君主的统治。既然神权声称自己有权宣布什么是罪，就等于声称有权宣布法律；因为罪就是违反法律的行为；但世俗权力也声称有权宣布什么是法律，那么每一位臣民就要服从两位君主的统治，而两个统治者都要求臣民将自己的命令作为法律服从，但这一点根本不可能做到。如果只有一个王国，那么或者是代表国家权力的世俗王国必须服从神权王国，或者是神权王国必须服从世俗王国；如果是前者，那么就只有最高神权而不存在其他主权，如果是后者，那么就只有最高的世俗权力而不存在其他最高权力。因此，一旦这两种权力形成互相对立的局面，等待国家的就很有可能是内战或解体的威胁。因为世俗权力是最容易被看到的，而且从自然理性出发的时候更加明显，所以大多数人必然会一直倾向于这种权力；虽然灵界王国只存在于经院学派笔下漆黑难辨又晦涩难明的描述中，但是因为人们最大的恐惧也同样存在于黑暗与神鬼之中，所以其中也不乏会有一些足以在国家中引发动乱甚至动摇国本的人存在。这种疾病正好与自然人身上的癫痫病相似，而犹太人则相信这种病症是由于鬼魂附体所引起的。患上这种病的人，会有一股邪气或一种邪灵进入头脑中，阻断神经的根源并引发神经的剧烈运动，这种运动会抵消大脑中由于精神力量引起的自然运动，因此人的身体上就会出现剧烈的不正常运动，这种运动通常被称为痉挛；于是患病者就会像是丧失感知能力的人一样，有时候会掉进火堆，有时候会掉进水坑。在政治实体中也是如此，赏罚机制是一个国家的神经，如果一个国家的肢体运动由灵界权力通过天罚和神眷的权威来推动，而主权者又使用晦涩难懂的词句来阻止人民的理解，其结果必然就是人们走上了错误的道路，导致国家的解体，或是陷入内战之中。有些时候在一个纯粹的世俗政府中确实存在着不止一个灵魂，就如同下面这种情况：作为国家营养官能的税收由全体会议决定，作为国家运动官能的行动指挥权属于个人，作为理智官能的司法权则同时属于以上两者而且有时还要征求第三方的同意。这种情况会给国家带来危险，因为有些时候良好的法律会因为意见不一致而没法确立，不过更多的时候是因为缺少运动和生命所需的营养。尽管很少有人认识到这一点，但事实上这种形态并不是一个政府，只不过是将一个国家分成三个集团，并且冠以混合王国的名称；但这不是一个独立的国家，只是三个独立的集团，并且存在三个代表者。在上帝的王国可以实现三位分立却不破坏上帝统一的统治，但是在人类统治的地方，会因为每个人拥有不同的意志而导致不能采用这样的方式。因此，如果君主和全民会议都可以承担人民的人格，而另一个会议有承担其中部分人的人格，那么这就不再是一个人格和一个主权者，而是三个人格和三个主权者。

我暂时还不确定这样一种非正常状态对国家而言，相当于人体上的哪种疾病。我曾经见过这样一个人，他的身体上长出了另外一个人，这个人拥有自己的头、臂膀、胸部和胃。如果这个人身上还能再长出一个人，用来做比喻就十分恰当。

上面提到的这些，都是对国家来说最严重的疾病，可以立刻致死的那种。还有一些比这些轻一点的疾病，也需要举例说明一下。第一种是当国家需要时很难筹集款项，尤其是大战在即的时候。会出现这个问题，是因为有人相信每一位臣民对自己土地和财产的所有权都可以排斥主权者的使用权。如此一来就会出现以下情况：主权当局在预测到国家可能会出现危险并有此需要时，却发现人民的固执阻挡了金钱流入国库的通道；于是当国家需要站出来预防和面对危机时，主权当局就会尽量犹豫和拖延；等到拖不下去的时候，才会通过法律手段与人民进行谈判以此来获得少量的金钱；如果这些金钱并不足以满足需要，主权者就只能采取最后的办法——使用暴力打通这条路，不然国家就会灭亡。这种手段如果频繁使用，人民就会变得服从，不然国家最后一定会解体。对适合这种情况的人体疾病应该是疟疾，在患这种病的时候，肌肉会出现凝结或被有毒物质阻塞的情况，静脉血管在将血液运输到心脏后，却不能像正常时一样接收到从动脉输送出来的血液。于是就会出现四肢发冷并战栗的情况，随后又会发热，心脏通过强力为血液流动运输打开通路。道路没有打通之前，身体则可能出现一阵冰冷，然后稍微缓解，以此来获得些许满足。最后，如果是身体素质好的人，心脏就能突破阻碍，并通过汗液将毒素排出；如果身体比较弱，就会死亡。

有时国家还会患上一种病，与肋膜炎很像。因为包税或垄断等原因，国家的金钱流出正当途径，就会让财富过多地积累在一个或少数私人手中。正如患肋膜炎时血液会流入肋膜导致发炎肿胀，并伴随着发热和剧烈刺痛的症状。

拥有势力的臣民，如果国家不能保证他的忠诚，那么国民对他的爱戴对国家而言就是一种危险的疾病。因为人民的行动本应该服从主权者的权力，但是野心家的声望和吹嘘会让人们违背法律而去服从某个人的意志，而对于这个人的德行与企图他们却一无所知。相较君主政府，这样的情况对民主政府来说更危险，因为民主政府拥有数量庞大的军队，这些军队则很容易冒充人民。例如，人民拥立恺撒是因为想要通过他来反对元老院，但是在他得到军队的拥戴后，就通过这种手段成了元老院和人民共同的主人。受人们爱戴的野心家做出这种事情，就是明目张胆的叛乱，其效果与巫术相似。

国家还有一个问题就是城市过大，这样一来城市本身的人口和财富就可以支持庞大的军队，自治城市过多也会出现这个问题；它们就像是存在于一个大国之内的诸多小国，情况与寄生在自然人肠道中的虫子很像。关于这个问题还可以再补充一点，那就是自诩有政治才能的人质疑绝对主权；尽管这种人通常都出自人类中最糟糕的那一部分，却因为受到错误学说的蛊惑进而不停地干涉国家的基本法律，这些人对国家的骚扰，就像是医生口中的蛔虫对人体的干扰一样。

还需要补充一个问题，就是不断扩张领土的贪婪欲望和伴随这种欲望的来自敌人难以治愈的伤病，还有许多虽然已经被征服但没有很好地并入本国的领土，这些对国家而言都是负担，留着没有任何好处，最好剔除。好逸恶劳、铺张浪费等问题对国家而言，也属于同类疾病。

最后要说明的一种情况是，在对内或者对外战争中败给敌人，导致国家的军队不能再镇守边疆，也不能再保卫国家忠实的臣民；此时国家就已经解体，而每个人都可以按照自己的判断采取任何手段保卫自己。因为主权者是赋予国家生机与活力的灵魂，主权者不在了，国家的四肢也就不受控制，正如灵魂脱离躯壳以后的尸体也不再受控制一样，虽然灵魂本身是永恒的。虽然一个人的行为不可能消灭主权君主的权利，但他却可以消灭臣民的义务。因为一个需要保护的人可以到任何地方去寻求，而在他得到以后，就有义务表现出一种自愿的而非出于畏惧的服从，并且要尽其所能地将这种保护维持下去。但如果一个会议的权力遭到镇压，那么其权利就会完全被消解。因为在这种情况下，会议本身已经被消灭，就再也没有恢复主权的可能。

第三十章　论主权代表者的职责

主权者的职责是由人民赋予主权的目的来决定的，无论是君主还是会议，其职责都是保障人民的安全。根据自然法的规定，主权者有义务履行这一职责并向制定自然法的上帝负责，而且是只需要向上帝负责。不过，此处我们所说的安全，并不是单纯的保全性命，还包括每个人通过自己合法的劳动并在不损害国家利益的前提下，能够获得的满足其生活所需的一切内容。

要实现这个目标，就要做到：除在个人提出诉讼时保护其免遭伤害外，还要在这种个别关照之外，在包含原理和具体事例的公开教育中安排全体人民的生活，并制定和实行可以适用于每个人自身情况的良好的法律。

正如我在第十八章说过的那样，一旦主权的基本权利丧失，国家就会因此而解体，人民会再次回到人与人之间互相为敌的状态，并承受由此而来的灾难，这是一个人在现世有可能遭受的最严重的损害，因此保证这些权利的完整性就是主权者的职责，那么，首先，将其中任何一种权利进行转让或放弃，都是违背主权者义务的行为。因为一个人如果放弃了手段，就等于是放弃了目的，如果一个主权者放弃了自己的手段，就等于是他承认自己要受世俗法律约束，并放弃最高司法权、对他国的作战议和权、判定国家需要的权力、根据自己的良知决定征兵与征税的时间与数量的权力、任命战争时期与和平时期的官员及大臣的权力、指定宣教者的权力，与此同时还放弃了判定符合或违反人民的防卫、和平与权益的各种学说的权力。其次，让人民对主权者各项基本权利的依据与原因一无所知或产生误解，都是违背主权者义务的行为。因为如此一来，人们就很容易被蛊惑，并在国家需要他们的时候受到欺骗并反抗国家的命令。

主权基本权利的依据的确需要经常向人们宣教，因为任何世俗法律或刑罚的威慑都不可能长久地维持。因为任何反抗主权者基本权利的行为都可以视为叛乱，而禁止叛乱的世俗法，如果不是以禁止背信弃义的自然法为依据，就不可能有任何约束力。但如果人们不知道这种自然法的约束力，就不可能理解主权者制定的任何一种法律的权利。而在这种情况下的惩罚，就会被视为一种完全的敌对行为；一旦他们认为自己有足够的能力，就会争取采用敌对行为来对抗这种敌对行为。

我曾听人谈及一种观点，认为正义只是一句不含任何实质性内容的空话。还有一种已经被我证明了是谬误的观点：无论是在战争状态下还是在国家里，只要是一个人可以凭借武力或行动获得的东西，就是属于他的。还有一种与之类似的观点，认为那些赋予主权绝对性的基本权利既没有事实依据，也不存在理论基础。因为如果存在，他们就肯定能在某处发现。但事实上，我们看到的是至今为止在任何一个国家，这些权力都没有被承认过，同样也没有被质疑过。然而在这个问题上，这些持否定态度的人的论点却十分糟糕，他们就像来自美洲的野蛮人否认人们建造一幢只要材料不腐坏就不可能坍塌的牢固房屋一样，认为这种事情既没有事实依据，也不符合理性原则，而他们做出这种判断的原因也很简单，就是他们从来没有见过这种牢固的建筑物存在。劳动和时间在不断地产生新的知识。优秀的建筑艺术来源于理性原理，但是这些原理却是在人们开始笨拙地开始建筑实践后，经过很多勤奋的劳动者的观察，并且经过对各种材料的属性以及形状和比例的不同效果的长期研究后才逐渐被发现的。在建立国家上也是一样，人类在开始建立不完善的并且很容易解体的国家之后要经历很长一段时间，才有可能在不断地勤加思索以后才能发现可以让国家的结构在不受外力破坏的前提下可以永存的理性原理。我在本书中提出的正是那些原理。而这些原理到底会或不会被有权运用它们的人发现，或是被他们完全忽略，现在的我并不太关心这个问题。即便我提出的这些原理并不是理性原理，我也相信它们是来自《圣经》权威的原理。关于这一点，我将会在谈及摩西治理下的犹太人，即与神立约的特殊选民的上帝王国时再具体说明。

不过这样一来又会有人说，就算这些原理是正确的，普通人也没有足够的能力去理解。如果在一个国家里，富有的人、有权势的臣民还有被认为学识渊博的人如果跟这些人一样都不能理解，我就会感到非常欣慰。事实上每个人都心知肚明，与其说理解这类理论的困难来自内容的晦涩难懂，不如说是来自学习者对这种学习缺乏兴趣。有权势的人不能理解任何一种通过建立权力来约束其感情的事物，有学识的人则不能接受任何一种可以暴露自身谬误而使其威信受损的事实。至于大多数普通人，如果没有因为依附于有权势的人所以受其影响或是被所谓的有识之士以自己的观点污染了内心，那么他们就如同一张白纸，适合接受公共当局准备印在上面的任何内容。难道可以做到让整个民族都接受基督教的伟大奥义吗？这件事可是超出理性范围的。难道我们能让成千上万的人相信一个人的躯体可以同时存在于任何地方吗？这件事可是违反理性的。那么通过法律保障的宣讲和教育，我们就不能让人们接受这件完全符合理性的事情吗？所以我得出以下结论：当主权者的权力完整时，如集他自身或受他委托治理国家的人没有犯任何错误，那么在教育人民使之认识这些基本权利，也就是自然的基本法律就不会有任何困难。因此，主权者有义务使臣民接受这种教育，这不只是他的义务，也是他的权益；而且这也是一种安全保障，可以预防叛乱对他自然人的肌体有可能造成的损害。

接下来，我们讨论一下具体方法：第一，要教导人民对邻国的任何政府形式的喜爱都不应超过他对本国政府形式的青睐。也不应该在看到其他与本国政府形式不同的国家繁荣富强时，就开始三心二意。因为接受了贵族或民主会议统治的人民，他们的繁荣也不是这两种政府形式带来的，而是从臣民的服从与配合中产生的。君主国的人民之所以会繁荣，也并非因为他们的统治者只有一个人，而是因为他们都服从这个人的统治。在仨何一种形式的国家，如果人们表现出不服从、不配合的状态，那么这个国家不仅不会走向繁荣，还会很快迎来毁灭。不愿服从却总是想要进行改革的人，最终会发现自己的行为只能毁掉一个国家。就像寓言故事里佩琉斯[①]那几个愚蠢的女儿一样，她们想让自己衰老的父亲恢复青春，就听信了米底亚的话，把自己的父亲切碎了放在灵芝草里面煮，结果并没有让父亲变成一个全新的人，要求变革的愿望其实就是在破坏上帝的第一诫命，上帝说：不可奉其他国家的神为神。而在另一处谈及君主时，上帝曾说过君主就

① 佩琉斯（Peleus）是希腊神话中的人物，色萨利国王，宙斯之孙，阿基里斯之父，海洋女神忒提斯的丈夫，早年随伊阿宋参加阿尔戈号探险。

是神。

第二，要教导人民，除主权者以外的其他臣民或会议，无论地位如何尊崇，在其自身职位正好可以代表主权者时，人民都不应因为倾慕其品德以尊重主权者的礼节尊重他们，也不应以服从主权者的方式来服从他们。而且，也不能接受他们除代表主权当局之外向民众传达的任何影响。因为爱护民众是主权者的职责所在，所以就不免会忌妒自己治下的臣民；若臣民受到盛名在外之人的蛊惑而背叛，没有一个主权者会不难过；通常情况下，这种引诱背叛的行径不仅在秘密场合进行，在公开场合也有很多，以致这些人可以在教士面前合法地结合并公之于众。这种情况就好比违反了十诫中的第二诫[①]。

第三，根据第二点，还要教导人民，让他们知道无论主权者是个人还是会议，都不应对其进行指责、议论或反抗其权力；也不应用任何不尊敬的方式称呼他，让他被臣民轻视并因此动摇了关系到国家安危的服从关系，如果做出上述任何一种行为，都将是非常严重的过失。十诫的第三诫[②]也用类似的方式提出了这一点。

第四，要教导臣民使其认识这个道理，就必然要从日常劳动中分出一些时间来，听取指定人员的讲解，否则即便有人教导事后也会忘记；如果再经过一个世代，人们就再也不清楚主权的归属。因此，就要规定一个时间让人们聚在一起，在祈祷和礼拜万王之王上帝后，听指定的人为他们讲解自己的义务，宣读和解释与所有臣民相关的成文法，并牢记为其制定这些法律的当局。因此犹太人将每个第七天规定为安息日，并在这一天宣读和讲解法律。通过庄严的仪式让这些人牢记，自己的王是在六天之内创造了世界的上帝，他在第七天休息。因为他们在第七天休息，所以让他们从埃及的奴役和痛苦的劳动中解脱的上帝就成为他们的王，并且为他们留了时间，让他们在庆贺上帝后可以用合法的方式玩乐。因此，第一次刻在石板上的十诫，不只是作为神的上帝，同时也是作为因立约而成为选民的犹太人的王的上帝所拥有的一切绝对权力。这种情况对经由臣民同意而获得主权的人来说就是一种启示，让他们知道应该用怎样的原则来教导人民。

因为子女最初的教导要依靠父母来完成，所以仍处在父母教养下的子女就应当服从。而且即便是在这一时期结束以后，出于感激之情，子女也应当对其父

① 不可为自己雕刻偶像。

② 不可妄称耶和华你神的名；因为妄称耶和华名的，耶和华必不以他为无罪。

母表示尊敬，以此来感谢自己从父母处获得的教导。

因此，就要教导人民，每个人的父亲从前也是他的主权者，可以掌握他的生死。国家建立后，父亲就会放弃这种绝对权力，但是他并没有放弃作为一个抚养者应得的孝敬，因为主权的建立不需要他放弃这种权利；而且，如果父母日后在子女处可能得到的益处与旁人并无差别，那么任何人都没有必要生育子女并悉心教导。这一点符合十诫的第五诫①。

此外，每个主权者都应教导臣民学习正义的美德。因为这种美德让人不争夺他人的东西。因此这就是在教导人民，不以暴力或欺诈手段夺取主权当局规定的应该属于他人的任何事物。对大多数人来说，在所有权包含的一切事物中，人们最重视的就是自己的生命和躯体，其次就是与夫妻感情相关的一切，再次就是自己的财产和生活手段。由此可见，应该教导人民不要因为私人报复而用暴力伤害彼此的身体，不要破坏夫妻之间的忠贞，不要对他人的财物巧取豪夺。为此还需要告知人民，因为贿赂法官或证人而导致的不公正判决会带来多么恶劣的影响，这种做法会消除所有权的区别，正义也会变成一句空话。这些内容在十诫的第六、第七、第八和第九诫②中都可以找到。

第五，要教导人民，不义的行为、企图或念头，即便是因为受到偶然因素的干扰而没有最终完成，也同样是不义的。这就是第十诫③和第二次石板法律的宗旨，这些内容可以归纳成一条关爱彼此的诫命："爱邻如爱己。"正如同第一次石板上的法律被归纳为"爱上帝"这一诫命，在书写的时候，犹太人刚刚接受上帝作为自己的王。

在讨论应该以怎样的方式让人民接受这种教导前，我们先来研究一下，那么多与人类和平相违背并且没有见识和正确的原理作为支撑的观点，到底是怎样做到如此深入人心的。这些观点就是我在前一章列举的观点：1. 人们可以不以法律为根据，而是根据自己的良知也就是主观判断来评判事物是否合法；2. 臣民在没有事先判断国家命令是否合法时就服从，是一种犯罪行为；3. 臣民对其财产的所有权可以排斥国家对这些财物的主权；4. 臣民对被其称为暴君的人进行杀戮

① 当孝敬父母，使你的日子在耶和华你神所赐你的地上得以长久。

② 第六诫，不可杀人。第七诫，不可奸淫。第八诫，不可偷盗。第九诫，不可做假见证陷害人。

③ 不可贪恋人的房屋；也不可贪恋人的妻子、仆婢、牛驴，并他一切所有的。

是合法行为；5. 主权是可分割的；等等。上述所有观点都是通过以下方式向人民灌输的：一方面出于必要或是贪婪，有些人会全身心地投入自己的行业或工作中；另一方面因为人类中的大多数都会不自觉地追求奢侈怠惰或寻欢作乐，所以这些人就不可能进行深入的思考；而无论是学习自然正义的真理，还是学习所有其他科学门类的真理，这一点都是不可或缺的。因此，臣民关于义务的概念，主要是来自讲坛上的神职人员，还有少部分是来自那些夸夸其谈，看起来在法律和良知意识上比自己懂得更多的邻居和熟人。而神职人员与这些炫耀学识的人获得知识的途径，则是各个大学、法律学校以及这类学员中的知名人士出版的相关书籍。那么显而易见，对人民的教育完全取决于对身在大学的青年人的正确教育。不过，有人可能要问：我们英国的大学如此渊博，难道还不足以担此重任吗？你难道还想来教导这些大学不成？这个问题真的很难回答。但是关于第一个问题，我可以毫不犹豫地做出回答：一直到亨利八世的统治结束时，支持教皇权力并反对国家权力的主要力量都是来自这些大学。很多教士、很多接受过大学教育的法律学家还有其他人持有的反对君主主权的观点都可以充分证明这个事实，那就是虽然大学没有创立这种错误的教义，但他们同样也不知道该怎么去培养正确的教义。会出现这样的意见冲突，我们就可以完全肯定一个事实，这些人并没有得到充分的教导。所以，如果这些人身上至今还留有一点自己曾经受其熏陶而反对世俗权力的那种淡淡的酒气，也丝毫不奇怪。而对于第二个问题，我没必要也不合适做出评价。因为无论是谁，只要看到我如今正在做的事，就不难知道我是怎么想的。

要保障人民的安全，主权者就有义务对各个阶层的人平等地执行法律。意思是无论贵贱，只要受到侵害就应该得到纠正，贵者在使用暴力、破坏名誉或做出任何侵害行为时，都不可能比做出相同行为的贫贱者更有希望免遭刑罚，其中就包含着公道原则。公道作为一条自然法则，从主权者到最卑微的臣民都要受其约束。一切触犯法律的行为都会对国家造成侵害，其中有些还会对个人造成侵害。单纯对国家构成侵害的行为可以得到宽恕，并且不会违背公道，因为每个人都可以根据自己的判断宽恕对自己做出的行为，但如果已经对个人构成伤害，那么在未经受害者同意，或未经合理赔偿的情况下，根据公道的原则就不能得到宽恕。

主权者的规定导致了臣民之间的不平等状态，因此在主权者面前，也就是在法庭上并不存在这种不平等，这就像在万王之王上帝的面前，君主与臣民之间也不存在贵贱之分一样。尊贵者的尊荣地位，其价值就在于可以救济贫贱者，否则便不值一提。他们并不能因为自己尊贵的地位，而让自己施加的暴行、压迫和伤害得到宽恕，相反，他们的罪恶会更重，因为他们是最不必要做出这些事的人。袒护地位尊贵的人会导致以下结果：宽容会产生骄傲，骄傲会引起仇恨，仇恨会让人民不惜以国家毁灭为代价，来推翻所有压迫和侮辱人格的贵族作风。

平等还包括征税的公平，这种公平并不是由财富的平等来决定的，而是由每个人因为受到国家的保护而对国家负有的债务的平等决定的。人民不仅要通过劳动来维持生计，在必要时还要通过战斗来保卫劳动成果。如果人们不能像犹太人被从巴比伦掳掠回来后重建圣殿时那样，一边拿着剑，一边大兴土木，那么就只能雇佣他人来为自己战斗。因为国家向臣民征收的税款，只是用于给保卫平民生命财产安全的军队发放薪饷。因为每个人从中可以获得的利益就只有自己的生命安全，而无论贵贱生命的价值都是相等的，因此无论贫富，臣民对保障其安全的人所负的债务是相同的。但是富有的人还会雇佣贫困的人，因此他便因为除了自己之外还要负担他人的部分而负有更高的债务。鉴于此，我们便可以得出推论，税收的平等与其说是取决于消费者财富的均等，不如说是取决于消费本身的均等。假设一个人非常勤奋，获得了很多的劳动成果，但是因为节约所以很少消费，而另一个人非常懒惰，赚得不多却全都花掉，但是这两个人得到的来自国家的保护却是相同的，那凭什么对前者征收的税款要比后者更高呢？但是如果按照消费来制定税收金额，每个人就需要按照自己消耗的部分来平等地纳税，国家也就不会因为个别人的奢靡浪费而承受损失。

很多人都会因为一些偶然事故丧失劳动能力，我们不应该放任这些人接受私人救济生活，而应该根据自然需要，依国家法律来供养他们。因为就像一个人抛弃丧失能力的弱者是一种残忍的表现，国家的主权者如果把这些人交给慈善事业而让他们过上不安稳的生活也是一种残忍。

但是体魄强健的人就完全不同。一定要强制这些人去工作，为了让他们不能用找不到工作来当借口，我们还需要制定相关法律来鼓励航海、农业、渔业等技术工种和各种需要劳动力的制造业的发展。至于人数越来越多的强壮的贫民，可以让他们迁移到人口稀少的地区；等他们移居后，要教导他们不应消灭自己见到的当地人，而是要住在一起，而且不能占据过多的土地，更不能随便拿走自己看到的东西，而是要通过技术和劳动耕种每一块田地，按照节令获取自己的生活资料。如果全世界都人口过剩，就只剩下战争这个终极手段，其结果无非就是胜利或死亡，于是每个人都得到了应有的安排。

主权者还需要注意一点，就是制定好的法律。但什么法律才是好的呢？这里的好并不是公正的意思，因为所有的法律都必然是公正的。法律由主权当局制定，而其所作所为全都获得了每个臣民的担保和承认。既然每个人都愿意这样做，就不能说是不公正的。法律就像是游戏规则，参与其中的人都认同的事对每个人来说就都是公正的。好的法律就是既能满足人民利益的需要又清楚明了的法律。

法律作为已经得到许可的法规，其作用不在于约束人民不去做任何自愿行为，而在于提供指导和保护，让人们在做出某种行为时不至于因为自己的莽撞、轻率或不谨慎的行为而对自己造成伤害。就像篱笆的作用并不是阻止行人，而是为了让他们在路上行走。没有必要制定的法律因为其中并没有法律的真正目的，也就不是好的法律。一条法律如果是为了主权者的利益制定的，尽管对臣民来说没有必要，却可以被看作好的法律，但其实不是。因为主权者的利益和人民的利益是一致的。臣民积弱君主也会弱小，当主权者缺乏根据自己的意志统治人民的权力时，臣民就是弱小的。不必要的法律就不是好的法律，而只是一种牟取暴利的圈套；在主权者的权利被承认的地方，这种法律是多余的，在主权者的权利不被承认的地方，这种法律也没有足够的力量保卫臣民。

法律是否明确，并不是由阐述法律的词句决定的，而是取决于制定法律的动机和原因是否很好地公布了，也就是是否向人民说清立法者的意图。如果人民已经知道这种意图，那么词句少的法律比词句多的法律更容易被人理解。所有词句都可能引发歧义，因此法律本身的词句越多可能的歧义就越多，而且过分地运用词句，就好像是在说如果有人可以规避这些词句，就可以逍遥法外一样。很多不必要的诉讼都是这么来的。我一想到古代时候简洁的法律，后来却一点点变长，就好像看到了用笔写下法律的人在和包揽讼词的人互相斗法，前者想方设法地限制后者，后者又绞尽脑汁钻漏洞，而最终是后者取得了胜利。因此，所有主权者的职责都包括清楚地向公众说明法律制定的原因是什么，而且法律条文要争取做到简洁，用词要做到准确。

进行公正的赏罚也是主权者的职责，因为赏罚的目的并不是报复或泄愤，而是要纠正罪犯或是警告效仿者，所以对公众危害性最大的罪行就应该施加最严厉的惩罚。在这些罪行中，有些是因为对现在的政府抱有恶意而不是因为藐视法律，有些是因为引起众怒，还有一些是如果不严惩就会被看成得到了默许，当权者的子女、仆从和宠爱的人犯下的罪行就属于这一种。因为引起众怒的行为不但会让人们群起而攻之，反抗施暴者和指使人，而且所有可能保护他们的权力当局都会成为被攻击的对象，塔昆[①]就是一个很好的例子，因为自己的一个儿子横行霸道而落得亡国的下场，自己也因为不为罗马人所容而遭到驱逐。但是有些罪行却可以从轻处罚，例如因为被人激怒、过于害怕或迫切需求等人性的弱点而引发的罪行，还有因为不知道某件事是不是触犯法律而造成的罪行等，因为这样的罪行就算从宽处理也不会危害国家。自然法要求人们在凡是可以给予宽容的地方都宽大处理。只严厉惩罚引发暴动的罪魁祸首和背后挑唆的人，而放过那些受骗的可怜人，可以达到杀一儆百的效果，这是对国家有利的做法。严厉地对待人民就等于是在惩罚他们的无知，但臣民的无知大都要归咎于主权者，因为他没能更好地教导治下的臣民。

同理，总是做出对国家有益的奖赏也是主权者的职责，奖赏的作用和目的也在于此。只要做到下述几点，便可以达到这个目的：尽量避免使用金钱而采用其他方式让有功之人得到最好的报偿，并让其他人从中得到激励，在效忠国家的同时精进自身的技艺，从而更好地服务于国家。但是如果想要通过利益收买人民爱戴又有野心的臣民，让他从此保持沉默，不给臣民造成其他印象，就不是奖赏，因为设立奖赏的目的不是预防威胁，而是奖励曾经的功劳；而且这种行为也不是在表示感激，而只是一种畏惧的体现；这种行为不但不会给公众带来利益，反而只能造成危害。用这种方式和野心家争斗，就像赫拉克勒斯跟多头水怪海德拉[②]战斗一样，每次砍掉一个脑袋就会立刻长出来两个。因为一个很得民心的人如果因为自己的固执而受到褒奖，奖励者又期望以此来平息事件时，以后就会有更多的人做出同样恶劣的事情，并企图用这种手段得到同样多的好处。不轨图谋

---

① 指高傲者塔昆，罗马传说中的塔昆王室中的一个国王，即位后马上废除宪法中的改革，压迫平民，大兴土木。在其王朝内常出现流血事件和暴力行动。他的儿子强奸已婚女子列克莉霞、使其自杀，引起一场反抗，使塔昆全家被逐。后虽曾数度企图复辟，均未成功，高傲者本人死于库米地方。

② 海德拉（Hydra），是希腊神话中的九头蛇，传说它拥有九颗头，其中一颗头要是被斩断，立刻又会生出两颗头来。赫拉克勒斯运用他的智慧，成功地击败了巨大水蛇海德拉。

和制造出来的商品一样，有了销路加入的人就会变多。虽然有时候可以通过这种方式阻止内战的爆发，却留下了更大的隐患，公众的灭亡也会随之而成为一个不可改变的结局。所以，如果接受臣民委托保障公众安全的主权者给予那些通过危害国家的行为求得富贵荣华的人奖赏，而不是在危害尚浅的时候及时遏制，这样拖延下去，等到危害变大的时候再去解决，就相当于违背了主权者的义务。

主权者还有一个义务是甄选优秀的参议人员。参议人员在此处指的是他可以在国事上征询意见的人。因为参议这个词是从 Considiun 一词演变而来，这个词含义广泛，包含所有聚在一起商议的情况，这些人组成的会议不仅可以研究将来的事，而且可以评说过往以及现存的法律。这里的参议人员是指在第一种场景下的人。在这个意义上，民主国家与贵族国家都不存在这种选择，因为被征求意见的人也是征求意见者中的一部分。因此，只有君主国家才存在这个问题。君主国的主权者如果没能在各个方面选拔出最优秀的人才，就是不尽责。最优秀的参议人员就是那些最不可能因为提供坏的意见而受益，并且在对国家和平与安全保障有利的事业上拥有知识最丰富的人。而我们很难确定哪些人可以从公众的骚乱中得到好处。不过有些迹象还是可以作为正当的怀疑理由，例如家里的钱财不足以支付自己日常开销的人，在人民发出无理的或无法挽回的抱怨时出言安慰；只要是知道情况的人就很容易从这种迹象中看出端倪，但是想要看出来谁在公共事务上有最丰富的知识却更加困难。能够看出来的人，刚好也是在这方面很可能不需要他们的人。因为想要知道一个人是否精通某种艺术法则，自己就一定要在这方面拥有渊博的知识，因为如果不是自己事先已经接受过教导得到了其他人法则的真谛，任何人都不可能确切地知晓。而想要对任何一种艺术法则有所了解，最好的标志就是经常接触并且从中得到好的结果。好的意见不是靠运气也不是靠遗传才有的；指望一个出身富贵的人在国政方面提供良好的意见就像是指望他们在测绘堡垒的尺寸大小时提供好的意见一样，是毫无道理的事情；除非我们相信研究政治学与研究几何学一样，不需要什么方法，只需要观察就足够，然而事实并非如此。两相比较，研究难度更高的是政治学。欧洲国家习惯于把世袭最高参议会职位看成部分人的特权。这是古日耳曼人在征服的途中流传下来的方式，当时很多独裁的王侯都联合在一起征服其他民族，如果没有一些特权作为标志用来使他们的后裔区别于其他臣民的后裔，他们就不愿意联合在一起。这种特权与主权相违背，而之所以能够保留下来，看上去也是因为得到了主权者的支持；但是如果这些人将其视为自己的权利并尽力争取，那么将来就一定会不得不慢慢放弃，最后除了自身才能可以带来的尊荣地位，他们也不可能再拥有其他地位。

在任何一项事务中，无论参与人员多么杰出，相比用演讲的方式在公众面前提出意见，单独向每个人提供意见并阐述理由要更有利；而且提前考虑好再提出，要比突然就开始阐述要更好，原因有两点：一是这样一来他们就有更多的时间来全面地考虑行为的后果，二是这种方式不容易因为意见分歧而出现忌妒、竞争或其他激情导致的纷争。

而对国家没有影响，只和臣民根据对内的法律享受安逸与福利相关的事务时，从来自各行省的人民提供的一般材料和申诉中就可以找到最好的意见。臣民最清楚自己需要什么，因此如果他们的要求与基本的主权权利没有冲突，就应该认真对待。正如我在前面提到过的，没有这些基本权利，就不可能有国家的存在。

要是军队统帅本身不足以令人信服，就不可能得到军队众人的爱戴和敬畏，那么在执行任务的时候也就不可能有令人满意的结果。所以，他就要做到勤奋、勇敢、亲切、宽容而且要交好运，这样才能让人觉得他有才能并且爱护士卒。这就是威望，可以让士兵产生赢得主帅喜爱的欲望和勇气；在需要严惩玩忽职守或发动叛乱的士兵时，也可以维护将军的威严。然而，若是不关注统帅的忠诚，这种情况对主权者来说就存在隐患，特别是在主权属于不得民心的会议时，这种隐患就更大。因此，考虑到臣民的安全，主权者在授予军权时就一定要挑选一个具有优秀的指挥才能，同时又对国家忠诚的人。

但是如果具有威望的是主权者本人，也就是主权者本身得到了人民的爱戴，那么这种情况就不会有任何隐患。因为通常情况下士兵都是比较公平的，就算他们再怎么拥戴自己的统帅，也不可能在爱戴自己的主权者及其事业的时候，还能站在统帅这边反对自己的主权者。所以，不管什么时候，一个通过暴力推翻了合法主权的人，在不能保证自己地位牢固之前，都会费一番心思让自己可以师出有名，这样臣民才不会因为鄙视其本人而拒绝接受他的统治。公认的主权权利本身就是一种德高望重的尊崇地位的体现，这样的人只要让人民知道他在管理家事上的果决明断，完全不需要再多做什么事情就可以使人民臣从。而面对敌人时，他只要击溃对方就完全可以让人归顺；因为人类中数量最多且最活跃的那些是永远都不会满足现状的。

一个主权者对另一个主权者的职责，存在于人一般称为万民法的法则中。

我们不必在此处讨论这类职责，事实上万民法也就是自然法。主权者在保障臣民安全上具有的权力，和每个人在保障自己人身安全上具有的权力相同。对身处世俗政府之外的人在互相关系上应该或不应该做哪些事做出规定的法律，也同样适用于国家；也就是说，法律对上面这种人做出的规定，与对国家的主权者或主权会议的良知意识做出的规定是一样的。因为自然法的法庭就只存在于人的良知意识中，而那里的统治者是上帝而不是人类。上帝创造了自然，因此他用来约束全人类的法律就是自然法，而上帝又是万王之王，那么这种法律就是一种普遍之法。至于作为万王之王和特殊选民的国王的上帝的王国，我会在本书其他部分进行讨论。

第三十一章　论自然的上帝的王国（天国）

纯粹的自然状态，也就是既非主权者也非臣民的人所处的那种状态，是一种无政府状态和战争状态；引导人们从这种状态解脱出来的法则是自然法；没有主权国家就不可能建立，一切都是空谈；在任何事情上只要是违反神律，臣民就有义务对主权者绝对服从。这些内容我在前面都已经进行过充分证明。要建立一套完整的关于民约义务的知识体系，我们需要讨论的就只剩下神律。因为一旦缺乏这方面的知识，人们就不知道世俗当局命令自己做的事情是否违反了神律。那么如果他不是因为完全服从世俗权力而冒犯上帝，就可能会因为害怕冒犯上帝而违反国家命令。要避免在这两个问题上出错，就一定要了解神律。因为一切法律知识都来源于有关主权的知识，所以接下来我们就要讨论一下上帝的天国。

《诗篇》中说："耶和华做王，愿地快乐。"[①]《诗篇》中还说："耶和华做王，万民当颤抖！他坐在二基路伯上，地当动摇！"[②]无论愿意还是不愿意，人们都必须服从神的权力。否定上帝的存在或神的安排并不能让他摆脱这种权力的束缚，而只能让他失去平安。但是用王国来称呼这种对人类、野兽、植物以及无生命物体的统辖权，也只不过是一种比喻。统治正式的概念应该是通过言辞引导、奖赏服从者、惩戒不服从者等方式来管辖臣民。因此，无生命的事物和无理性的生物

① 《旧约·诗篇》第九十七篇，第1节。

② 《旧约·诗篇》第九十九篇，第1节。

都不是上帝的臣民，因为它们无法理解神的诫命，无神论者以及不相信上帝对人类行为管辖权的人也不是，因为他们没有承认上帝的言辞，不期望从他那里得到报偿，也不害怕他的威慑。那么就只有相信上帝有权统治世界，相信上帝给人类提出诫命并设置赏罚机制的人才是上帝的臣民，其他的人都应该被视为上帝的敌人。

想要通过言辞来进行统治，就要求言辞必须明确，便于理解，不然就不能成为法律。法律的本质中有一个要求是必须充分且明确地公布，这样才不会有人拿不明法禁当借口。人类的法律只有一种方式可以达到这个目的，那就是用人类的声音宣布或公布。但是上帝却有三种方式可以让人们知晓神律：一种是通过自然的指令，一种是通过神祇，一种是通过某种借由奇迹来获得他人信仰的人的声音。于是，上帝的言辞其传达方式可以被归纳为三种：理性的、意识的及先知的。与之相对应的接收方式也有三种：正确的理性、超自然的意识以及信仰。任何普遍性的法则都不是通过超自然意识传达的，因为上帝通过这种方式传达的内容只是针对个人，而且对不同的人传达的内容也不相同。

根据其余两种方式，也就是理性的与先知的降谕之道之间的差异，我们可以将上帝的王国分为两种，一种是自然的，一种是先知的。在自然的上帝王国中，根据正确的理性自然规则而承认天意安排的所有人都是他治下的臣民。在先知的上帝王国中，他选择了一个特殊的民族，也就是犹太人的民族作为自己的臣民，这些人不但要受自然理性的约束，还要受到圣者先知们颁布的法律的约束，而且也只有他们才接受这样的统治。我们在本章中要讨论的是自然的上帝王国。

上帝拥有人类的统治权，并且有权惩罚触犯神律的人，这一自然权利的根据并不是他创造了人类，因为这样一来就好像是在说上帝以此来要求人们做出回报，我们只能认为其根据来自上帝不可违抗的力量。我们在之前已经说明了主权者的权利是如何从信约中产生的，如果想要说明这种权利如何从自然中产生，只需要说明这种权利在什么情况下永远不会消失就可以。按照自然律的规定，所有人对所有的事物都具有权利，因此每个人就都有权统治其他人。但是又因为这种权利不能通过暴力夺取，因此所有人都选择放弃这种权利，并通过所有人的同意让部分人获得主权来统治和保障自身就与每个人的安全息息相关。但是如果存在一个人，他具有强大到无法违抗的力量，那么他完全有理由按照自己的意志来运用这种力量保障自己和其他人。因此，对所有人的统治权自然是因为这种权力的不可抗而确定了归属。如此一来，也是因为这种权力，统治人类的王国和按照自己的意志来惩罚人类使其受苦的权利就自然属于万能的上帝，这并非因为他是仁慈的造物主才属于他，而是因为他是万能的主而属于他。尽管我们说遭受惩罚是因为罪行，因为这个词的含义就是因为犯罪而受难；但是让人受苦的权利并不总是来自人们的罪行，而是来自上帝的权力。

为什么恶人享福好人却在受苦这个问题，古人经常会讨论。这个问题在本质上与上帝是根据什么在人间降下福报或灾祸的问题是相同的。这个问题很难回答，因为它会动摇人们的信仰，不仅仅是普通人的，还包括哲人与圣者的。大卫就曾经说过："神实在恩待以色列那些清心的人。至于我，我的脚几乎失闪，我的脚险些滑跌。我见恶人和狂傲人享平安，就心怀不平。"[①] 虽然约伯是个刚正不阿的人，却命途多舛，他又是如何急切地同上帝争辩的呢？关于约伯的问题，是上帝自己决定的；确定这些事情的根据并不是约伯犯下的罪，而是上帝的权力。因为在约伯的朋友都说他受苦是因为自己有罪，而他却为自己的无罪进行辩护时，上帝就亲自降临并回答了这个问题，并用"我立大地根基的时候你们在哪里？"[②] 这类话来解释他根据自己的权力使约伯遭受苦难的理由；这样一来，不但证明了约伯是无辜的，而且也指责了约伯朋友们说法中的错误。我们的救主在下面这段话中关于天生眼盲的人的观点也符合这种说法："也不是这人犯了罪，也不是他的父母犯了罪，是要在他的身上显出神的作为来。"[③] 尽管我们可以说死是由于罪才进入了世界，意思是：如果亚当不曾犯罪，就不会死，他的灵魂和肉体就永远不会分离。但是我们并不能因此而得出这样的推论：上帝没有理由让无辜的人受苦，像他对其他不可能犯罪的生物所做的那样。

前面已经说明了上帝主权是以自然之道为根据而存在的，接下来我们要讨论的是神律或自然理性做出了哪些规定，神律除了规定人与人之间的自然义务之外，还规定了我们该如何尊敬主权者上帝。前者指的就是我们在本书第十四、十五章中讨论过的自然法，包括公平、正义、仁爱、谦恭等道德准则。因此我们还需要讨论人们单纯通过自然理性的指引，而不借助上帝的言辞能得到那些关于崇拜上帝的准则。

---

① 《旧约·诗篇》第七十三章第1、2、3节。

② 《旧约·约伯书》第三十八章第4节。

③ 《新约·约翰福音》第九章第3节。

崇拜是对他人权力与善的内在认知与理解。所以，崇拜上帝就是尽可能地理解他的权利和善。这些理解通过外在的语言表现出来就叫作崇拜。拉丁语中的“培植”一词就包含了这种意义。“培植”最常用的含义是一个人为了获得某种利益而对任意对象付出劳动。我们获得利益的对象可能从属于我们，也可能不是；从前者处获得的利益是我们付出劳动的自然结果，而后者则是根据对象本身的意志对我们的劳动进行报偿。在第一种含义下，人们投注在土地上的劳动可以称为培育，投注在子女身上的劳动可以称为对其心灵的培育。在第二种含义下，我们并不是通过强力，而是以一种殷勤的服从态度让对方的意志服从自己的目的；换句话说就是讨好，是以一种逢迎的态度从对方那里获得好处；例如用称赞、认可其权势或任何其他可以让对方感到愉悦的方式来从自己想要讨好的人那里得到好处。这就是崇拜的本来含义，在这个意义下，崇拜民众的人就是哗众取宠，而崇拜上帝则是指神的培育。

内心的崇拜是对权力和善的理解，由此可以产生三种激情：爱慕——与善相对的激情，希望和畏惧——与权力相对的激情。而在这种内在的崇拜中，还可以产生三种外在的崇拜方式：赞美、炫耀和尊崇。赞美的是善，炫耀和尊崇的是权力，从中得到的报偿就是福祉。赞美和炫耀不但可以通过语言来表示，还可以通过行动来体现；当我们提及某人的伟大和优秀时就是用语言来表示，当我们对某人的恩惠表示感激并服从其权力时就是用行动来表示。要表达对某个人幸福的观点，则只能通过语言来表示。

关于崇拜的表现在品质和行为上的象征，有些是自然产生的，有些则来自制度和习惯。品质包括善、义、宽宏等，行为包括祷告、感恩、服从等；而这些行为是否表示崇拜，还要根据具体的时间和地点来判断。例如行礼、祈祷和感恩的姿势，在不同的地方表达的含义就不同。前一种属于自然的敬拜方式，后一种属于人为规定的崇拜方式。

人为规定的崇拜方式有两种不同情况：一种是奉命行事，也就是按照被崇拜者的要求做出的行为；另一种是自由行为，也就是按照崇拜者认为合适的方式进行。奉命行事的崇拜，其关键就在于服从而不是具体的语言或姿势。自由崇拜则取决于旁观者的看法；如果崇拜者的言辞或行为在旁观者看来非常可笑，含有轻蔑的意思，那么就是崇拜，因为这不是一种崇拜的表现。其原因在于：对表现者来说他的行为并不能称为表现；这些行为是要做给谁看的，对谁来说才能叫作表现，那么也就是说，只有对旁观者来说这些行为才是表现。

崇拜还分为公众的和个人的两种。前者是国家作为一个人格而进行的崇拜，后者是个人表现的崇拜。前者对国家而言是自由的，但是对国家中的臣民来说却不一定。后者在私人环境中是自由的，但是在公众场合却会受到一定限制；这种限制可能来自法律也可能来自舆论，这与自由的性质并不相容。

对人表示恭敬是因为权力，当一个人看到另一个人受到恭敬，自然会觉得他有权力，并且会更容易服从这个人，这样就会让此人获得更大的权力。但这个理由在上帝身上并不存在，因为人们对上帝的敬拜是义务，其依据是每个人的身份以及相关的敬拜法则，这种行为出自理性，是弱者为了得到好处、避免伤害或表示感恩而对强者表示崇拜的行为。

下面我将讨论上帝的属性，以便认识哪些是自然向我们指出的对上帝的敬拜。第一，很明显我们必须认为存在是上帝的属性，因为没有人会愿意崇拜一个他认为根本不存在的对象。

第二，哲学家们说世界或世界的灵魂就是上帝，这种说法是对上帝的贬损以及对其存在的否定。因为上帝应该被看作世界的原因，如果按照他们的说法，上帝就是世界，那么世界就没有原因，也就是没有上帝。

第三，如果认为世界不是创造的而是永恒的；而永恒的事物是不具原因的，那么这种观点就是否认了上帝的存在。

第四，有些人按照自己的想法，认为上帝具有悠闲安定的属性，这等于在说上帝对人类漠不关心，会让上帝不受崇拜；因为这么做会让人们失去对上帝的敬爱，而崇拜正是来自敬和爱。

第五，在代表伟大和权力的事物中说上帝是有限的存在，就是不崇拜上帝。因为赋予上帝某种属性却不达到极致的状态，就是不愿意崇拜上帝的表现，有限就意味着不够极致，原因就在于有限的事物上很容易增加其他事物。

按照这种说法，赋予上帝某种形象就是不崇拜上帝，因为一切形象都是有限的。

认为上帝具有部分或全部属性也是不崇拜上帝，因为这都是有限事物的属性。

认为上帝存在于某个地方也是不崇拜上帝，因为只存在于某处的任何东西肯定都是有限的。

认为上帝是运动的或静止的也是如此，因为这两种属性都赋予了上帝有限的空间。

认为上帝不止一个也是不崇拜上帝，因为这种说法就是在暗示多个上帝都是有限的，因为无限有且只有一个。

认为上帝具有忏悔、愤怒、怜悯等体现了内心不安定状态的激情，如果这不是一种隐喻式的表达，用来表示一种效果而非激情，就是不崇拜上帝；认为上帝具有生理性的欲望、希望或欲念等任何消极的官能也是不崇拜上帝，因为激情是一种受到制约的力量，是有限的。

那么，当我们认为上帝有意志的时候，就不能认为这种意志与人类的意志相同，是一种理性的欲望，而应该认为这是一种可以实现任何事情的力量。

当我们认为上帝具有视觉等感觉活动时也一样，认为他拥有知识和理性时也一样。这些事物的属性体现在人的身上，只是外界对人体各部分器官造成的心理干扰。上帝身上并不存在这类事物，既然这些事物全部是由自然原因决定的，那么就不可能是上帝的属性。

如果一个人只是想着将那些以自然理性为依据的属性赋予上帝，那么他就只能用无限、不朽、不可思议等带有否定属性的形容词，或至高、至大等带有最高级属性的形容词，或公正、善、神圣、造物主等不确定属性的形容词，而且在使用的时候又好像不是想说明上帝是什么，因为这样做就是把他限制在我们有限的想象之内，人们使用这些词汇只是为了表现自己是怎样赞美他并随时随地准备服从他；这就是虔敬并决心尽最大可能崇拜他的表现。因为要表达我们对其性质的概念，只有一个词可以使用，那就是存在，而且只有一个名词可以表达他与我们之间的关系，那就是上帝，其含义包括天父、王和主。

关于崇拜神的行为，理性提出了一条普遍的准则，那就是这些行动应该是崇拜上帝的意志的表现。第一，祈祷，因为人们在雕刻偶像时都不认为自己可以让这些偶像会变成神，让它们变成神的是向偶像祈祷的人。

第二，感恩，感恩与祈祷作为崇拜神的行为只有一点不同，那就是祈祷出现在得到恩惠之前而感恩出现在获得恩惠之后，但是两种行为的目的相同，两者都承认是上帝创建了过去和未来的所有恩惠。

第三，祭礼，即牺牲和贡品。如果是品质最好的，就是崇敬神的表现，因为这些事物都是用来表示感恩的。

第四，只用上帝之名起誓，这当然是崇敬神的表现。因为这种行为就等于承认只有上帝能知道人的内心，而且承认任何人的力量和智慧都不能保护一个人使其免于受到上帝对做伪证者的报复。

第五，不妄言上帝，这是理性崇拜的一部分，因为这体现出人类对上帝的畏惧，而畏惧是承认其权力的表现。由此可以得出一个结论：不能随意使用上帝之名，也不能无目的地使用上帝之名，因为这就是一种滥用。而除了起誓、国家下达肯定判决的命令以及在国际上为避免争端而使用上帝之名外，在其他用途上都属于滥用。争论上帝的本质与上帝的尊荣不相容。因为我们认为在自然的上帝王国，人们只能通过自然理性，也就是根据自然科学的原理来认识一切事物；但是这种原理既不能向我们揭露自己的本质，也不能向我们表明最微小的生物的本质，那么就更不可能让我们知晓上帝本质中的任意一点。如此说来，人们根据自然理性的规律来讨论上帝的本质就是对上帝不敬。因为我们不应该考虑自己赋予上帝属性的哲学意义，而应该考虑自己对其表现出的最高崇拜的虔诚的意义。正是因为忽略了这一点，人们才会长篇累牍地写出各种书籍来讨论上帝的本质，其目的并不是为了崇拜上帝，而只是为了崇拜自己的智慧和学识。这就是对神圣上帝之名的一种滥用和妄言。

第六，自然理性要求我们在进行祈祷、感恩、献祭、牺牲时，就应该按照其性质选择最好的和最能表现其崇拜的方式。例如，祈祷和感恩的词句就不应该是一蹴而就的、轻浮的、庸俗的，而应该是辞藻华丽并且结构严谨的。不然，我们就没能做到尽最大可能地崇拜上帝。因此，异教徒奉偶像为神是荒谬的，而他们用诗歌、韵文、契约与声乐来敬拜神则是合理的。而且，他们用来作为牺牲的牲畜、贡献的祭礼以及敬神的行为都充满了对神的崇敬、服从和感恩，他们用这些方式崇拜神，是因为自己崇拜神的意志，因此就都是合理的。

第七，理性要求我们不仅要私自敬神，还要公开敬神。否则，敬神最值得称赞的部分就不可能做到，那就是让他人也一起敬神。

第八，服从神律就是崇敬的最高表现。在自然的神的王国中就是服从自然律。因为对上帝来说，敬服是比牺牲更值得称赞的行为，因此藐视上帝的诫命就是最大的不敬。以上都是理性向普罗大众突出的敬神准则。

既然国家只是一个人格，那么敬拜上帝的方式也就只有一种：那就是命令个人公开地敬拜上帝。换言之，就是采用公共敬拜的方式，这种方式的特性就是统一，因为如果人们行为各异，那就不能被称为公共敬拜。由此可见，如果一个国家允许各种私人宗教采用不同的敬拜方式，那么就是说，这个国家并不存在任何公共敬拜方式，而这个国家也没有信奉任何宗教。

因为言辞的意义来自人们共同的协议和规定，所以神的属性形容词也一样。而这些形容词被认为可以表达崇敬的原因，是人们有意而为之。一个人在没有法律只有理性的地方出于意志的行为，国家也可以根据世俗法并通过意志做出。又因为国家没有意志，除了具有主权的某个人和某些人的意志也不可能通过其他方式制定法律，所以我们可以得出以下结论：在上帝的敬拜中被主权者规定为表示尊敬属性的形容词，在私人的敬拜中也应该按照相同的方式使用。

然而，并不是所有行为都是被规定的表现形式，还有一些行为自然地被视为表示尊敬，而另一些则自然地被视为轻蔑的表现，因此后者就不能通过人为规定来变成一种敬神方式，这些行为就包括人们在私人崇拜中耻于做出的行为。同理，庄重、谨慎、谦恭等天然属于前者的行为与敬神的方式也是不可分割的。但是，无数的行为和姿态都没有确定属性，如果其中一部分经由国家规定成为公开普遍的敬神表现，那么臣民就应该按照规定使用。《圣经》说："服从上帝好过服从人，"这句话在按约建立的上帝王国中是成立的，但是在自然的上帝王国中却不成立。

对自然的上帝王国以及上帝的自然法的简单讨论就到这里，下面我只想再对上帝的自然惩罚进行简单的补充说明。人类现世生活中的每个行为，都是一个个后果长链的开端。人类的思想在这种后果长链面前都不够高明，因此也看不到它的尽头。这个长链中苦与乐彼此相连，通过这种方式，任何一种放纵享乐的行为都会伴随与之相连的痛苦。痛苦是这种行为的自然惩罚，而这些行为是弊大于利的结果的开端。因此，就会出现下面的情景：行为放荡会遭受疾病的自然惩罚，行为轻率会遭受灾难的自然惩罚，行为不义会遭受复仇暴行的自然惩罚，骄傲会受到失败的惩罚，懦弱会受到压迫的惩罚，治理国家时怠惰会受到叛乱的惩罚，而叛乱会受到杀戮的惩罚。既然惩罚来自破坏法律的行为，自然的惩罚也就来自破坏自然法的行为，因此这种结果的出现就是因为自然的准则而非人为的意志。

到这里，本书讨论了主权者的建立及其权利和性质，还有根据自然理性推论出的臣民的义务。这种学说和世界上大部分地区的实践都存在很大差异，特别是跟我们这些接受罗马和雅典伦理学教育的西方世界的经验差距更大，而且具有主权的人需要的伦理哲学也非常深刻；想到这些，我几乎要觉得自己费尽心血写出来的东西，会像柏拉图的共和国一样毫无意义。因为他也持有这种观点，认为如果主权者不是由哲学家担任，那么国家由于内乱和战争引起的政权的更迭就不可能消失。但是我又想到：主权者及其股肱大臣所需要的知识只有关于自然正义的那一部分，他们需要的数学知识也不像柏拉图说的那么多，只要能做到通过良好的法律鼓励大家学习相关知识就可以了；而且柏拉图和至今为止的其他哲学家都没有做好充分准备，对伦理学的全部公理进行充分或大概的说明，让人们从中可以学习治人或治于人的道理；如此一来，我又燃起了一点希望，相信这本书总有一天会落到一位主权者手中；因为这本书很短，而且在我看来也很清楚，所以他就会自己去研究，而不是借助于某个心怀忌妒或与之有利害关系的解释者；并且他也会运用自己所有的权力来保证这本书的公开讲授，让这种思想的真理转变成实际共用。

第三部分
论基督教国家

第三十二章　论基督教体系的政治原理

到目前为止，我只是以被经验确证为真的或是在语词用法上被普遍认为是正确的自然原理为根据推论得出主权权利和臣民的义务，也就是说，我得出的这些推论都是以从经验中得知的人类本性，还有在一切政治推理中所必需的而又得到了普遍认同的语词定义中引申出来的。但是接下来我要讨论的是基督教体系国家的性质和权利，其中很多内容都是由神的意志的超自然启示决定的，所以在相关讨论中，就要同时以上帝的自然传谕之道和上帝的预言传谕之道作为根据。

不过，我们也不能全然放弃自己的感觉和经验，还有完全可以确定是上帝传谕之道的自然理性。因为这是救世主再度降临世间之前，上帝赐给我们用来解决问题的能力，所以我们决不能用任何私自信仰的手巾将其包裹，藏而不用[①]，我们要用它来建立一个正义的、和平的、真正的宗教。虽然上帝有很多超出理性的传谕之道，我们无法通过理性来证明或证伪，但是人类的天赋理性却是完全符合其道的。那么如果出现与之相违背的情况，问题就可能是出在我的解释不够清楚或推理有误上。

如果这种传谕之道的内容过于艰深，以致根本无法研究，我们就应该让自己的悟性走上吸引它的道，而不是想着耗费力气，用逻辑推理的方式来研究这种不可思议的、超越了自然科学规律的哲学真理。我们宗教的奥义就像是救命的灵药，整个囫囵吞下就能药到病除，但要仔细咀嚼就会将大部分吐出去，反而一点作用都没有了。

这种悟性的吸引并不是让自己的理性服从他人的意见，而只是让自己的意

---

① 典出《新约·路加福音》第十九章，一位贵族给十个仆人每人一千个银币让他们去做生意，但其中有一个仆人因为害怕贵族的严厉，就把他的那一千个银币包在手巾里存着还给他，贵族斥责他："为什么不把我的银币交给银行，等我来的时候，连本带利都可以要回来呢？"这句话的意思是东西不能藏着不用。

志在该服从的时候选择服从。因为我们无法改变感觉、记忆、悟性、理性和意见，这些东西永远都会像我们见到、听到以及想到的那样让我们得到。如此说来，这些都不是我们意志的结果，反而我们的意志是它们造成的结果。在我们接受了矛盾，并且按照合法的权威告知我们的方式在生活中遵守的时候，也就是说，尽管心里对听到的话没有概念，但仍然会信仰和信任说话者的时候，这就是我们在悟性和理性上尊崇。

上帝向人类传谕的方式有两种：直接传达或通过一个曾经直接听过他谕旨的人转达。上帝是如何直接向人传谕的，只要是听到过的人就可以完全理解，但是其他的人要怎么理解，这个问题就算有可能找到答案，也会非常困难。如果有一个人告诉我，上帝以超自然的方式向他传谕，但我却有些怀疑，那么我就很难想象他能拿出什么证据使我信服。当然，如果说这话的人是我的主权者，那么他就有权力强迫我不能在语言或行动上表现出这种怀疑，但是他却不能阻止我根据自己的理性判断来思考问题。但如果说这话的人并没有统治我的权力，那么他就不可能具有强迫我信服的手段。

如果说上帝在《圣经》中向某人传谕，那么其所指的就不是上帝直接向他传谕，而是像对所有基督徒一样通过先知、使徒或教会间接向他传谕。如果某人说上帝在梦中向他传谕，那我们只能理解为他梦到上帝向他传谕；只要是知道梦境本质的人，就该知道大部分梦境是一种自然现象，是原本思想衍生出来的印象，他的这种说法完全不能让人信服。例如，有些自视甚高的人过于狂傲，以致他们对自己圣洁的品质以及其他美德有了一种错误判断，并因此认为自己有资格得到特殊神祇的恩典，他们的梦境就属于这种。如果他说自己见到了异象或听到了异声，那么这只能说明这个梦出现在半睡半醒之间。因为此时人们常常意识不到自己并不是清醒的，所以才会很自然地把梦境当成异象。如果他因为一种超自然的神感（神注入的灵思）而说话，那只能说明他发现自己有一种强烈的想要表达的欲望，或是他对自己有一种强烈的观点却不能给出充分且自然的依据。虽然全能的上帝可以通过异象、异声、梦境和神感向一个人传达神谕，却没有强制人们要相信那些自称得到神谕的人。既然这只是一个普通的凡人，那么就有可能犯错，而且存在更坏的一种可能——他在撒谎。那么对一个只具备自然理性而从没有通过任何方式获得过上帝神祇的人来说，当有人自称是先知并向他传达神谕的时候，他要怎么才能知道自己该不该服从呢？以色列王曾向基列的拉末宣战，并就此事询问了四百个先知，但这些人中只有米该雅一个人是真先知[①]。那个被派出去反对耶罗波安设邱坛并给出预言的先知是一个真先知，他在耶罗波安面前行的两个神迹也可以说明他是从上帝那里来，但还是被一个老先知骗了，那个老先知对他说，上帝叫他和自己一同进餐[②]。如果一个先知都可以欺骗另一个先知，那么除了运用理性做出判断，我们还能怎样确定上帝的旨意呢？关于这一点，我们可以从《圣经》中找到答案，当两种迹象一起出现时，我们就可以知道这是一个真先知：一种是行奇迹，另一种除已建立的宗教外，不传布任何其他宗教。单独出现时则不能算，因为分开以后，单独一种意象完全不充分。“你们中间若有先知或是做梦的起来，向你显个神迹奇事，对你说：‘我们去随从你素来所不认识的别神，侍奉他吧！’他所显的神迹奇事虽有应验，你也不可听那先知或是那做梦之人的话。……那先知或是那做梦的既用言语叛逆……耶和华你们的神，……你便要将他治死。”[③]通过这段话我们可以得出两个结论：一是上帝不会只通过奇迹来证明先知的天命。就像第 3 节中说的那样，这么做只是为了考验我们对上帝的忠诚。因为埃及术士的法术虽然不及摩西的伟大，但也是一种伟大的奇迹[④]。二是无论奇迹有多么伟大，如果是为了怂恿他人背叛国王或是根据国王的权力统治他们的人，那么行奇迹的人也应该被认为是派来考验他们忠诚的。因为在此处“叛逆耶和华你们的神”就等于“叛逆你们的王”。在西奈山上，他们已经立约奉上帝为王，上帝通过摩西来治理他们，并向他们宣布上帝的谕令，因为只有摩西能与上帝通话。同理，当我们的救主基督让自己的门徒承认他是弥赛亚后，也就是说，承认他是上帝的受膏者，是犹太人日夜期盼的王，但在降临后又遭到拒绝的人，而他在被承认后仍旧不忘记告诫他们相信奇迹的危险：“因为假基督、假

① 《旧约·列王纪上》第二十二章记载，以色列王亚哈与犹太王约沙法联合攻打拉末，开战前，招四百先知卜问吉凶，都说吉，后来又招上帝的先知米该雅，得到的答复是上帝将降祸于亚哈，亚哈不信，怒而将其关押，出战后果然被杀。

② 《旧约·列王纪上》第十三章记载，以色列王造牛犊献祭，使以色列人获罪。上帝派遣一位犹太神人在献祭时出现，做预言说：“这坛必破裂，坛上的灰必倾洒。”上帝还嘱咐说他预言应验后不得在当地饮食，也不可原路返回，但神人离开后被一个老先知骗回去进饮食，并被狮子咬死。

③ 《旧约·申命记》第十三章第 1~5 节。

④ 《旧约·出埃及记》记载，以色列人在七年大旱时到埃及被法老压迫。后来上帝命令摩西在法老之前行奇迹与术士斗法，令众人信服，随后带领他们走出埃及，逃离压迫。

先知将要起来，显大神迹、大奇事。倘若能行，连选民也就迷惑了。”① 这句话很明显是在说，假先知也有显现奇迹的能力，但是我们却不能把他们的话当成上帝的道。圣保罗还告诫过加拉太人：“但无论是我们，是天上来的使者，若传福音给你们，与我们所传给你们的不同，他就应当被诅咒。”② 这里的福音是指基督是王，而他的话让人们接受的所有反对王权的布道都受到圣保罗的诅咒。因为凡是听到这句话的人都已经因为接受布道而承认了耶稣为救主，并接受他作为犹太人的王。

正如只行奇迹而不去传布上帝的教义，传布真正的教义但不行奇迹也不能作为直接获得神祇的证明。因为如果一个人传布真的道却不行任何奇迹，就算他自称是先知，也不可能因此而获得他人更多的尊重，从《申命记》第十八章第21~22节的内容就可以看出这点：“你心里若说：‘耶和华所未曾吩咐的话，我们怎能知道呢？’先知托耶和华的名说话，所说的若不成就，也无效验，这就是耶和华所未曾吩咐的，是那先知擅自说的，你不要怕他。”但人们可能又会问，当先知预言了一件事，我们要如何得知事情有没有实现？因为先知预言的事情可能要很久以后才会发生，可能比人的寿命还要久；先知也可能做出一个不确定的预言，说在某时会出现。这时先知的标志就没有用，人们就只能相信先知的预言应该用立即会发生的或是不久以后就会发生的事情来证实。那么显而易见，只有同时传布上帝已经确立的教义，并且行可以立即实现的奇迹，才能成为《圣经》上被人认可的真先知，也就是人们承认此人得到了直接的神祇，如果两者只出现其中之一，都不足以让人不得不服从他们的话。

现如今，奇迹已经不再出现，也就不存在任何迹象可以作为依据，让人们承认某个自称具有天启或神感的人，而且除了符合《圣经》的教研，人们也没有义务听取任何教义。自从救主出现以后，《圣经》就已经代替了所有预言，并且完全补充了其他预言的不足。通过明确的解释和精细的推理，我们就可以很容易从《圣经》中推论出我们对上帝和人类的义务的知识所必需的一切法则和戒条，完全不需要记住神灵附体或者超自然的神感。在讨论地上的基督教体系国家主权者的权利，以及基督教臣民对其主权者的义务时，我正是从《圣经》中来寻找原理的。为此，我将在下一章讨论《圣经》的各个篇章、作者、范围和根据。

---

① 《新约·马太福音》第二十四章第24节。

② 《新约·加拉太书》第一章第8节。

第三十三章　论《圣经》篇章的数目、年代、范围、根据和注释者

所谓《圣经》的篇章是指应该被列为正典（canon）的篇章，也就是指应该成为基督徒生活准则的篇章。

因为人们的良心必须遵守的生活法则全部是法律，所以《圣经》正典也就是关系整个基督教世界的法律的问题，这个法律既包括自然法，也包括世俗法。在《圣经》里，虽然没有对每个基督教国家的君主在自己的国家应该制定什么法律做出规定，却对他们不应该制定什么法律做出了规定。前文已经证明了主权者就是自己国家唯一的立法者，那么在任何一个国家，只有被主权当局确认是正典的篇章才是被承认的法律。当然，上帝是所有主权者的主权者，当上帝对某个地方的臣民降谕时，无论尘世的君主发布了什么相反的命令，臣民都必须服从。然而问题并不在于人民是否服从上帝，而在于上帝在何时何地发布了什么谕令。对于从未获得过超自然天启的臣民而言，他们只能通过自然理性做出判断。这种自然理性会指引他们为了追求和平与正义而服从国家的权力当局，也就是服从合法主权者的自然理性。因为具有这项义务，除了英国国教正式规定承认的篇章外，我就不能再承认旧约各章中的其他篇章是《圣经》。大家都知道圣热罗尼莫承认的那些篇章，具体是哪几篇，我也不用再把目录放上来。他认为其他各篇章都是伪经，包括《智慧书》《传道篇》《犹达德记》《多比亚记》《马加伯记》（上下篇）（虽然他见到过上篇的希伯来文本）以及《以斯拉记》第三和第四篇。多密善大帝时期杰出的犹太学者约瑟夫承认的正典一共有二十二篇，这样一来，篇数就刚好与希伯来文的字母数相等。圣热罗尼莫承认的那些也是如此，只是算法上有区别。约瑟夫列举的是摩西五经、书写自己时代历史的先知书十三篇、诗篇以及箴言四篇，我们在后面还可以看到他列举的先知书与《圣经》中的那一部分符合到什么程度。而圣热罗尼莫列举的是摩西五经、先知八书和九篇其他圣书，其中，他将后者称为《外经》。埃及王托勒密曾经邀请过七十个犹太学者将犹太法律从希伯来文翻译成希腊文，而这些《圣经》的希腊文本就是英国国教教会承认的《圣经》正典，此外就没有其他内容了。

关于《新约》的篇章，只要基督教的各个教会与教派承认任何篇章都是正

典，就等于承认这些都是正典。

关于《圣经》各篇章的原作者，其他历史并不能提供充分的证据，而这又是仅有的可以作为事实证明的依据，这个问题也不可能通过任何逻辑推理来证明，因为逻辑推理只能让人相信真理，却不能让人相信客观事实。这样一来，要证明作者的身份，我们唯一可用的线索就只剩下《圣经》各篇章的内容。虽然我们不能通过这些内容找出每一篇的作者，却可以借此推断《圣经》的写作年代。

首先，我们来看摩西五经。虽然被称为摩西五经，却不能就此说明摩西是这部分内容的作者。就像《约书亚记》《士师记》《路得记》《列王纪》这些名称也不能说明约书亚、各位士师、路得、列王就是这些书籍的作者。因为篇章的名称可以标明主题，也可以标明作者，这两种用法都很常见。例如，《利未记》就是标明作者的，而《斯堪德伯书》则是标明主题。在《申命记》最后一章第 6 节中我们可以读到一段关于摩西墓穴的话："只是到今日没有人知道他的坟墓。"这里说的"今日"就是指写下这段话的时候。这样我们可以很容易推断出这句话是在他下葬以后写的。如果我们做出假设，认为摩西生前谈到自己的坟墓居然说：在他活着时还未找到，即便这是一种预言，这种解释也很奇怪。不过可能有人会说，只有最后一章的内容不是出自摩西之手。那么我们可以再看一下《创世纪》第十二章第 6 节中的一段话："亚伯兰经过那地，到了示剑地方摩利橡树那里。那时，迦南人住在那地。"从这句话可以看出，写这段话的时候，迦南人已经不在那地，因此这也不是摩西写的，因为他死的时候还没有到迦南。同样的情况在《民数记》第二十一章第 14 节中也可以发现，作者引用了一部更古老的名为《耶和华战记》的书，书中记载了摩西在红海和亚嫩河谷的事迹。那么显而易见，摩西五经成书的时代肯定在摩西之后，但具体时间不能肯定。

虽然摩西五经并不是全部出自摩西，他也没有把这几部书写成如今的形式，但是其中可以确证的部分的确都是他写的。例如，律法篇看上去就隐含在《申命记》第十一章至第二十七章的各个章节中，而且摩西也曾下令将这些内容刻在迦南福地入口的石头上。这部分内容确实出自摩西本人之手[①]，而且他将其交给以色列的祭司和长老，让他们每逢七年的最后一年，当以色列人在定期住棚节会聚一堂时，念给所有人听。这部律法就是上帝命令他们的国王在建立王国式政府时

① 《申命记》第三十一章第 9 节：摩西将这律法写出来，交给抬耶和华约柜的祭司利未子孙和以色列的众长老。

应该到祭司和利未人那里去取来并誊抄的戒律，摩西也曾经吩咐祭司和利未人把这部律法放在约柜旁[①]。这部律法曾经遗失，很多年以后又被大祭司希勒家找到并送到约西亚王手中[②]，约西亚遂召集人民并命人当众宣读[③]，之后重新在上帝与他们之间立约。

《约书亚记》的成书年代也要比约书亚所处的时代晚很多，从该篇的很多叙述中都可以看到这一点。约书亚曾经在约旦河中立了十二块石头，以此作为他们渡河的纪念，在叙述这件事时，作者写道："直到今日，那石头还在那里。"[④]直到今日，这种表达一般是指人们记忆不能触及的遥远过去。类似的描述也出现在作者关于上帝说过的"我今日将埃及的羞辱从你们身上滚过去了"的叙述中，他曾写道："因此，那地方名叫吉甲（就是'滚'的意思），直到今日。"[⑤]如果这句话是在约书亚的时代说的，那就非常不合理。在叙述亚割谷是因为亚干在帐篷里做下错事而得名的问题时，作者也说"直到今日"[⑥]，因此这句话的时间肯定也要比约书亚的时代晚很多。此类证据还有很多，在《约书亚记》第八章第 29 节、第十三章第 13 节、第十四章第 14 节、第十五章第 63 节等处都可以发现。

在《士师记》第一章第 21 节，第 26 节，第六章第 24 节，第十章第 4 节，第十五章第 19 节，第十七章第 6 节以及《路得记》第一章第 1 节等处也存在一些类似证据，很容易就可以证明这个结论，特别是《士师记》第十八章第 30 节中的证据更加明显，上面写道："摩西的孙子、革舜的儿子约拿单和他的子孙，做但支派的祭司，直到那地遭掳掠的日子。"

类似的证据也可以证明《撒母耳记》上下两篇也是在撒母耳的时代之后写成的。《撒母耳记上》第五章第 5 节、第七章第 13 节与第 15 节、第二十七章第 6 节等都有类似叙述，当大卫做出裁定"上阵的得多少，看守器具的也得多少"后，作者就在第三十章第 25 节中写道："大卫定此为以色列的律例、典章，从那日直

---

① 《申命记》第三十一章第 26 节。

② 《列王纪下》第二十二章第 8 节。

③ 《列王纪下》第二十三章第 1~3 节。

④ 《约书亚记》第四章第 9 节。

⑤ 《约书亚记》第五章第 9 节。

⑥ 《约书亚记》第七章第 26 节。"亚割"就是"连累"的意思，亚干在战争所得之物中取了当灭的物，上帝发怒，以色列人战败。后来约书亚查出了亚干做的事，让众人在亚割谷用石头将他打死，这才平息了上帝的愤怒。

到今日。”还有，乌撒因为伸手扶住神的约柜而被神杀死，大卫因此事忧愁烦闷，就将那地称为毗列斯乌撒，在记述这件事时，作者也说：“直到今日。”[①] 所以这一篇的成书时间肯定是在事情发生很久之后，也就是要比大卫的时代晚很多。

至于《列王纪》上下两篇和《历代志》上下两篇，除了描写这些遗迹时作者会在这些地方如《列王纪》第九章第 13 节、第九章第 21 节、第十章第 12 节、第十二章第 19 节，《列王纪下》第二章第 22 节、第八章第 22 节、第十章第 27 节、第十四章第 7 节、第十六章第 6 节、第十七章第 23 节、第十七章第 34 节、第十七章第 41 节，《历代志》第四章第 41 节。第五章第 26 节等处说一直保留到他的时代以外，其中所记载的历史遗迹一直持续到那个时代也可以作为一个充分的证据，说明这两部分都是在巴比伦被掳之后写成的。因为被记录的事实总是要比记录的时间更早，更要比引述和提及这种记录的篇章早得多，因为在很多不同的地方，这些篇章会告知读者参见犹太《列王纪》、以色列《列王纪》《撒母耳先知书》《拿单先知书》《亚希亚先知书》、耶多的异象、塞尔维亚《先知书》和阿多《先知书》等。

《以斯拉记》和《尼希米记》可以确定是以斯拉和尼希米从巴比伦被掳回来之后写成的。因为这两个篇章中都记载了他们返回、重新立约并规定办法的情况，对耶路撒冷城墙和圣殿重建的情况也进行了描写。

皇后以斯帖的经历发生在被掳期间，那么作者肯定是同时期或更晚一些的人。

《约伯书》中没有发现可以作为写作年代证据的内容。尽管从书中内容可以很明显地知道约伯并不是一个虚构人物[②]，但是这一篇的内容看上去也不是关于历史的记录，而是讨论了一个在古代颇受争议的问题，那就是：“为什么坏人能在今世兴旺，但好人却在遭难。”而且圣热罗尼莫也证实了《约伯书》从开篇至第三章第 3 节约伯开始抱怨的地方为止，都是用散文体的希伯来文写成的，接下来直到最后一章第 6 节则是采用六步韵诗的形式，而剩余部分也是散文体，考虑到这种情况，那么上面这个推测的可能性就更大了。因此，争论的内容采用韵文形式记录，前面的散文作为序，后面的散文作为跋。像约伯这种本身已经遭受过极大痛苦的人或是来安慰他的朋友通常不会采用韵文体裁，但这种体裁在古代哲

① 《撒母耳记下》第六章第 8 节。

② 参看《以西结书》第十四章第 14 节、《雅各书》第五章第 11 节。

学，特别是道德哲学中却极为常见。

《诗篇》中的大部分内容是大卫创作的，并由唱诗班进行唱诵，剩余的部分则来自摩西和其他圣者的诗歌。有些篇章，例如第一百三十七篇、第一百二十六篇等创作于被俘归来后，由此可知现有的《诗篇》显然是犹太人从巴比伦被掳回来之后才完成编撰和写作的。

《箴言》是一篇哲言与真言集，收录了所罗门、雅基的儿子亚古珥以及利慕伊勒的母亲的言行，我们当然不会认为这些内容是所罗门完成的，也不可能认为是亚古珥或利慕伊勒的母亲搜集整理的。尽管这些言论确实出自这几个人，但是搜集整理并且编纂成书的工作显然是由另外一个晚于他们的信徒完成的。

《传道书》和《雅歌》中的内容除标题或内容简述外，全部由所罗门创作。因为“在耶路撒冷做王，大卫的儿子，传道者的言语”[①]和“所罗门的歌，是歌中的雅歌”[②]采用这样的标题可以让旧约更好地流传开来，教义连同作者的名字都可以万古流传。

最早的一批先知是西番雅、约拿、阿摩斯、何西阿、以赛亚、米迦，他们都生活在犹太王亚玛谢和俄西亚时期。但是《约拿书》并不是先知约拿的预言记录，因为其中关于他预言的记录只有一句：“再等四十日，尼尼微必倾覆了！”[③]这一篇只是记录了他刚愎自用违背神的意志的事情经过。既然他本人是这一篇的主题，那么就不可能是该书作者。不过《阿摩斯书》记录的却是这位先知的预言。

耶利米、俄巴底亚、那鸿和哈巴谷是约书亚时代的先知。

以西结、但以理、哈该、撒加利亚等则是巴比伦被掳时期的先知。

至于约珥和玛拉基是哪一时期的先知，我们无法从他们书写的篇章中推断出来。但是从这两个篇章的内容简述和标题，我们很清楚地知道整部《旧约》是在犹太人从巴比伦被掳回来后到邀请七十位犹太学者将《旧约》翻译成希腊文的埃及王托勒密、菲拉德尔菲斯时期之前的这段时期才被编写成如今这种形式的。教会还向我们推荐了《外经》，虽然不能作为正典，但其内容仍然被认为可以给我们带来启迪和裨益，如果其中的内容在这个问题上也是可信的，那么现如今这部《圣经》就是由以斯拉编写的。这一点从《以斯拉记下》中他说过的话里就可

① 《传道书》篇首第一句话。

② 《雅歌》篇首第一句话。

③ 《约拿书》第三章第4节。

以看出："你的律法已被焚烧，没有人知道你所成的或将要做的。但我如果在你之前蒙恩，就求你降圣灵于我，我将写出从创世以来你律法中所载的世上成就的一切，使人能找出你的道，使后世的人能生活。"① 在同一章第 45 节中，他又说道："四十天住满后，至尊的耶和华吩咐说：你写的第一部可示与公众，使那有德的和无德的都能读到，最后七十节却只可传示与民中贤知的人。"关于《旧约》各篇章写作年代的讨论就说到这里。

《新约》的作者都生活在基督升天后的一个世代，这些人中除了圣保罗和圣路加外，都曾见过基督本人或曾是他的门徒，因此这些人写作的时间就应该与使徒生活的年代一样久远。但是《新约》各篇作为正典被教会接受并承认确实是这些人所著，时间却没有那么早。就像《旧约》各篇章是从以斯拉的时代才开始流传那样，因为在其所处的年代，各篇内容早已散佚，是他在圣灵的指引下才重新将其找回的，《新约》各篇章的抄本很少，在私人手中也很难保存完整，还是后来由教会主导搜集整理，承认其内容是以篇章命名的使徒及其门徒的著作并向人民推荐，所以完整的《新约》绝对不可能是在这个时代之前出现的。新、旧约各篇章首先是使徒法典中被完整记录下来的，主流观点认为这部法典的作者是继圣彼得之后任罗马第一任主教的革利免。然而这只是一种假说，而且有不少反驳意见，因此我们可以确定，最早将《圣经》作为先知与使徒的著作推荐给当时教会的是劳地西亚宗教会议，这个宗教会议成立的时间是 364 年。当时各个教会的大圣师都野心勃勃，在他们眼里，身为基督徒的国王已经不再是人民的牧者，而同样只是羔羊，那些非基督徒的国王则被他们视为豺狼；他们非常努力地布道，却不像布道者那样将自己的观点当成意见和建议提供出来，而是像专制君主一样将这些观点当作法律公布出去，他们甚至认为只要能让人民更加服从基督教教义，那么就连谎言也会被视为虔诚的表现。但是我相信，虽然《新约》的所有抄本都在这些教士手里，但这些人并没有做出篡改内容的事情。因为如果他们真的有这种想法，那些篇章的内容就肯定会比现在流传的那些更有利于他们控制基督徒君主和世俗主权的权力。我们没有理由怀疑这一点，现存的新、旧约记载的肯定是先知和使徒们的真实言行。同样的情况，被称为《外经》的那部分篇章之所以没有被列为正典，并不是因为其中的内容与正典中的教义不符，而是因为这部分内容没有与之对应的希伯来文献。因为在亚洲被亚历山大大帝征服之后，几乎所有

① 《以斯拉记下》第十四章第 21~22 节。

犹太学者都是精通希腊语的。我们知道将《圣经》翻译成希腊语的七十位译者都是希伯来人，现如今，我们还能看到斐罗和约瑟夫两位犹太作家的作品，这些人都可以流利地使用希腊语写作。但是《圣经》的篇章是否能列为正典并不取决于作者，而是取决于教会的权威。

虽然每个篇章的作者不同，但是这些人的精神显然都是相同的，那便是要达到他们共同的目标：向世人说明圣父、圣子、圣灵的王国的权力。《创世纪》记述了从创世之初一直到埃及时期上帝子民的世系，摩西五经记载了以色列人选上帝为王及上帝为以色列人的王国制定律法。《约书亚记》《士师记》《路得记》和《撒母耳记》则记录了扫罗时代发生的事情，一直到上帝的子民不再接受上帝的统治，要求上帝为他们选一个王，就像列国一样。《旧约》其余部分记载的历史是可以一直追溯到巴比伦被掳时期的，在这个世系中将会出现上帝王国的恢复者，也就是我们的救主，各先知书中都预言了他的降临；之后在《福音书》中，作者描写了基督在人世的生活、事迹以及他将天国认作自己的权利。最后，使徒行传和使徒书信宣告了圣灵的降临，并告知他将权力留给使徒及其继承者们，让这些人继续领导犹太人并使外邦人皈依。总而言之，《旧约》记载的历史、预言以及《新约》记载的福音和使徒书信都表达了一个相同的观点，那就是让人们皈依上帝，也就是：第一，服从摩西和各位祭司；第二，服从降生为人的基督；第三，服从使徒及继承教权的人。这三个分别是在不同时期代表上帝人格的人：《旧约》时期是摩西及继任的大祭司与犹太人的国王，在基督降世期间是基督本身，从圣灵降临节开始到现在则是使徒及其继任者。

《圣经》的权威从何而来？这个问题在基督教的各教派之间引发了很多争论。有时人们还会用其他方式来提出这个问题，例如：我们如何知道《圣经》各篇是上帝的话？我们出于什么原因要相信《圣经》是上帝的话？等等。想要解决这个问题，需要克服的第一个困难就是语词使用不当。因为众人都相信上帝是《圣经》最初的作者，所以在这个问题上就不会有分歧。第二个非常清楚的问题就是，真正的基督徒都知道，只有被上帝亲自以超自然方式启示过《圣经》的人，才能知道《圣经》是上帝的话。由此可见，我们要怎么才能知道《圣经》这个问题的提出就很不恰当。最后，如果提出的问题是要怎么才能相信《圣经》，那么因为有些人是由于某种原因相信，另一些人则是由于另一种原因相信，那么针对这个问题就永远不可能得到一致的答案。因此准确地说，问题应该这样被提出：《圣经》的各篇章是根据什么权威被确立为法律的？

既然《圣经》的内容相当于自然法，那么毫无疑问，《圣经》就是神律，也就具有权威，而且任何一个可以运用自然理性的人都可以很好地理解这一点。然而这种权威只是一切符合理性道德准则的权威，它的指令是永恒的法律，而非制定的法律。

假设这是上帝制定的律法，那么它们就具备了成文法的性质。于是，只有那些得到了上帝充分启示的人才需要将这种律法当成法律，而这些人中没有一个可以借口自己不知道它们是上帝的法律而逃脱这种约束。

因此，如果一个人没有得到上帝超自然的启示，得知这是他的法律或公布这种法律的人是受他派遣，那么这个人只需要服从有权让自己发布的命令具有法律效力的人。也就是说，除了国家赋予主权者的权威，这个人没有义务服从任何其他权威。而且，如果这种法律效力不是国家立法当局赋予的，就一定是来自上帝的其他公众或私人权威赋予的。如果是私人权威，那么受其约束的人就只有得到了上帝的特别恩宠并获得单独启示的人。原因是如果那些由于狂妄无知而将自己的梦境、幻象或疯狂状态当作圣灵降临的生命的人，或是那些因为自己野心勃勃而违背良知、假装自己能行神迹的人，全都把个别人声称是因为得到直接的神祇而受到的强制约束当成上帝的律法，那么人们就不会再承认任何神律了。如果是公众权威，则指的是教会或国家权威。如果教会代表的是统一的人格，那么其性质就相当于一个基督徒组成的国家；之所以说是国家，因为他是由结合在主权者一个人身上的一群人组成的，而说是教会，则是因为它还是有结合在一个身为基督徒的主权者身上的基督徒们组成的。但如果教会代表的并不是统一人格，那么就不具有任何权威，这样的教会不能发布命令，也不能采取行动，更不可能对任何事物具有权力或权利；它不可能具有意志、理性和声音．因为这些都是人的属性。如果所有基督徒不是存在于同一个国家，就不能形成统一的人格，也就不存在任何普遍教会对其拥有统治权。由此可见，《圣经》不可能是普遍教会制定的法律。反之，如果教会是一个国家，那么所有基督徒君主和统治者都会变成平民，整个基督教世界的普遍主权者就有权审判、废黜和惩罚他们。于是《圣经》的权威问题就变成了这样：基督徒君主和基督教国家的主权会议在自己管辖的领土上，到底是直接处于上帝之下的绝对主权者，还是要服从处于普遍教会之上的教皇，而且教皇有权在其认为在公共利益上有帮助或有需要的时候，对其进行审判、定罪、废黜或处死。

想要解答这个问题，就必须详细讨论上帝的王国，而且我们需要通过这种方式来回答谁有权解释《圣经》这个问题。因为有权将任何文字制定为法律的人就一定有权批准或否定这种法律的解释。

第三十四章　论《圣经》中的圣灵、使者和灵感的意义

因为一切正确的推理都是以语词的常规意义为基础，而且这种意义在以下情况中并不像自然科学一样由作者的意志决定，也不像日常生活中一样，由习惯用法决定，而是由它们在《圣经》中具有的意义所决定的，所以，在开始进一步讨论之前，我们需要根据《圣经》来确定某些语词的意义。因为这些语词本身的含义并不确定，所以当我们以之为根据进行推论时，就可能出现意义不清或争论的情况。首先从“物体”和“灵”这两个词汇开始，在经院哲学中，它们被称为实质实体和非实质实体。

普遍意义上的物体是指充满或占据某个具体空间或假想空间的事物，其存在不取决于构想，而是客观存在的宇宙中的一部分。因为宇宙是全部物体的集合，所以宇宙中的任何一部分必然也是物体，反过来，任何物体也必然是宇宙的一部分。因为物体容易发生变化，也就是说，同一物体在生物的感官中可能会有不同表象，所以物体也被称为实体。容易发生变化是指物体具有不同的偶性，例如运动或静止；对感官而言则可以是冷的或热的；其色彩、香气、味道和声音等也会出现这样或那样的变化。之所以会出现这些不同的表象，是因为物体对我们的感觉器官产生了不同作用，我们将其归因于产生作用的物体的变化，将其称为这些物体的偶性。从这个意义上讲，实体和物体就是表达同一事物的两个词汇，那么，非实质实体这种表达从其组成部分的含义上说就是矛盾的，正如非实质物体一样。

人们普遍的观念是，宇宙中的一切并不都能称为物体，而是只有能通过触觉感知到阻力的东西，或是通过视觉感知到阻碍视线的东西，才能称为物体。因此在日常用语中，空气和气性的物质都不会被认为是物体，当人们可以感知到其作用的时候，则会被称为风或气息；在拉丁语中，这类事物都被称为 spiritus，

因此人们也将其称为精气灵，例如，那些存在于人或其他动物体内并赋予生命和运动的气性实体就被称为生气灵或元气灵。而在类似镜子或梦境等并不存在实体的地方或是清醒的人大脑中表现为物体的像，正像使徒们称呼所有偶像时说的那样，它们什么都不是。也就是说，其实那些看上去存在这些事物的空间内什么都没有，大脑中的像也只是因为对象的作用或感觉器官的紊乱而产生的一种骚乱。从事其他工作并且从未研究过此类事物成因的人并不知道要怎么称呼它们，于是人们就会很容易听从那些自己崇拜的知识渊博的人说的话，有些人将它们称为物体，认为它们是运用超自然能力以空气凝结而成的，因为视觉将其当作实质性事物，还有些人将它们称为精灵气，因为在这些事物出现的地方，触觉并不能感觉到任何阻碍的力量。所以在一般语境里，“精灵气”一词指的就是一种不可见的稀薄的流体，或是灵体，又或者是幻象及其他构想的形象。它的比喻意义就非常多了，因为有些时候它被认为是心理上的倾向或性格，例如经常插话的性格会被称为敌对的脾气、邋遢的性格会被称为邋遢的脾气、别扭的性格会被称为固执的脾气、忧郁的性格会被称为沉默的脾气、敬拜侍奉神的倾向会被称为虔诚的精神。有时，精气灵也会用来表示任何一种卓绝的能力、特殊的情绪或心理上的病态。例如睿智就会被称为智慧之灵、疯人也会被称为精灵附体。

除此之外，我就没再见过精气灵的其他意义。在《圣经》中，如果以上各种含义都无法满足这个词的意义，就说明其含义已经超出了人类的理解。此时我们的信仰就不是体现在理解上，而是服从上。例如，当我们说上帝是灵或上帝的灵时，指的就是上帝本身的任何地方都是如此。因为上帝的属性是不可思议的。换句话说就是我们完全无法理解上帝是什么，唯一明确知道的只有上帝的存在。当我们用某种属性的形容词来描述上帝的时候，并不是要告知彼此上帝是什么，也并不是要说明我们对其属性做何理解，而仅仅是在说明我们想要使用彼此都认为是最高贵的形容词来表示自己对上帝的尊敬。

《创世纪》第一章第 2 节中说：“神的灵运行在水面上。’如果此处神的灵是指神本身，那么就等于赋予了神运动的属性，也就相当于赋予神空间的属性。唯一可以理解的空间只有属于物体的空间，而属于非实质实体的空间则不可理解。认为运动的物体位置不变或不具有广延是超出我们理解范围的一种空间观念，因为凡是具有广延的就都是物体。但是在类似的地方我们可以最清楚地看到这些话的意义，说是当大地像最初时那样被水淹没时，神要让水落下去并露出干燥的地面时，使用了类似的词：“神（spirit）叫风吹地，水势渐落。”[①] 这里的 spirit 就是风的意义，也就是指运动的空气或精气灵。此处可以像前文一样被称为上帝的灵，因为这是神的业迹。

根据《创世纪》第四十一章第 38 节记载，法老称约瑟的智慧为神的灵。因为当约瑟劝说法老挑选一位具有聪明才智的人派他去治理埃及时，他说：“像这样的人，有神的灵在他里头，我们岂能找得着呢？”在《出埃及记》第二十八章第 3 节中，上帝说：“又要吩咐一切心中有智慧的，就是我用智慧的灵所充满的，给亚伦做衣服，使他分别为圣。”这是一种特殊的智慧，尽管是用来做衣服的，但因为是神赐的，因此也可以称之为上帝的灵。在《出埃及记》第三十一章第 3~6 节[②] 和第三十五章第 31 节[③] 也可以看到相同的话。在《以赛亚书》第十一章第 2~3 节中，当先知提起救主的时候说：“耶和华的灵必住在他身上，就是使他有智慧和聪明的灵、谋略和能力的灵、知识和敬畏耶和华的灵。”此处指的肯定不是如此多种类的幽灵，而是说上帝将会赐予他如此多种类的恩宠。

在《士师记》中，保卫上帝子民时无匹的勇敢和热诚也被称为上帝的灵。让俄陀聂、基甸、耶户他和参孙拯救他们摆脱奴役的上帝的灵也是如此[④]。在《撒母耳记上》第十一章第 6 节中，当扫罗听说了亚扪人如何凌辱亚比基列人后，对扫罗的反应做出如下描写：“扫罗听见这话，就被神的灵大大感动，甚是发怒。”此处的灵当然不是说幽灵，而是惩罚亚扪人暴行的强烈的热情。还有，《撒母耳记上》第十九章第 20 节提到：当扫罗站在用歌声和音乐赞美上帝的先知们中时，上帝的灵降在扫罗身上。此处不能理解为幽灵，而只能理解为扫罗突然产生了热情要加入先知们敬拜神的行列。

假先知西底家要打米该亚的脸，于是说：“耶和华的灵从哪里离开我与你说话呢？”[⑤] 这里说的也不可能是幽灵，因为是米该亚早就已经在以色列和犹太国王面前宣布了战争的结果，而且这个结果来自他看到的异象，而不是在他身上说话的灵。

---

① 《创世纪》第八章第 1 节。

② 神说，我也以我的灵充满了他，使他有智慧，有聪明，有知识，能做各样的工，能想出巧工，用金、银、铜制造各物，又能刻宝石，可以镶嵌，能雕刻木头，能做各样的工。

③ 又以神的灵充满了他，使他有智慧、聪明、知识，能做各样的工。

④ 见《士师记》第三章第 10 节，第六章第 34 节，第十一章第 29 节，第十三章第 25 节，第十四章第 6 节、第 9 节。

⑤ 《列王纪上》第二十二章第 24 节。

在先知书里面我们也可以找到相同的描述，并可以清楚地看到，虽然这些人是因为上帝的灵而说话，也就是因为得到了可以做出预言的上帝的恩典而说话，但是他们得知的关于未来的事实却不是来自他们里面的幽灵，而是来自某种超自然的意象或梦境。

《创世纪》第二章第7节中说："神用地上的尘土造人，将生气吹在他鼻孔里，他就成了有灵的活人，名叫亚当。"上帝吹入的生气在这里指的就是上帝赋予了生命。《约伯记》第二十七章第3节中说："神所赐呼吸之气仍在我的鼻孔内。"这句话的意思相当于"在我活着的时候"。《以西结书》第二章第2节中说："他对我说话的时候，灵就进入我里面，使我站起来。"意思是说"恢复活力"，并不是真的指有幽灵或是非实质实体进入了他的身体。

在《民数记》第十一章第17节中，上帝说："也要把降于你身上的灵分赐他们，他们就和你同当这管百姓的重任。"这里说的是分赐七十长老，因此七十人中有两个人会在幕里接受神感做出预言，有人抱怨这两个人，约书亚就请求摩西制止他们，但是摩西没有同意。由此可见，约书亚并不知道这些人已经获得授权，可以根据摩西的意志做出预言，也就是说，他们可以根据一种灵或根据在摩西之下的一种权力做出预言。

《申命记》第三十四章第9节中说："嫩的儿子约书亚，因为摩西曾按手在他头上，就被智慧的灵充满。"这句话中的灵与前面一句含义相同，约书亚受命于摩西，开始做摩西要做的事情，就是将上帝的子民带到福地，只是他在途中就死了，并没有做成这件事。

相同意义的话也出现在《罗马书》第八章第9节中："人若没有基督的灵，就不是属基督的。"这里说的并不是基督的圣灵，而是服从基督的道。同样地，《约翰一书》第四章第2节中说："凡灵认耶稣基督是成了肉身来的，就是出于神的，从此你们可以认出神的灵来。"这里的灵是指真正的基督教精神，或者是基督教信仰的主要信条服从，耶稣就是基督，因此不可能认为是一种幽灵。

《路加福音》第四章第1节中说："耶稣被圣灵充满。"这句话可以做如下理解，耶稣的内心充满了热情，要去完成圣父差遣他去做的事；《马太福音》第四章第1节和《马可福音》第一章第12节中也说"充满着圣灵"，与这句话的含义是相同的。假设它指的是灵，而救主则是上帝，那么就相当于在说上帝自身充满着上帝。这是一种毫无意义而且十分不恰当的表达。我并没有研究过人们为什么会将灵说成幽灵，因为后者既不能表示天上的东西，也不能表示地上的东西，而仅仅是存在于人类脑海中的幻象；我想说的是：灵在《圣经》文本中表示的并不是这种事物，其本义是指某种客观存在的实体，其比喻义是表示来自身、心两方面的异乎寻常的能力或激情。

耶稣的门徒看到耶稣在海上行走[①]，把他当成鬼怪。这里的鬼怪是指一种气质物体，而不是幽灵。因为这些门徒都亲眼见到了他。关于这段描述，我们不可能理解为幻觉，而只能认为是客观存在的；因为心理上的幻觉与可见的事物不同，前者不可能在很多人身上同时出现，因为幻象会因人而异，如果是幻象，就只能是个别的人看到。《路加福音》第二十四章第37节也有过同样的描述，说他被同一群门徒看成鬼怪。《使徒行传》第十一章第15节中也说，彼得被领出监狱的时候，众人都还不相信；当疯人说他在门外时，人们又说那是他的天使。这里所说的天使必然是某种实体，否则我们就只能认为使徒们也和犹太人和外邦人一样，认为这类幻影并不是想象出来的，而是真实存在的，其存在并不依赖任何人的幻想。此类幻象，无论是好的，还是坏的，都被犹太人称为灵和天使，希腊人则称其为魔，这些幻象有些是客观存在的实体，也就是某种不可名状的事物；上帝可以使用创造万物的力量来创造这种事物，并且像使用代理或使者一样让他们传达自己的意旨，如果上帝高兴，也可以用超自然或异象的方式来执行他的意旨。而一旦神用这种方式创造了它们，它们就会成为具有广延的实体，并且占据空间，可以在空间之内移动，而这些都是实体的特性。那么，它们就不是非实质的幽灵，也不是不存在于空间之内的幽灵，不是在任何地方都不存在的幽灵，也不是看上去存在而实际上并不存在的事物。但是如果我们在一种普遍的意义下使用“实质”这个词，就说明这是我们可以感知到的实体；那么非实质实体就不是构想出的事物，而是客观存在的事物，也就是说，这是一种不可见的稀薄的实质，却和比较浓密的实体一样具有广延。

“使者”这个词通常指的是信使，一般是指上帝的传谕者。上帝的传谕者则是指让人知晓其超凡之处的存在，也就是通过不平凡的手段显示其权力，特别是通过梦境或异象来显示的任何事物。

《圣经》中并没有说过天使是如何产生的，不过他们是灵这一点却经常被强调。但是“灵”这个词无论是在《圣经》里还是在一般用法中，无论是犹太人还

① 《马太福音》第十四章第26节和《马可福音》第六章第49节。

是外邦人，都认为其或者是一种和空气、风、动物的生气灵和元气灵类似的稀薄的物体，或者是出现在梦境或幻觉中的幻象，但这都不是实体，其存在的时间也不可能比显现它们的梦境或幻境长。虽然这种幻象并非实体，而只是大脑的偶性，但是当上帝用超自然的方式来体现自己的意志时，就可以被称为上帝的使者，也就是天使。

外邦人曾经的确很单纯地将大脑构想出的意象当成存在于体外的、不受自己幻象影响的事物，而且他们以此为基础形成了很多关于好的幽灵和恶魔的观点。因为它们看上去是存在的，所以被称为实体；又因为它们不能被触觉感知到，所以被称为非实质的。除撒都该教派[①]之外的犹太人都认同这种观点，不过《旧约》里面并没有任何让他们必然会产生这种观点的内容，这些犹太人认为上帝在人们的幻象中产生的那些用来为他服务的被称为天使的幻影都是实体，它们不取决于幻象存在，而是神的永久性造物。那些对自己有益的造物就被称为天使，而被认为会带来伤害的就叫作恶魔或恶灵，例如巨蟒皮同[②]的灵、疯人、精神病人和癫痫病病人身上的灵都属于后者，因为他们觉得人之所以会得这些病，就是因为被魔鬼附体了。

但是，只要我们查看一下《旧约》中提到使者的部分，就可以看到，大部分情况下，这个词都只能被理解为一种以超自然方式在幻象中构建的某种映像，以此来说明上帝亲临并做出某种超自然的业迹，在没有对天使的性质做出特殊说明的地方，我们都可以这样理解。

在《创世纪》第十六章中可以看到，同一个灵同时被称为使者和上帝。在第 7 节中被称为耶和华的使者的灵，在第 10 节中对夏甲说："我必使你的后裔极其繁多。"这就是在代表上帝说话。此处并没有具象化的幻象，而只有一个声音。由此可见，"使者"一词在这里是指上帝本身，上帝以一种超自然的方式让夏甲听到从天上传下来的声音，更确切地说就是一种超自然的声音，在此证明了上帝特地出现在某处。《创世纪》第十九章第 12 节记载，使者出现在罗得面前，被称为人，而且虽然出现的是两个使者，但罗得却只和其中一个说话，并把他认作上

① 撒都该教派通常指的就是撒都该人 (Sadducees)，其成员主要是大祭司、贵族、守殿官等，是犹太教中的当权派。他们不信灵魂不灭，不信肉体复活，也不信天使和弥赛亚，与法利赛人相反，热衷于权势、金钱、名利，宗教感淡漠。

② 皮同，是希腊神话中居住于德尔斐的巨蟒，后来被阿波罗杀死，所占领的地方被建起了属于阿波罗的神庙。

帝，原话是：罗得对他们说："我主啊，不要如此！"那么出现在这里的两个使者为什么不能被视为幻象中以超自然方式被构建出来的人的映像，就像前面的使者被理解为幻想中的声音一样呢？《创世纪》第二十二章第11节中提到的从天上出现阻止亚伯拉罕杀死以撒的使者也只是一个声音，却被很正式地称为天使或使者，因为它是通过一种超自然的方式在传达上帝的意旨，而且这种做法更简单，不用再假设存在任何永久的幽灵。雅各在直抵天空的梯子上看到天使[①]是他睡着以后看到的异象，只是一个梦，但既然这个梦是超自然的，而且证明了上帝存在于某处，那么将这些幻影称为使者也没有什么不妥。在创世纪第三十一章第11节中，约伯说"神的使者在那梦中呼叫我"，这句话也应该这么理解。因为人们在睡梦中见到的幻影被统称为梦，不论其呈现方式是自然的还是超自然的。其实此处被约伯称为使者的就是上帝，因为这个使者在第13节中说："我是伯特利的神。"

《出埃及记》第十四章第19节提到的"在以色列营前行走的神的使者"就是神本身。神出现在众人之前的形象并非华丽的人形，而是白天成为一个云柱，晚上成为一个火柱。但是这个柱子却是许诺摩西为以色列军人带路的所有异象和使者。因为有记载说，这个云柱曾经降临到帐幕的门口，并同摩西说话。

从这段描述可以看出，运动和语言这类通常会赋予使者的属性都赋予了云，因为云在此处是上帝亲临的象征；就算它不具备成人或儿童的华美形象，也没有绘画中经常出现的虚妄的教导普通人的翅膀，但也完全可以成为一个使者。因为是否可以成为一个使者并不取决于形象，而是取决于作用。例如，摩西想让上帝和铸造金牛犊之前经常做的那样跟这军营一同前进的时候，上帝并没有回答"我将会去"，也没有回答"我将派一位使者代替我去"，而是回答说："我必亲自和你同去。"[②]

如果要一一列举《旧约》中提到使者的地方，要说的就会太多。总而言之，我认为被英国国教教会承认是正典的《旧约》中，并没有任何经文可以让我做出这个结论：

以灵或使者的名义创造的永久物不具有量，在理解上是不可分割的，也就是说，都可以按照部分来认识，具体情况就是其中一部分处于一个空间，下一部分则可以处于下一个空间，总而言之，如果物体被认为是某种事物或存在于某

① 《创世纪》第二十八章第12节。

② 《出埃及记》第三十三章第14节。

处，那么这种永久物就全都具有实质。在每一处都可以将使者的意义解释为实际的传讯使者，例如施洗约翰被称为使者，基督被称为立约使者；同理，当鸽子、火舌等意象用来表示上帝亲临的状况时，都可以被称为使者。虽然在《但以理书》中出现了两个天使的名字——加百列和米迦勒，但是通过经文可以看出[①]，基督认为米迦勒不是使者，而是国王，而加百列则被认为是和出现在其他圣者梦境中的幻影一样，是一种超自然的幻象。在这种幻象的作月下，但以理在梦境中看到的情景就像是两个圣者在谈话，其中一个对另一个说："加百列啊，要使此人明白这异象。"上帝并不需要用名字来区别他在天国的仆人，名字只是作用于凡人短暂的记忆。《新约》中也不存在任何证据可以说明，除了作为上帝谕令和业迹的使者和代理人之外，使者就是一种永久性的非实体的存在。通过救主的话，我们可以推论出使者是永久存在的，《马太福音》第二十五章第41节中，在大日中将对恶人讲："你们这被咒诅的人，离开我，进入那为魔鬼和他的使者所预备的永火里去！"这句话明显在说，恶魔的使者是永久存在的，除非将它们理解为教会的反对者及其代理人，但是这种理解与非实质性这个特性又会产生冲突。因为非实质事物并不是可以遭受痛苦的实体，所以对它们来说永火并不能算作一种惩罚。因此，上面的条件并不能说明天使是非实质的。圣保罗的这些话也是同样的情况："岂不知我们要审判天使吗？"[②]"就是天使犯了罪，神也没有宽容，曾把他们丢在地狱。"[③]"又有不守本位、离开自己住处的天使，主用锁链把他们永远拘留在黑暗里，等候大日的审判。"[④]这些话不但证明了天使的永久性，而且证明了天使是具有实质的。《马太福音》第二十二章第30节说："当复活的时候，人也不娶，也不嫁，乃像天上的使者一样。"人在复活以后会变成永久存在的，而且具有实质，因此天使也是如此。

我们还可以在其他很多地方得出类似结论。因为非实质不能被视为稀薄的物体，而只能被认为不是物体，所以对于可以理解"实质"和"非实质"这两个词的含义的人来说，两者之间就存在矛盾。如果我们认为在这种意义下使者或灵是非实质实体，那么就等于在说根本不存在天使或灵。根据《旧约》中"使者"

① 《但以理书》第十二章第1节。

② 《哥林多前书》第六章第3节。

③ 《彼得后书》第二章第4节。

④ 《犹大书》第一章第6节。

一词的含义，以及在自然状态下产生的梦或异象的性质，我曾认为使者只是上帝以特殊的不同寻常的神力作用引起的幻象中的超自然的幻影，并以此向人们——主要是上帝的子民来告知上帝的存在和谕令。但是在《新约》的很多地方，从救主的许多话中，还有绝对不可能出现谬误的经文中，我那并不敏捷的推理能力不得不相信并承认，存在一种永久的并且具有实质的使者。但如果像那些间接表示使者是非实质的存在的人一样，认为他们不存在于空间中，也就是一种不存在于任何地方的并非任何实质的存在，《圣经》中却没有提供相关证据。

“灵感”一词的意义主要由“灵”这个字的意义来确定。灵感肯定也有两方面的含义：一个是本义，指的是像人们吹气一样将稀薄的空气或风吹入人体中。否则，若灵是非实质的存在，而且仅仅存在于幻象中，那么人们吹入的就只能是一种幻影，这种说法并不恰当，也不可能，因为幻影并不是客观存在的某种事物，而是看上去如此，但实际不存在的东西。所以在《圣经》里就只有比喻意义上的用法，例如《创世纪》第二章第7节中说神“将生气吹在他鼻孔里”，这句话的含义也只是神赋予了生命。因为我们并不能认为上帝事先造好了生气，然后等亚当造好以后吹到他的身体里，无论这个生气是实际的，还是表象的，都不能如此理解，我们只能理解为此处与《使徒行传》第十七章第25节中描述的“自己倒将生命、气息、万物赐给万人”那样，是说让他成为有生命的事物。《提摩太后书》第三章第16节中说“《圣经》都是神所默示的”，这里的《圣经》是指《旧约》。这种比喻浅显易懂，表明上帝让《圣经》的作者们的灵感或心灵写出了这些东西，并以此来指引、批判、纠正和启发人民去过正义的生活。但是彼得说：“因为预言从来没有出于人意的，乃是人被圣灵感动，说出神的话来。”[①] 这里的圣灵是指出现在梦境或超自然异象中的上帝的声音，而不是上帝注入的灵气。当救主向门徒们吹气并说出“受圣灵”时，这种气也不是圣灵，而是他们获得神的恩宠的象征。虽然我们的救主和很多人身上都被说是充满了圣灵，但是我们却不能认为他们被注入了上帝的实质，我们只能认为这些人身上积累了上帝赐予的天赋，诸如圣洁的品质与口才等天赋，无论你是通过超自然的方式获得的，还是通过学习和努力获得的，它们全都来自上帝的恩赐。在《约珥书》第二章第28节中，上帝说：“以后，我要将我的灵浇灌凡有血气的。你们的儿女要说预言，你们的老年人要做异梦，少年人要见异象。”此处我们同样不能做出刻板解释，认为他的灵似乎可以像水一样灌注，

① 《彼得后书》第一章第21节。

我们只能认为是上帝做出了许诺，让这些人可以获得先知的梦和异象。不知变通而只是用灌入来形容上帝的仁慈就是一种语词的滥用，因为神恩是一种德，并不是可以被随意带到某处的事物，也不能像水倒进水桶一样被灌进人的身体。

同理，如果我们使用“灵感”一词的本义，或者说好的灵进入人体让人做出预言，恶灵进入人体让人发狂或癫痫时，便不是使用“使者”一词在《圣经》中的意义。因为在《圣经》里，圣灵被认为是上帝的神力，我们并不知道促使它推动我们的原因。《使徒行传》第二章第 2 节中说，在圣灵降临节那天，使徒聚集的房子里充满了风，这里的风就不能被视为圣灵，因为圣灵就是神，我们只能理解为这是上帝在他们心中引起的特殊作用的外在表现，这种作用存在于他们里面，是神认为他们要完成使命不可或缺的内在仁慈与圣洁品质。

第三十五章　论《圣经》中天国、神圣、圣洁和圣餐的意义

“天国”一词在神职人员的著作中，特别是布道和祈祷相关的文体中，通常指的是来世最高的天上的至福，因此也被称为荣耀之国。有时候这个词也指这种至福的预兆和圣化的境界，这种境界被称为神恩的王国。但是他们从来都不用这个词来表示君主国，也就是上帝根据子民的承认取得的统治任何臣民的主权，这是“王国”一词的本义。

但是我发现，在《圣经》里面，上帝的王国更多的是用来指正式的王国，以色列人用一种特殊的方式通过投票建立了这种国家。通过这种方式，上帝应许以色列人具有迦南地，而他们则与上帝立约，让他成为自己的王。这个词很少使用比喻意义，用的时候则是指对罪的统治，而且这种用法只出现在《新约》里。因为每个臣民在上帝的王国都具有这种统治权，而且并不会影响主权者的权利。

从创造世界那时开始，上帝在以神力自然地统治所有人的同时，也会选择一些特殊的子民，上帝通过声音向这些子民发布神谕，如同一个人对另一个人讲话那般。上帝用这种方式统治亚当，告诫他不可食用辨别善恶之树的果实，但是亚当并没有遵从，他吃了那个果实，竟然做起了神，不按照创世神的命令辨别善恶，而是用自己的意识来分辨善恶。于是上帝惩罚了亚当，剥夺了当初赋予他的永生。因为罪恶，后来上帝又惩罚了他的后裔，除了其中八个人，其余的都用泛

滥全球的洪水淹死，所以上帝的王国在当时就完全是由这八个人组成的。

此后，神降临与亚伯拉罕说话，并与他立约："我要与你并你世世代代的后裔立我的约，做永远的约，是要做你和你后裔的神。我要将你现在寄居的地，就是迦南全地，赐给你和你的后裔，永远为业。"① 根据契约的内容，亚伯拉罕及其后裔奉对他说话的主耶和华为上帝，而上帝则应许将迦南地作为他们的永业。上帝又规定了割礼，用来纪念这次立约并作为其象征②。这就是所谓的"旧约"，其中包含了上帝与亚伯拉罕立的约。亚伯拉罕根据契约让自己和子孙承担义务，并以一种特殊方式服从上帝的成文法；又因为他已经宣誓效忠，所以自然有义务服从之前的道德法规。虽然当时并没有称上帝为王，也没有称亚伯拉罕及其后裔为王国，但事实就是按约建立上帝对亚伯拉罕后裔的主权，后来，当摩西在西奈山上重新定约时，明确地将这种按约建立的王权称为犹太人的特殊上帝王国。《罗马书》第四章第 11 节中，圣保罗说的"信者之父"就是亚伯拉罕，他这样说是要让他做一个忠诚于在《旧约》以割礼的方式、在《新约》以洗礼的方式向上帝宣誓效忠且不会违背誓言的信徒们的父亲。

后来摩西在西奈山重新订立了这个契约。上帝又通过摩西向人们传达谕令："如今你们若实在听从我的话，遵守我的约，就要在万民中做属我的子民，因为全地都是我的，你们要归我做祭司的国度，为圣洁的国民。"③ 拉丁语文本一般将"特别属于我的子民"翻译成 peculium de cunct-is populis，到詹姆士王朝时期，英语译作"高于所有国民的属于我的珍宝"，日内瓦的法语译本则是"万民之中最珍贵的宝石"。几种翻译文本中最准确的是第一种，因为这是经过圣保罗本人肯定的。在《提多书》第二章第 14 节中，他说："他为我们舍了自己，要赎我们脱离一切罪恶，又洁净我们，特做自己的子民，热心为善。"这里说的就是特殊的子民；希腊语中这个词是 περιούσιος，通常与之相对应的词是 ἐπιούσιος，后者的意思是平常的、日常的，因此前者的含义就是剩余的、储存的和以特殊方式享用的，拉丁语中用来表达这个含义的词是 peculium。上帝在后面提出的理由也充分证明了这个词的意义，上帝说："因为全地都是我的。"这句话的意思就像是在说"全世界的国民都是我的"，但你们却不是以这种方式属于我，而是要通过

① 《创世纪》第十七章第 7~8 节。

② 《创世纪》第十七章第 11 节。

③ 《出埃及记》第十九章第 5 节。

一种特殊的方式。其他人都是因为我的神力而属于我，你们却是因为我的承认和契约而属于我，这是在所有国民的一般权利之外被赋予的特殊权利。

在同一段经文中还有更明确的说法可以证明这一点："你们要归我做祭司的国度，为圣洁的国民。"拉丁文一般译作 Regnum Sacerdotale，这与《彼得前书》第二章第 9 节中 Sacerdotium Regale 被译成"有君尊的祭司"相符，同时与除大祭司外禁止任何人进入至圣内殿，也就是禁止任何人直接询问上帝的旨意这条制度也相符。前文提到的英译本是根据日内瓦的译本而来，意为"诸祭司的王国"。如果这句话的意思不是一个大祭司继承了另一个大祭司，就不符合彼得的话了，而且不符合大祭司行使职权的方式，因为只有大祭司可以把上帝的谕令传达给人民，其他人都不可以，而且任何祭司会议都禁止进入至圣内殿。

而且，"圣洁的国民"这个称呼也可以证明这一点，因为"圣洁"一词指的就是上帝根据特殊权利具有的一切事物。正如经文中所说，全地都属于上帝，但不是所有地方都可以被称为圣洁的，只有像犹太子民那样被挑选出来特别侍奉上帝的才能被称为圣洁的。由此可见，"上帝的王国"原本指的就是一些人经过同意建立的国家，他们为了寻求一个世俗政府而同意服从这个国家，并在正义的原则下管理自己与王（也就是上帝）的关系，以及臣民与臣民之间的关系，此外还包括战时与和平时期对其他国家国民的关系，准确地说，这就是一个王国，上帝是君主，在摩西死后，大祭司就是上帝唯一的副手或代为治理国家的人。

还有很多其他证据可以证明这个问题。例如，当初以色列长老对撒母耳的儿子受贿感到愤怒，要求立一个王，撒母耳对此事非常不满，就向耶和华祷告，耶和华回答说："百姓向你说的一切话，你只管依从。因为他们不是厌弃你，乃是厌弃我，不要我做他们的王。"① 这句话很明显是在说上帝就是他们的王，撒母耳并没有实际管辖这些人，只是代为传达上帝吩咐他们的事情。

而且，撒母耳还对众人说："你们见亚扪人的王拿辖（亚扪人的王名字叫拿辖）来攻击你们，就对我说：'我们定要一个王治理我们。'其实耶和华你们的神，是你们的王。"② 很明显，上帝就是这些人的王，并管辖这个国家的世俗政府。

以色列人背叛上帝之后，先知们预言了上帝将会复位，《以赛亚书》第二十四章第 23 节中说："那时，月亮要蒙羞，日头要惭愧。因为万军之耶和华必

① 《撒母耳记上》第八章第 7 节。

② 《撒母耳记上》第十二章第 12 节。

在锡安山、在耶路撒冷做王。”这里清楚地指明了他在锡安山和耶路撒冷做王，也就是在地上做王。《弥迦书》第四章第7节说：“耶和华要在锡安山做王治理他们。”锡安山就在耶路撒冷，在地上。《以西结书》第二十章第33节说：“主耶和华说，我指着我的永生起誓，我总要做王，用大能的手和伸出来的膀臂，并倾出来的愤怒，治理你们。”在同一章第37节又说：“我必使你们从杖下经过，使你们被约拘束。”这话的意思就是，我将做你们的王，要你们遵守摩西和我立的约，并为了你们在撒母耳时抛弃我另立新王的事情管教你们一番。

在《路加福音》第一章第32节中，天使加百列在提到救主的时候说：“他要为大，称为至高者的儿子，主神要把他祖大卫的位给他。”这里说的也是地上的王国，耶稣为了在此地为王的权利，被人当作撒该的敌人处死。他们在他的十字架上用“犹太人的王、拿撒勒人耶稣”称呼他，并给他戴上了荆棘冠冕。因为宣告耶稣为王，人们对使徒说：“这些人都违背该撒的命令，说另有一个王耶稣。”[①] 那么上帝的王国指的就应该是实际的王国，而非比喻的王国，这一点不止在《旧约》中是这样，而且在《新约》中也是这样。在我们说“因为国度、荣耀、权柄全是你的”时，就应该理解为这一点是根据立约而来的，而不是根据上帝的权力而来的，因为后者对上帝来说是永久的。所以，当我们在祷告时说“愿你的国降临”，如果不是在说因为以色列人背叛并推选扫罗为王，以致中途断绝，后来又被基督复兴的王国，就非常没有必要。如果天国依旧存在，那么“天国近了”以及祷告词中的“愿你的国降临”的说法就很不恰当。

可以证明这种解释的证据还有很多，这就让人诧异为什么大家都忽略了这点，除非是因为基督徒国王通过这些内容让他们对教权政府的权利认识得过于透彻。他们认清了这一点，于是就把“祭司的王国”译成“诸祭司的王国”，然后又不得不把圣彼得的话翻译成“有祭司职权的诸国王”，而不是“有君尊的祭司”。他们还把“属我的子民”译成“珍贵的宝石”或“宝物”，诚然，一个将军的特殊部队也可以被称为他的珍贵的宝石或宝物。

总之，上帝的王国是一个世俗王国，首先，成立这个国家是因为以色列人的义务，也就是说，他们有服从摩西从西奈山带给他们、后来由大祭司从至圣内殿通过天使传达给他们的法律的义务；这个王国在以色列人选扫罗为王时被抛弃，先知预言了基督将会复兴这个国家，我们每天在主祷文中说“愿你的国降

① 《使徒行传》第十七章第7节。

临”就是在祈祷这个国家重建。而我们说“因为王国、荣耀、权柄全是你的，直到永永远远。阿门”时，就是承认了这个王国的权利，宣告使徒所布的道正是这个王国。向人们传布福音并让人们做好迎接这个王国的准备，让人们皈依并承诺服从上帝，就等于来到了神恩的王国。因为上帝已经无偿地赐予这些人成为其子民的权利；成为其子民是指当基督降临为王审判世界、治理他的子民时，成为上帝的儿子。这样的国家被称为荣耀的王国。因为其荣耀和崇高，上帝的王国又被称为天国，上帝向代理人或代治者传达谕令，以此来统治他的国民；如果这种王国并不是存在于地上并且在地上治理政务的话，人们也就不会为了上帝通过谁向我们说话这个问题而争论不休甚至发动战争了，祭司们也就不必再因为宗教法权的问题而搞事情，君主们也不会否认他们具有这种权利。

从“上帝的王国”一词的严格解释中，我们还找到了“圣洁”一词的正确解释。因为在上帝的王国中，这个词相当于在人间的王国中人们通常所说的全民的或国王的。

在任何一个国家，国王都是全体人民的人格或全体臣民的代表者，而以色列王上帝是以色列的圣洁者。服从一个人间主权者的人就是这个主权者的国民，也就是这个承担了全体人格的国民。因此，犹太人作为上帝的国民就被称为圣洁的国民[①]。原因是“圣洁”这个词如果不是指代上帝，就是指代上帝拥有的；同理，“全民”一词如果不是国家人格本身，就是指属于国家的、任何人都不能要求所有权的事物。

依此类推，安息日是上帝的日子，于是被称为圣日；神殿是上帝的房屋，于是被称为圣殿；祭祀牺牲、什一税和贡品都是献给上帝的，于是被称为圣献；祭司、先知、在基督之下受膏的国王是上帝在人间的代理者，于是被称为圣人；在天上侍奉的灵是上帝的使者，于是被称为圣使。“圣”这个字在使用其本义时，往往具有一种因授权而获得专有权的意义。我们说“尊你的名为圣”，就是单纯地祈求神恩，是我们可以遵守第一诫：除他之外，不可有别的神。人类是上帝的子民，但是有犹太人才可以叫作圣洁的国民。如果不是因为他们通过立约而让自己成为特殊的选民，还能有什么其他原因呢？

在《圣经》里，凡俗的一般意义相当于普通。因此，与之相对应的“圣”和“专有”两个词在上帝的王国中也具有相同含义。但是从其比喻意义而言，如果

① 《出埃及记》第十九章第6节。

有一个人在生活上表现得十分虔诚，甚至已经达到了抛弃尘世的一切全身心侍奉上帝的程度，那么这个人也可以被称为圣人。就其本义而言，因上帝指定或属于上帝而为圣的事物，称为因上帝而为圣，第四诫中的第七天便是如此。《新约》中的选民被赋予神性后，也可以称为圣。因为被奉献给上帝并且只在公开祭祀中使用而成为神圣的事物，也被认为是圣洁的，并被称为圣物，包括神殿、其他公共祭祀场所、祭祀使用的器具、祭司、牧师、牺牲、贡品和圣礼中其他的外物等。

神圣性也存在差异。专门用于侍奉上帝的事物中，可能会选出一部分用于更亲近或更特殊的事务中。例如，以色列国民都是上帝的圣洁国民，但是利未支派却是以色列人中的圣洁支派，利未人的祭司则更加神圣，所有祭司中最神圣的是大祭司。同理，犹太是圣地，但圣城却更加神圣，神殿比圣城更神圣，神殿中最神圣的部分则是至圣内殿。

圣礼是指将某些有形事物从其普通用途中提炼出来变成圣洁的。奉献给上帝的祭祀就是作为我们被允许进度上帝的王国、成为其选定的子民的象征或纪念。这种象征在《旧约》中是割礼，在《新约》中是洗礼。《旧约》中的纪念活动有固定时间，每年一次吃逾越节羊羔，人们通过这种方式让自己记住被救出埃及的那个夜晚。《新约》中的纪念活动则是主的晚餐，以此来让我们记住正是因为应该被我们称颂的救主在十字架上的牺牲，我们才能摆脱罪的枷锁。获得进入上帝之国的许可的圣礼只需要进行一次，因为获得许可一次就足够了，而因为我们需要反复唤起自己被救赎和承诺效忠的记忆，所以就要经常重复举行纪念脱难和免罪的圣礼。以上就是主要的圣礼，和我们宣誓效忠一样，很多其他事物也可以被称为圣礼，因为这个词的本义是奉献给上帝的祭祀。但如果圣礼中还需要包含宣誓效忠上帝的部分，就只有《旧约》中的割礼和逾越节祭神羊羔，以及《新约》中的洗礼和主的晚餐。

第三十六章　论上帝的道和先知的言辞

上帝或人的言辞指的并不是语言学家所谓的名词、动词等词汇，也不是指与其他言辞毫无关联、不能产生任何意义的简单声音，而是指完整的谈话，说话人通过它来表达肯定、否定、命令、允诺、威胁、愿望或疑问等含义。此时，言辞的意义就不是词汇，而是语句，在希腊语中相当于讲话或谈话的意思。

在我们提起上帝或人的言辞时，有时也可以认为是说话者的话，也就是上帝说的话或是人说的话。在这个语境下，如果我们说圣马太的福音，那么就是在说圣马太是这部福音的作者。有些情况下指的却是主题，例如我们在《圣经》中读到“以色列或犹太诸王时代的话”，这句话的意思就是当时发生的事是他们说话的主题。希腊语版本的《圣经》中保留了很多希伯来文，其中上帝的道通常不是指上帝说的话，而是记录上帝及其治民之道的话，相当于教义，这样一来，“耶和华的道”就等于是“神学”，这里的神学就是我们后来称为神学的那种学说，下面这些话都可以充分证明这一点：“保罗和巴拿巴放胆说：‘神的道先讲给你们，原是应当的；只因你们弃绝这道，断定自己不配得永生，我们就转向外邦人去。’”[①] 我们可以很清楚地看到，这里提到的神的道就是指基督教的教义。《使徒行传》第五章第 20 节中，天使对使徒们说：“你们去站在殿里，把这生命的道都讲给百姓听。”这个生命的道指的就是福音书里面的道理。同一章最后一节还记录了他们在圣殿中做的事情：“他们就每日在殿里、在家里不住地教训人，传耶稣是基督。”通过这段话我们可以看出，耶稣基督就是生命之道的主题，换句话说，耶稣基督就是关于救主赐予其子民永生之道的主题。因此《使徒行传》第十五章第 7 节中说上帝的道是福音的道，因为其中包含了基督的国的道理，《罗马书》第十章第 8~9 节中称其为“信主的道”，即基督降临、叫他从死里复活的道理。《马太福音》第十三章第 19 节中说“凡听见天国道理的人”是指听见基督教导的天国的道理的人。《使徒行传》第十二章第 24 节中也说“日见兴旺，越发广传”，我们很容易就可以将这句话理解为福音的道理，却很难相信它说的是上帝的声音或言论，况且这样理解本身就不对。《提摩太前书》第四章第 1 节中说“魔鬼的道理”也具有相同含义，并不是指魔鬼说的话，而是指异教徒宣传的关于魔鬼和被他们尊为神的幽灵的道理。

参考《圣经》中对“上帝的道”的两种解释，在后面的一种解释中，整部《圣经》就都是上帝说的话，这样理解的话，上帝的话就是基督教的教义，但在前一种解释中则不然。例如，从“我是耶和华你们的神”这句话开始一直到十诫最后一句的内容，都是上帝对摩西说的话，但是之前的一段引文“神吩咐这

① 《使徒行传》第十三章第 46 节。

一切的话说”[①]就应该被视为这部分《圣经》作者的话。当上帝的道被理解为上帝的话时，有时是本义，有时则是比喻义。就其本义理解，指的是上帝对先知说的话；就其比喻义理解，指的是神创造世界的智慧、权力及永恒神命。《创世纪》第一章中提到“要有光”“要有天”“我们要……造人”等命令在这种意义之下都是上帝的话。《约翰福音》第一章第3节中说“万物是借着他造的；凡被造的，没有一样不是借着他造的”。这句话中的他指的也是神的道或神的话。《希伯来书》第一章第3节中说神“常用他权能的命令托住万有”，意思是用他话语的权能托住万物，也就是用他的权能托住万物，同篇第十一章第3节中也说：“诸世界是借神的话造成的。”《圣经》中还有很多具有相同含义的话。拉丁语中Fate一词的本义是说出口的话，也在同样的意义下被使用。

还有一种用法是表示他的道的效果，也就是他的话所肯定、命令、警告或许诺的事物。例如，《诗篇》第一百零五篇第19节中提到，约瑟被关在监牢里，直到他的话应验。也就是一直等到他预言法老的酒政将会官复原职这件事应验之后，因为“他的话应验了”在这里指的就是这件事本身应验了。相同的情况在《列王纪上》第十八章第36节中也可以看到，以利亚对上帝说“我是奉行你这一切的话”，而不是说“我是按你的话行这一切的事”。在《耶利米书》第十七章第15节中也是用“耶和华的话在那里呢”，而没有说“他警示的恶果在那里呢”。《以西结书》第十二章第28节说“我的话没有一句在耽延的”，这里的话是指上帝应许其子民的东西。《马太福音》第二十四章第35节中说“天地要废去，我的话却不能废去”，意思是我应许或语言的一切都一定会应验。约翰称呼救主为成了肉身的上帝之道也是在表达这种意义，他说：“道成了肉身。”[②]这句话的意思是原本与神同在的基督将降临世界的应许或话语肉身化了。也就是说，圣父要派圣子降临世界，启示众人永生之道，但直到那时才会执行并且真的化为肉身。那么在这里，救主是因为被应许才会称为“道”，而并不是因为他是应许本身。从这里寻找依据的人通常会称呼救主为上帝的动词，但这种做法只能让文本更不清晰，按这种方式称呼救主为上帝的名词也不是不可以。因为按照人们的理解，动词和名词都只是一种词汇的分类，一种声音，既不能表示肯定、否定、命令、应许的含义，也不能代表任何肉体或精神的实质，因此也不能说它是神或人，但救

① 《出埃及记》第二十章第1节。

② 《约翰福音》第一章第14节。

主却同时是神和人。圣约翰在他的福音里说过道是原与神同在的，他称之为生命之道和“原与父同在的永远的生命”[①]。因此他说的道就只能代表一种意义，那就是耶稣被称为“永远的生命”的那种意义，指的就是那个以肉身降世，使我们可以得到永生的耶稣。《启示录》第十九章第13节中也说：使徒说耶稣穿着溅血的衣服，他的名被称为神的道。我们应该认为这句话的意思是他可能说过这是他的名：“他是根据神从太初起的目的，根据先知所传的神之道与神的应许而来的。”因此，道的肉身化在这里指的就是圣子的肉身化，之所以称之为道，是因为他的肉身化就是履行承诺的结果，圣灵被称为应许也是这样[②]。

《圣经》中其他地方也会提及神的道，虽然这些话并不是出自先知或圣人之口，却符合理性与公平原则。《历代志下》中记载了一个故事，法老尼哥是一个偶像崇拜者，但是他却派遣使者去劝说善良的约西亚王，告诫他不要阻止对迦基米施的进军，据说这是他在传达神的话，约西亚没有听，于是就死在了战场上。《以斯拉记》也记载了这个故事，不过在那个版本中，传给约西亚的话并不是来自主，而是来自耶利米。但无论外经的记载如何，我们都要以正典为准。

因此，对于《圣经》中的这句话：“上帝的道写在人们的心上。”[③]我们也应该理解为理性与公平的命令。

“先知”这个词在《圣经》中有以下几种解释：传话者，即把上帝的话传给人类，或把人类的话传给上帝的人；预言家，即可以预测未来事物的人；疯人，即状似癫狂的语无伦次的人。其中传话者是最常见的用法，因此摩西、撒母耳、伊利亚、以赛亚、耶利米和其他人都是先知。依此类推，大祭司也是先知，因为只有他可以进入至圣内殿询问上帝，并向人们宣告上帝的回答。因此，在该亚法说出一个人代替百姓去死是有益的时，圣约翰说：“他这话不是出于自己，是因他本年做大祭司，所以预言耶稣将要替这一国死。”[④]在基督徒中间布道的人也被人们说成在做预言[⑤]。上帝对摩西说起亚伦的事情时，也有过类似含义的话：“他

---

① 《约翰书》第一章第1~2节。

② 《使徒行传》第一章第4节，《路加福音》第二十四章第49节。

③ 这句话或类似的说法在《诗篇》第三十七篇第31节，《耶利米书》第三十一章第33节，《申命记》第三十章第11节、第14节等多处都曾出现。

④ 《约翰福音》第十一章第51节。

⑤ 《哥林多前书》第十四章第3节。

要替你对百姓说话；你要以他当作口，他要以你当作神。”[①] 替他说话的人在《出埃及记》第七章第 1 节中被解释为先知，上帝说：“我使你在法老面前代替神，你的哥哥亚伦是替你说话的先知。”《创世纪》第二十章第 7 节，上帝在梦中对亚比米勒说：“现在你把这人的妻子归还他，因为他是先知，他要为你祷告。”在这段记载中，亚伯拉罕也是因为在神与人之间传话而被称为先知，那么由此还可以得出一个推论，在基督教教会中有责任代表人们做公开祈祷的人，也可以被称为先知。《撒母耳记上》中记载，众先知从丘坛或上帝的山上下来，他们鼓瑟、击鼓、吹笛、弹琴，扫罗也在其中，他们在此处被说是做预言也是出于相同的原因，他们在通过上述的方式公开赞美上帝。《出埃及记》第十五章第 20 节中称米利暗为先知，也是因为相同的意义。《哥林多前书》第十一章第 4~5 节中，圣保罗说：“凡男人祷告或是讲道（“讲道”或作“说预言”。下同），若蒙着头，就羞辱自己的头。凡女人祷告或是讲道，若不蒙着头，就羞辱自己的头。”这句话也应该被理解为相同的意义，因为做预言在这里的意思就是以诗篇或圣歌赞美上帝；妇女可以在教会里做这样的事情，但对公众讲话却是被禁止的。熟读外邦人典籍的人都知道，在异教徒中写圣诗赞美异教神的诗人也因此被称为先知。《提多书》第一章第 12 节中，圣保罗在提起革里底人时说的话也清楚地指出了这一点，他们自己的一个先知称他们是常说谎话的人，这句话的意思不是说圣保罗认为诗人是先知，而是说他认为“先知”这个词通常是用来称呼用韵文赞美神的人。

如果预言的意义就是对未来可能发生的事情做预告或预测，那么除了代上帝说话，将上帝的话转告人民的人，就连那些借助被巫师驱策的鬼怪、利用迷信以虚假的理由占卜过去并声称可以预言未来类似事件的骗子也可以被称为先知。就像我在第十二章说过的那样，这些人中什么样的都有，而且在普通人眼里，他们预言的事情里面只要有一件可以通过牵强的解释让自己满意，那么就算有再多没能应验的预言，也不会让他们身为预言家的名誉受损。预言并不是一种技能，被理解为预测未来时也不能作为经常性的工作，这只是上帝的一种特别的、暂时的差遣，通常会选择好人来完成，但有时候也会选恶人。例如，隐多珥的妇人，据说她拥有可供巫师驱策的鬼魂，并因此召来了撒母耳的亡魂，并对扫罗预言了他的死亡，但我们并不能因为这样就说她是一个女先知，因为她没有召唤亡魂的能力，上帝也并没有给出这样的命令，他只是稍做引导将这个骗局变成一种手

① 《出埃及记》第四章第 16 节。

段，让扫罗感到恐惧和沮丧，并最终导致了他的失败和死亡。语无伦次的情况在外邦人中会被当作预言，因为神托所的先知在被德尔菲的神龛洞穴中熏过以后，的确陷入疯狂，并且像疯子一样说话，他们那种似是而非的话可以给出不同的意义并用来解释任何事情，例如任何物体都是由原始物质形成的这种说法。在《圣经》中，我们也发现了描述这种情况的话："从神那里来的恶魔大大降在扫罗身上，他就在家中胡言乱语。"[1]

虽然"先知"一词在《圣经》中有很多含义，但是最常见的还是指直接接受上帝谕令并受命代其向他人或百姓传示的人。此处可以先提出一个问题：上帝是通过什么方式向先知降谕的？有人可能会问：从严格意义上讲，上帝根本不具有舌头或其他器官，那么我们能说上帝拥有声音和语言吗？先知大卫也确实说过："造耳朵的，难道自己听不见吗？造眼睛的，难道自己看不见吗？"但这句话并不像通常理解的那样是说上帝的本质，而是表达我们对上帝的尊崇。因为"视"和"听"都是尊贵的属性，将它们归于上帝，就是在尽我们所能地用我们能想象的一切来说明上帝无上的权力。但是如果严格地按照本义来说，人们就可以将这一点延伸到人体的所有机能，因为上帝创造了全部人类，因此他也像我们一样使用，但是其中有些部分非常不雅，如果将这些属性也归于上帝，那就是这世上最大的不敬神的行为。于是，提到上帝向人们直接降谕，我们就应该理解成上帝使人理解其意旨的任何方式，他有很多方法可以实现，我们只能到《圣经》中去找，虽然很多时候都没有说明上帝是通过什么方式向这些人降谕，但是很多地方却给出了可以让人们知道上帝亲临降谕的象征，以此为根据，就可以理解上帝对其他人降谕的方式。

关于上帝对亚当、夏娃、该隐和挪亚说话的方式，记载并没有说明。对亚伯拉罕说话的方式，在他离开祖国到迦南的示剑之前也没有做出明确说明，之后则说是上帝向他显现[2]。而且其中还提到"耶和华在异象中有话对亚伯拉罕说"[3]。由此可见，这里出现了上帝亲临的征兆，以天使的身份说话。此外，上帝还曾经以三个天使的异象出现在亚伯拉罕面前、出现在亚比米勒的梦中、以两个天使的异象出现在罗得面前、以一个天使的异象出现在夏甲面前、以来自天上的声音这

---

① 《撒母耳记上》第十八章第10节。

② 《创世纪》第十二章第7节。

③ 《创世纪》第十五章第1节。

一异象再度出现在亚伯拉罕面前、在夜里出现在以撒面前、出现在雅各的梦中也就是他梦见了梯子等、以天使的异象出现在雅各面前、以荆棘中的火焰的异象出现在摩西面前。在摩西之后，《旧约》中只要说起上帝降谕，都是通过异象或梦境完成的，例如基甸、撒母耳、以利亚、以利沙、以赛亚、以西结等先知，在《新约》中也是通过这样的方式向约瑟、圣彼得和约翰说话，在《启示录》中也是用这种方式向福音约翰说话。

只有两处降谕的方式比较特殊：一处是在西奈山和会幕中对摩西说话的时候，另一处是在会幕和圣殿的至圣内殿中对大祭司说话的时候。就蒙受神宠的人中，摩西及其后的大祭司显然地位十分优越。上帝就曾明确地表示过，他对其他先知说话都是通过梦境或异象，只有和他的仆人摩西说话时才像和朋友说话一样，原话是："你们且听我的话：你们中间若有先知，我耶和华必在异象中向他显现，在梦中与他说话。我的仆人摩西不是这样，他是在我全家尽忠的。我要与他面对面说话，乃是明说，不用谜语，并且他必见我的形象。"[①] 上帝还说过："耶和华与摩西面对面说话，好像人与朋友说话一般。"[②] 但即便如此，上帝依然是通过一个或更多的天使和摩西说话，我们在《使徒行传》第七章第 35 节、第 53 节以及《加拉太书》第三章第 19 节都可以发现相关描述，因此这还是一种异象，只不过比其他先知的更清楚一些。《申命记》第十三章第 1 节中，上帝说："你们中间若有先知或是做梦的起来"，"做梦"一词其实就是对前面的先知进行解释。《约珥记》第二章第 28 节中说："你们的儿女要说预言，你们的老年人要做异梦，少年人要见异象。"这句话里，异梦和异象就是对预言的解释。上帝也是用同样的方式向所罗门应许了智慧、财富和荣耀的，他在《列王纪上》第三章第 15 节中说："所罗门醒了，不料是个梦。"因此，一般情况下，《旧约》中特殊的先知也只能通过梦或其他异象来获知上帝的道，也就是说，他们都是通过在睡梦中或狂热状态下产生的映像得知这些的。在所有真先知身上，这些映像都是超自然的，在假先知身上则是自然的或伪造的。

但是这些先知似乎也借灵说话。《撒迦利亚书》第七章第 12 节中，一位先知在提到犹太人时说："使心硬如金刚石，不听律法和万军之耶和华用灵借从前的先知所说的话。"借灵说话的先知似乎是一种比较特殊的先知，每一个新的神示

① 《民数记》第十二章第 6~8 节。

② 《出埃及记》第三十三章第 11 节。

都对应了一项特殊使命，也可以说成每一个新的梦或异象都有一个特殊的使命，从这段话可以发现，借灵或神注灵说话与通过异象说话是一样的。

《旧约》中有常川使命的先知，有些是最高的，有些是从属的，最高先知中最早的一个就是摩西。摩西之后，有君尊的大祭司便是其在位时期的最高先知。犹太人抛弃上帝，不要他为王之后，上帝治下的诸王就是最高先知，而大祭司则成为诸王的副手。如果祭司有事要向上帝问询，就需要穿上神圣的祭司服装并按照国王的命令执行；王国可以在他认为有必要的时候，解除大祭司的职务。扫罗就曾经命人将燔祭送到他那里，又命令祭司把约柜运去，随后又命令他们停下，因为他发现这样做会给敌人以可乘之机。扫罗还曾经求问过神[①]。大卫王在受膏后以及继承王位之前都曾经“求问耶和华”是否应该攻打基伊拉的非利士人。还有，大卫命令祭司将以弗得拿过来，求问他是否应该留在基伊拉[②]。所罗门曾经免除了亚比亚的祭司职务，并将其授予撒都[③]。所以，像摩西、大祭司和虔敬上帝的君主这样，可以在任何重要事情上求问上帝该采取什么行动及得到的结果的都是主权者先知。然而我们并不知道上帝用什么方式同他们讲话。如果说摩西到西奈山上去，到上帝那里去只是一个梦或异象，与其他先知没有不同，那么就和上帝之前说的待摩西与其他先知不同相矛盾了。但若说上帝以其本质显现，这又等于否定了他的无限性、无形无质、不可思议。如果说摩西是通过灵感或神注圣灵说话，因为圣灵就是神，那就等于在说摩西就是基督，因为只有在基督里面神才是有形体地存在着[④]。而如果摩西是借灵说话，就等于说这是一种神恩，如此一来就否定了摩西的超自然性。因为一开始，上帝就是通过道理、事实以及一些自然发生的一般性事件来教导人们虔敬、信义、仁爱、诚实、信仰等美德。

以上说法都不适用于上帝在西奈山上对摩西说话的方式，同样也不适用于上帝对大祭司们说话的方式。所以，在《旧约》中，上帝是用什么方式与主权者先知说话的，我们不得而知。在《新约》中，只有救主才是唯一的主权者先知，他既是对人说话的上帝，也是听从神谕的先知。

那些有常川使命的臣属先知，我们并没有找到证据可以说明上帝以超自然

① 《撒母耳记上》第十三、十四章。

② 《撒母耳记上》第二十三章。

③ 《列王纪上》第二章。

④ 《哥林多书》第二章第9节。

的方式同他们说话，我们可以看到的只是上帝像他教导所有基督徒奉行一切美德一样以自然的方式对他们说话。虽然这种方式在很大程度上取决于人为原因，也就是制定并教导人们遵从基督教的美德，但实际上却被归于上帝或圣灵，因为一切善的倾向都是因为上帝。只不过上帝并不总是用超自然的方式来达到这个结果。因此，当我们说先知通过上帝的灵或借由上帝的灵说话时，意思是先知是通过最高先知传达的上帝的意旨在说话。因为“灵”最普遍的意义就是人们的意向。

在摩西的时代，除摩西之外还有七十个人在以色列做预言。《民数记》第十一章第25节中说明了上帝对他们说话的方式：“耶和华在云中降临，对摩西说话，把降予他身上的灵分赐那七十个长老，灵停在他们身上的时候，他们就受感说话。”通过这段话可以看出：首先，这些人对百姓的预言是从属于摩西的，因为上帝将摩西的灵分给他们，让他们可以按照摩西的意思做预言，除此以外就没有其他预言。当时有人向摩西抱怨这些人，约书亚要求将其禁止，但是摩西没有同意，他对约书亚说：“不要为我的缘故嫉妒人。”其次，这里所说的上帝的灵指的就是这些人服从并辅佐摩西治理人民的意志。如果认为这些人体内具有上帝的灵，或是体内被注入了神性，那么这些人具有圣灵的方式就和耶稣一样了，但只有耶稣里面才是有形有体的上帝。那么，这就是引导他们辅佐摩西的神恩，他们的灵原本就来自摩西。根据《民数记》上的记载，这些人原本应该是摩西想要任命为百姓的长老或官长的人，原话是：“你从以色列的长老中招聚七十个人，就是你所知道做百姓的长老和官长的，到我这里来。”这句话中的“你所知道”就相当于“你指派的”。因为在《出埃及记》中确实记载过一段内容，摩西听从岳父叶特罗的话，指派敬畏上帝的士师和官长治理百姓，这七十个人就在他们当中，上帝把摩西的灵分赐给他们，让他们辅助摩西治理王国。《撒母耳记》第十六章中说，耶和华的灵在大卫受膏时就离开扫罗，到了大卫身上。意思也是这样，耶和华会为他挑选出来治理其子民的人降神恩，而被神厌弃的人就会被剥夺神恩。因此，灵在这里的意思就是侍奉上帝的意志，而非超自然的启示。

上帝曾多次通过抽签的结果降谕，而安排抽签的人都是他挑选出来治理百姓的人。上帝曾让扫罗命人抽签并指出约拿单违背了百姓的誓言吃蜜[①]。约书亚在示罗与耶和华面前抓阄，上帝因此将迦南地分给以色列人[②]。在亚干犯下罪行

① 《撒母耳记上》第十四章第43节。

② 《约书亚记》第十八章第10节。

的时候，上帝似乎也是通过这种方式指认他的[①]。以上都是《旧约》中上帝降谕的方式。

在《新约》中，上帝也使用了这些方式。他用使者的异象出现在童贞的圣母马利亚面前，通过梦境出现在约瑟面前；在去大马士革的路上，通过救主的异象向保罗显现，通过一块从天而降的挂满了洁净的与不洁净的兽的肉的大布的异象向彼得显现；彼得在监狱中时则通过天使的异象向其显现；一切使徒与《信约》作者都是以圣灵的神恩感应上帝；用抽签的方式让使徒选择了马提亚来代替加略人犹大。

因为一切预言都假设是通过异象或梦，或罕见且令人称羡的特殊神赐，这些现象有可能是通过上帝超自然的直接作用引起的，也有可能是上帝通过自然方式和某种间接作用引起的。这就需要我们通过理性和判断来辨别自然和超自然的神赐、异象和梦。如果有人说自己是先知，他以上帝之名向我们指明通往幸福的道路又要我们按照他的道服从上帝的时候，我们就应该提高警惕。因为可以教导人走上获得至福道路的人必然也会要求统治受其教导的人，每个人也都有这种自然倾向，那么此时我们就不得不怀疑这其中是否存在野心和欺诈。除非这个先知本人就是世俗主权者，或是由世俗主权者指派的代表，也就是人们在建立国家时就已经表示服从，否则在听到这样的话时，任何人都应该小心验证。如果这种关于先知和灵的验证并不是每个人都可以做，那么就完全没有必要指明识别先知的标志，让人们可以知道自己要听从谁的话。《申命记》已经告知人们要如何辨别先知，《约翰一书》又指明了如何识别灵，《旧约》中记载了诸多预言，《信约》又记载了很多布道，告诫人们不应该听从那些先知，而且通常情况下，假先知的数量要远远超过真先知的数量，因此在听从这些指导意见的时候，每个人都要小心谨慎并做好承担风险的准备。首先，我们可以通过下述事例证明假先知比真先知要多。《列王纪上》第二十二章记载，亚哈王曾经询问了四百个先知，但这些人都是骗子，只有米该亚是真先知；在巴比伦被掳之前不久的时候，大部分先知都是欺诈师。上帝在《耶利米书》中借耶利米之口说："那些先知托我的名说假预言，我并没有打发他们，没有吩咐他们，也没有对他们说话。他们向你们预言的，乃是虚假的异象和占卜，并虚无的事，以及本心的诡诈。"所以上帝在之后又通过耶利米之口告诫百姓不能听从他们，他说："这些先知向你们说预言，你

① 《约书亚记》第七章第16节。

们不要听他们的话。他们以虚空教训你们，所说的异象，是出于自己的心，不是出于耶和华的口。”

虽然《旧约》时代的先知们都是借着异象显现，却依旧会互相争吵，会说“耶和华的灵从那里离开我与你说话呢”，而且会互相欺骗；另外，《新约》中借灵说话的先知们也一样争论不休，因此无论过去还是现在，每个人都应该运用自己的天赋理性，运用上帝教导我们分辨真伪的方法来验证每一则预言。这些法则中，在《旧约》中有一条符合主权者先知摩西的教导，另一条则与我之前在《申命记》中列举的内容符合，预言了上帝将要行业迹的神奇力量。在《新约》中只有一个标志，那就是传布“耶稣是基督”这个教义，告知他是《旧约》中应许的犹太人的王。一个人无论在人前行了什么奇迹，只要他否认这一点，就肯定是假先知。因为圣约翰在告诉人们假先知将会出现时，也明确告知了人们如何辨别灵是否出自上帝：“凡灵认耶稣基督是成了肉身来的，就是出于神的，从此你们可以认出神的灵来。”[①] 那么这种人就是获得了赞许，并被认为是上帝的先知的人。这并不等于说，因为他承认并且公开传布“耶稣是基督”的道，所以他就是一个虔敬上帝的人，是上帝的选民，而是因为这一点，我们承认他是一个先知。上帝经常通过一些先知说话，却不在意这些先知人品如何。例如，上帝通过巴兰说话，还通过恩多珥的女巫预言了扫罗的死亡。接下来约翰又说：“凡灵不认耶稣，就不是出于神，这是那敌基督者的灵。”因此，从两个方面来说，这项法则都是完备的：任何传布救主已经在耶稣身上降临这种教义的人都是真先知，任何否定这种人并到骗子那里寻求救主的人都是假先知，这些骗子自称具有救主的尊荣，而使徒们则给了他们一个非常贴切的称谓——敌耶稣者。所以，每个人都应该想清楚主权者先知究竟是谁，也就是考虑谁是上帝在地上的代治者并且拥有仅次于上帝的权力管辖基督徒，我们要把他以上帝名义公布的教义当成法规遵守，并以此为根据来查验那些行奇迹或不行奇迹的假先知说的话是真是假。一旦发现某人的话违背了上述法规，就要像先人到摩西面前说有人在营帐里说预言，并且自己怀疑他的权力那样做，在像他们把事情交给摩西处置一样，让主权者判断该支持还是禁止这个人，如果主权者否定了他，我们就不再听他的话；如果主权者承认他，我们就要像服从一个分赐了主权者部分灵的人那样服从他。如果基督徒不把身为基督徒的主权者当作上帝的先知，就只能把梦境当成预言，把心灵的病变当成上

① 《约翰一书》第四章第2节。

帝的灵；或者服从一个外国的君主；或者服从某些臣民，而这些人很可能通过诋毁政府来鼓动他们叛乱，而这些人只能凭借偶尔出现的大胜利或幸免于难，而不是奇迹来证明自己是天命所归；通过这种方式，他们会摧毁所有神和人的律令，进而消灭所有的秩序、政府和社会，让所有人重新陷入原始的暴力和战乱的状态。

第三十七章　论奇迹及其用处

奇迹就是上帝令人惊讶羡慕的业迹，也被称为神异之际。因为大部分奇迹是为了显示上帝的命令，这些奇迹的出现就是为了防止人们因无法通过自己的天赋理性来判断哪些是上帝的命令而陷入怀疑，所以在《圣经》中一般称为征兆，拉丁语中称为迹象或征兆。奇迹的概念正是从显示或预示全能的主将会实现的业迹的意义得出的。

由此可见，要理解什么是奇迹，就要先知道什么事是令人类感到惊异和羡慕的。只有两种情况可以让所有人都感到惊奇：一种是新奇，也就是这样的事从未发生过或很罕见；另一种是，当我们看到这件事时不会认为它是自然发生的，而是相信只有上帝才能做到。但如果我们发现了其中可能的自然原因，那么就算这件事再怎么罕见，也不会让人感到惊奇，我们也不会觉得这是奇迹。当然，如果一件事情反复发生，那么即便是无法想象其中的自然原理，也不可能被认为是奇迹。

所以，一匹马或一头牛开口说话就是奇迹，因为这是一件很新奇的事情，而且我们完全想象不出其中的原理。当我们看到自然界出现了新奇的变异，产生新物种的时候也是如此。而当我们看到人或动物的种群繁衍时，虽然也不知道其中的自然原理，但因为常见，所以也就不足为奇。同理，当一个人变成了石头或柱子时就是奇迹，因为这件事很新奇，但是如果一块木头发生了类似的变化，就因为常见而不能称之为奇迹，但上帝到底是如何实现这一切的，我们对两者都知之甚少。

出现在世界上的第一道彩虹是奇迹，因为那是第一道彩虹，所以足够新奇，而且那是上帝放在天上的征兆，让人们知道今后这个世界不会再遭到洪水的破坏。但是到了今天，彩虹已经是司空见惯的事物，因此无论是否知道它的形成原理，人们都不会认为这是奇迹。这世上还有很多罕见的事情是通过人类的技艺完成的，因为我们知道这件事是怎么样做成的，所以在看到结果时也不会把它当成奇迹，因为我们知道它并非出自上帝之手，而是人类通过辛勤劳动实现的。

而且，艳羡和惊诧大多源自个人的知识和经验，每个人的情况不同，对同一件事的感受也不同，因此，无知和迷信的人感到非常惊异的事情，在知晓原理的人看来完全不足为奇，因为他们知道这是一般的业迹，而不是上帝的业迹，例如，当人们普遍认为日月食是超自然的业迹时，有些人却可以根据自然原理预测这些现象发生的时间。再比如，当一个人和别人串通一气，打探到了一个无知又草率的人的私事后，又将曾经做过的事情告知本人，那么对当事人来说就是奇迹，但是在谨慎睿智的人面前，这种奇迹就很难出现了。

奇迹还有另外一个属性：之所以要行奇迹，是为了让人们相信上帝的使者、代理人和先知，让人们以这种方式确定他们是受上帝派遣而来，从而更愿意服从他们。虽然创造世界以及后来用洪水毁灭世界都是令人惊异的业迹，但是因为这些事情并不是为了让人们相信先知或其他神的代理人而发生的，所以通常不会称之为奇迹。无论一件事多么令人惊奇，因为人们早就已经知道了上帝无所不能，所以令人惊奇的地方就不在于这件事发生了，而在于他是上帝应许了人们的祈求或语言而发生的。上帝在埃及通过摩西的手做的事情都是奇迹，因为这些事情都是为了让以色列人相信摩西并不是出于个人原因来到他们中间，而是受到了上帝的派遣。因此，当上帝命令摩西拯救以色列人，让他们不必再受埃及人奴役时，就说“他们必不信我，但必说耶和华并没有向你显现”[①]，于是上帝赐予摩西一种神力，让他可以把手杖变成蛇再变回来，让他把手放到怀里，长出大麻风，拿出来以后又恢复原状，然后这些以色列人就相信他们祖先的神向摩西显现了，如果这些还不足以让人相信，上帝又赐给他一种神力，让他把埃及人的水变成血。他在众人面前行了这些奇迹，于是“百姓就信了”。但是这些人出于对法老的畏惧，仍然不敢服从摩西，于是又行了折磨法老和埃及人的奇迹，因为这些事情都是为了让以色列人相信摩西，所以就是正式的奇迹。这样的事情还有很多，摩西和巴比伦被掳以前的各位先知、救主及其门徒所行的一切奇迹都是为了产生或者坚定一种信仰，让人们相信这些人并不是自己来到这里，而是受上帝派遣而来。而且，通过《圣经》我们还发现，奇迹的目的并不是在所有人中产生一种普

---

① 《出埃及记》第四章第1节。

遍的信仰，而只是在选民中，也就是在上帝选定的臣民中产生信念。在埃及行的那些折磨人的奇迹并不是为了让法老改变信仰，因为上帝已经告诉过摩西，他会让法老的心刚硬，不放以色列人离开；最后法老同意他们离开，也不是因为奇迹而折服，而是因为折磨迫使他屈服。《马太福音》第十三章第58节中提到救主时说："耶稣因为他们不信，就在那里不多行奇迹了。"而在《马可福音》第六章第5节中则不说"不多行奇迹"，而说"不得行什么奇迹"。不行奇迹并不是因为缺乏神力，这种观点就是渎神；也不是因为这些奇迹并不是为了劝人皈依，而是因为摩西、先知和救主及其门徒行奇迹都只是为了增加教会成员，这些成员不是普通人，而是上帝认为应该得救的人，也就是可以成为上帝选民的人。既然救主是被他的父派到人间来的，便不可能运用自己的权能让被神抛弃的人皈依。关于圣马可的这句话，有一种解释是他用"他不得"代替了"他不想"。这种说法在希腊语中没有先例。希腊语中提到没有意志和生命的事物时，会用"不"代替"不得"，但是从没出现过用"不得"代替"不"的情况。这种做法会让软弱的基督徒遇到一种阻碍，让人觉得基督只能在轻信的人中间行奇迹。

根据我对奇迹性质及其作用的说明，可以给出下面的定义：奇迹是上帝运用他在创造之初的自然方式所行的业迹，其目的是向选民表明为他们带来救赎的特殊使者的使命。

通过这个定义，我们可以得出以下推论：首先，所有奇迹都不是先知的品质造成的，因为这些都是上帝直接造成的结果；意思是上帝完全没有以先知作为辅助而是独立完成了这些业迹。

其次，魔鬼、天使以及任何被造出来的灵都不能行奇迹。因为奇迹只能是通过某种自然原理，或是通过符咒或语言产生。如果一个人是依靠自身力量通过符咒完成奇迹，就说明有一种不是来自上帝的力量，没有人会同意这种说法；如果他是借助赋予的力量完成的，那么业迹就不是出自上帝之手，而是源于自然，那么也就不能被称为奇迹。

在《圣经》中，有些部分的记载似乎是把行奇迹的能力看成某种邪术或符咒的技艺，而这类奇迹看上去与神的奇迹相差无几。例如，在《出埃及记》中，摩西把手杖丢在地上变成了蛇，"埃及行法术的也用邪术照样而行"。随后，摩西把埃及的江河以及池塘里的水都变成了血，"埃及行法术的也用邪术照样而行"，摩西又借助神力让青蛙上岸，"埃及行法术的也用邪术叫青蛙上了埃及地"，当我们读到这些内容的时候，会不会把奇迹当成一种法术，而且认为此处以及其他很多地方的类似记载都已经证实了这一点？但是在《圣经》里我们完全找不到关于法术的说明。那么，如果法术不像人们以为的那样，是用咒文或咒语来达到某种神奇的效果，而只是用一般方式设计的骗局；如果它不是超自然的产物，因为骗子使用法术完全不依靠对自然原理的研究，而只需要对普通人的无知、愚昧和迷信有所研究就够了，这样一来，那些似乎可以证明魔术、巫术和法术力量的经文，其意义与我们当初所见就一定存在差异。

很明显，语言只对可以理解的人起作用，而且这种作用只是说话者表达了自己的意志和情感，而听到的人则由此产生了希望、畏惧等激情和概念。那么，当人们看到手杖变成蛇、水变成血或其他法术造成的奇迹时，如果不是为了启发上帝的子民，那么被法术影响的就不是手杖、水或其他事物，而是观看法术的人。因此所有这些奇迹的出现，都是因为施法术的人在行骗，这完全不是奇迹，也一点都不难做到。

因为普通人大都愚昧无知，并且容易犯错，而不了解自然规律、人类本性与利害关系的人更是如此，所以才会被那么多简单的伎俩骗到。在人们不了解天体运动的科学之前，如果有个人对大家说今天或今天的某个时刻太阳会变暗，那人们又会怎样惊叹他的神力呢？变魔术的人在摆弄高脚杯或其他小玩意儿的时候，如果不是因为现在这种把戏很常见，看到的人至少也会觉得这种怪异的事要借助妖魔之力才能完成。古时有一种人被称为腹语者，他们可以用吸气的方式说话，让自己的声音听上去不像是来自发声器官的震动，而是来自更遥远的空间，他们可以让很多人相信自己随口说出的话其实是来自天上的声音。有一种人很狡猾，他会探听他人的秘密或只会告知自己信赖的人的冒险或经历，随后将这些事情告知本人，这件事本来很简单，却有人因此获得了方士的名声，而且是大有人在。要将这些人一一列举出来就太多了，希腊人将这类人统称为行奇幻之事的人。但实际上这些人行事全凭自己的诡谲伎俩。如果我们看一看人们是怎样串通起来行骗的，就会发现再不可能的事情都会让人信以为真。比如有两个人串通一气，一个装成跛子，另一个用符咒来医治他，就有可能让很多人上当；如果更进一步，他们联合了更多人，其中一个装成跛子，一个来医治，其余人都充当见证人，那么就会有更多人被骗。

人们的本性让他们总是容易轻信伪奇迹，而给他们最好的告诫就是我在前面说过的上帝对摩西说过的那些，我认为没有比这更好的了，这告诫在《申命记》第十三章开头和第十八章末尾都可以看到：任何人如果在上帝的代理人已创建的宗教之外传布其他宗教，就不要把他当作先知，而且，就算他们传布的是这种宗教，在他们的预言应验之前，也不要把他们当作先知。那么，如果我们还不能相信这些所谓的先知和预言，在摩西的时代就应该询问摩西，在亚伦及其继承者的时代就应该询问亚伦及其继承者，无论何时，我们都应该去询问位置仅次上帝并且代他管理所有神的子民的人，了解一下他们确定的教义。了解清楚后，还要亲眼看到被人们称为奇迹的事完成，并用尽一切办法检查它是否真的完成了，除此之外，还要验证是不是任何人都不可能运用他的自然天赋做出类似事情，而是必须用神的力量直接实现。这一部分必须交由神的代理人完成，在遇到任何存疑的事情时，我们都应该让他们来做出判断。例如，有个人对着一块面包念念有词，然后说上帝很快就会把这块面包变成一个人或一个神，或是既变成人，又变成神，但是人们却看不出变化，面包还是那块面包，于是在上帝的代治者向上帝询问这件事是否做成之前，任何人都没有理由相信这件事成了，也不会对他感到畏惧。如果说没成，那么接下来就该说出摩西在《申命记》第十八章第22节中的那句话："那是他擅自说的，你不要怕他。"如果他说成了，那么他就不能提出反对。同理，如果不是我们亲眼所见，而只是听他人转述，那么我们还是要向合法的教会询问，看看说这话的人到底可不可信。如今生活在基督徒主权者统治下的人会遇到的主要情况就是这些。就我所知，现在还没有人见过应符咒或祈求而发生的新奇事件，而且能让具备正常理智的人觉得是超自然的事物。现在我们需要解决的问题并不是亲眼所见的事情是不是奇迹，而是我们听到的或是在书上看到的奇迹是真的还是捏造的，直白点说就是，现在的问题是这些记载到底是真的还是假的。关于这个问题，我们不能运用个人的理性和良知来判断，而是要运用公众的理性，也就是上帝的最高代理人的理性去判断。当然，如果我们已经赋予他主权，让他可以做任何事，只要是和平和防卫所必需的，那么他就已经是我们授权的裁判者。因为思想是自由的，所以每个人在自己的内心都有自己认为是奇迹的事情，当这些事情看上去可信的时候，人们可以通过一个简单的办法来确定自己要不要相信，那就是判断一下这件事会给行奇迹的人或认定这就是奇迹的人带来什么好处，而且用这个办法还可以判断出这件事到底是不是奇迹。一旦关系这种信仰，个人的理性就应该服从公众的理性，也就是服从上帝的代理人。关于上帝的代理人是谁、教会的首领是谁的问题，我会在后面合适的地方进行讨论。

第三十八章　论《圣经》中永生、地狱、得救、来世和赎罪的意义

司法维系了世俗社会的稳定，而司法本身又需要靠国家主权者的权力以及一些轻度的惩罚来维持。如果有人可以在主权者之外给予臣民高于生命的奖赏和重于死亡的惩罚，那么这个国家就无法继续维持。既然永生是今生最大的奖赏，永罚则是重于死亡的惩罚，那么所有想要通过服从权力当局来躲避战祸的人就都应该好好想想：《圣经》中的永生和永罚都是什么意思、一个人对谁犯下什么罪行会遭受永罚，而做了什么又可以获得永生。

我们先来看看亚当刚被创造时的情况，如果他没有违背上帝的诫命，原本是可以在伊甸园中一直享受这种生活的。因为园中有生命树，只要他不吃被禁止食用的辨别善恶的果实，就可以吃生命树的果实。而当他吃了禁果之后，上帝就将他逐出伊甸园，因为“恐怕他伸手又摘生命树的果子吃，就永远活着”。因此，我认为要是亚当没有犯罪，就可以获得永生，他必死的命运是因为他的第一次犯罪才会降临到他本人及其后代身上。不过，关于这个问题和其他需要通过《圣经》来解答的问题，我都服从国家承认的《圣经》的解释。当时降到他身上的死亡并不是真正的死亡，否则亚当就不会有后代，后来他不但活了很久，而且在活着的时候看到了众多子孙。据说“你吃的日子必定死”是指他必死的命运以及早就确定的死亡结局。既然亚当是因为犯罪而被剥夺了永生的权利，那么只要有人取消了这种剥夺，他就可以恢复永生。耶稣基督已经为自己所有的信徒赎罪，因此所有信徒就都会恢复因亚当的罪而被剥夺的永生。《罗马书》第五章第 18 节中，圣保罗正是在这个意义下做出了如下对比：“如此说来，因一次的过犯，众人都被定罪；照样，因一次的义行，众人也就被称义得生命了。”《哥林多前书》第十五章第 21~22 节又对这句话做出了更明确的解释：“死既是因一人而来，死人复活也是因一人而来。在亚当里众人都死了；照样，在基督里众人也都要复活。”

耶稣为众人获得永生的地方在哪里，从上面的引文来看，应该是说就在地上。如果众人都是因为亚当而死，那便是被逐出乐园并剥夺了地上的永生；同理，当众人因为基督复活的时候，也必然都要在地上复活，否则就不能成为对

比。《诗篇》作者的经文看上去也符合这种观点："在锡安山，因为在那里有耶和华所命定的福，就是永远的生命。"[①] 锡安山正是在地上的耶路撒冷。圣约翰也说："得胜的，我必将神乐园中生命树的果子赐给他吃。"[②] 这就是亚当的永生之树，而他原本就是将要在地上生活的。圣约翰的另一句话似乎也是在对此做出肯定："我又看见圣城新耶路撒冷由神那里从天而降，预备好了，就如新妇妆饰整齐，等候丈夫。"[③] 同一章还有一句类似的话，大意是：新的耶路撒冷，也就是上帝的乐园会在基督再临的时候从天上降到神的子民中，而不是要人们从地上到乐园中。《使徒行传》第一章第11节中记载了基督升天时，两位天使对他们说的话："这离开你们被接升天的耶稣，你们见他怎样往天上去，他还要怎样来。"这句话表达的意思也和前面的相同。这句话的意思听上去大概就是耶稣还会再临，并在他的父之下永远管辖他们，而不是在天上统治他们。而且，这也符合在摩西之下按约建立的上帝国的复兴问题，这是一个犹太人在地上的政治性政府。救主说："当复活的时候，人也不娶，也不嫁，乃像天上的使者一样。"[④] 其实这句话说的就是当我们在亚当那里失去永生之后的婚姻状况。如果亚当和夏娃没有犯罪，他们就会在地上获得永生，当然，这种情况下，他们就不该持续种族的繁衍。因为如果不死的人也像现在的人一样不断繁衍，很快这个地上就会连站的地方都没有。曾经有个犹太人问救主：一个女人与好几个兄弟结了婚，等到复活的时候，她到底算是谁的妻子？会问这个问题，就说明他完全不清楚永生的结局，到时候不会再有生育，因此也就不会再有婚姻，就像天使一样，他们也没有婚姻和生育。下面这种说法也适用于说明亚当因获罪失去的永生与基督战胜死亡恢复的永生之间的相似之处。亚当因获罪而被剥夺永生，但在那之后依旧生活了一段时间，同理，虔诚的基督徒因基督受难而恢复永生，虽然他们是自然死亡，但是在复活之前依旧要一直处在死亡状态。因为死亡是从亚当被定罪而不是从执行的时候开始计算的，同理，永生是从罪被赦免而不是在将要复活的信徒被选拔出来的时候开始计算。

我所能见到的经文并不能找到明显的证据说明人复活以后是在天上度过永

① 《诗篇》第一百三十三篇第3节。
② 《启示录》第二章第7节。
③ 《启示录》第二十一章第2节。
④ 《马太福音》第二十二章第30节。

生的；天上指的是宇宙中距离地面最远的地方，例如星辰，也可能是在星辰之上被称为天堂的更高处；《圣经》里根本没有提到这样的天堂，根据理性也不可能做出这种判断。天国其实就是位于天上的那个王建立的王国，而这个王国其实就是他通过代治者来治理的以色列人，最初是由摩西、以利沙和主权者祭司代为治理，直到撒母耳的时候，以色列人背叛了上帝，要求像列国一样拥有一位凡人君主。后来救主基督通过使徒的布道使以色列人回心转意，并让外邦人也听从自己的道，在那之后将会建立新的天国，到那时，我们的王将会是上帝，而他的王座就是天。《圣经》中并没有明确指出人类必将升到上帝立足之处，到大地之上去得永福。反而是《约翰福音》第三章第 13 节中写道："除了从天降下仍旧在天的人子，没有人升过天。"在这句话之前的一段话是救主说的，而这句话却出自约翰之口。因为当时的基督并没有在天上，而是在地上。《使徒行传》第二章第 34 节中说大卫在地上，当时圣彼得为了证明基督升天，引用了这位《诗篇》作者的一段话："因为你必不将我的灵魂撇在阴间，也不叫你的圣者见朽坏。"[①] 随后他解释：这话讲的是救主，不是大卫。并给出理由："大卫并没有升到天上。"不过关于这个问题，很多人都可以轻松地做出回答：虽然在最后审判日之前躯体不能升天，但是灵魂只要离开了躯体就会在天上。救主基督的话似乎也证明了这种观点，他在《路加福音》中借用摩西的话来证明复活，"至于死人复活，摩西在荆棘篇上，称主是亚伯拉罕的神，以撒的神，雅各的神，就指示明白了。神原不是死人的神，乃是活人的神；因为在他那里，人都是活的"。但是如果单纯地将这句话理解成灵魂的不朽，就不能证明基督想要证明的躯体的复活，也就是人的不朽。所以基督这句话的意思是这些族长之所以不朽，并非因为人类的本质和天性带来的固有属性，而是因为神将永生赐给了他的信徒。虽然很多族长和信徒在当时已经死去，但是经文中却说他们在神那里是活的，意思就是他们和那些已经获得救赎和永生的人同在一处。而类似这样的观点：究其本质，人类的灵魂是不朽的，并且可以独立于躯体存活，或是除了以诺和以利亚之外还有凡人可以不通过最后审判的复活而获得不朽，在《圣经》中还找不到相关记载。《约伯记》第十四章里都是对这种必死命运的抱怨，但这与复活中的不朽却不矛盾，他说："树若被砍下，还可指望发芽，嫩枝生长不息，其根虽然衰老在地里，干也死在土中；及至得了水气，还要发芽，又长枝条，像新栽的树一样。但人死亡而消

① 《诗篇》第十六章第 10 节。

灭，他气绝，竟在何处呢？”随后他又说：“人也是如此，躺下不再起来，等到天没有了，仍不得复醒，也不得从睡中唤醒。”那么到什么时候，天才会消失呢？圣彼得给出的答案是在普遍复活的时候，“但现在的天地还是凭着那命存留，直留到不虔敬之人受审判遭沉沦的日子，用火焚烧”[①]。随后又说：“切切仰望神的日子来到。在那日，天被火烧就销化了，有形质的都要被烈火熔化。但我们照他的应许，盼望新天新地，有义居在其中。”所以约伯说的“人死了虽等到天没有了，还可得复醒”的大概意思就是在复活和审判日之前，人类的身上不会出现不朽的生命，这并不是因为人类的特殊本质或繁衍的本能，而是因为上帝的应许。因为圣彼得说的不是“我们盼望得到新的天地”，而是“从应许中盼望得到”。

在本书第三十五章中，我已经通过《圣经》的经文证明了上帝的王国是一个世俗国家，上帝先后通过《旧约》和《新约》成了这个国家的主权者，并通过代理人治理国家。那么这些经文也证明了，当救主在威仪和荣耀中再次降临，并成为世上真正且永久的王时，上帝的国也会降临到地上。虽然这个观点可以引用《圣经》上很多明确的经文来证明，但是在大多数人看来，这都是个新奇的观点，因此我只是简单地提出，我不会坚持任何宗教问题上的新观点，我关心的只有在这个国家之中还没有确定的、与权力武装纠纷有关的结果，在未来任何的讨论都要这项权力来确定，无论个人如何看待由此确定的书面或口头的命令，只要想从中获得法律保护，就必须服从。因为任何关于上帝国的观点对世俗王国都有着非常大的影响，所以除了在上帝之下具有主权的人，任何人都不能对这些观点做出判断。

不只是上帝的国和永生，就连上帝的敌人以及他们在审判后遭受的刑罚，根据《圣经》的记载也是在地上。无论是被埋葬的人，还是被大地吞没的人，在复活之前他们曾停留的地方，在《圣经》中的称呼都含有“地下”的意义。拉丁语中一般用地府或下界，希腊语中则说成人看不到的地方，包括坟墓和一切深藏地底之处。而关于复活之后他们受罚的场所，《圣经》中却没有明确记载，唯一可以确定的是到时他们会跟什么人在一起，例如，那个地方将会是上帝曾经用特殊的神力从地上消灭的恶人所在的地方，他们如今所在的阴间地府、塔塔鲁斯或无底洞等；因为可拉、大坍和亚比兰都是直接被大地吞噬的。《圣经》的作者会这样描述，并不是要我们相信在这个空间有限的、远远小于星辰高度的地球上居

① 《彼得后书》第三章第7节。

然存在着一个无底洞，就是那种出现在希腊人的魔鬼学说中、又被罗马人称为塔塔鲁斯的深度无限的洞，维吉尔在《埃涅伊德》中曾经有过这样的描写“入幽邃之深，如登奥林匹斯之高”，因为考虑到天空的比例，这样的洞穴是完全不可能存在的。而是想让我们知道，那些恶人将会漂泊不定，游荡在被上帝惩罚并让后人引以为戒的人所在的地方。

此外，生活在大洪水之前挪亚时期的巨人，因其邪恶而被淹没世界的大洪水消灭了，所以有时候那些受罚之人也被指出是与这些死于洪水的巨人在一起。《箴言》第二十一章第16节中说：“迷离通达道路的，必住在阴魂的会中。”《约伯记》第二十六章第5节中说：“在大水和水族以下的阴魂战兢。”由此可见，受罚的人就应该在水下。《以赛亚书》第十四章第9节中说：“你下到阴间，阴间就因你震动，来迎接你。又因你惊动在世曾为首领的阴魂，并使那曾为列国君王的，都离位站起。”严格意义上说，这句话是再一次指出受罚的人处于水下。

第三，索多玛和哥摩拉两座城因罪恶使上帝震怒，并降下硫黄火烧毁了一切，两座城及周围的乡村形成了一个刺鼻的沥青湖，因此有时人们也会说受罚的人在火或者火湖中。《启示录》第二十一章第8节中说：“唯有胆怯的、不信的、可憎的、杀人的、淫乱的、行邪术的、拜偶像的和一切说谎话的，他们的分就在烧着硫黄的火湖里，这是第二次的死。”由此可见，地狱之火并不是某种确定的刑罚或受刑的场所，我们应该将它理解为毁灭，正如《启示录》第二十章第14节中说的那样：“死亡和阴间也被扔在火湖里，这火湖就是第二次的死。”意思是被彻底消灭了。仿佛是这样，审判日之后就不会再有死亡，也不会再发生下地狱的事，换句话说就是不会再有进入阴间的事情，那就意味着死亡也不会再有。

第四，关于埃及人曾经遭受的黑暗之灾，《出埃及记》中说：“三天之久，人不能相见，谁也不敢起来离开本处，唯有以色列人家中都有亮光。”于是恶人在审判结束后的受罚之处也被称为彻底的黑暗，原文用的是境外的黑暗。《马太福音》中就有过一段相关记载：“于是王对使唤的人说：‘捆起他的手脚来，把他丢在外边的黑暗里，在那里必要哀哭切齿了。’”由此可见，虽然说是彻底的黑暗，但实际上并不是指黑暗的程度，而是指黑暗的位置，也就是在上帝选民的住所之外的地方。

最后，欣嫩子谷是耶路撒冷附近的一个地方，其中有个叫陀斐特的地方，那里的犹太人犯下了重罪，那就是崇拜偶像。他们将儿女献给摩洛，因此上帝在此处用最严厉的办法惩治了他的敌人，约书亚也将摩洛的祭司烧死在他们的祭坛上，《列王纪下》第二十三章对这件事做了记载。后来，这个地方就用来倾倒城中的垃圾，并且会经常焚烧，以此来除去腐烂的味道。正因为这是一个可怕的地方，所以后来犹太人就习惯性地将受罚之人的处所称为矶汉拿或是欣嫩谷。如今，“矶汉拿”这个词一般被翻译成地狱，而且因为那里经常有焚烧的火焰，我们也有了不灭之火和无尽之火的概念。

既然并没有人对《圣经》做出解释，说明在审判日之后，所有恶人都会在欣嫩谷永远受罚，或是他们将会复活并永远待在地下或水下，又或是他们在复活后就见不到彼此，也不能在不同地方往来，那么我们就可以得出一个确定的结论：关于地狱之火的说法，其实是一种比喻，这样一来，我们就需要讨论地狱的处所、地狱的痛苦和地狱的官吏等称谓的本来意义，因为任何比喻都可以在表达本义的词句中找到确切依据。

首先，地狱官吏的本质和性质已经通过仇敌或撒旦、司罚之魔或恶魔、地狱差吏或无底洞差吏等名称作出了严格且恰当的说明。这些名词显然意义非凡，诸如撒旦、恶魔以及无底洞使者一类的名称并不是那种向我们指明某个特有对象的专有名词，而是代表了某种职能或地位的一般性名词，因此像拉丁语和现代《圣经》中那样不翻译这些名字的意义是不合适的。因为这种表达看上去很像魔鬼的专有名称，人们也会因此更容易相信魔鬼学说，而这在当时都属于外邦人的宗教，与摩西和救主的教义相违背。

因为仇敌、司罚之魔以及地狱差吏是将要成为上帝子民之人的敌人，既然复活后建立的上帝国就在地上，那么他的敌人及王国也自然要在地上，这种情况在犹太人背叛上帝之前就开始了。因为上帝国在巴勒斯坦，而在其四周都是仇敌建立的王国，所以撒旦的意义就是教会在地上的敌人。

地狱的痛苦有时被说成哀号和咬牙切齿，有时被说成良心的蛀虫，有时则被说成火焰，例如，“他们的虫是不死的，火是不灭的”，类似的说法在很多地方都曾出现。还有些时候会被说成耻辱和憎恨，如《但以理书》第十二章第2节中说：“睡在尘埃中的，必有多人复醒，其中有得永生的，有受羞辱、永远被憎恶的。”所有这些描写都隐含在比喻的手法中，表现出了这些人因为自己不服从和不信神而失去永恒至福以后，又在他人身上看到的时候所产生的痛苦和不愤。又因为他人的至福唯有在与自身的苦难相对比时才尤为突出，所以便可以得出一个结论：这种肉体上的痛苦和灾难不仅要降临到那些信奉邪恶和残酷的统治者并且与全知全能的耶和华为敌的人，还要在每一个恶人的第二次死亡中也加入这样的痛苦。因为《圣经》中虽然已经应许了普遍的复活，但其中却不包括那些应该受罚的人。至于人们将会以怎样的躯体复活，在《哥林多前书》第十五章第42~43节中圣保罗说："死人复活也是这样：所种的是必朽坏的，复活的是不朽坏的；所种的是羞辱的，复活的是荣耀的；所种的是软弱的，复活的是强壮的。"恶人的躯体完全称不上荣耀和强壮，而且只能死一次的人也谈不上第二次死亡；虽然可以将生活中永恒的灾难比喻成万劫不复的死亡，但是比喻成第二次死亡就让人难以理解了。

为恶人设下的火是永不熄灭的火，这句话的意思是身处其中的人都要遭受身、心两方面的痛苦，在复活之后，这种状态也会一直持续。正是因为这层含义，所以火才会永不熄灭，苦才会永不断绝，但是我们不能因为这个就说将要承受这种烈火和酷刑的人真的能够忍得住，甚至可以一直忍受下去而不被烧死或是摧毁。虽然有很多证据可以证明这种永远存在的火焰和酷刑，而且罪人也可能被不断地丢进去，但是我们却找不到身处其中的人可以获得永生的证据，反而看到了关于他们永不复活的记载，这就是第二次死亡。《启示录》第二十章第13~14节中说："于是海交出其中的死人，死亡和阴间也交出其中的死人。他们都照各人所行的受审判。死亡和阴间也被扔在火湖里，这火湖就是第二次的死。"由此可见，在审判日被定罪受罚的人都要遭受第二次的死，之后便不再有死亡。

在《圣经》里，永生之乐的全部内容包含在救恩或得救之中。如果得救不是指免除某种特定的不幸，那么就是将一切不幸完全免除，其中就包括了贫困、疾病和死亡。因为人类在被创造出来的时候就是不朽的，所以也就不会遇到任何会让自己的本质解体的情况，但是亚当犯了罪，于是人们就被剥夺了这种幸福，因此从罪中得救也就等于是从罪带给我们的一切苦难与不幸中得救。由此可见，在《圣经》里，免罪就等于从死亡和灾难中得救，从基督的话中我们也可以看到这一点，当他治愈了一位瘫痪的人之后，就对他说："小子，放心吧！你的罪赦了。"[①] 又因为救主知道文士们肯定认为一个人说这样的话就是僭妄，所以反问道："或说'你的罪赦了'，或说'你起来行走'，哪一样容易呢？"通过这句话就可以看出，在救治疾病的问题上，"你的罪赦了"和"你起来行走"是一个意

① 《马太福音》第九章第2节。

思。他这样说只是想证明自己有赦罪的权力。而且，有另一个显而易见的道理，那就是死亡和苦难都是罪的惩罚，因此在解除罪的同时，就一定会摆脱死亡和苦难，这也是审判日之后，信徒们因为基督的权力和神恩可以享受的绝对的救赎，因此，耶稣基督也被称为我们的救主。

特殊的救恩就像《撒母耳记上》第十四章第39节中说的"救以色列人永生的耶和华"那样，是指拯救人们使其摆脱当下困境。再比如《撒母耳记下》第二十二章第4节，"我要求告当赞美的耶和华，这样，我必从仇敌手中被救出来"。《列王纪下》第十三章第5节，"耶和华赐给以色列人一位拯救者，使他们脱离亚兰人的手"，等等。我并不想对这些经文做过多解释，虽然让这种解释中出现讹误很容易，却没人有兴趣这么做。

但说到普遍获救的问题，因为这件事发生在天国里，所以获救的地方就变成了一个大难题。首先，人类是为了预防敌人和保障自身而建立国家的，国家的目标就是长治久安，看上去这样的得救应该发生在地上，而得救向我们宣告的是我们的王战胜了敌人并登上至尊荣耀的王位，而不是为了苟活而逃避敌人，那么当我们想到得救的时候，就会想到要先有凯旋，凯旋则是因为之前的胜利，要取胜，则必然先有战争，但是我们很难想象发生在天上的战争，无论这样的观点看上去多么合理，只要《圣经》中没有给出明显证据，我就不信。《以赛亚书》第三十三章第20~24节充分描绘出当时人们得救的情景：

"你要看锡安——我们守圣节的城，你的眼必见耶路撒冷为安静的居所，为不挪移的帐幕，橛子永不拔出，绳索一根也不折断。

"在那里，耶和华必显威严与我们同在，当作江河宽阔之地。其中必没有荡桨摇橹的船来往，也没有威武的船经过。

"因为耶和华是审判我们的，耶和华是给我们设律法的，耶和华是我们的王，他必拯救我们。

"你的绳索松开，不能栽稳桅杆，也不能扬起篷来。那时许多掳来的物被分了，瘸腿的把掠物夺去了。

"城内居民必不说：'我病了。'其中居住的百姓，罪孽都赦免了。"

从这段话可以看出，得救的场所就是"耶路撒冷那边安静的居所"，这个场所一直处在"不挪移的帐幕"等状态；救世主则是主，是审判他们、给他们制定法律的他们的国王，而且他将会拯救我们；救恩是主与他们同在，成为河流宽阔之地，等等。而他们的敌人则会陷入另一种状况：绳索松开、桅杆不稳，瘸腿的也可以分走掳来的物；得救之人的状况则是：必不说，我病了，最后，所有的一切包含在罪的赦免中，居住在那里的人罪孽都赦免了。通过上面这些描述可以看到获救就是在基督再临、上帝在耶路撒冷做王的时候在地上实现，对外邦人来说，他们获救进入上帝国的地方就是耶路撒冷。《以赛亚书》第六十六章第 20~21 节中的同一位先知对这件事做了进一步说明："他们必将你们的弟兄从列国中送回，使他们或骑马、坐车、坐轿、骑骡子、骑独峰驼，到我的圣山耶路撒冷，作为供物献给耶和华，好像以色列人用洁净的器皿盛供物奉到耶和华的殿中。这是耶和华说的。耶和华说：我也必从他们中间取人为祭司，为利未人。"很明显，上帝国的中心，外邦人将要获救的起始之处，就是耶路撒冷。救主和撒玛利亚夫妇谈论拜父的地方时说过的话也可以证明这一点。他对那妇人说："你们所拜的，你们不知道；我们所拜的，我们知道，因为救恩是从犹太人出来的。"[①] 这句话的意思大概是你们敬拜父，却不像我们可以知道父会如何救我们；我们知道自己会因为犹太支派中的一个人获救，这个人是犹太人，而不是撒玛利亚人。所以那妇人说"我们知道弥赛亚要来"，这话也没有什么问题。正因为这样，救主才会告诉她："救恩是从犹太人出来的。"保罗在《罗马书》第一章第 16~17 节中说："这福音本是神的大能，要救一切相信的，先是犹太人，后是希利尼人。因为神的义正在这福音上显明出来；这义是本于信，以致信。"这段话和前面救主所说的那句是一个意思。这个信从犹太人开始，一直到外邦人中去。先知约珥在描绘审判日的景象时说的话也是基于相同的意义："在天上地下，我要显出奇事，有血，有火，有烟柱。日头要变为黑暗，月亮要变为血，这都在耶和华大而可畏的日子未到以前。到那时候，凡求告耶和华名的就必得救，因为照耶和华所说的，在锡安山，耶路撒冷必有逃脱的人，在剩下的人中，必有耶和华所召的。"[②]《俄巴底亚书》也提到："在锡安山必有逃脱的人，那山也必成圣；雅各家必得原有的产业。"这句话的意思是得到异教徒的产业，这些产业的具体情况在后文也有说明，其中包括以扫山、非利士地、以法莲地、撒马利亚地、基列和南地的城邑，最后以"国度就归耶和华"一句作为结束。上面列举的地名都是救恩之地，因此审判日后的上帝国就在地上。而且，我也找不到任何记录了圣

① 《约翰福音》第四章第 22 节。

② 《约珥书》第二章第 30~32 节。

者被接引到天上的经文，也就是说，他们到了天堂或太空中其他地方，除非那个地方被叫作天国。天国这个名字的由来是因为上帝在做犹太人的王时，通过天使降谕的方式让摩西统治他们；以色列人背叛以后，上帝又派他的儿子到人间来让他们服从，并且上帝会再派他来，在审判日之后成为犹太人以及其他所有信徒永远的王。如果不是这样，那么天国这一名称的由来就应该是因为上帝的宝座在天上，而他的立足之处则在地上。有人说上帝的臣民将会来到可以与他的宝座比肩的地方，或者去往高于上帝立足之处的地方，但这种说法明显不符合上帝的尊严，而且我们找不到《圣经》中有任何明确的经文可以说明这一点。

根据我们对上帝国和得救这两个问题的描述，来世的意义就很容易解释了。《圣经》中一共提到了三个世界，分别是：上古世界、现世以及未来世界。《彼得后书》第二章第5节中有段话是圣彼得对上古世界的描述："神也没有宽容上古的世代，曾叫洪水临到那不虔敬的世代，却保护了传义道的挪亚一家八口。"因此上古世界就是从亚当开始一直到被大洪水淹没时候的世界。《约翰福音》第十八章第36节中救主基督在提及现世时说道："我的国不属于这个世界。"因为救主来到世间只是为了告诉人们得救之道，并用他的道来恢复他父的国。圣彼得在《彼得后书》第三章第13节中提及来世时说："但我们照他的应许，盼望新天新地。"就在这个世界，基督才会显示他的大能和大荣耀，驾着云从天上来；他将派天使从四面八方将他的选民召集起来，并永远在他的父之下做他们的王。

罪人得救需要一个前提，那就是赎罪。一个人只要有了罪，就得接受相应惩罚，而且必须向被他伤害了又能掌控他的人付出代价，这个代价可以由他自己支付，也可以由他人代付。因为他的罪损害了上帝，一切生灵又都受他统治，所以在得救之前，就必须付出上帝想要的代价。这种代价并不是可以抵消之前的侵害并且用来偿还罪孽的，因为罪人自己无力支付这样的代价，任何义人也不可能代替他支付相应代价。一个人可以通过赔偿来弥补他对另一个人造成的伤害，但是这种赔偿却不能抵消他犯的罪，否则人们就可以任意通过交易来获取犯罪的自由。但是通过忏悔，一个人可以无偿使自己获得赦免，当然如果上帝按照其心意取走了可以赎罪之物，他的罪也可以被赦免。在《旧约》中，赎罪之物通常是牺牲或祭献。虽然人们已经实现被警告过可能会出现的惩罚，但赦罪的行为并不能称为不义。因为对人来说，善良的许诺会对做出许诺的人产生约束，但如果是警告这种恶意的许诺却没有，人尚且如此，更何况是超过我们不知多少的上帝，他当然更不受这种许诺的约束。所以当我们被基督拯救的时候，人类的罪恶并没有得到相应补偿，这样一来，给恶人永久性的死亡这项惩罚的上帝也就不会陷入不义之中。基督只是在他首次降临之后，为了能让在自己再次降临之前忏悔罪过的人获救而将自己作为牺牲献给上帝，这本就是他按照上帝的意志所行的事。在《圣经》中，这种赎罪也不是一直都被叫作牺牲或贡献，有时它也被称为工价，但我们却不应该认为工价就是耶稣可以按照其价值而有权要求被损害的父赦免他们的罪的东西，我们只能将其理解为父出于对世人的怜悯而要求的工价。

第三十九章　论《圣经》中的“教会”的意义

在《圣经》的不同篇章中，教会指代的对象也有所不同。有一种不太常见的用法是表示上帝的去处，也就是基督徒们公开举行圣礼的神殿，例如《哥林多前书》第十四章第 34 节中说：“妇女在会中要闭口不言，像在圣徒的众教会一样。”此处运用的是比喻义，指聚会的众教徒，后来这个词就用来表示建筑物本身，用来与偶像崇拜者的神殿做区别。耶路撒冷的神殿可以被称为上帝的去处或祷告者的去处；同理，基督徒用来敬拜基督的所有建筑都可以称为基督的去处，于是希腊的教父就说那是主的去处，用我们的语言来表达则是教堂。

当教会不表示去处的时候，其含义就相当于古希腊城邦的集会，指会众或被召集到一起听行政长官讲话的公民聚会，罗马共和国时期被称为 concio，因为人们将发言的人称为会上讲话的人。如果这些人是被合法当局召集起来的，就称为合法的会众；如果只是被人蛊惑而在激情之下聚集到一起的，就称为混乱的会众。

有时教会也用来表示有权参加集会但实际并未参与的人，也就是包含了全体基督徒，无论这些人彼此相隔多远；如《使徒行传》第八章第 3 节中说：“扫罗就残害教会。”在相同的含义下，基督才会被称为教会的首领。有时也用来表示部分基督徒，如《歌罗西书》第四章第 15 节中说：“请问……他家里的教会安。”有时则仅仅表示选民，如《以弗所书》第五章第 27 节中说：“做个荣耀的教会，毫无玷污、皱纹等类的病，乃是圣洁没有瑕疵的。”这里的教会就是在说得胜的教会和未来的教会。有时还表示明证基督信仰的人组成的会众，其所证明的信仰的真伪并不影响，如《马太福音》第十八章第17节中说："若是不听他们，就告诉教会；若是不听教会，就看他像外邦人和税吏一样。"在这句话里，教会就是这个意思。

只有在最后一种含义下，教会才可以被理解为一个人。意思是只有在这种含义下，教会才有权具有意志、宣告、命令、被服从、立法及其他行为。因为缺乏合法的会众权力作为基础，聚会成员的任何行为都只能是当初出席并协助其实现的每一个人的个别行为，并不会被认为是他们全体的行为，更不能被认为是缺席或出席但不愿做出该行为者的行为。基于这种意义，我对教会做出如下定义："教会是明证基督教信仰并在一个主权者的人格之下联合在一起的人，若要聚会，就当遵从主权者的命令，而在缺乏主权者权力作为根据时就不应该聚会。"因为在任何一个国家，没有得到世俗主权承认的聚会都是非法聚会，所以在任何一个禁止聚会的国家，教会都属于非法聚会。

此外，我们还可以得出一个结论：世界上不存在任何所有基督徒都必须服从的普遍的教会，因为世界上也不存在一个所有其他国家都必须服从的权力当局。每一个独立的君主和国家之内都会存在基督徒，但是这些基督徒都要服从自己的国家，因此就不可能再对其他人的命令表示同样服从。那么，一个有权发布命令、审判案件、宣告无罪或有罪并能做出其他任何行为的教会就会变成一个由基督徒组成的世俗国家，因为组成国家的都是人，所以被称为世俗国家；又因为国内的臣民都是基督徒，所以被称为教会。"世俗政府"和"灵性政府"这两个词之所以会同时存在，正是因为有人想要混淆视听，让公众分辨不出谁才是合法的主权者。虽然信徒的躯体在复活之后会成为属灵的且不朽的存在，但只要还在今世，它便还是凡俗的、可腐朽的肉体。所以，现世中的政府，除世俗政府外，便不存在任何国家的或宗教的政府，而国家兼教会的统治者所禁止的一切学说对其臣民来说都不可能是合法的。统治者必须是唯一的，否则一个国家的教会与国家、灵性与世俗以及法律与宗教之间必然会出现争端和内战，甚至更坏的结果是，每一个基督徒的内心也必然会出现基督徒与凡人之间的冲突。教会的圣师被称为子民的牧者，同样的称号也被冠在世俗主权者的头上。如果这两个牧者之间不存在从属关系，使得只有一个人成为牧者的首领，那么他们就会在人们之中传布互相矛盾的学说，这时，其中一个人的说法肯定是错误的，还有一种可能是两个人的说法都是错误的。牧者中唯一的首领应该是谁，我们在前面已经根据自然法得出了结论，那就是世俗主权者，在后面的几章，我们会看到在《圣经》中这样的职位赋予了哪些人。

第四十章　论亚伯拉罕、摩西、大祭司和犹太诸王在上帝国的权利

亚伯拉罕是信者之父，也是按约进入上帝国的第一人，因为最初就是他和上帝立的约。按照信约，亚伯拉罕及其后裔都要承担义务，承担并服从上帝的命令，这些命令包括道德法规这种人们可以通过自然法认识的律令，此外还有上帝通过梦或异象传达的诫命。既然他们已经在道德法规上承担了义务，就不必再通过迦南地的应许立约。以色列人和所有其他人一样，都因为对自然律的义务而必须服从上帝，这种义务也并不会因为任何契约而增加。这就是亚伯拉罕与上帝立的约：将以上帝的名义在梦和异象中下达的所有命令都当作上帝的命令，并将命令转达给家族的人，命其遵守。

通过上帝与亚伯拉罕所立的约，我们可以看到关于上帝子民治理的三个重点：首先，立约时，上帝只同亚伯拉罕一人说话，因此并没有与他的家人及后裔立约；也有可能是立约必不可少的全体意志已经在立约之前就包含在亚伯拉罕的意志中，于是亚伯拉罕在立约前就已经具有合法的权力，其余人必须履行自己立约的一切内容。基于这一点，上帝说："地上的万国都必因他得福。我眷顾他，为要叫他吩咐他的众子和他的眷属遵守我的道。"[①] 由此可以得出第一个结论：没有被上帝直接降谕的人，应该从他们的主权者那里接受上帝的正式命令，正如亚伯拉罕的家人和后裔都是从自己的父亲、家主和世俗主权者亚伯拉罕那里接受命令的。所以在任何一个国家，只要没有得到相反的超自然启示，人们都应该在表现出来的行为上、在明证宗教信仰的事务上服从主权者的法律，而世俗的统治者并不能知道人们内心的思想和信仰，这是唯有上帝才能确知的事情，这不是可以随意支配的事实，也不是法律的既定结果，这是隐藏的意志与上帝的权力造成的结果，因此也就不能算作臣民的义务。

根据这一点可以做出一个推论：在亚伯拉罕的臣民中，如果有人自称得到了上帝直接的启示、异象、神感或其他神祇，让他支持某种被亚伯拉罕禁止的言

① 《创世纪》第十八章第 18~19 节。

论，又或者有臣民服从或拥护这个假冒的僭越者，他就可以合法惩戒这些人。于是，主权者就可以依法惩处任何传布神谕来反对法律的人，因为主权者在国家中的地位就相当于亚伯拉罕在自己家族中的地位。

由此还可以得出第三个结论：正如在亚伯拉罕的家中只有他自己才知道什么是上帝的道，在基督教国家中，则只有主权者才知道。因为上帝只同亚伯拉罕说话，所以只有他知道上帝说了什么，并向家人解释上帝的话，由此可见，在国家中拥有相同地位的人就是上帝的话的唯一解释者。

上帝又和以撒重订了相同的契约，以撒之后是雅各，但在此之后就没有了，直到以色列人被救出埃及，来到西奈山下时，上帝才与摩西重新定约，这次定约的方式让以色列人从此以后成为特属上帝的国。上帝不会亲自治理这个国家，而是交给代治者，首先是摩西，后来是亚伦及其后裔，对上帝而言，这个国家永远成了祭司的国。

这样他们便按约建立了一个国家，上帝得到了一个王国。然而摩西并不能作为亚伯拉罕权利的继承者获得统治以色列人的权力，因为他无法通过继承权要求获得这样的权力，这样一来，如果臣民并不相信上帝对摩西说话，那么就不可能将摩西当作上帝的代治者。因此，虽然以色列人已经和上帝立约，但是摩西自身的权力却只能来自人们对他本身的圣洁、对他与上帝说话这件事还有他的奇迹是否为真的判断，如果人们的判断与之前不同了，那么就不再有义务将摩西以上帝的名义发出的任何命令当成上帝的律法。我们要继续讨论，还有什么能让他们有义务服从摩西？不可能是上帝命令他们承担义务，因为上帝没有直接和他们说话，而是通过摩西进行传达。救主基督谈到自己时，曾经这样说："如果我为自己做证，那么做证就是不实在的。如果摩西为自己做见证，特别是他要求对上帝的子民具有王者的权力时，他的证据就更不应该被接受。"既然如此，摩西的权力就应该与其他主权者一样，是由于人民的同意和承诺服从获得的。当时的情况或许真的就是这样，《出埃及记》第二十章第 18 节中说："众百姓见雷轰、闪电、角声、山上冒烟，就都发颤，远远地站立，对摩西说：'求你和我们说话，我们必听，不要神和我们说话，恐怕我们死亡。'"这就是他们承诺服从的表现，以此为根据，他们要承担义务，服从摩西以上帝的名义向他们发出的任何命令。

虽然他们按约建立的是祭司的国家，也就是说，由亚伦世袭的国家，不过这种继承权应该被认为是从摩西死后才开始的。无论国家是以什么方式建立和规定了政府，也无论政府是君主式的、贵族式的还是平民式的，作为国家的奠基者一定在建立政府的整个时期都对人民具有主权。《圣经》中也清楚地指明了摩西在自己所处的整个时期都具有这样的权力。第一，上述引文中人民承诺服从的是摩西，而非亚伦。第二，《出埃及记》第二十四章第1~2节中说："耶和华对摩西说：你和亚伦、拿答、亚比户，并以色列长老中的七十人，都要上到我这里来，远远地下拜。唯独你可以亲近耶和华，他们却不可亲近，百姓也不可和你一同上来。"这话的意思很明显，那就是只有摩西被召到上帝面前，也只有他才是代表上帝的人，摩西就是以色列人在上帝之下的唯一主权者。虽然后面第9节中又说："摩西、亚伦、拿答、亚比户，并以色列长老中的七十人，都上了山。他们看见以色列的神，他脚下仿佛有平铺的蓝宝石，如同天色明净。"但是在这事发生之前，摩西早就到了上帝那里，并且向百姓传达了上帝的谕令。只有摩西才是为了百姓的事情，其他人都是与摩西同行的尊者，他们能得到百姓不曾有的特殊恩赐，也只是为了显示他们的尊荣。正如第10节说的那样，这种尊荣就只是瞻仰上帝、享受人生："他的手不加害在以色列的尊者身上，他们观看神，他们又吃又喝。"这话就说明了他们只是享受人生，却没有给百姓带来任何命令。而且，在与所有政务相关的事情上，"耶和华晓谕摩西说"这样的描写随处可见，在《出埃及记》第二十五章至第三十一章，以及《利未记》中所有关于宗教仪式的规定上也都可以看到类似描述，却很少看到晓谕亚伦这样的说法。摩西还把亚伦铸造的金牛犊扔到了火海中。还有亚伦的主权，他和米利暗联合反抗摩西引起骚乱这件事最后也是上帝亲自审判的[①]。当摩西和具有管辖权的百姓之间发生冲突时，也是上帝出面解决。当时的情况是可拉、大坍、亚比兰和以色列会中的250个首领联合起来攻击摩西和亚伦，他们说："你们专权擅权，既然有名望入选会中的人都是圣洁的，上帝也都在他们中间，凭什么你们就比我们地位更高呢？"[②]然后上帝就让大地裂开了一个口子，可拉、大坍、亚比兰还有他们的家眷就这么活生生被大地吞噬了，而那250个首领也被上帝投入火中烧死。由此可见，只有摩西才是地位仅次上帝而对以色列人具有主权的人，亚伦和百姓的首领中任何的贵族都没有，不只是在世俗政府中，在宗教上也是如此。因为还有摩西可以同上帝说话，所以也只有摩西才能告诉百姓上帝要他们怎么做。任何胆敢接近上帝

① 见《民数记》第十二章。

② 见《民数记》第十六章。

与摩西说话的那座山的人都得死。在《出埃及记》第十九章第12节中，耶和华说：“你要在山的四围给百姓定界限，说：‘你们当谨慎，不可上山去，也不可摸山的边界，凡摸这山的，必要治死他。’”在第21节中又说：“你下去嘱咐百姓，不可闯过来到我面前观看。”由此可见，在基督教国家中，如果任何人有摩西这样的地位，那么他就是上帝唯一的使者和解释者。那么人们在解释《圣经》的时候，就不应当超出自己的主权者给出的界限。既然上帝在《圣经》的各篇章中留下了自己的话，那么《圣经》就是西奈山，其界限就是上帝在人间的代治者的法律。我们可以阅读这些篇章，了解上帝的奇迹并学习如何敬畏上帝，却不能去解释这些篇章，因为这就相当于窥探上帝与他选定的代治者的谈话，并且自行判断这人是否按照上帝的话在统治，对上帝而言，这是一种越界的行为，也是一种亵渎。

在摩西的时代，没有得到他承认的人就不能说自己是先知或具有耶和华的灵。因为据说那时只有摩西挑选出的七十个人可以借神说话，上帝曾对摩西说：“你从以色列的长老中招聚七十个人，就是你所知道做百姓的长老和官长的，到我这里来。”[①] 上帝将灵分赐给他们，这个灵与摩西的一样。“耶和华在云中降临，对摩西说话，把降与他身上的灵分赐那七十个长老。”我在前面已经说过，此处的灵应该被理解成意志。这段话的意思就是上帝赐给他们服从摩西意志的意志，让他们可以做预言，也就是说，他们可以通过某种方式以上帝的名义同百姓说话，他们是作为摩西的臣属，根据摩西的权力并按照他的意志在说话。因为他们只是臣属，所以当其中两个人在营帐里说预言时，就会有人觉得这是新奇且不合法的行为，后来这两个人被告发，约书亚并不知道他们是感应了摩西的灵说预言，就去请摩西禁止他们。由此可见，只要被上帝放在了摩西的位置上，所有臣民都不应该违抗他的命令，更不能妄言自己是先知或可感应上帝的灵。

亚伦死了，摩西也死了，因为这是一个祭司的国家，所以按照契约就传给了亚伦的儿子大祭司以利亚撒。上帝宣布他是地位仅次自己的主权者，并派约书亚任军队的军长。在《民数记》第二十七章第21节中，上帝的话清楚地指出了约书亚的权利。“他要站在祭司以利亚撒面前，以利亚撒要凭乌陵的判断，在耶和华面前为他求问。他和以色列全会众，都要遵以利亚撒的命出入。”由此可见，大祭司拥有决定宣战与和谈的最高权力。又因为大祭司负责保管律法书，因此最

① 《民数记》第十一章第16节。

高司法权也属于大祭司。根据《申命记》第十七章第8~10节的记载，只有利未人和祭司才能在世俗案件中担任陈述裁判官。毫无疑问，直到扫罗的时代，决定敬拜上帝方式的最高权力都一直属于大祭司。由此可见，宗教和世俗的权力都集合在大祭司一个人手中，而且在根据神权进行统治时，这两种权力就应该结合在他手中。

自约书亚死后直到扫罗的时期，《士师记》中一般会说："那时以色列中没有王。"偶尔还会补充一句"各人任意而行"。关于书中"没有王"这个记载，我们应该理解为当时的以色列人中不存在主权当局。如果我们考虑一下这种权力的行为和使用，就会发现事实的确如此。在约书亚和以利亚撒死后，"后来有别的世代兴起，不知道耶和华，也不知道耶和华为以色列人所行的事。以色列人行耶和华眼中看为恶的事，去侍奉诸巴力"[①]。圣保罗曾经指出过犹太人的一种品质，无论是在他们服从摩西之前，还是在他们有义务服从摩西之后，都没有停止过证明的"征兆"的寻找。但奇迹和征兆都是为了取信于人，而不是为了让人在获得信仰以后继续维持信仰，因为确立信仰之后，人们就会受到自然法的约束。但是如果我们单纯考虑统治的权利，而不是如何去统治这个问题，那么主权还是属于大祭司的，因此无论人们怎样服从士师，都不能以此为由反对大祭司在政治和宗教上绝对的主权权利。撒母耳和诸士师在政府中都不具有一般的使命，而只有特殊使命，以色列人也并非出自义务而服从他们，只是尊重他们在智慧、勇敢或至福中体现的神恩。因此，一直到那个时代，政治和宗教的统治权都是不可分割的。

在士师的时代以后出现的则是国王，曾经属于大祭司的一切政治和宗教权力如今都属于国王。因为最初统治人民的主权不仅来自神权，也来自以色列人与上帝立的约，这项权利正是因此而归属上帝和在上帝之下作为世俗的代治者的大祭司，后来以色列人抛弃了这种主权，而且上帝也承认了他们的行为。他们对撒母耳说："求你为我们立一个王治理我们，和列国一样。"[②]这句话的意思就是他们不想让大祭司以上帝的名义传达命令统治他们，而是想要有一个人用治理列国的方式来统治他们。如此一来，他们就废除了有君尊的大祭司，也就废除了上帝的特殊政府。不过上帝也同意了，他对撒母耳说："百姓向你说的一切

① 《士师记》第二章第10节。

② 《撒母耳记上》第八章第5节。

话，你只管依从。因为他们不是厌弃你，乃是厌弃我，不要我做他们的王。”[①] 于是以色列人抛弃了上帝，因为祭司是根据上帝的权力进行统治，因此祭司可以保留的权力就只有国王愿意让他保留的那些，权力大小则全看国王是好是坏。世俗事务的管辖权属于国王，因为同一章中还说：“使我们像列国一样，有王治理我们，统领我们，为我们争战。”这就是说，无论是在平时还是战时，国王都拥有一切权力。这些权力中也包括宗教事务的管理权，因为上帝并没有说过宗教管理相关的话，所以只有摩西的法律，也就是他们的世俗法可以作为依据。《列王纪上》第二章第27节说：“所罗门就革除亚比亚他，不许他做耶和华的祭司。”从这句话可以看出国王有权像管理一般臣民一样管理大祭司，这是他拥有最高宗教权力的证明。据《列王纪上》第八章中我们看到，他奉殿宇为圣，为上帝的子民祝福，亲自制定祷文并用于一切教会和祈祷殿堂为圣的活动，这是最高宗教权力的又一个证明。在《列王纪下》第二十二章中记载，当人们发现殿宇中的律书出了问题时，并不是大祭司决定如何处理，而是约书亚派他和其他人一起去找女先知户勒大询问，这又是最高宗教权力的一个有力证明。最后，在《历代志上》第二十六章第30节中，大卫派哈沙比雅和他的兄弟一起到约旦河以西的以色列人中做官，“办理耶和华与王的事”。在同一章第32节中我们又看到他派了另外的希伯伦族人“在流便支派、迦得支派、玛拿西半支派中办理神和王的事”，他们都是住在约旦河外的以色列人。这些不正是说明他同时具有宗教权力和世俗权力吗？总之，从最初建立的上帝国到巴比伦被掳时期，宗教的最高权力和世俗主权一直是在同一个人手中，在扫罗成为国王之后，祭司就变成了一个副职，而不是最高的主权者。宗教和政治的管辖权，开始时是属于大祭司的，后来则属于列王，但是从《旧约》的内容来看，百姓对此并没有清楚的认识。

很多甚至是大部分人只有在见证了大奇迹或可以在统治者的事业中看到伟大的能力或至福的时候，才会完全相信摩西的名或上帝与祭司的谈话；一旦他们对统治者感到不满，就会大肆批判政务或宗教事务，以此来达到更换政府或摆脱从属关系的目的，而这样做的结果通常是国家会发生内乱、分裂或其他灾难。例如，以利亚撒和约书亚死后，人们就再没见过上帝的奇迹，他们只能运用自己有限的理智进行判断，他们不知道自己受到祭司国的约束，对摩西的律法和祭司的

① 《撒母耳记上》第八章第7节。

命令置之不理，完全按照自己的意志行事；在世俗事务上，他们会选择服从自己认为可以把他们从邻国的压迫中解救出来的人。他们不去做自己应该做的事情，不去祈祷求问神谕，而是看到有人预言未来，就猜测他们是先知并跑去向他们求问。虽然他们在教堂里供奉偶像，但只要教堂中有利未人做祭司，他们就说自己在敬拜以色列人的上帝。

后来，以色列人要求立一个王，像列国一样治理他们，但也没想过抛弃自己对自己的王，也就是上帝的敬拜，他们这样做，是因为撒母耳的儿子不公正，他们对此感到失望，于是就要求有一个王为他们审理世俗案件，但是他们并没有要求这个王改变摩西为他们建立的宗教。因此这些人就为自己保留了一个法律或宗教上的借口，便于他们在将来情况于自己有利的时候摆脱这种从属关系。以色列人请求撒母耳像列国一样为他们立一个王，撒母耳不悦，因为上帝才是他们的王，撒母耳只是在上帝之下统治他们，而在扫罗违抗撒母耳并按照上帝的命令杀亚甲时，撒母耳就为大卫受膏，另立新王，夺走了扫罗继承人的王位继承权。罗波安不是偶像崇拜者，但是人民认为他施政不仁，就有十个支派以此为借口转而投靠了偶像崇拜者耶罗波安。正常情况下，在犹太和以色列诸王的全部历史中，先知都会限制国王插手宗教事务，偶尔也会管理他在国家事务上犯的错。《历代志下》中就记载了先知耶户谴责约沙法王协助以色列人攻打叙利亚的事，而《以赛亚书》中则记载了以赛亚谴责希西家王让巴比伦使者看到财物的事。由此可见，虽然国王掌握了政治和宗教的权力，但是在使用权力时却要受到限制，除非这个人拥有过人的天赋或享有至福。鉴于各个时期的实际情况，我们只能得出一个结论说宗教的最高权力掌握在国王手里，除非有人觉得这种权力属于先知，并说：希西家在天使像前向上帝祷告却没有得到回答，后来是先知以赛亚给出了回答，因此以赛亚才是教会中地位最高的人；约西亚向女先知户勒大咨询律法的书，因此除户勒大之外的人对宗教事务就不具有最高权力。我觉得任何圣师都不可能有这种看法。

在巴比伦被掳的时期，犹太人没有国家。虽然他们在回来以后又重新和上帝立约，却没有许诺服从以斯拉或其他人，没过多久，他们就变成了希腊的臣民，并受到了希腊人的风俗和魔鬼学说还有希伯来神秘主义哲学的影响，使宗教变得非常腐败，这种情况直接导致了政治和宗教上的混乱局面，让人根本看不出这两方面最高权力的真正归属。因此通过《旧约》我们可以得出一个结论：具有犹太人国家主权的人同时拥有在上帝的公共敬拜事务上的最高权力，他们代表的是上帝，也就是上帝圣父，不过在上帝没有派他的独生子耶稣基督降世，为人赎罪，并带他们进入永恒的天国获得永远的救赎之前，上帝并没有被称为圣父。这一点我们会在下一章进行讨论。

第四十一章　论我们神圣救主的职责

《圣经》中的弥赛亚一共有三项职责：第一是赎罪者或救主；第二是牧者、劝诫者或宣教者，也就是上帝派到人间来让将会获得救赎的选民皈依的先知；第三是国王或永恒的国王，只不过是在天父之下为王，就像摩西和大祭司的时期那样。与三项职责相对应的是三个时期。赎罪者的职责是他在第一次降临并牺牲自己的时候实现的，那时他为了偿还我们的罪而在十字架上献出了自己的生命。救主行走在世间时，完成了一部分是我们皈依的任务，另一部分目前由作为他代理人的教士继续，而且一直到他再临的时候才会结束。当他再临时，就会开始他对选民的荣耀的统治，并且是永远的统治。

作为赎罪者，他按照上帝的要求献出了自己的生命，以此承担并带走了我们所有人的罪。如果是严格按照正义的原则，即便是一个完全无罪的人，也不能用自己的死来弥补所有人的过错；上帝只是出于仁慈在定下这样的规则，接受了这种沐浴在神恩之下的赎罪牺牲。上帝在《旧约》中规定了祭司和其他人每年都要为以色列人赎罪一次[①]。为此，亚伦要为自己和祭司们宰杀一头小公牛；还要从其他人那里取两头公山羊；宰杀其中一头，并将另一头用作替罪的山羊，他将双手按在羊头上并忏悔以色列人的各种罪孽，将这些罪都算在山羊的头上，做完这一切之后，挑选一个合适的人把羊送到旷野中，让山羊带着他们所有的罪孽逃得远远的。上帝可以接受以色列人献祭一只山羊作为所有以色列人赎罪的代价，也可以让救主只以死亡为代价为全人类赎罪，因为上帝对此并没有更多要求。关于救主受难场景的描写，与以撒献祭和《旧约》中其他象征一样写得非常清楚。他既是献祭的羊，又是替罪的羊；《以赛亚书》中说："他被欺压，在受苦的时候却不开口。他像羊羔被牵到宰杀之地，又像羊在剪毛的人手下无声，他也是这样

① 见《利未记》第十六章。

不开口。”又说“他从活人之地被剪除，是因我百姓的罪过”。意思是他就是献祭的山羊。同一章中也有“他诚然担当我们的忧患，背负我们的痛苦”，又说：“耶和华使我们众人的罪孽都归在他身上。”“他要担当他们的罪孽。”意思是他是替罪的羊。由此可见，上帝的羔羊可以被看成两只羊，献祭便是他的死，而承担了罪孽逃逸则是他的复活，他在恰当的时候被上帝接到天上，在升天的时候被从人类的居所移走。

因为在付出代价或做出补偿之前，赎罪的人对自己赎取的东西不具有权利，而前文已经提到，赎罪需要付出的代价就是赎罪者的死亡，那么救主作为一个人，在受难而死之前，也就是他还在肉身之时，都不能成为自己救赎的人的王。我是想说，当时的救主并不能因为信徒通过受洗和他立约而成为现世的王。但是因为这些人已经在受洗中和上帝重新立约，所以在救主想要掌管王国的时候，他们就有义务将其当作天父之下的国王来服从。救主已经明确地说过这件事：“我的国不属于这世界。”[①] 因为《圣经》中只描绘了两个世界：一个是现世，在审判日之前会一直存在，因此审判日也被称为最后的审判日；另一个是在审判日之后出现新天新地时候的世界。因此，基督的王国就要等到普遍复活以后再开始。救主在《马太福音》中说：“人子要在他父的荣耀里，同着众使者降临，那时候，他要照各人的行为报应各人。”正是这件事。“照各人的行为报应各人”是他在履行国王的职责，不过要等到“在他父的荣耀里，同着众使者降临”时才能实现。救主曾说：“文士和法利赛人坐在摩西的位上，凡他们所吩咐你们的，你们都要谨守遵行。”[②] 他在说这句话时，就是在告诉我们，在那时他并没有把王的权力归于自己，而是归于上面这些人。另外一些话也是同样的意思：“谁立我做你们断事的官，给你们分家业呢？”[③] “我来本不是要审判世界，乃是要拯救世界。”[④] 但是救主降世本是要成为未来世界的王和审判者，因为他是弥赛亚，是基督，也是受膏的祭司和上帝的主权者先知，换句话说，他将具有摩西、大祭司以及诸王的权力。圣约翰就曾明确指出：“父不审判什么人，乃将审判的事全交与子。”这句话和前面引用的“我来不是要审判世界”这句话并不冲突，因为前面一句说的是现

① 《约翰福音》第十八章第 36 节。

② 《马太福音》第二十三章第 2 节。

③ 《路加福音》第十二章第 14 节。

④ 《约翰福音》第十二章第 47 节。

世，而后面一句说的则是未来的世界。《马太福音》中也有过同样的记载，当耶稣再临的时候，“你们这跟从我的人，到复兴的时候，人子坐在他荣耀的宝座上，你们也要坐在十二个宝座上，审判以色列十二个支派”。

按照这种说法，基督在地上的时候，他的王国并不在这个世界，那他第一次降世的目的又是什么呢？基督来是为了立一个新约，让此前因为旧约而归属上帝，却因为以色列人选扫罗为王背叛上帝而中断的王国再次归属上帝，为此，他要向世人宣称自己是弥赛亚，并牺牲自己的生命来偿还那些因信仰而服从弥赛亚的人犯下的罪，要是这个民族的人全都拒绝了他，那么他就要使存在于外邦人中间的信徒服从自己。因此，救主在世间行走时就肩负了两项职责：一是宣告自己基督的身份；二是通过宣教和行奇迹劝导人们，让他们为将来的生活做好准备，这样等他在威严中降临、掌管他父的国时，才能让信徒们坦然地享受永生。所以，救主一般将自己传道的时期称为复兴，确切地说这并不是一个王国，人们不可以凭借这一点拒绝服从主权当局，事实上这是提出了一个预兆，告知那些得赐神恩成为基督门徒并信他的人将会到来的天国。因此，人们便说那些虔诚的信徒已经身处神恩的王国之中，理由是他们已经属于这个天神治下的王国的子民。

由此可见，当时基督做的事和教导人们的道理从来都不是削弱犹太人和恺撒世俗权利的，因为在当时的犹太王国中，上至统治者，下至臣民，都在期盼着弥赛亚和上帝国，如果在他降世时，法律禁止他宣告并说明自己的身份，那么他就一定不会去做。既然如此，救主只不过是通过宣教和奇迹证实自己就是弥赛亚，那么他做的事就完全不可能触犯法律。救主宣称自己的王国存在于另一个世界，他告诉所有人都要服从当时坐在摩西位置上的人，都要向恺撒交税，并说他不会成为他们的审判者。既然如此，他的言行又怎么会被认为是具有煽动性并且意图推翻当时的世俗政府呢？但是因为上帝已经决定了要牺牲人子，以此来让他的选民重新回到曾经立约规定的从属关系中，所以为了达到这个目的，就利用了这些人的恶意和忘恩。同样，这也不违反恺撒的法律。虽然彼拉多同意交出耶稣并将他钉死在十字架上，以此来讨得以色列人的欢心，但是此前他却做了公开声明，说自己查不出耶稣有任何的罪。在书写他定罪的名号时，也没有按照犹太人的要求写成“他自己说我是犹太人的王”，而只是写成“犹太人的王”，虽然他们不停地在一边叫嚣，但是彼拉多却拒绝更改，他说：“我所写的，我已经写上了。”[①]

救主的第三项职责是做王，而我们之前已经证明了在复活之前他的王国不会开始。但是在复活之后，他就不是单纯地以上帝的身份为王，同时他还会因为通过洗礼与自己的信徒订立的约而特别成为他们的王，在前一种意义下，他当时就已经因为自己的全能而成为全世界的王，并且是永远的王。因此，主才会说“人子坐在他荣耀的宝座上”时，他的门徒“也要坐在十二个宝座上，审判以色列十二个支派”[②]。这句话的含义是到那时他会以自己的人性为王。还有“人子要在他父的荣耀里，同着众使者降临；那时候，他要照各人的行为报应各人”[③]。类似的记载在《马可福音》第十三章第 26 节和第十四章第 62 节都有出现。《路加福音》更是明确地指出了这个时间“我将国赐给你们，正如我父赐给我一样，叫你们在我国里，坐在我的席上吃喝，并且坐在宝座上，审判以色列十二个支派”。通过这句话可以看出，人子在荣耀中降临并让他的门徒审判以色列十二支派之前，他父的国是不会出现的。有人可能要问，既然天国里没有婚姻，那么有没有饮食呢？这里的饮食又是什么呢？救主在《约翰福音》第六章第 27 节里对这个问题进行了说明：“不要为那必坏的食物劳力，要为那存到永生的食物劳力，就是人子要赐给你们的。”人们在基督的餐桌上吃的是生命之树的果实，那么就可以在人子的王国里得到永生。通过以上各段落的引述和其他地方的记载可以说明，救主的王国明显是他运用人性来治理的。

而且，基督做王的时候，也是天父的臣属和代治者，就像在旷野中的摩西、扫罗之前的大祭司和扫罗之后的诸王那样。因为《申命记》中有一段关于基督的预言已经说明了他与摩西具有相同的职责：“我必在他们兄弟之间，给他们兴起一位先知像你，我要将当说的话传给他。”从我们的救主在地上时的种种行为中也可以看到他与摩西的这种相似之处。摩西选十二支派族长在其之下进行统治，救主则挑选了十二门徒，让其在审判日坐在十二宝座上审判以色列十二支派。摩西曾选七十长老受圣灵在百姓之中做预言，也就是以神的名义向百姓说话，救主基督也曾选七十门徒在列国宣讲他的国和救恩。当人们向摩西抱怨他们中间有两个人在营帐中做预言时，摩西向人们解释说，这些人是来帮助他治理百姓的；当

① 参见《约翰福音》第十九章。

② 《马太福音》第十九章第 28 节。

③ 《马太福音》第十六章第 27 节。

圣约翰对救主说有人以他的名赶鬼时，救主也解释说："不要禁止他，因为不敌对你们的，就是帮助你们的。"[1]

而且，救主制定的圣礼也和摩西相似，一个是为了表明进入天国，另一个是为了纪念天父拯救他的选民。在摩西时代以前，以色列人将行割礼作为他们被允许进入上帝国的圣礼；在救主降临之前，犹太人用洗礼作为接纳皈依的外邦人的圣礼。施洗约翰在接受所有人将自己的名归于基督时也一样用洗礼，而救主自己也规定了要为一切信他的人举行这种圣礼。《圣经》中并没有正式提到过洗礼的由来，有一种推测是：这种洗礼是对摩西关于麻风病人的律法的模仿，这种律法规定要将得了麻风病的人放在以色列营帐外，经过一段规定的时间后，如果祭司认为他是洁净的，那么就会为他举行一次圣洗，再准许他回到营帐。这也可能是洗礼中的一种象征意义，以信仰洗去了"罪孽的麻风"的人，并通过这种圣礼被教会接纳。还有一种推测是来自外邦人的一种在非常罕见的情况下才会举行的仪式：当一个被人们认定已死的人却活过来时，如果他不能像新生儿洗去胎中带来的污秽那样进行一次洗濯，并被自己人接纳的话，其他人就会不愿意同他来往，就像他们害怕与鬼魂来往一样，因此这种仪式就意味着新生。在犹太人处于亚历山大及其继承者等希腊人统治下时，希腊人会举行这种仪式，而且犹太人很可能在那之后将这种仪式融入了自己的宗教。但是想来我们的救主也不可能容忍外邦的仪式进入自己的宗教，因此最可能的情况还是从麻风病人的法定洗濯仪式演变而来。而圣餐仪式显然是在模仿吃逾越节羔羊的仪式：掰饼和倒酒的过程是让我们牢记自己因为基督受难而从罪中被拯救的，就像吃逾越节羔羊会让犹太人牢记自己被耶和华从埃及人的奴役下拯救出来一样。因为摩西的权力从属于上帝，是上帝的代治者，所以我们可以推断出在人性层面的基督，其权力也如摩西一样，是从属于圣父的。关于这一点，在我们祈祷时说的话，如"父啊，愿你的国降临""国度、权柄、荣耀全是你的"，在其他地方，如"他将在他付的荣耀里降临""末期到了，基督就把国交与父上帝"[2]，还有很多其他明显的地方都可以看到。

综上所述，救主在宣教和为王时，就如同摩西一样代表上帝的人格，正是从这时开始，上帝才被称为父，上帝作为一个实体，被摩西代表的时候是一个人

① 《路加福音》第九章第 50 节。

② 《哥林多前书》第十五章第 24 节中圣保罗说的话。

格，被基督代表的时候则是另一个人格。因为人格是与代表者之间的一种对应关系，既然代表者可以有很多，那么属于同一个实体的人格就可以有很多。

第四十二章　论教权

想要理解教权以及教权的归属，就要先把救主升天之后的时期分成两个阶段：前一阶段是国王和世俗主权者皈依之前的时期，后一阶段则是这些人皈依之后的时期。因为在基督升天后的很长一段时间里，没有任何一位君主或世俗主权者皈依或公开承认基督教的教义。

在中间的这个时期，很显然是使徒掌握了教权，后来教徒又把这项权力移交给被他们任命去传布福音、发展教徒并引领他们进入救恩的道的那些人手里，而后来这些人又将这项权利传给了他们任命的继任者，任命时，他们将手按在被任命者的头上，表示将圣灵或上帝的灵赋予他们，同时赋予他们发展上帝国子民的使命。用按手礼赋予圣灵的做法正是在效仿摩西，当初摩西任命约书亚为自己的代治者时就是用了这种礼仪。《申命记》第三十四章第9节中说过，“嫩的儿子约书亚，因为摩西曾按手在他头上，就被智慧的灵充满”。救主在复活之后和升天之前将自己的灵赐予使徒，采用的方式便是“向他们吹一口气，说你们受圣灵”[①]。救主升天后，“从天上有响声下来，好像一阵大风吹过”“又有舌头如火焰显现出来”[②]。救主并没有行按手礼，因为上帝也没有对摩西行按手礼，后来他的门徒通过按手礼来传圣灵，因为摩西也是这样将圣灵分给约书亚的。通过这一点我们可以看出，在基督教国家还没有出现的时候，教权究竟是在哪些人手中不停地传递，正是这些相继行按手礼，从使徒手中继承这项权力的人。

我们可以看到，上帝的人格在这里被第三次代表。在《旧约》中，摩西和大祭司是上帝的代治者，救主降世期间，基督本身就是上帝的代治者，在救主基督之后，担任代治者的就一直是圣灵，也就是接受了圣灵并进行布道和宣传的人以及他们的继承者。然而，我在第一三章中已经说过，人格是被代表的人，在每次被代表的时候才会变为人格。那么，虽然《圣经》中并没有将人格和三位一

① 《约翰福音》第二十章第22节。

② 《使徒行传》第二章第2~3节。

体的概念用于上帝，但我们还是可以将被代表了三次的上帝恰当地理解为三个人。虽然圣约翰曾说过："做见证的原来有三：就是圣灵、水与血，这三样也都归于一。"[①] 但就人格的本义而言，三个人格的说法用在这里不但没有冲突，反而非常符合，因此，圣父由摩西代表时是第一个人格，由人子耶稣代表时是第二个人格，由使徒及根据继承自他们的灵传教的教父们代表的是第三个人格，但这三个人格都是同一个上帝的人格。说到这里，有人可能会问，这三个人格到底要见证什么？圣约翰给出的答案是："这永生也是在他儿子里面。"[②] 要是有人接着问证据在哪里？这个问题倒是容易回答，证据就是上帝通过摩西、他的儿子基督以及接受了圣灵的基督门徒行的奇迹。他们在不同时期代表上帝，做预言或传耶稣基督的道。再说使徒，最早的十二门徒最典型的职责就是见证耶稣的复活，《使徒行传》第一章第 21~22 节就明确地指出了这一点："从约翰施洗起，直到主离开我们被接上升的日子为止，必须从那常与我们做伴的人中，立一位与我们同做耶稣复活的见证。"这句话便对圣约翰所说的"做见证"进行了说明。同一处来提到地上的另一个三样归一，也就是三位一体的见证："做见证的原来有三：就是圣灵、水与血，这三样也都归于一。"圣灵与洗礼和圣餐两种圣礼结合在一起，三种神恩便成了一个证据，以确保信徒对永生的内在认识。关于这个证据，圣约翰说："信神儿子的，就有这见证在他心里。"[③] 地上的三位一体指的并不是物质上的一体性，因为圣灵、水和血是三种不同的实体，但是包含其中的却是同样的证据。但是天上的三位一体却都是代表同一个上帝的人格，只不过是在三个不同时期和情况下被代表。概括来说，对于三位一体的教义，根据从《圣经》中直接得到的证据做出推论，就是上帝永远只有一个，他是摩西代表的人格，是他的儿子降生为人代表的人格，是基督门徒代表的人格。由使徒代表时，他们借以说话的灵是上帝；由耶稣基督代表时，圣子本身就是上帝；由摩西和大祭司代表时，圣父也是上帝。由此可知，为什么在《旧约》中从未使用过"圣父""圣子""圣灵"这三个词的神性意义，因为它们只是各自代表的三种人格的名称，而这个称谓只有当不同的人代表了上帝的人格并在上帝之下统治和管理他的子民时才会出现。

① 《约翰一书》第五章第 8 节。

② 《约翰一书》第五章第 11 节。

③ 《约翰一书》第五章第 10 节。

通过上面的讨论，我们已经知道了教权是如何从救主传到使徒手中，并且为了能让使徒更好地运用这种权力，又是如何在他们身上降灵的。《新约》中将圣灵称为训慰师，意思是帮助者，是被召唤而来提供帮助的，不过通常的译法是保惠师。现在我们来讨论一下教权本身究竟是什么行使教权的对象又是谁。

贝拉民主教在他的第三次总辩论中曾经对罗马教皇的教权问题进行过多次讨论，最初讨论的是教权应该是君主制的、贵族制的还是民主制的。三者都是主权，属于强制性的权力。如果现在我们已经知道，救主并未将强制权力传给门徒，他只传给他们传教的权力，也就是宣告基督的国，劝人皈依基督，用戒条和谕令来指导信众，让他们知道怎样做才能进入在未来降临的天国，而且我们还清楚地知道，使徒和传播福音的教士都是我们的教师，而非统治者，他们的戒条并非法律，而是对我们有益的劝诫，那么这位主教的辩论就毫无意义。

我已经在上一章中证明了基督的国不在今世，因此，除非传道者是君主，否则便不能以基督之名要求人们服从。原因是，如果至高的王者的权力并不在今世，那么其臣属又怎么会有要求人服从的权利？救主曾说过："我差遣你们，犹如天父差遣我。"但是救主被差遣是要让犹太人重返他父的国，并劝异邦人进入他父的国。在审判日之前，他并不作为他父的代治者在威严中成为百姓的统治者。

从基督升天到普遍复活的这段时间，被称为复兴的时期，而不是基督为王的时期，处于这一时期的人们正是要为了在审判日来临时进入在荣耀里再临做准备，我们从救主的话中就可以知道这一点："你们这跟从我的人，到复兴的时候，人子坐在他荣耀的宝座上，你们也要坐在十二个宝座上。"[①] 圣保罗也说："又用平安的福音当作预备走路的鞋穿在脚上。"[②]

我们的救主还将这件事比喻成钓鱼，意思是不以强力和惩戒令人服从，而是用劝诫来让人服从。他不让自己的门徒成为众多的宁录，也就是猎人者，而是要成为众多钓鱼的渔人。而且他还使用过面酵和播种的比喻、芥菜种子生长的比喻。这些比喻有一个共同之处，那就是排斥强制，因此那段时期就不可能存在实际上的统治。布道者代耶稣传布福音正是为了宣告基督，并为他的再临做准备，正如施洗约翰传布福音是为了他的初次降临做准备。

---

① 《马太福音》第十九章第 28 节。

② 《以弗所书》第六章第 15 节。

在今世，基督使者的责任是让人相信基督并确立基督的信仰，并不是通过强制或命令的手段，而是通过从理性或已经被众人相信的事物中得出的论点的确定性和可能性。因此，身在今世的基督使者根本没有权利以这种名义来惩戒不相信或反对他们传布的教义的人。我是想说，他们无权以基督使者的名义来惩罚这些人。除非他们是根据政治制度掌握了世俗主权的人，那么他们就可以依法来惩罚违反他们法律的任何行为。在谈到自身以及其他福音传布者时，圣保罗说："我们并不是辖管你们的信心，乃是帮助你们的快乐。"①

通过基督留给世俗君主的一切权柄，包括信基督的和不信基督的，我们可以得出另一个推论：在今世，基督的使者无权发布命令。圣保罗说："你们做儿女的，要凡事听从父母，因为这是主所喜悦的。"又说："你们做仆人的，要凡事听从你们肉身的主人，不要只在眼前侍奉，像是讨人喜欢的，总要存心诚实敬畏主。"② 他是在对非基督徒的仆人说这些话，但是其内容依旧是劝诫他们要服从主人。在说到对君主的服从时，他曾告诉人们要服从在上有权柄的："在上有权柄的，人人当顺服他，因为没有权柄不是出于神的，凡掌权的都是神所命的。""你们必须顺服，不但是因为刑罚，也是因为良心。"③ "你要提醒众人，叫他们顺服做官的、掌权的，遵他的命，预备行各样的善事。"④ 圣彼得也说："你们为主的缘故，要顺服人的一切制度，或是在上的君王，或是君王所派罚恶赏善的臣宰。因为神的旨意原是要你们行善，可以堵住那糊涂无知人的口。"⑤ 圣彼得和圣保罗所说的君主和在上有权柄的都是不信基督的人；如果上帝让一位基督徒掌握主权并统治我们，那么我们就更应该服从。因此，如果有任何基督使者让我们做的事情违背了自己国家的君主或代表国家的主权者的命令，而我们却要依靠服从主权者来得到保护，那么我们又有什么义务要服从这样的基督使者呢？显而易见，基督在今世的使者如果不是同时具有世俗主权，那么基督就没有传给他任何统治他人的权利。

可能会有人反驳，如果国王、元老院或其他主权者禁止基督的信仰，我们该怎么做？我的答案是：这种禁令起不了作用，因为他们的命令决定不了一个人

① 《哥林多后书》第一章第 24 节。

② 《歌罗西书》第三章第 20 节、第 22 节。

③ 《罗马书》第十三章第 1 节、第 5 节。

④ 《提多书》第三章第 1 节。

⑤ 《彼得前书》第二章第 13~15 节。

信或不信的事实。信仰是上帝赋予的，任何人都不可能通过承诺报偿将它加到人的心里，也不可能通过惩罚或威胁剥夺。问题更进一步，如果合法的君主命令我们亲口宣布自己不信仰，又该如何？我们是否一定要服从这样的命令？口头宣布只是一种外在的行动表现，和我们表示服从的其他外在表现并无区别，所以在这个问题上，在内心坚定基督信仰的基督徒所拥有的行动自由和先知以利沙允诺叙利亚人乃缦的自由是一样的。乃缦的内心已经皈依上帝，他说："从今以后，仆人必不再将燔祭或平安祭献与别神，只献给耶和华。唯有一件事，愿耶和华饶恕你仆人：我主人进临门庙叩拜的时候，我用手搀他在临门庙，我也屈身。我在临门庙屈身的这事，愿耶和华饶恕我。"[①] 先知应允了他，并叫他"平平安安地回去"。乃缦的内心是信仰上帝的，但是他叩拜临门庙偶像的行为引起的效果则是否定真神，和他口头说出这件事的效果是一样的。如果是这样，我们要如何回答救主的话呢？"凡在人面前不认我的，我在我天上的父面前也必不认他。"[②] 我们可以这样来理解，像乃缦这样的臣民做出的行为，都是因为要服从主权者而不得不做，他的行为不是因为遵从自己的内心，而是因为服从国家的法律，这不是他的行为，而是他的主权者的行为，在这种情况下，不是他在人前不认基督，而是他的主权者和他的国家在人前不认基督。如果有人要攻击这种解释，说它违背了纯洁的基督教义，那我就要反问：如果在基督教体系的国家里存在信仰伊斯兰教的臣民，而主权者却命令他到基督教的教会做礼拜，否则就处死他，那么提出反驳的人是不是也认为这个伊斯兰教的教徒出于良心就有义务去赴死，而不是服从他的合法君主的命令呢？如果他的回答是应该选择死亡，那么就相当于他授权所有平民，都可以在不考虑其宗教真伪的情况下，为了维护自己的宗教而违抗君主的命令。如果他认为应该服从，那他就是只许州官放火，不许百姓点灯了，这也违背了救主说的那句"你们愿意人怎样待你们，你们也要怎样待人"[③]。而且这也违背了"己所不欲，勿施于人"的自然律，这一条毫无疑问是永恒的神律。

那又要怎么解释那些记载在教会历史中、毫无意义地献出生命的殉道者呢？要回答这个问题，首先要对因此而死的人做出区别，这其中有些人是因为受天命而传道，向公众宣告基督的国；另一些人并未接受这样的天命，只是根据自己的

① 《列王纪下》第五章第 17~18 节。

② 《马太福音》第十章第 33 节。

③ 《路加福音》第六章第 31 节。

信仰而这样做。前者若是因见证基督复活而被处死，就是真正的殉道者，因为“殉道者”一词的准确意义正是救主耶稣复活的见证者，但是除了曾在地上直接与耶稣交谈过、并在其被接引升天后曾再次见到过他的人之外，并不存在其他见证者。作为见证人，对其所要见证的事必须是亲眼所见，不然其证明就是不可靠的。从下面这段圣彼得的话中我们可以清楚地看到，除了上述这类人，再没有人可以被正式称为基督的殉道者：“所以主耶稣在我们中间始终出入的时候，就是从约翰施洗起，直到主离开我们被接上升的日子为止，必须从那常与我们做伴的人中，立一位与我们同做耶稣复活的见证。”[1] 由此可见，要成为耶稣复活这一真理的见证者，也就是要成为耶稣就是救主这一基督教基本信条的真理的见证者，就必须是曾经与耶稣交谈过，并且在其复活前后都亲眼见过他的某个门徒，也就是说，一定是他的某个亲传弟子。除此之外的所有人能够见证的就只是前人的说法，由此可见，他仅仅是他人的证明的见证者，是一个间接的见证者，或者说是基督见证者的见证者。

如果一个人为了维护自己从救主的生平事迹、使徒行传或其他书信中引申的任何观点，或者维护他根据一个普通人的权威相信的任何道理，甚至为此反抗世俗国家的法律和权力，那么他根本称不上基督的殉道者，自然也称不上殉道者的殉道者。要配得上“殉道者”这样的荣誉称号，只能是为了捍卫一个信条而死，这就是：耶稣是基督；意思是，他为我们赎罪，并将再临使我们得救，让我们在他荣耀的王国获得永生。为了任何一种教士们争权夺利的信条而死都是毫无意义的行为；能使人成为殉道者的并不是死亡本身，而是见证者的证明。因为“殉道者”这个词指的不是别的什么，而是做证的人，无论这个人是否因此被处死，情况都一样。

此外，不只是受命宣传这一基本信条，自动传布这一信条的人也是见证者。因此，如果他不是基督的直接见证者，那就是间接地成为基督的使徒、门徒或其继任者的见证者。即便是这样，他也没有义务为了这件事付出生命。因为并没有人命令他这样做，所以也没有要求他献出生命；如果对方并没有要求他这样做，而他做了以后并没有从对方那里得到报偿，那么也不应该产生埋怨。因此，未经授权却主动去宣扬基督以肉身降临这一教义的人并不是被派遣来让不信神者皈依的人，自然也就不能成为直接或间接的殉道者。对那些因为相信而不需要见证的

① 《使徒行传》第一章第 21~22 节。

人来说，任何人都不可能成为见证者，只有对那些否认、怀疑或从未听说过的人来说，才能成为见证者。基督并没有给所有信徒授权，而是只派遣自己的使徒和七十门徒，并授权他们可以传道。而且他将这些人派到不信的人中间去，并说："我差你们出去，如同羊羔进入狼群。"[①] 而没有说如同羊羔进入别的羊群。

最后，福音中明确记载了他们的使命，却不包括任何统治会众的权力。

首先，我们看到十二使徒被派到"以色列家密室的羊那里去"，并宣告"天国近了"[②]。"传道"一词原本用来表示公事的传令人、传会官或是其他官员公开宣布国王登基的消息时一般会做的事。但是一个只负责传达消息的人不可能对任何人具有统辖权。《路加福音》第十章中说，七十门徒受命而来，就像"庄稼的主打发工人出去收他的庄稼"，他们受命告知世人"神的国临近你们了"。这里提到神的国并不是指神恩的国，而是指荣耀的国。因为救主曾经吩咐过他们，若是有的城不接待他们，就说："所多玛所受的，比那城还容易受呢！"[③]在《马太福音》第二十章第28节中，当两个门徒争抢座位的先后时，救主说出了他们的职责："正如人子来，不是要受人的服侍，乃是要服侍人。"因此，作为传道者就只有服侍人的权利，而没有统治人的权利。救主还说过："不要受师尊的称呼，因为只有一位是你们的师尊，就是基督。"[④]

他们的使命还包括教导万民或者说"你们往普天下去，传福音给万民听"[⑤]。因此，教导便等同布道。因为宣布王将要降临的人，要想让人们服从王，就一定要让他们知晓王是根据什么权利降临的，正如圣保罗对帖撒罗尼迦的犹太人做的那样："一连三个安息日，本着《圣经》与他们辩论，讲解陈明基督必须受害，从死里复活。"又说："我所传与你们的这位耶稣，就是基督。"[⑥] 但是用《旧约》来教导人们耶稣就是基督并从死里复活的道理，并不是说在人们相信以后就要服从向他们传布这个道理的人，不服从主权者的法律和命令，而是要告诉他们应该采取明智的行动，保持耐心和信仰，服从今世的统治者，为将来迎接基督的降临做好准备。

---

① 《马太福音》第十章第16节。

② 《马太福音》第十章。

③ 《路加福音》第十章第12节。

④ 《马太福音》第二十三章第10节。

⑤ 《马可福音》第十六章第15节。

⑥ 《使徒行传》第十七章第2~3节。

他们的使命还包括以圣父、圣子、圣灵的名义施洗。施洗是什么？就是浸在水里。以某种名义把人浸在水里又是什么意思呢？以上用来解释“施洗”一词的几个字的意义是：受洗者被浸在水里或用水洗濯，象征他成了一个新人以及上帝忠诚的子民，因为在古时，上帝是犹太人的王，他的人格由摩西和大祭司代表；他也要成为是人也是神的耶稣基督、上帝的儿子的忠诚子民，因为耶稣曾为我们赎罪并且会在复活以后，在他永恒的天国里用自己的人性来代表他父的人格；同时，他还要承认使徒的教义，因为使徒借助圣父和圣子的灵成为人们的指引者，引导我们进入天国，这是人们进入天国唯一可靠的方法。这就是我们在洗礼中做出的承诺，世俗主权者的权力将会一直延续到审判日来临之前，因为圣保罗曾明确地指出过：“在亚当里众人都死了；照样，在基督里众人也都要复活。但各人是按着自己的次序复活，初熟的果子是基督，以后在他来的时候，是那些属基督的。再后，末期到了，那时，基督既将一切执政的、掌权的、有能的，都毁灭了。”[①] 显而易见，洗礼的过程中并没有建立另外一种权力来统治我们今生的外在行为，而只是做出了以使徒的教义为指导步入永生之道的许诺。

保留和赦免罪的权力也被称为捆绑和释放的权力，有时也会被称为天国的钥匙，这项权力来自施洗和拒绝施洗的权力，因为洗礼是被接纳可以进入天国的人用来表现自己皈依的圣礼，进入天国便意味着永生，换句话说就是罪的赦免，因为人曾因为犯罪而失去了永生的权利，所以也会因为罪的赦免而恢复这项权利。施洗是为了赦罪。因此，当人们在圣灵降临节因听了圣彼得讲道而皈依基督教，并询问他要怎么做的时候，圣彼得说：“你们各人要悔改，奉耶稣基督的名受洗，叫你们的罪得赦。”[②] 施洗是对外宣称人们被接纳进入天国，而拒绝施洗则表示被天国拒之门外，因此宣布某人是否得以进入天国的权力就掌握在使徒及其代理人和继承者手中。正因如此，《圣经》才会说救主向他们吹气并说“你们受圣灵”，紧接着又告诉他们：“你们赦免谁的罪，谁的罪就赦免了；你们留下谁的罪，谁的罪就留下了。”[③] 这句话授予他们的是一种有限的权力，他们并不能像上帝一样知道一个人的内心以及他皈依和忏悔的真相，并且直接对这人绝对地赦免或保留他的罪，而只能有条件地对忏悔者赦罪或保留罪。如果一个人只是装

① 《哥林多前书》第十五章第 22~24 节。

② 《使徒行传》第二章第 38 节。

③ 《约翰福音》第二十章第 22~23 节。

出了忏悔的样子而得到赦免，那么无论有什么辩解的言语或行动，不真诚都会让这种赦免变成无效的，不但不能帮助他获救，反而会令他罪加一等。于是，使徒及其继承者只能根据忏悔者的外在行动来判断：对方表现出忏悔，他们就必须赦免；对方没有表现出忏悔，他们就不能赦免。施洗时也同样要遵守这个规则，使徒无权拒绝为皈依基督的犹太人或外邦人施洗，同样无权为不悔罪的人施洗。因为任何人都只能根据忏悔者的言行等外在表现来判断其是否真的悔过，而这些表现都有可能是装出来的，这样就会引出另一个问题：到底派谁来充当这个外在表象裁判者？我们的救主已经亲口回答了这个问题，他说："倘若你的弟兄得罪你，你就去趁着只有他和你在一处的时候，指出他的错来。他若听你，你便得了你的弟兄；他若不听，你就另外带一两个人同去，要凭两三个人的口做见证，句句都可定准。若是不听他们，就告诉教会；若是不听教会，就看他像外邦人和税吏一样。"[①] 由此可见，判断某个人是否真的悔罪的权力并不属于任何人，而是属于教会，或有权代表教会的人。除了做判断之外，还要宣读判词，这项权力则永远属于使徒或担任宗教会议主席的牧师。有关这个问题，救主说："凡你在地上所捆绑的，在天上也要捆绑；凡你在地上所释放的，在天上也要释放。"[②] 圣保罗的言行也与之相符，他说："我身子虽不在你们那里，心却在你们那里，好像我亲自与你们同在，已经判断了行这事的人。就是你们聚会的时候，我的心也同在。奉我们主耶稣的名，并用我们主耶稣的权能，要把这样的人交给撒旦。"[③] 这段话表明要把他当作没有赦罪的人逐出教会。这个判词（判决书的旧称）应该由保罗宣布，但是因为保罗当时不在场，所以先由宗教裁判会议听审并判罪。在这种情况下，很明显裁判的权力属于教会，因为同一处这样记载："但如今我写信给你们说：若有称为弟兄是……这样的人不可与他相交，就是与他吃饭都不可。因为审判教外的人与我何干？教内的人岂不是你们审判的吗？"[④] 我们可以看到，宣布将某人逐出教会的判词是使徒或牧师的权力，但是审判案件并给出判决结果的权力属于教会，换句话说，在君主及具有国家主权的人皈依基督教之前的那段时期，审判的权力属于居住在同一城镇的基督徒聚会，例如在哥林多发生的案件就交给

① 《马太福音》第十八章第 15~17 节。

② 《马太福音》第十六章第 19 节。

③ 《哥林多前书》第五章第 3~5 节。

④ 《哥林多前书》第五章第 11~12 节。

哥林多的基督徒聚会审判。

把人逐出天国这项重要权力叫作开除教籍权。在希腊原文中，开除教籍的原意是逐出会堂，也就是将人从举行圣礼的地方驱逐。这个词源自犹太人的一种风俗，被判定为在言行上会给他人带来不良影响的人会被逐出会堂，其做法跟摩西的律法中规定要把麻风病人逐出营帐一样，要等到祭司宣布他已经洁净时，他才能再回来。

开除教籍权的运用以及后果是，当缺乏世俗权力支持的时候，仅仅能让拥有教籍的人和被剥夺教籍的人彼此不相往来。把从未皈依过基督的人称为异教徒显然并不充分，因为前者可以与异教徒一起吃饭，但是被开除教籍的人却不能。《哥林多前书》第五章中圣彼得就已经清楚地指出了这一点。他说，自己曾经告诫这些人“不可与淫乱的人相交”。但是他又说，如果真的要这样做，恐怕只能离开这个世界，因此他将这个范围缩小到“称为弟兄”的人，他告诫他们“这样的人不可与他相交，就是与他吃饭都不可”。其实圣彼得说的话与救主说的“就看他像外邦人和税吏一样”是一个意思。因为犹太人非常痛恨这些税吏，甚至把他们看成和罪人一样的人。正因如此，在救主接受税吏长官撒该的邀请时，人们才会觉得这是一种罪行，并且反对他去，就算他的目的只是让他皈依。因此，救主在外邦人后面有加上了“税吏”一词，就是明确禁止他们与被开除了教籍的人同食。

但是无论这个人是基督徒还是外邦人，有权拒绝接纳他进入会堂的人只有那个地方的主人。因为任何地方都要归国家管辖，只要有了世俗长官的授权，无论是被开除教籍的人还是从来都不信教的人都能进去，保罗在皈依之前就曾经在大祭司的命令下进入大马色的会堂，把里面的男女基督徒都绑起来押到了耶路撒冷。

由此可见，如果世俗权力当局不支持教会甚至迫害教会，那么一个基督徒在那里叛教并被开除教籍就既不可能受到今世的惩罚，也不可能对来世感到恐惧。他不会感到恐惧的原因是他已经不信教，而不会受到惩罚是因为回归世俗以后受到庇护，他在来世可能遭遇的情况也不会比从来不信教的人更糟糕。在这种情况下会遭受损害的反而是教会，因为被他们逐出教会的人从此可以不受约束地做出恶行，并攻讦教会。

那么开除教籍的惩罚只能在信徒身上产生效果，这些人相信基督会在荣耀中再临，成为他们的王并审判死人和活人，于是那些没有被赦罪的人，也就是被开除教籍的人就不被允许进入天国，正是基于这一点，圣保罗才会把开除教籍说成把这些被除籍的人交给撒旦。因为审判结束后，除了基督的国之外，任何其他国家都属于撒旦的国。如果一个信徒被开除教籍，也就是没有被赦罪，那么他所畏惧的正是这个结果。基于这个观点，我们就能推知在基督教没有获得世俗当局承认的时候，开除教籍的惩罚只能用来纠正错误的品行，而不能用来纠正错误观点的原因。因为这样的惩罚只能在相信基督会再临并且审判所有人的信徒身上才能起作用，而相信这件事的人也不会有其他观点，他们认为只要做个正直的人就能得救。

有些人是因行不义之事而被开除教籍，如《马太福音》第十八章中说，倘若你的兄弟得罪你，就先趁着只有你们两个人的时候指出他的错误，如果不听，就带着见证人一起来，还是不听，就去告诉教会，要是依旧不肯悔改，"就看他像外邦人和税吏一样"。还有些人则是因臭名昭著而被开除教籍，如《哥林多前书》第五章第 11 节中说："若有称为弟兄是行淫乱的，或贪婪的，或拜偶像的，或辱骂的，或醉酒的，或勒索的，这样的人不可与他相交，就是与他吃饭都不可。"若是有人坚持"耶稣就是基督"这一基本信仰，但是在其他一些不会动摇基本信仰的问题上产生分歧，那么参考《圣经》和使徒的事迹我们都找不到任何权力可以将他开除教籍。当然，圣保罗倒是说过一句看上去好像有不同含义的话，他说："分门结党的人，警诫过一两次，就要弃绝他。"[①] 分门结党的人是教会的成员，却传布一些被教会禁止的个人观点。圣保罗劝说提多，警诫过一两次之后就要弃绝这样的人，但是弃绝在这里却不是指开除教籍，而是不再警诫、随他去，也不再同他争论，就把他当成脾气古怪又自以为是的人。他还说："唯有那愚拙无学问的辩论，总要弃绝。"[②] 这里的弃绝（avoid）和前面的弃绝（reject）在希腊原文中用的是同一个词。但是处理愚拙的问题完全没必要开除教籍，置之不理就足够了。而且，《提多书》第三章第 9 节中也曾说："要远避愚拙的辩论。"原文用的是"让他去"，这和前面的弃绝是一个意思。除此之外，我们似乎找不到其他可以引用的合理段落来支持这种处理方式，将那些坚持信条却具有一种特殊的上层结构的人开除教籍，而且他们的上层结构很有可能是来自内心的虔诚和善良。而且，所有劝诫人们避免争论的段落反而都是用来对提摩太和提多这些牧者进行教导的，用来劝诫他们不去在任何小的争论上较真，并因此制定新的信条，

① 《提多书》第三章第 10 节。

② 《提摩太后书》第二章第 23 节。

这会给人类的良知带来不必要的负担，甚至会让促使他们破坏教会的团结。使徒们都很好地遵守了这些训诫。我们从《加拉太书》第二章第 11 节中可以清楚地看到，虽然圣保罗和圣彼得之间存在着激烈的争论，但是他们并没有把对方开除教籍。不过，使徒时代也存在不遵守这条训诫的牧者，丢特腓就曾经以骄傲为由，把一个被圣约翰认为可以被教会接纳的人驱逐了。居然在这么早的时期，基督的教会中就已经出现了虚荣和野心。

要开除一个人的教籍就一定要具备众多条件。首先，他应该是某个团体的成员，也就是说，他从属于某个合法的会众，也可以说，他应该是某个有权就开除教籍这一问题对他进行审判的基督教会的成员。因为没有团体，就不会有开除教籍的问题产生，而没有裁判权的地方也不会存在任何可以下判决的权力。

因此，一个教会不能对另一个教会开除教籍。因为两个教会之间的关系只能有两种：权利相等或从属关系。如果是前者，那么开除教籍就不是惩戒行为，也不是使用权力的结果，而只是破坏团结友爱的行为；如果是后者，两个教会实际上就是一个教会，那么被开除教籍的就不是一个教会，而是一群散漫的个人。

因为开除教籍的判决相当于一种劝告，阻止信徒跟被除籍的人来往，甚至阻止他们共食，所以如果被开除教籍的是一个主权君主或主权会议，那么这个判决就是无效的。因为根据自然法，主权者一旦提出要求，臣民就必然只能同他来往，而且没有人可以将他从自己国土中的任何一部分驱逐，无论这个地方是圣地还是世俗场所，而且他们只有在获得主权者允许的情况下才能离开他的领土。如果主权者赏赐宴席来表达荣宠，那么臣民就更不可能拒绝与他共食。而其他的君主和国家因为并不属于同一会众，所以也不需要任何其他判决来阻止他们和被除籍的国家来往。因为这个让众人团结起来组成一个团体的制度同时让这个团体与其他的团体之间产生了隔阂，因此在阻止不同君主和国家的来往这件事上，并不需要开除教籍权，这项权力的作用也仅存在于政策本身的性质中，除非有人想要利用这一点煽动各位君主发动战争。

无论主权者是基督徒还是异教徒，身为基督徒的臣民只要服从主权者的法律，开除教籍就是无效的。因为："凡信耶稣是基督的，都是从神而生。"[①] "神就住在他里面，他也住在神里面。"[②] 如果他是从神而生的，他在神里面，神也在他

① 《约翰一书》第五章第 1 节。

② 《约翰一书》第四章第 15 节。

里面，那么开除教籍的惩罚完全伤害不到他。这会让人感到恐惧的所有被除籍会带来的后果都不会影响一个相信耶稣就是基督的人，对此怀有疑虑的人就不是真正的基督徒。如此一来，真正的基督徒就不可能被开除教籍，而自称是基督徒的人，在伪装被揭露之前，也就是在他做出违反主权者的法律行为之前，因为法律是基督及其使徒命令我们服从的行为准则，在此之前，这样的人也不会被开除教籍。因为教会只能根据一个人的外在行为做出判断，而如果这些外在行为没有触犯国家的法律，则都属于合法行为。

如果是一个儿童的父母或师长被开除教籍，那么这种禁止来往和禁止共食的劝诫都是可以不遵守的，因为儿童无法获得食物，这种禁令就相当于强制他们不进饮食。此外，让儿童有权不服从父母和师长，也同样有违使徒的诫命。

总而言之，开除教籍权的适用范围应该与救主赋予使徒和教会牧师的使命的目的相当，他们不能通过命令或强权来达成目的，只能通过训诫或引导人们走上在来世获救的道来完成。在任何学科中，如果学生坚持不按照老师的规则执行，老师就可以抛弃这个学生，却不能因此指责学生不义，因为学生没有服从他的义务；同理，当一个基督传教士的门徒顽固地不按照基督教义的要求来生活时，他就可以抛弃这个门徒，却不能说自己受到了侵害，因为门徒并没有服从他的义务。如果有的教士因此发牢骚，我们就可以用上帝对撒母耳说的这句话来劝告他，“他们不是厌弃你，乃是厌弃我[①]”。因此，当缺乏世俗权力支持的时候，开除教籍权便是无效的，当然也不会有任何威慑力，例如当一个基督教国家或君主被一个他国的权力当局开除教籍时，就属于这种情况。“出通功”一词意为开除教籍之雷霆，这是罗马主教想象出来的一个名称，最早使用的时候，是表示他是万王之王。同样的情况在异教徒中也有，他们把朱庇特当作众神之主，并且在绘画和诗歌中描绘他用雷霆来征服并惩戒那些敢于否定他权力的巨人，之所以会有这样的想象，是因为产生了下面两种错误的认识：第一种是基督的国在今世，这种观点与救主说的“我的国不属这个世界”[②]相矛盾；第二种是他是基督的代治者，不仅可以管辖自己的臣民，还可以管辖世上一切基督徒，《圣经》中并没有这样的说法，倒是相反的说法会在合适的地方进行证明。

圣保罗曾经去过帖撒罗尼迦的一个犹太人会堂，“照他素常的规矩进去，一

---

① 《撒母耳记上》第八章第 7 节。

② 《约翰福音》第十八章第 36 节。

连三个安息日，本着《圣经》与他们辩论，讲解陈明基督必须受害，从死里复活；又说：‘我所传与你们的这位耶稣，就是基督。’[①]”这里的《圣经》是指犹太人的《圣经》，也就是《旧约》。圣保罗向这些犹太人证明耶稣就是基督并从死里复活，让他们相信这就是上帝的道。听完保罗的话，有些人相信，有些人却不信。既然这些人都相信《圣经》，为什么会产生这样的分歧呢？为什么有些人相信圣保罗的解释，有些人却不信，而且这些人都能给出各自不同的解释呢？因为圣保罗并不是接受合法派遣而到那里去的，他布道的方式也不是命令，而是单纯的劝说；如果想要达成目的，却不能像摩西在埃及时那样在以色列人面前行奇迹，让他们从上帝的业迹中看到他的权力，那么就只能根据大家都承认的《圣经》来讲道理，让他们知道自己对上帝的说法中包含着真理。然而，若是一个人想要根据《圣经》中的原理得出推论并以此来让他人信服，那么他便是将这人当作判断这些作为根据的原理的意义以及他得出的推论的可靠性的判断者。那么圣保罗援引的《圣经》的判断者不是帖撒罗尼迦的犹太人又能是谁呢？若圣保罗自己就能充当判断者，那他又何必引用《圣经》中的经文来证明自己的道理呢？若是这样，他就只需要说：我从《圣经》中，也就是你们的律法中看到的就是这样，我是基督派来解释律法的人。如此一来，任何人都不可能是帖撒罗尼迦的犹太人必须遵从的《圣经》解释者。而每个人都可以用自己的主观意志来判断他的话是否符合《圣经》中这段经文原本的含义，并以此来决定是否相信他。通常状况下，这个世界上任何一个提出证明的人都自然地把聆听者视为其证明的判断者。而犹太人的情况是，按照明文规定，他们在任何困难的问题上都需要服从当时以色列祭司和审判者的裁断。不过，我们只能认为这是尚未皈依基督教的犹太人。

想要让外邦人皈依基督教，援引他们并不相信的《圣经》是没用的。于是，使徒们就通过说理来推翻他们的偶像崇拜，进而通过讲述基督的生平和复国的见证来劝说他们信仰基督。因此，在那个时候人们并不会争论谁才真正具有解释《圣经》的权威，因为对于一个不信的人来说，他仅有的义务就是听从主权者对国家法律的解释，除此之外，对于任何人对任何经文典籍的解释，他都没有听从的义务。

下面我们来讨论皈依的问题，看看其中可以导致这种义务的因素有哪些。人们只能皈依使徒传布的道的信仰，而使徒传布的道只有一条，那就是耶稣是基

① 《使徒行传》第十七章第2~3节。

督，也就是说，基督是使他们得救并在来世永远统治他们的王，那么耶稣就没有死，他已经复活升天，并且终将再临并审判世界，到时所有人都将复活受审，每个人都会因自己的所作所为而得到报偿。没有一个人说过自己或其他使徒是这样的一种《圣经》解释者，所有基督徒都要把他们对《圣经》的解释当作律法。因为解释律法是今世世俗国家中的政务，并不是使徒的权利。他们当时不过是祈祷“愿你的国降临”，后来的教士们也都是这样祈祷的，而且他们还劝告皈依的基督徒服从自己的君主，虽然他们的君主都还是异教徒。当时《新约》还不是一部完整刊行的典籍。每一部福音的作者都是自己所作福音的解释者，每个使徒也都是自己书信的解释者，至于《旧约》，救主曾亲口告诉犹太人：“你们查考《圣经》，因你们以为内中有永生；给我做见证的就是这经。”[①] 如果救主不想让他们解释这些经文，就不会让他们从中寻找他是基督的证明，而是自己给出解释，或者让他们遵从祭司的解释。

遇到困难，使徒就会同教会长老一起来确定应该传布和教导哪些内容、如何向人们解释《圣经》，但是他们并没有剥夺普通人阅读和解释《圣经》的自由。使徒曾经给众多教会写过无数的新建和其他文字来指导他们，如果不是为了让这些人自行斟酌经文的意义，那么此举毫无用处。因为当时正处于使徒的时代，而要做到这一点，必须等到教士可以给解释者授权，让所有人都能服从他的解释；想要进行这种授权，除非国王成为教士或者教士当上国王。

当一部著作被称为教规或宗教法典时有两种意义。因为教规表示一种规则，规则是人们用来指导自身行动的戒条。虽然戒条都是师长对门徒、劝诫者对朋友提出的，并没有强制服从的效果，但是规则的属性依旧能让它成为教规。然而，若是提出者可以强制对方服从，教规便从单纯的规则变成了法律。因此，我们需要讨论的问题就变成了可以使作为基督教信仰规则的《圣经》转变为法律的权力。

十诫是《圣经》中最早成为律法的部分，它被写在两块石板上，是上帝亲自交到摩西手里并让他向百姓宣布的。在此之前，上帝并没有留下过任何成文法；因为那时上帝并没有选定特属于他的国的子民，因此也就没有赐给人们自然法之外的其他法律；自然法是存在于每个人中的自然理性的戒条。这两块法板中，第一块的内容是主权法，包括：第一，不可服从或敬拜外邦人的神明，原话

① 《约翰福音》第五章第 39 节。

是“除了我以外，你不可有别的神[①]。”这第一诫禁止以色列人服从或崇拜任何除他以外的神做自己的王或统治者；起初是通过摩西降谕，后来则通过大祭司降谕。第二，“不可雕刻偶像，也不可作什么形象”来代表他，这话的意思就是人们不能根据自己的想象在天上或地上给自己选定任何代治者，他们只能服从摩西和亚伦，因为这是他挑选出来的代治者。第三，“不可妄称耶和华的名”，意思是子民不能随意谈论自己的王，也不能质疑他的权力和他的代治者摩西及亚伦的职权。第四，不可在第七日进行日常性工作，要用这一天来举行公共礼拜。第二块法板上的内容主要是人伦义务方面的规定，如“孝敬父母”“不可杀人”“不可奸淫”“不可偷盗”“不可做假见证害人”等，最后一条是“不可在心里设计互相陷害”。现在，我们来考虑一下，是谁让这两块法板上的法律具有约束力的。毫无疑问，这是上帝亲自指定的法律。但是法律只对承认这是主权者行为的人才具有约束力，否则连法律都算不上。既然以色列人不能靠近西奈山听上帝向摩西传谕，那他们有为何必须服从摩西向他们宣布的所有法律呢？这些法律中确实包含了一部分自然法，第二块法板上的全部内容都是自然法，因此我们可以认为这部分法律是适用于包含以色列人在内的所有人的神律。但是对于第一块法板上的内容，也就是专门为以色列人制定的那一部分法律，我们还是要问一下这个问题；那只能是因为摩西向他们宣布以后，以色列人在说出下面这些话的同时就有了服从的义务：“求你和我们说话，我们必听，不要神和我们说话，恐怕我们死亡。”[②]因此，当时有权在地上让十诫这部分《圣经》的经文成为以色列国法的就只有摩西，在那之后则是上帝通过摩西公开谕令任命为代治者的大祭司。然而摩西、亚伦和继任的大祭司都是世俗主权者，所以至今为止，制定宗教法典的权力，也就是规定《圣经》作为法律的权力始终掌握在世俗主权者手中。

士师法是上帝为以色列官员制定的法律，用来作为他们在执行法律或判决臣民之间的诉讼时的法规。利未法是上帝专为祭司和利未人的祭祀礼仪制定的法律，这些法规都是通过摩西向他们宣示的，这些法规也都因他们当时向摩西承诺服从而成了法律。这些法律有没有写下来，经文上并没有明确记载，只知道这是摩西在耶和华的山上住了四十天回来以后向百姓口头宣布的，但这些都是制定的法律，是《圣经》，而世俗主权者摩西将其制定为法典。

---

① 《出埃及记》第二十章第 3 节。

② 《出埃及记》第二十章第 19 节。

以色列人到达耶利哥对面的摩押平原，准备进入迦南的应许福地时，摩西在原有法律上又增加了很多其他法律，因此便被称为申述律，也就是引申法。《申命记》第二十九章第1节中说：“这是耶和华在摩押地吩咐摩西与以色列人立约的话，是在他和他们于何烈山所立的约之外。”因为摩西在《申命记》的开篇再次讲解了之前的法律，但是从第十二章一直到第二十六章结束，他又增加了新的法律。摩西命令他们在横渡约旦河的时候，把这些法律写在墁上石灰的巨石上[①]，并且亲自写成了律法书交给“祭司利未人……和以色列的众长老”[②]，让祭司把这部律法书“放在耶和华的约柜旁”[③]，因为当时约柜里面除了十诫什么都没有。摩西曾经命令以色列国王将这部律法抄录一份保存，这部律法在散佚很久以后，被约西亚从神殿中找到并当成上帝的律法。摩西书写这部法律，后来约书亚又恢复了这部法律，他们在这样做时都具有世俗主权，因此自古以来，将《圣经》立为法典的权力都是掌握在世俗主权者手里的。

除了这部律法书之外，从摩西时代到巴比伦被掳以后这段时间里，犹太人再也没有将其他典籍当成过上帝的律法。因为除了个别先知以外，其余先知都生活在被掳期间，还有一些生活在被掳前不久的那段时期。就连这些先知自己都经常被假先知欺骗，而且他们会遭到被假先知蛊惑的国王的迫害，如此一来，他们的预言就更不可能被人们普遍地接受成为法律。后来是约书亚将这部律法书确立为上帝的律法，当时连同这部律法在内的全部关于上帝神迹的记载都在被掳期间，还有耶路撒冷被洗劫一空时散佚各处，《以斯拉记下》第十四章第21节中就有相关记载：“你的律法已被焚烧，你所行的和将要行的都无人知晓。”虽然《圣经》中没有明确提及律法遗失的时间，但是我们可以推断事情是发生在罗伯安时代埃及国王示撒将圣殿洗劫一空的时候[④]。被掳之前，从律法遗失时开始一直到约西亚再次找回这部法律之前，他们都没有明文记载的上帝神谕，政务上的裁断全都要依靠自己的理性或借助被自己看作先知的人的指引。

由此可以得出推论，我们现有的这部《旧约》在被掳回来、以斯拉复国并重新代表犹太人与神立约之前，对犹太人而言，既不是宗教法典，也不是法律。但

① 《申命记》第二十七章第3节。

② 《申命记》第三十一章第9节。

③ 《申命记》第三十一章第26节。

④ 《列王纪上》第十九章第26节。

是此后它就被犹太人视为法律，七十位犹太长老因此才将这部法律翻译成希腊文保存在亚历山大城的托勒密图书馆中，并且承认这些都是神说的话。既然以斯拉是大祭司，那么他便是犹太人的世俗主权者，显而易见，一直以来，《圣经》都是通过最高世俗权力当局被确立为法律的。

在君士坦丁大帝将基督教立为国教之前，我们查看所有教父的作品以后发现，《新约》的所有篇章都被当时的基督徒视为感应圣灵而写成的，因此也就被视为宗教法典或法规，通过这一点就能说明他们对自己的师长非常尊敬。虽然也有少数人是例外，但是因为人数太少，所以占大多数的部分被称为公教教会[①]，而这极少数人则被称为异端。通常情况下，门徒对自己的师长非常尊敬，这一点也会体现在他们接受的各种教义上。我们可以肯定，圣彼得在给自己劝化的会众写信时，或是其他使徒或门徒给已经皈依的信徒写信时，收信人都会把这些文字当成真正的基督教义。但那时候的他们并不是因为师长的权威或权力才接受的，而是因为自身的信仰，所以让使徒的作品成为宗教法典的并不是作者本人，而是皈依的基督徒们。

现在我们要讨论的问题并不是个别的基督徒到底会把什么当作自己的法律或宗教法典，像这样的东西他是根据什么权力接受的，自然就可以根据相同的权力拒绝。我们要讨论的是以这样一种方式成为他们宗教法典的东西究竟是什么，而且对这种法典稍有违背就会让人陷入不义的境地。如果说是在这样的意义之下，《新约》居然成了宗教法典，那就意味着在没有国家承认它是法典之前它就已经是法律，但这又违背了法律的本质。正如前文中已经证明过的，法律是出自个人或会议的命令，我们授予这样的个人或会议主权，让其可以根据自己的判断制定法律来约束我们的行为，并在有人违背的时候施加惩罚。因此，无论什么人向我们提出了什么样的法规，只要不是主权者已经做出规定的，就只能被视为一种劝诫和忠告，好坏与否都不妨碍我们拒绝，而且拒绝遵守也不会被视为不义，若是违背了既定法律，那么好坏与否都应该拒绝，因为遵从了便是不义。我想说在这样的情况下，无论是在行动上还是在交谈中，他都不该固守这种意见，当然他相信自己老师这一点并不会受到指责，而且他有执行这些意见的自由，也希望这些忠告受到公众认可并指定为法律。因为内心的信仰是不会被人看到的，因此也不会受到世俗法律的约束，但由此而来的外在言行若是打破了世俗的服从关

① 即天主教，原词的意思是“普遍”，因此经常意译为公教。

系，那么无论在神还是人的面前，都是不义的。救主已经说过他的国不在今世，也说了他不是来审判世界的，而是来拯救世界的，因此他并没有让我们服从国法以外的人和法律，换句话说，他要求犹太人服从摩西的法律，要求异邦人服从自己主权者的法律，并要求所有人都服从自然法。救主及其使徒都将服从自然法当作在审判日可以进入永恒天国的必要条件来教导我们，在他的国里，我们将得到平安和永生。既然救主和他的使徒都没有留下任何在今世约束我们的新的律法，只是把准备进入来世的新的教义留给我们，那么包含了这些教义的整部《新约》，在神授君权的立法者命令我们服从之前，都不会成为具有约束力的宗教法典，也就是说不会成为法律，而只是指引罪人获救的可靠的忠告，每个人都可以自行判断是否接受，接受的后果也由自己来承担，但无论怎么选择都不会成为不义。

而且基督派给使徒和门徒的任务是宣告他在来世的国、教化万民、为皈依者施洗，凡是接待他们的就在他家住下，但是不接待他们的就跺跺脚上的尘土，却不能祈求降天火烧死他们，也不能使用武力让他们屈服。所有的使命中都没有权力，而只有劝诫。他派遣使徒就像羔羊进入狼群，而不是做尘世的君主。他们并没有制定法律的职责，要做的只是服从既定法律并教导别人服从。因此，缺少最高世俗权力支持，他们的文字就不可能成为具有约束力的宗教法典。所以，只有被合法世俗权力当局确立为法律的地方，《新约》才能成为法律，此外，在君主或主权者将其当作自己的法规时也能成为法律，这时他服从的并不是劝说自己皈依的圣师或使徒，而是和使徒一样直接服从上帝和他的儿子耶稣基督。

对于存在迫害的时期和地域，赋予《新约》法律权威的是皈依的基督徒们自己在会堂中制定的法规。在《使徒行传》第十五章第 28 节中，我们可以看到使徒、长老与整个教会开宗教会议的时候都是这样的语气："因为圣灵和我们定意不将别的重担放在你们身上，唯有几件事是不可少的。"这句话指出了将重担给予已皈依基督教义的人的权力。将重担给予某人仿佛是在说让某人承担义务，因此对于当时的基督徒来说，那次宗教会议的决议便相当于法律。不过，其实这些决议作为法律和下面这些戒条差不多："应当悔改""遵守诫命""信福音""到我这里来""变卖你的一切，施舍给穷人""跟着我"，等等。这不是命令，而是使人皈依基督的劝导，正如《以赛亚书》第五十五章第 1 节中说的那样："你们一切干渴的都当就近水来，没有银钱的也可以来。你们都来，买了吃，不用银钱，不用价值，也来买酒和奶。"首先，救主和使徒的权力都是劝导众人皈依上帝的国，他们亲口承认这是来世的国，而不是今世的国，而没有国家的人则无权制定法律。其次，如果宗教会议的决议被当作法律，那么拒绝服从就要获罪。然而我们根本找不到任何证据可以说明不接受基督教义的人是有罪的，我们只能说这样的人是戴罪而死，意思是他们在自己需要服从的法律中犯下的罪没有获得赦免。这里的法律就是自然法和基督徒所在国家的世俗法。因此，使徒加在听道者身上的重担便不能被理解为法律，而只能被理解为他们对想要获得救赎之人提出的条件；他们可以拒绝也可以接受这个条件，选择所带来的风险由自己承担，他们不会因为这种选择而犯下新的罪行，却有可能因为曾经犯下的罪没有赦免而被天国拒之门外。因此，在提到不信的人时，圣约翰说的是“神的震怒常在他们身上”，而不是神的震怒将降临到他们身上；还说“罪已定了”，而不是他们将要被定罪。而且，除非我们已经相信了不信的坏处就是罪的保留，否侧根本想象不到信的好处是罪的赦免。

可能有人会问，既然大家并没有义务服从他们的法规，那么使徒和教会的牧者组织聚会，并且在品行和信仰两方面对应该传布的教义做出规定有什么意义呢？对这个问题的回答是：使徒和长老只要参与了会议，就有义务传布他们在会议中规定要传的教义，前提是教义并不违背他们原本有义务服从的法律，但这并不意味着其他基督徒有义务服从他们传布的教义。虽然他们可以在自己的会议上审议要传布什么教义，却无权审议其他人的行为，除非他们具有立法权，但立法权只属于世俗主权者。虽然上帝是整个世界的主权者，但我们并没有义务将任何人以上帝名义提出的要求当作上帝的律法来遵从，在其与世俗法有冲突的时候就更是如此，因为上帝已经明确告诉我们要服从世俗法。

既然当初使徒会议的决议都不能成为法律，而只能作为劝诫，那么以后的任何教会博士或宗教会议，如果不是以世俗主权者的权力召集的，其决议就不可能成为法律。因此，《新约》各篇虽然都可以作为基督教义最完备的规则，但除非借助君主或主权会议的权力，否则便不可能成为法律。

如今，将现有《圣经》确立为宗教法规的第一届宗教会议已经淹没在历史中，人们通常所说的、由革利免[①]整理的使徒正典也开始受到质疑，因为虽然此处已经列出了《圣经》正典的各个篇章，但是“教士与俗界当尊重此书”这句话明显是将教士和世俗界区分开来，而这种用法在距离圣彼得那么近的时代并不常

① 圣彼得之后的第一任罗马主教。

见。首次确立现存《圣经》正典的会议是劳地西亚宗教会议[①]，会议决定禁止宣读教会之外的任何书籍，显然这道谕令约束的并不是所有基督徒，而是有权在教会公开宣读文献典籍的人，换句话说，这条禁令是针对教士颁布的。

使徒时代的教士分为两种：一种是主管教士，一种是辅理教士。前者负责向不信的人传布天国的福音、举行圣礼和礼拜仪式，教导皈依的人关于信仰和品行的宗教法规等。后者负责的一般是辅助性事务，在教士需要依靠信徒惠捐的公储基金生活的年代，他们负责管理教会中非宗教性的日常事务。

首批主要的主管教士是使徒，是救主亲自挑选的十二人。他们不但肩负着传道、教导和施洗的职责，还要见证基督的复活。这一点是将使徒与其他主管教士的职责区别开来的最主要也是最特殊的标志。作为使徒，就必然要在救主复活以后亲眼看过他，或是曾经与他亲口交谈过，而且看到过他行的奇迹和其他可以证明他神性的证据，只有具备上述所有条件，他们才能有资格成为见证者。因此在挑选新的使徒来代替加略人犹大的时候，圣彼得才会说："所以主耶稣在我们中间始终出入的时候，就是从约翰施洗起，直到主离开我们被接上升的日子为止，必须从那常与我们做伴的人中，立一位与我们同做耶稣复活的见证。"[②]这段话中的"必须"一词是指成为使徒不可或缺的东西，那就是当耶稣以肉身降临时曾经与第一批高门使徒为伴。

有些使徒并不是耶稣在地上的时候亲自挑选的，第一个这样被挑选成为使徒的人是马提亚。当时的耶路撒冷大概有一百二十名基督徒，他们参与了聚会并推选出两个人，这两人就是犹士都的约瑟和马提亚，众人为他们两个摇签，结果摇出来的是马提亚，从此他就和十一个使徒同列[③]。由此可见，挑选这位使徒并不是圣彼得或十一使徒的决定，而是会众的决议，除非圣彼得和其他使徒都是这个会议的成员，否则就不能说是他们的决定。

马提亚之后，还有保罗和巴拉巴，此后就再也没有这样被拣选的使徒。这两个人被拣选的方式在《使徒行传》第十三章第1~3节中可以看到："在安提阿的教会中有几位先知和教师，就是巴拿巴和称呼尼结的西面、古利奈人路求，与分封之王希律同养的马念，并扫罗。他们侍奉主，禁食的时候，圣灵说：'要为

① 参见《宗教法典》第六十条。

② 《使徒行传》第一章第21~22节。

③ 参见《使徒行传》第一章。

我分派巴拿巴和扫罗，去做我召他们所做的工。’于是禁食祷告，按手在他们头上，就打发他们去了。”

从这段描述中我们可以很清楚地看到，虽然是受圣灵召命，但宣布召命的却是安提阿教堂，两人的使命也是这个教堂批准的。召命的内容是让两人成为使徒，因为他们在《使徒行传》正是被这样称呼的。而且，他们之所以能成为使徒，就是因为安提阿教堂的决议，在《罗马书》中，圣保罗用圣灵召他的话清楚地指出了这一点，他称自己为“奉召为使徒，特派传上帝的福音”，这句话隐约暗示的正是圣灵在前面说的那段话。说到这里，可能又有人要问，既然使徒的职责是见证耶稣的复活，但圣保罗在救主受难前并未与他亲口交谈过，又怎么能知道他升天了呢？这个问题很容易回答：救主在升天后，在保罗前往大马色的途中向其显现过，拣选他为器皿，让他在外邦人、君主和以色列人面前宣扬自己的名。因此，他在主受难之后曾见过救主，就完全有资格成为耶稣复活的见证者。而巴拉巴在耶稣受难前就已经是使徒了。所以说这两个人很明显都是使徒，但他们却不只是第一批使徒承认的，也是安提阿教堂拣选和批准的，就像马提亚是耶路撒冷教堂拣选和批准的一样。

现在我们使用的“主教”一词是从希腊语演变而来，原意是监督者或监管者，特指牧者。因此，除了原本就是放牧者的犹太人，异教徒也会使用这个词的比喻意义来指代君主或其他的统治者和支配者，无论他们对臣民的统治是根据法律还是根据教义都一样。因此，使徒就是基督亲自选任的最早的主教，于是犹大的使徒职分也被称为“他的主教职分”[①]。后来，基督教会又任命了一些长老，长老们会通过教义和劝谕来引导信徒，而这些长老也被称为主教。提摩太就是一位长老，也是主教。“长老”这个词在《新约》中既可以表示职务，也可以表示年长者。当时的主教对长老这种称呼都表示非常满意。此外，受主宠爱的使徒圣约翰在他第二封信的开篇就这样写道：“我这做长老的写信给蒙拣选的太太。”因此，主教、教长、长老、博士（圣师）等都是使徒时代对同一个职位的不同叫法，这是因为当时的官方并不是通过强制的方式来管理，而是采用教义和劝谕的方式来管理的。上帝的国会在新世界降临，因此今世的国家如果没有确立基督教信仰，任何教会都不会具有强制的权力。正因如此，虽然当时存在很多不同的职务，但是其权力却是相同的。

---

① 《使徒行传》第一章第 20 节。

在《新约》中，教会的主管职务包括使徒、主教、长老、教长和博士等，这些人的使命是在犹太人和异教徒中间传布基督，以及教导和指引皈依者。福音作者和先知等称呼并不代表任何职务，他们是因为对教会做出贡献或具有特殊的能力才会得到这样的称谓，例如，福音作者便是因记录了救主的生平事迹而得名，这其中就包括使徒圣马太、圣约翰，门徒圣马可、圣路加，以及在这个题目下进行记述的其他人，据说圣托马斯和圣巴拿巴都曾书写过类似的福音，只不过教会并没有得到以他们的名字流传的篇章；再比如先知便是因为解释《旧约》而得名，此外，他们也会因为向教会宣布特殊的神祇而被人称为先知。但是上面这些天赋和能力，无论是神赐予的，是语言方面的，是会赶鬼、会治病或是能做其他任何事情，都不能让一个人成为教会的教士，因为只有接到正式的召命并负有传道使命的人才能被称为教士。

马提亚、保罗和巴拿巴都是教会，而不是救主挑选的使徒，同样地，各个城市的长老和教长也都是当地教会推选的。要证明这一点，我们先来看看圣保罗和巴拿巴在成为使徒之后，在他们劝导人们皈依基督信仰的城市里是如何挑选长老的。《使徒行传》第十四章第 23 节中写道："二人在各教会中选立了长老。"这句话看起来好像证明了他们是亲自选任长老并授予权力的，但是如果仔细阅读经文的原文，我们就能发现，这些长老都是本城的基督徒会议推选并授权的。因为原文说的是："那是他们在每一个会里都举手拣选自己的长老。"现在我们可以清楚地看到，在所有这些城市中，人们都是通过投票选举的方式来推选主管教士和神职人员的。一般情况下，人们都是通过举手的方式来区别赞成和反对，因此需要挑选神职人员时，就把城市里的人聚到一起并根据多数票来决定；无论是用举手、发出声音、投球、投豆子或投石子来表示多数票，其性质都是相同的，出现不同的形式只是因为每个城市的风俗都不一样。事实就是会众为自己选择了长老，而使徒只是充当了会议主席的角色，负责召集选举会议、公布最终人选并举行祝福仪式，如今叫作圣职授任式。于是，当使徒不在时，长期担任主席的人在拉丁语中就被称为 antistites，意思是会议的主管人，负责计票和公布当选者，如果票数相等，就把自己的一票加上去，以此来确定最终结果，因此在写着"设立"这个词的部分，我们也应该这样理解，例如《提多书》第一章第 5 节中就有，"我从前留你在克里特，是要你将那没有办完的事都办整齐了，又照我所吩咐你的，在各城设立长老"。这话就应该理解为要求他召集会议，并投票来决定谁是长老。若是在一座城市中，所有的主管长官都是通过会议选举产生的，但是在城中的居民都皈依基督教之后，却没有人能想到采用圣保罗在《使徒行传》中通过“选立”一词提出的这种投票方式，而是要采用别的方式来选出自己的教师或引导者，也就是自己的长老或是主教，那就真的可以称得上是一件怪事了。在遴选主教的时候也是如此，在罗马皇帝为了保持他们彼此的和睦状态而不得不插手管理之前，所有主教都是通过各城的基督徒会议推选的。

还有一个证据就是，直到今天，罗马教皇的选举还是在沿用这样的方式。其原因是，若一个地方的主教可以在把城中的主管教职外调后指定其继任者，那么在其最后居住及去世的地方就完全可以指定自己的继任者，但是我们却发现在任何一个罗马主教身上都不曾发生过这种事。一直以来，主教都是百姓选举的，通过下面这个事实就能清楚地看到：达马苏斯和乌尔希努斯曾因为教皇之争而引起大骚乱，根据阿米安努斯·马塞林努斯的描述，事态发展已经严重到政务官尤文修斯都无法维持治安的程度，最后他被迫从城中逃出，而在这次事件中，教会里也死了一百多人。此后，虽然教皇都是先通过罗马全体教士选举，然后由红衣主教选举，但是从未出现过前任直接指定继承者的事情。那么，要是他们不要求有权指定继承者，我认为就有理由得出以下结论：在尚未获得某种新的权力之前，他们也无权指定其他主教的继承者；能够从教会中取得并授予这种权力的人，不但要有合法的权力教导会众，更要有合法的权力管理他们，而符合这一条件的人就只有世俗主权者。

辅理人员在希腊原文中的含义是自愿为他人服务。仆役与他们的不同仅仅是两者所受到的约束不一样，前者因为条件的约束而要服从他人的命令，辅理人员只会受到职务的约束，他们对自己工作范围以外的任何事都没有义务。因此，传布上帝的道和处理教会世俗事务的人都可以称为辅理人员，区别仅在于辅理对象的不同。道的辅理者在《使徒行传》第六章第4节中被称为替天传道的人[①]，因为道就是基督的道，所以他们就是基督的辅理人员；虽说辅祭也是辅理人员，但是其职务是负责管理饭食，服务对象是教会或会众。因此，教会和个人都不会把教士称为辅理人员，而只能把辅祭称为辅理人员；无论辅祭负责管理饭食，分发生活物资，管理礼拜堂、钱财收入或是教会中的其他世俗事务，整个会众都可以正式地称呼他为自己的辅理人员。

---

① 《圣经》中的原文是“我们要专心以祈祷传道为事”。

辅祭的职责是服务会众，虽然有些人也会因为本身的杰出传布福音并维护基督的道，如圣司提反[1]；也有些人是同时做着布道和施洗的事情，如腓利[2]。因为在《使徒行传》第八章中，腓利在撒玛利亚传道并为宦官施洗时，人们对他的称呼是辅祭腓利，而不是使徒腓利。因为腓利在撒玛利亚传道的时候，使徒们还在耶路撒冷，他们听说撒玛利亚的人领受了上帝的道，才安排彼得和约翰过去。后来因为他们按手，当地受洗的人才受了圣灵，之前腓利的洗礼并没有做成这件事。正因为受圣灵的洗礼必须由道的辅理者进行，所以使徒们才选出他们中间的约翰和彼得到撒玛利亚去。他们将恩惠赐予了之前受洗的人，这个恩惠就是和真正信徒的圣灵一同显现的神迹。通过圣马可的话，我们可以得知神迹的内容："信的人必有神迹随着他们：就是奉我的名赶鬼，说新方言，手能拿蛇，若喝了什么毒物，也必不受害，手按病人，病人就必好了。"[3] 腓利不能让皈依的人获得这种能力，但使徒却可以，而且，通过这些话我们也不难看出，他们在每个真正的信徒身上都是这样做的，并且是基督的使者亲自施洗的。我们这个时代的基督的仆人或许已经无法授予这种能力，不过也有可能是因为真正的信徒已经很少，或是基督的使者已经很少。

前面提到的第一批辅祭是门徒会众选出来的，也就是说，他们是所有基督徒一起选的，而不是使徒选的。《使徒行传》第六章中提到，十二使徒看到门徒的人数越来越多，就召集他们说，使徒不去管上帝的道而去管理饭食并不合适，然后就对他们说："所以弟兄们，当从你们中间选出七个有好名声、被圣灵充满、智慧充足的人，我们就派他们管理这事。"[4] 由此可见，虽然选人的结果由使徒宣布，但实际做出决定的是会众，这件事在随后的叙述中说得更清楚："大众都喜悦这话，就拣选了……"

《旧约》中的利未人只能担任祭司和教会中的其他低级职务。其他支派都可以分配土地，但利未人被排除在外；这些支派中的约瑟支派被分成了以法莲和玛拿西，因此仍是在十二个中分配。利未人被分配了若干城邑作为居所，此外还有

---

① 司提反是耶路撒冷教会的使徒们从门徒中选出来管理饭食的七位执事之一。《圣经》说，他满得恩惠能力，在民间行了大奇事和神迹，从而惹怒犹太人，诬告他毁坏律法，最后用石头把他打死。他在死前还进行护教演讲，因此他是基督教护教士的先驱，也是第一位基督教殉道者。

② 和司提反一样是最早被选出来的七位辅祭之一。

③ 《马可福音》第十六章第 17~18 节。

④ 《使徒行传》第六章第 3 节。

一部分牛羊，而他们的应得之分则是从他们兄弟的土地上分取十分之一的所得。祭司从这十分之一中取十分之一，以及一部分祭礼和牺牲作为自己的应得之分。因为上帝告诉亚伦，“你在以色列人的境内不可有产业，在他们中间也不可有分。我就是你的分，是你的产业”[①]。因为在那时，上帝还是以色列的王，而且已经选择利未人作为自己的辅理人员，上帝允许他们用公共收入来维持生活，这部分公共收入就是上帝留给自己的那一部分，换句话说，就是什一税和贡品，上帝口中的“我就是你的产业”说的就是这些东西。因此，我们用管业者这个称谓来称呼利未人也是恰当的，这个词来自希腊语，意思是“应得之分”或“产业”。这并不是因为他们对上帝的所有物具有优先继承权，而是因为这是他们赖以为生的东西。既然那时候上帝还是犹太人的王，摩西、亚伦和大祭司都是上帝的代治者，那么我们可以很清楚地知道，他们收取什一税的权力来自适度权力当局。

以色列人抛弃上帝另立新王之后，利未人依旧可以享受这笔收入，而这时君主并没有剥夺他们取得这项收入的权利。因为当时的公共收入受公众的代表者支配，在巴比伦被掳之前，代表者是国王，在那之后，他们还是按照旧习将什一税交给祭司，因此一直到那个时候，教会的收入还是取决于世俗主权者。

至于救主及其使徒靠什么维持生活，经文上写了他们只有一条腰带，由加略人犹大保管，门徒中有捕鱼者等也会靠自己的职业获得供给，而救主派遣十二使徒去传道时，告诉他们“腰袋里不要带金银铜钱。……因为工人得饮食是应当的”[②]。如此一来，根据他们的判断的话，用这种方式来得到供给也是合理的，因为他们的职分就是“白白地来，也要白白地舍去”[③]。而且我们还可以看到，这些人的生活来源完全依靠那些接受了他们传布的道，相信救主弥赛亚会降临的人“白白地赠予”，还有一部分则是因为救主医好了患病的人，他们出于感激奉送给他的东西，《路加福音》第八章第 2~3 节就记载了这些事，“还有被恶鬼所附、被疾病所累、已经治好的几个妇女，内中有称为抹大拉的马利亚，曾有七个鬼从她身上赶出来；又有希律的家宰苦撒的妻子约亚拿，并苏撒拿，和好些别的妇女，都是用自己的财物供给耶稣和门徒”。

救主升天后，基督徒们变卖房屋田产，将所得银钱都放到使徒的脚前，并

---

① 《民数记》第十八章第 20 节。

② 《马太福音》第十章第 9~10 节。

③ 《马太福音》第十章第 8 节。

靠这个共同生活，他们这样做是因为诚心，而不是因为义务，因为圣彼得曾对亚拿尼亚说："田地还没有卖，不是你自己的吗？既卖了，价银不是你做主吗？"[①]这句话的意思就是想要保留自己的土地和银钱，他完全用不着撒谎，因为赠予的事情是完全出于自愿的。从那时一直到君士坦丁大帝的时代以后，基督教会的主教和教士也完全和使徒时代一样，维持生活全都依靠皈依者的供养。当时并没有提及什一税的问题，然而在君士坦丁大帝和他的儿子执政时期，基督徒对教士普遍有着深厚的感情，就像阿米安努斯·马塞林努斯在描写达马苏斯与乌尔希努斯争夺主教的骚乱时说的那样，这个职位是值得他们争夺的，因为在当时，由于信徒们的慷慨捐赠，特别是城中富有的贵妇们的捐赠，主教们的生活都非常奢华，出入乘坐四轮马车，衣食住行也非常奢侈。

说到这里，可能有人要问，教士就只能靠他人布施维持生计吗？在《哥林多前书》第九章中，圣保罗说："有谁当兵自备粮饷呢？……有谁牧养牛羊不吃牛羊的奶呢？"随后又说："你们岂不知为圣事劳碌的，就吃殿中的物吗？伺候祭坛的，就分领坛上的物吗？"这句话的意思不正是教士要拿走祭坛上献祭的东西作为自己的生活物资吗？紧接着他又总结道："主也是这样命定，叫传福音的靠着福音养生。"根据这段话我们可以清楚地知道，教会的教士应该由教民供养，但是他们却不能像一个人主宰自己那样，决定自己收到的供奉的数量和种类。那么教士的供奉就只能取决于每一个教民的感恩和慷慨，或是全体会众的决议。在当时的情况下，根本不可能由全体会众来做决定，因为他们的决议还不能成为法律，所以在罗马皇帝和世俗主权者没有通过立法决定教士的供养标准之前，他们都只能靠教民的慈善捐赠生活。管理祭坛的人靠祭坛上的贡品为生，因此教士可以取用教民捐赠的东西，却不能向他们争取除此之外的东西。想想看，连法院都没有的地方怎么能找到可以提起诉讼的法庭？而且就算他们之中有人可以做出裁断，在没有力量可以武装自己的前提下，又有谁能执行这个裁断呢？这样一来，除非通过全体会众，否则就不可能给教会的任何教士发放固定供给，而且要实现这一点，会议给出的规定就必须同时具有宗教法典和法律的效力，而提出这样的规定只有世俗主权者才能做到。摩西律法中征收什一税的权力对当时的福音使者而言并不适用，因为摩西和大祭司当时是上帝之下的世俗主权者，他们在犹太人中建立的国家是今世的国家，那时候还没有出现上帝通过基督治理国家的规定。

① 《使徒行传》第五章第4节。

到这里，我们已经讨论了以下几个问题：第一，什么是教会的教士。第二，他们的使命诸如传道、教诲、施洗以及充当会众主席等需要处理哪些具体事务。第三，教会的制裁，即开除教籍是什么意思；在世俗法禁止基督教的地区，就是基督徒不与被除籍者来往；在世俗法管理基督教的地区，就是基督徒会众将被除籍者驱逐。第四，教会的教士和辅理人员是谁推选出来的，答案是会众。第五，赐予会众圣灵并为其祝福的人是谁，答案是教士。第六，教士的收入来源：私有财产、自己的劳动力以及虔诚又感恩的信徒的捐献。下面我们要讨论的问题是当世俗主权者皈依了基督教以后，他在教会中有哪些职责。

我们先来回忆一下在本书第十八章中已经证明过的观点，在任何一个国家中，审定哪些学说对维持国家和平有利以及应该让臣民接受哪些学说的教导的权力都是绝对属于最高世俗主权者，无论主权者是个人还是会议。因为再平庸的人都明白这一点，人们一切行为的动机都取决于他对采取某种行为将会给自己带来多少好处或坏处的判断，因此，只要人们觉得自己服从主权者对自身造成的损害更大，他们便不会服从法律，甚至会推翻政府引发内战，而任何一个世俗政府都是为了避免发生这种事而建立的。所以，在所有异教徒国家，主权者都被称为万民的牧者，因为在没有获得他准许的情况下，任何臣民都不能合法地向百姓宣教。

我们不能认为，异教徒君主在皈依基督教之后就会被剥夺这种权利，基督并没有规定君主在信他以后就要废黜王位，或是被剥夺维护国家安定和平所必需的各种权力，君主只需要服从基督就可以。由此可见，臣民的最高牧者依旧是他们的基督徒国王，他可以根据自己认为合适的方式来任命教士，并让他们代替自己教导治下的臣民。

而且，就算是像使徒时代那样，在国王不信教的时候，由教会来选任教士，但实际的选拔权依旧属于已经成为基督徒的世俗主权者。因为他是基督徒，所以传教就需要经过他批准；又因为他是主权者，也就是教民的代表者，所以他选任的教士就是全体教民选任的教士。在基督教体系的国家之内，基督徒的会议选举自己的教士就相当于主权者选举教士，因为选举本身就是以他的权力为根据，这和每一个城市选举市长的情况是一样的，因为臣民的行为都是主权者的行为，所以市长就是主权者选任的；没有主权者的承认，臣民的行为就是无效的，因此无论我们在历史上能够找到多少臣民或神职人员选举教士的先例，都不能以此作为反对世俗主权者权力的依据，因为这些人都是根据主权者的权力来进行选举的。

在任何一个基督教国家，世俗主权者都是统治全体臣民的最高牧者，因此，选任教士、传教以及其他所有教士职责的权力也都来自他的权力，这样一来，我们就可以得出一个结论：所有其他教士具有的传道、教诲等职权也都是来自世俗主权者，换言之，他们都只是他的臣属，就像师长、法官、将军一样，都是他的下属，只有世俗主权者才能永远都是整个国家的最高管理者、法庭上的最高审判者和军队的最高统帅。这并不是因为教导者是他的臣民，而是因为被教导者是他的臣民。假设一位基督徒国王将自己选任教士的权力赋予另外一位君主，很多基督徒国王就是这样将权力转让给教皇的，这种权力的转让并不意味着他在自己之上设立了一位牧者，也不意味着百姓拥有了一位主权者教士，因为这种做法就等于剥夺了自己的世俗权力，是否会出现这样的情况，一方面取决于臣民对自身义务的认知以及他们对来世惩罚的畏惧；另一方面则取决于博士是否忠诚可靠，要知道博士也是人，也会有野心，也会做一些愚蠢的事情。如果出现了一位有权任命教士的异邦人，那只能说明在他传道的地方获得了主权者的授权。基督教的博士相当于基督教的家庭教师，而国王就是这个家庭的家长，要选择一个什么样的家庭教师，他有可能会采纳他人的建议，却不会接受他人的命令，特别是在建议者有可能会从教师传播的有害思想中攫取利益的时候就更不可能接受，而且这位教师任职的时长也不应该超过公共利益的需要，只要主权者手上掌握了必要的主权权利，就有义务维护这个国家的公共利益。

所以，当教士在执行他的职务时，如果有人像当初祭司长和民间的长老向救主提问那样问他：“你仗着什么权柄做这些事？给你这权柄的是谁呢？”[①] 那么这个教士就只能回答说是代表国家的君主或者会议授予他的国家权力。除了最高的教士，其余教士都是根据世俗主权者的权力在执行自己的职务，也就是说，他们所做的都是根据世俗权力而来的。但是国王和所有其他主权者都是根据直接来自上帝的权柄在执行自己最高教士的职务，也就是说，他们做的一切都是基于神权而来。因此，只有国王才能在自己的称号之前加上“蒙神恩”这样的字眼，这代表着他们只服从上帝。主教的委任状只能以呈皇恩某某教区主教作为开始，或者像世俗的大臣一样在前面加上“钦命”的字样，因为承天命和蒙神恩是一个意思，虽然这种做法看上去有矫饰的嫌疑，但事实上却是在声明自己不承认手中的

① 《马太福音》第二十一章第23节。

权力来自世俗国家，并企图用这种狡猾的手段违反国家的统一和防卫，解除自己身上代表臣属关系的颈饰[①]。

但是如果身为基督徒的主权者都是自己臣民的最高教长，那么他们就只是有权传道，而且有权施洗、举行圣餐礼、使神殿和教士为圣、侍奉上帝。或许没有人会否认他传道的权力，但是大部分不会承认剩下的那些权力。原因有二：一是君主一般不会做这些事情；二是在举行圣礼、使人或神殿为圣等方面，按手礼是必不可少的环节。从使徒时代开始，接受委任的人一定要通过这种礼仪来表示接受前任的传承。于是，为了证明基督徒国王有权做上述那些事情，我就要来解释一下为什么他不常做这些事，还有为什么他在想做这些事的时候不需要按手礼。

很显然，如果国王本人在学术上很有研究，完全可以根据自己授权别人在大学里传播学说的权力亲自教导臣民。但是因为他要管理全国的政务，这些事务占用了他所有时间，所以在这种琐事上就不适合事必躬亲。同理，只要他愿意，就可以亲自审理案件，也可以授权他人听审，但是因为他本身需要处理的事情太多，所以就只能把这些事情都委托给臣属来做。我们也可以看到，虽然救主有权为任何人施洗[②]，但是他却从未做过这件事，仅仅指派了自己的使徒和门徒来做。圣保罗也是如此，因为他要去很多遥远的地方传教，所以很少为人施洗；在哥林多人中，除了基利司布、该犹和司提反之外，他没有为任何人施洗，因为他的主要职责是传道[③]。由此可见，当一个人需要负责教务管理这种重要事务时，就可以不必去做那些小事。如此一来，基督徒国王很少施洗的原因也就清楚了，而现在的主教很少为人施洗，教皇则更少，也是出于相同的原因。

我们可以这样来考虑授权国王施洗、行圣礼时是否一定要按手这个问题。

按手礼是犹太人最古老的一种公开仪式，其作用是指明在祈祷、祝福、献祭、成圣、诅咒或其他言辞中实施者确定的对象。因此，雅各在为约瑟的两个儿子祝福时，才会“伸出右手来，按在以法莲的头上，以法莲乃是次子；又剪搭过左手来按在玛拿西的头上，玛拿西原是长子”[④]。虽然约瑟带着两个儿子去见雅各时看上去是被迫剪搭过左手，但实际上他是故意要用这种方式来表明谁会得到

① 英国旧俗，大臣需要在规定时间按照自己的官阶佩戴颈饰觐见。

② 参见《约翰福音》第四章第2节。

③ 参见《哥林多前书》第一章第14、16、17节。

④ 《创世纪》第四十八章第14节。

他更大的祝福。在宰燔祭上献祭牲畜时，上帝也做了同样的事，他让亚伦“按手在公牛的头上”，并“按手在羊的头上”[①]。在《利未记》第一章第14节和第八章第14节中也出现过相同的话。摩西任命约书亚为以色列军长，也就是使之成圣、成为上帝的仆人时，也“按手在他头上，嘱咐他”[②]，用这种方式来明确指出他们作战时应该听从谁的指挥。使利未人成圣时，上帝吩咐“以色列人要按手在他们头上”[③]。在对诅咒圣名的人施加惩罚时，上帝晓谕摩西“叫听见的人都放手在他头上，全会众就要用石头打死他”[④]。想想看，为什么上帝只让听见的人按手在他头上，而没有让祭司、利未人或其他审判者按手？这难道不是因为只有这些人才能在全体会众面前指出谁才是那个因为诅咒圣名而要被处死的人吗？在众人面前用手指明某人或某样东西要比叫名字产生的歧义更少。

这种仪式要求人们一定要严格遵守，甚至在亚伦为全体会众祝福而没法用按手的方式来完成的时候，也会“向百姓举手为他们祝福”[⑤]。而且，我们还发现异教徒在为庙宇行成圣礼时也是通过这样的仪式来完成，圣人会把手按在庙宇的一根柱子上，同时口中不住地念诵祝圣词。在上帝的公开祭礼中，在需要指明具体对象时，用手来指出而不是用语言来说明是很常见的事情。

由此可见，这种仪式并不是在救主时代才出现的新式礼仪。睚鲁的女儿生了病，但是他没有求救主为女儿医病，而是“求你去按手在她身上，使她痊愈”[⑥]。除此之外，“那时，有人带着小孩子来见耶稣，要耶稣给他们按手祷告”[⑦]。

我们可以看到，使徒、长老以及长老会都会为他们挑选的教士按手并祈祷，通过这种古老的仪式让他们受圣灵。按手礼并不是仅此一次，情况有变的时候还可以反复施行，不过其目的永远不会变，都是为了明确而严肃地指明挑选某人担任一般性的教士职务或是执行某种特殊任务。因此，《使徒行传》第六章第6节中才会说“使徒祷告了就按手”在七位执事头上。在这里，按手的目的不是让他们受圣灵，而是让他们承担职务。因为从后面的经文我们可以知道，他们在这次

① 《出埃及记》第二十九章第10、15节。
② 《民数记》第二十七章第23节。
③ 《民数记》第八章第10节。
④ 《利未记》第二十四章第14节。
⑤ 《利未记》第九章第22节。
⑥ 《马可福音》第五章第23节。
⑦ 《马太福音》第十九章第13节。

按手之前就已经被圣灵充满。辅祭腓利在撒玛利亚使一部分人皈依后，使徒彼得和约翰“按手在他们头上，他们就收了圣灵”[①]。除了使徒，长老也具有这种权力，因为圣保罗曾经劝诫提摩太“给人行按手的礼，不可急促”[②]，这是在劝告他不能轻率地任命教士。据《提摩太前书》第四章第14节记载，众长老都按手在提摩太头上。此处应该理解为有人受长老会委托行按手礼，最可能的人选就是他们的议长，而当时的议长有可能就是圣保罗。因为在他写给提摩太的第二封信中，我们看到他说：“你将神借我按手所给你的恩赐，再如火挑旺起来。”[③]还有，这里提到的圣灵并不是三位一体中的圣灵，而是成为教士必备的恩赐。我们还看到，圣保罗也接受过两次按手礼，第一次是在大马色受洗时由亚拿尼亚举行的，第二次是在安提阿教堂最初派他出外面传道的时候举行的[④]。因此在任命教士的时候，这种按手礼的作用就是指明这些权力被赋予了谁。倘若是一个基督徒在这之前就已经有权宣教，那么施洗也不会让他拥有新的权力，只不过能让他传布正确的教义，也就是让他知道了正确运用权力的方法，如此一来，只要接受洗礼就足够，按手礼就完全没有必要。然而在基督教出现之前，主权者就已经具有宣教和任命教士的权力，因此成为教徒并没有让他获得新的权利，仅仅为他在传道方面提供了正确的指引，鉴于此，主权者在洗礼中的按手礼之外就不必额外通过按手礼来获得授权，其中就包括施洗和成圣礼等权利。在《旧约》中，主权是在大祭司手中的，只有大祭司才有权行成圣礼，但当主权来到君主手中时，情况就发生了改变。在《列王纪上》第八章中就记载了所罗门为民祝福、使神殿为圣，并为公众祈祷的事迹，他的祈祷是如今所有教会与教堂成圣礼最好的典范。由此可见，君主不仅具有管理教会的权力，还具有执行教会职务的权力。

通过上面描述的政教权力都集中在基督徒主权者手中的情况，我们可以发现，基督教主权者已经具有统治臣民并管辖其政治和宗教方面外在行为所需要的一切权力。他们完全可以按照自己认为自己国家里身为国民和教民的所有人应该服从哪些规则来制定法律，原因是这时的国民和教民已经是统一的整体。

所以，只要基督教主权者愿意，就可以像如今的很多基督徒国王一样将管

① 《使徒行传》第七章第17节。

② 《提摩太前书》第五章第22节。

③ 《提摩太后书》第一章第6节。

④ 参见《使徒行传》第九章第17~18节，第十三章第3节。

理臣民宗教事务的权力移交给教皇，但是在这种情况下，教皇在主权者的国家中是处于从属地位的，因为他是根据世俗主权者的权力在执行这项职务，而不是根据神权执行的。考虑到公众利益，主权者也可以在认为有必要的时候解除其职务。只要主权者愿意，他甚至可以将这项权力交给最高的教士或宗教会议，并以一种最有利的方式赋予他们管理教会及其他教士的权利，按照自己想要的方式授予大主教、主教、祭司或长老等荣衔；另外还可以制定法律规定教士的供养方式，例如什一税，君主做这些事全凭良心，而这种良心唯一的判断者是上帝。只有世俗主权者才能指定《圣经》正典的审定者和解释者，因为也只有他才能使《圣经》各篇章成为法律。主权者也是赋予开除教籍这件事以威慑力的人，因为如果没有法律、惩戒来威慑，顽固地背离宗教的人就不会屈服，也不会跟教会的其他会众团结一致，缺乏威慑会让开除教籍这件事受人轻蔑。总体而言，主权者具有在世俗和宗教上一些语言和行动相关案件的最高审判权，因为人们只能对外在的语言和行动提出控诉并进行审判，而对于人类无法控诉的事情，也就是一个人内心的罪恶，上帝才是唯一的审判者。任何一位主权者，无论是个人还是会议都具有上述所有权力，因为基督教臣民的代表者就是教会的代表者，而基督教臣民的教会和基督教臣民的国家原本就是同一事物的两种叫法。

尽管我在本书中已经非常清楚地证明了最高教权应该属于基督徒君主，但是因为罗马教皇对这项权力提出了一致的挑战，而且我认为这其中的主要威胁是来自贝拉民主教的《论教皇》，他在其中通过各种文字论证来支持教皇们的态度，因此我认为有必要对这篇论文的根据和可信度进行简短的讨论。

关于这个主题，他一共写了五章内容，第一章可以概括为三个问题：第一，绝对地说，君主政体、贵族政体和民主政体中哪一种政府形式才是最好的？他的结论是以上三种都不是，而应该提倡三种形式的混合政府。第二，对教会来说，三种形式中哪一种才是最好的？结论是混合形式，且君主政体的比重要最大。第三，在这样一种混合式的君主政体中，圣彼得是否原本就具有君主的地位？关于第一个问题的结论，我在本书第十八章中就已经证明了，任何一种人们有义务服从的政府都是绝对的。君主国只有一个人的地位是至高无上的，并且在这个国家中如果有任何其他人具有任意一种权力，都只能是来自他并且要以他的名义来执行。贵族和平民国家主权会议的地位是最高的，会议具有的权力和君主国的君主是一样的，这不是混合权力，而是一种绝对的主权。至于三种政府形式哪一种才是最好的，对于已经建立了其中任何一种主权的地方来说，这个问题的答案都是毫无争议的；目前已经存在的政府形式永远都应该被认为是最好的并且应该受到民众的支持；因为任何为了推翻现存的政府形式的行为都是违背自然法的，而且违背了明文记载的神律。除非教士本身具有世俗主权，否则任何一种政府形式都不会对其权力产生影响；因为教士的使命并不是通过下命令来统治别人，而是通过教诲和说理来劝导别人，让他们用自己的理性来判断是否接受他们传布的教义。君主政体、贵族政体和民主政体向我们指出的是三种主权者，而不是三种教士，也就是说，它们分别代表的是三种家长，而不是三种家庭教师。

因此，他的第二个结论，也就是教会当局采用哪种形式最好的结论，与教皇在其辖区之外的权力毫无关系。因为在任何国家中，他能获得的权力都只是一个教师的权力，而不是一个家长的权力。

至于第三个结论，也就是圣彼得原本在教会中的君主地位的问题，他给出的主要论据是圣马太的一段话："你是彼得，我要把我的教会建造在这磐石上，阴间的权柄不能胜过他，我要把天国的钥匙给你，凡你在地上所捆绑的，在天上也要捆绑；凡你在地上所释放的，在天上也要释放。"[①]仔细阅读这段话，就不难发现它只是证明了一点：基督教会的基础只有一个信条，也就是彼得以全体使徒的名义声明的、让救主说出了上述那段话的信条。想要清楚地认识这一点，我们就该想到，救主本人、施洗约翰和其他使徒传道的内容都只有一个信条："他是基督。"所有其他信条所要求的信仰都是以这一信条为基础。首先是约翰，他的布道只有一条："天国近了。"[②]随后，救主本人也布了同样的道，而且当他将使命交给十二使徒时，也没有布新的道。这是基本信条，是教会信仰的基础。等到使徒领会了救主的意思之后，就问他们："人说我人子是谁。"他们说："有人说是施洗的约翰，有人说是以利亚，又有人说是耶利米或是先知里的一位。"救主又问："你们说我是谁？"西门彼得回答说："你是基督，是永生神的儿子。"我认为这就是整个基督教会的基本信条。也是基于此，救主才说："我要把我的教会建造在这个磐石上。"[③]很明显，这句话说明了教会的基石就是教会的基本信条。有人会反驳，如果是这样，为什么救主会在前面加上一句"你是彼得"呢？

① 《马太福音》第十六章第18~19节。

② 《马太福音》第三章第2节。

③ 《马太福音》第十六章第13~18节。

如果这段经文的原文翻译得足够严谨，那么这一点就很容易解释。因此我们一定要考虑到使徒西门的姓氏就是“石头”，也就是叙利亚语Cephas和希腊语Πετροδ（彼得）的含义。救主在承认了基本信条之后，点到彼得的名说了一句话，这句话的英语表述是：“你是石头，我将在这块石头上建立起我的教会。”[①]这句话的意思就是“我是基督”这一信条是我要求所有加入教会的人必须笃信的一切信仰的基础。这种点名的做法在日常交谈时也很常见。如果救主原本的打算是把教会建立在彼得身上，却说“你是一块石头，在这石头上我将建立起我的教会”，那么他要表达的意思就会变得非常含糊又古怪，但这个时候如果他说的是“我将要把我的教会建筑在你的身上”，那么这句话的含义就非常清楚了，而且一样提到了他的名字。

至于后面的“我要把天国的钥匙给你”等内容，与救主赐予其他使徒的权柄并无区别。如《马太福音》第十八章第18节中说：“凡你们在地上所捆绑的，在天上也要捆绑；凡你们在地上所释放的，在天上也要释放。”无论人们对这句话有多少种理解，都可以肯定一点：此处被赋予权力的是所有最高教士，这种教士就是身为基督徒的世俗主权者在他的国家领土内担任的那种。这种情况好像是说圣彼得或救主已经让这些人中的任何一个皈依并承认了他的国，但是因为他的国不属于这个世界，所以救主就将能令臣民皈依的最高统辖权留给了这个人而不是别人。否则他就将剥夺其主权，因为宣教权和主权是不可分割的。上面的内容就是对他第一章中观点的驳斥，他在第一章中主要证明了圣彼得是教会至高无上的君主，是全世界所有基督徒的王。

第二章的主要结论有两个：第一，圣彼得是罗马主教，并死于罗马；第二，罗马的教皇都是他的继承者。而这两个观点都颇受争议。假设这两个结论都是正确的，但如果罗马主教是指教会的君主或最高教士，那么罗马主教就不是西尔维斯特，而是君士坦丁，因为后者是第一位皈依基督教的罗马皇帝。和君士坦丁一样成了基督徒的皇帝都应该是罗马帝国的最高教士。我之所以只说罗马帝国，而没有说整个基督教世界，是因为其他基督教主权者在其领土之内对本质上属于自己的主权的一切职务都具有相同的权利，这一点就可以回复他第二章的观点。

第三章讨论的问题主要是教皇是否反基督。我认为，根据《圣经》中运用这一名词表达的含义，完全找不出可以证明他反基督的证据，而且，我并不准备从

---

① 这句话的英文是：And I tell you that you are Peter, and on this rock I will build my church.

反基督的性质中寻找证据，并以此来反驳他正在行使的权力或过去一直在其他国家行使的权力。

先知在《旧约》中已经预言，犹太人也同样希望会出现一个弥赛亚恢复他们在撒母耳时代要求和列国一样立一个王时抛弃的上帝国。一旦有了这样的期冀，他们就很容易受到那些企图窃取国家的权力并且奸诈狡猾、有能力通过假奇迹、伪善的作风、华丽的演说以及教义的野心家的蛊惑。因此，基督和使徒们都已经事先警告过人们，要小心提防假先知和假基督。假基督就是自称基督但其实不是基督的人，这些人被称为反基督，这就像在教会分裂时会出现两个教皇，而其中一个会把另一个称为假教皇或反教皇一样。于是根据本义，反基督具有两个基本标志：首先，他否认耶稣是基督；其次，他称自己是基督。圣约翰用一句话确认了第一个标志，他说："凡灵不认耶稣，就不是出于神，这是那敌基督者的灵。"[①] 救主的话则说明了第二个标志，他说："将来有好些人冒我的名来，说：'我是基督。'"接着又说："若有人对你们说'基督在这里'，或说'基督在那里'，你们不要信。"[②] 由此可见，反基督就是假的基督，也就是某一个谎称自己是基督的人。而且，根据上述两个标志，我们还可以得出一个推论：这样的人一定是真基督，也就是耶稣的敌人，这正是"反基督"这个词的另一种常用含义。但是在众多的反基督之中却有一个特例，"这是一个明确的反基督，因为他是一个确定的人而不是任何一个不确定的反基督"。罗马教皇没有否认耶稣就是基督，更没有自称是基督，我完全找不出他可以被称为反基督的理由，因为反基督是指谎称自己是基督的人，而不是谎称自己是基督的代治者或辅佐基督的人。而且，这个假基督中的特例出现的时间也可以说明一些问题，那就是但以理说的那些令人憎恶的毁灭者要留在胜地，并且有可能会一直留在这里的那次前所未有的大灾难。"凡有血气的，总没有一个得救的；只是为选民，那日子必减少了。"但是这种可能并没有真的降临，因为紧接着"日头就变黑了，月亮也不放光，众星要从天上坠落，天势都要震动。……他们要看见人子有能力，有大荣耀，驾着天上的云降临"[③]。因此，假基督还没有来，但是教皇已经连续换了好几任。当然，如果教皇自己为任何一个基督徒国王或基督徒国家制定法律，那么就相当于在今世窃

① 《约翰一书》第四章第3节。

② 《马太福音》第二十四章第5节、第23节。

③ 《马太福音》第二十四章第15~29节。

取了一个基督还未拥有的王国，但是他并不是以基督的身份做出的，而是他擅自替基督做成了这种事，这其中并没有出现假基督的性质。

第四章主要是证明教皇是一切信仰和行为的最高审判者，也就是说，教皇是全世界所有基督徒的绝对君主。为了证明这个问题，他提出了三个论点：首先，他的判断永远正确；其次，他完全可以制定法律并惩戒违法者；最后，救主将所有宗教裁判权都赋予了罗马教皇。

为了证明第一点，他引用了《圣经》中的经文。第一段经文出自《路加福音》第二十二章第31~32节："主又说，西门！西门！撒旦想要得着你们，好筛你们像筛麦子一样，但我已经为你祈求，叫你不至于失了信心。你回头以后，要坚固你的弟兄。"贝拉民认为，这句话的意思是耶稣在此处赋予西门彼得两种特质：第一种是他和他的继任者的信仰永不动摇；第二种是他和继承者对信仰和品行做出的任何规定都是正确的，并且与之前的教皇不会产生冲突。这种解释显得既怪异，又不合理。只要是细心研读过这篇内容的人都会发现，整部《圣经》中对教皇的权力最不利的地方恰恰就在这里：祭司长和文士密谋在逾越节杀害救主，犹大已经决定要出卖他；到了宰杀逾越节羊羔的日子，救主和使徒们一起庆祝这个节日；救主说上帝国降临之前，他将不再庆祝这个节日，又告诉使徒们，他们中有人将要出卖他，使徒们立刻就问那人是谁，又因为看到了他们的主庆祝下一个逾越节的时候就是他为王的时候，因此便争论起谁更大，于是救主告诉他们，外邦人有君王做他们的主治理他们，而且会获得恩主的称号。但是我对你们却不是这样，你们要互相服侍。我将国赐给你们，正如我父赐给我一样，这是我现在要用血来取得，但是在第二次降临之前不能具有的国。倒是你们将坐在我的席上吃喝，并且坐在宝座上，审判以色列十二个支派。说完这些之后，他又单独对彼得说："西门！西门！撒旦想要得着你们，好筛你们像筛麦子一样，但我已经为你祈求，叫你不至于失了信心。你回头以后，要坚固你的弟兄。"而听到这话的彼得对救主的回答就像一个不再希望从这个世界获得任何权力的人，他说："主啊，我就是同你下监，同你受死，也是甘心！"根据这段描述，我们可以清楚地看到救主并没有将这个世界的审判权赋予彼得，反而派给他一项任务，那就是要他教导其余使徒，让他们知晓自己也不能具有这样的权力。而说到圣彼得在宗教事务方面的最后审判永远都是正确的这个问题，此处可以提供的依据只有一点，那就是圣彼得对基督将会再临并在审判日具有他的国这一信仰要继续保持坚定。而且这段经文中也没有提到他会将这国授予所有的继承者，因为我们清楚地看到他们都是在今世要求这国的。

第二段经文出自《马太福音》第十六章第18节："你是彼得，我要把我的教会建造在这磐石上，阴间的权柄不能胜过他。"我已经在本章证明这句话的意思只不过是阴间的权柄不能胜过彼得的明证信仰，并由这一明证信仰引出了下面这句话：耶稣是上帝的儿子基督。

第三段经文出自《约翰福音》第二十一章第16、17两节中的一句话"你牧养我的羊"，而这句话只不过是向他们传达了宣教的使命。如果我们认为这些羊中也包括了使徒，那么这就是最高宣教权，但是也只能存在于基督徒主权者并未获得这一最高地位的时期。但是我已经证明过基督徒主权者就是他国家的最高教士，尽管没有再次举行按手礼，但是他在受洗时就已经被授予了这一职务。既然举行按手礼只不过是确定人选的仪式，那么如果他在按约获得了对臣民的绝对统治权时就已经获得了传布任何教义的权力，再要求这种仪式就完全是多余的。就像我在前面已经证明过的那样，从普遍意义上说，主权者因为职位的关系就已经担任了最高宣教者一职，因此他在受洗之后便有义务去传布基督的道。如果他们允许别人教诲自己的臣民，那么他们的灵魂也要承担相应的责任，因为在教导他的子民和仆人这件事情上，上帝会要求家长负责。《创世纪》第十八章第19节中的这段话，上帝实际上并不是对仆人说的，而是对亚伯拉罕说的："我眷顾他，为要叫他吩咐他的众子和他的眷属遵守我的道，秉公行义。"

第四段经文出自《出埃及记》第二十八章第30节："又要将乌陵和土明放在决断的胸牌里。"他说七十学者将这个解释为证明和真理，因此就得出一个结论：上帝已经把证明和几乎永远正确的真理都交给了大祭司。无论在这里交给大祭司的是证明和真理本身，还是要求他秉公明断的诫命，但因为授予的对象是大祭司，就等于是授予了世俗主权者，因为在以色列人中，地位仅次于上帝的就是大祭司。而且这也可以作为一个论据来证明世俗主权者具有证明和真理，换句话说就是他具有对自己臣民的最高教权，可以同教皇自封的权力对抗。他在信仰方面为了论证教皇的裁断永远正确所引用的经文就是这些。

为了证明教皇对行为的裁断永远正确，他引用了《约翰福音》第十六章第13节中的一段经文："只等真理的圣灵来了，他要引导你们明白一切的真理。"这说明这里所谓的全部真理至少是获救所必需的全部真理。然而即便他用了称得上温和的口吻来表达，也不能让教皇在明证基督信仰而不至于获罪的人中超出一般的永恒的正确性。无论什么人，一旦在只要犯错就无法得救的事情上犯了错，他就再也没有得救的机会了，只要无法满足这个得救的唯一条件，便不可能得救。我在下一章会根据《圣经》来说明其中的论点。我在这里只想说明一点：就算我们承认教皇永远不会在布道的时候犯错，但是这也不能成为他在别的国家拥有司法权力的充分理由，除非我们还认为就算一个人已经答应了别人来完成原本的工作，却出于良心要承担在任何时候都任用最好的工人的义务。

除经文之外，他又通过推理得出一个论证：教皇会在必要的事务中出错，只能说明基督没有对教民的得救做出充分的安排，因为他命令了教会要听从教皇的指引。但是如果他不能提出证据说明基督在何时何地有过这样的命令，或是提到过一点关于教皇的东西，那么他的推论便是不成立的。而且，就算我们承认赋予彼得的一切也同样是赋予教皇的，但是《圣经》中并没有说过要人们服从圣彼得，因此在教皇的命令与一个人的合法主权者的命令相冲突时，服从教皇就是不义。

教会和教皇本人都没有宣称他是全世界基督徒的世俗主权者，因此任何基督徒都没有义务承认他在行为上的裁判权。因为在与行为有关的案件中的最高裁判权就是世俗主权。制定世俗法的人不只是对行为对错进行宣判的人，也是对行为对错做出规定的人。只有世俗主权者制定的法律才能作为衡量一个人的行为是否符合公义的标准。因此，教皇对人们行为对错的最高裁判权提出争议，就等于是在教唆人民不服从世俗主权者，这是一种错误的观点，它违背了救主和使徒在《圣经》中向我们传达的诫命。

为了证明教皇具有立法权，他引证了《圣经》中的多处经文。第一处是《申命记》第十七章第12节："若有人擅敢不听从那侍立在耶和华你神面前的祭司，或不听从审判官，那人就必治死。这样，便将那恶从以色列中除掉。"关于这段经文，我们不要忘记一点：大祭司是上帝之下的世俗主权者，所有的审判官都是由他任命派遣。因此这段经文的意思应该是："如果有人敢不服从当时的世俗主权者或任何代表他的官员，这个人就应该处死……"显而易见，这句话表达的是对世俗主权者的支持，它是反对教皇权力的。

第二处是《马太福音》第十六章中"凡你在地上所捆绑的"等语句，并且指出这里的捆绑与《马太福音》第二十三章第4节中提到的文士和法利赛人的捆绑一样，也就是“他们把难担的重担捆起来搁在人的肩上”，他认为这个重担就是制定法律，并因此得出了教皇具有立法权的结论。然而这不过证明了世俗主权者的立法权，因为文士和法利赛人是坐在摩西的位置上，而摩西是以色列人在上帝之下的主权者。因此救主才会对自己的门徒说，凡他们所吩咐的都要谨守遵行，但不要效法他们的行为。意思是你们要服从他们的法律，但不要学他们的样子为人处世。

第三处是《约翰福音》第二十一章第16节中的“你牧养我的羊”，这句话也不是指立法权，而是指教诲世人的使命。制定法律是家长的职责，家长有权按照自己的想法选择家庭牧师，也可以用同样的方式来选择教育他儿女的老师。

第四处是《约翰福音》第二十章第21节：“父怎样差遣了我，我也怎样差遣你们。”其实这句话对他很不利。虽然救主是他的父派遣来的，但他的使命是用自己的牺牲来为信徒赎罪，通过自己和门徒的传道，让人们为进入天国做好准备，他亲口承认了自己的国不属于这个世界，教导我们要为他的国在来世降临祈祷，但是救主拒绝告知门徒天国降临的时间，只说了到那时十二使徒将会坐在他王国的十二宝座上审判以色列的十二支派，或许每个宝座都与圣彼得的宝座一样高。既然圣父并没有派遣基督在现世制定法律，我们便可以由此推断出，救主也没有派遣圣彼得在现世制定法律，而只是让他劝导人们坚定信心，为他的再临祈祷；在现世，如果信徒是臣民，就要服从君主；如果信徒是君主，就要在自己坚信这一点的同时，尽其所能地让臣民也这样坚信，这就是主教的职权。这部分经文正是最高宗教权力与世俗主权应该统一这一观点最强有力的证明，刚好驳斥了贝拉民枢机主教想要在此处论证的问题。

第五处是《使徒行传》第十五章第28~29节：“因为圣灵和我们定意不将别的重担放在你们身上，唯有几件事是不可少的，就是禁戒祭偶像的物和血，并勒死的牲畜和奸淫。”他将这句话中的“放重担”等语词解释为立法权。然而但凡读过这段经文的人，又有谁能否认使徒的这种语气用在劝告和制定法律上其实都可以呢？法律常用的语气是“兹命令”。但是我们定义的意思是，我们认为最好应该如何，这只是一种对他人提出忠告常用的语气。提出忠告的人会把重担放在对方身上，但是有一个前提，那就是听了这忠告的人能够达成此事。关于类似牲畜和血的禁忌也是有条件的重担，它不是绝对的，只有在人们不愿犯错的时候才会放在他们身上。我已经在本书第二十五章中说明过法律与建议的不同，前者是基于立法者的目的和利益提出的，而后者则是根据征求建议者的利益和目的提出的。这段经文中，使徒们只是为了皈依基督教的外邦人的利益，只是想让他们得救，完全没有掺杂任何个人利益，因为他们在完成自己的使命后，无论听到的人是否按他们的话去做，他们都会得到报偿。由此可见，这种劝告不是法律，而只是建议。

第六处是《罗马书》第十三章第1节："在上有权柄的，人人当顺服他，因为没有权柄不是出于神的。"他认为这句话不但是说世俗君主，也是在说具有教权的君主。而我的回答是：首先，除非这个人本身就是世俗主权者，否则不存在任何具有教权的君主。其君主国的领土也仅限于世俗主权统治的领土范围。而在除此之外的任何地方，他都只能被视为圣师，而不是君主，原因是如果这位使徒是想让我们既服从自己的君主，又服从教皇，那么他让我们做的事情就是基督曾经告诫过我们根本做不到的事情，那就是侍奉两个主。虽然这位使徒在别处说："所以我不在你们那里的时候，把这话写给你们，好叫我见你们的时候，不用照主所给我的权柄，严厉地待你们。"[①] 这位使徒反对的并不是对其中任何一个人处以死刑、监禁、放逐、鞭笞或罚金等处罚的权力，而是反对开除教籍的权力，因为在缺乏世俗权力威慑的情况下，这种处罚不过就是单方面的绝交，就像不和异教徒与税吏来往那样，很多时候，这会让除籍的人比被除籍的人更加痛苦。

第七处是《哥林多前书》第四章第21节："是愿意我带着刑杖到你们那里去呢？还是要我存慈爱温柔的心呢？"这里的刑杖并不是君主对罪犯的处罚权，而是开除教籍的权力，从本质上讲，这算不得一种惩罚，只不过是向人宣告了在审判日基督的国降临时将会施加的惩罚。而且，即便到了审判日，这也不是君主对臣民犯法后施加的正式的惩罚，而是救主对否认其在天国具有权利的敌人和反叛者的报复。因此，这也不能证明任何不具有世俗主权的主教可以具有立法权。

第八处是《提摩太前书》第三章第2节："做监督的，必须无可指责，只做一个妇人的丈夫，有节制，自守……"他认为这是一条法律，但我原本的认知是在教会里只有教会的君主圣彼得才能制定法律。然而就算这条诫命是以圣彼得的权威提出的，我仍然不觉得这是法律，而不是忠告，其原因是提摩太是圣保罗的门徒，而非臣民，而提摩太的教民也只是他在基督学院的学生，而非他王国中的臣民。若圣保罗对提摩太的所有诫命都要被看成法律，那么下面这条是不是

---

① 《哥林多后书》第十三章第10节。

也要被说成法律："因你胃口不清，屡次患病，再不要照常喝水，可以稍微用点酒。"[1] 医生的劝告怎么就不能成为法律呢？难道使诫命成为法律的竟不是对提出者的绝对服从，而只是他命令的语气吗？

同理，第九处《提摩太前书》第五章第 19 节："控告长老的呈子，非有两三个见证就不要收。"这显然也是一条睿智的劝诫，而不是法律。

第十处是《路加福音》第十章第 16 节："听从你们就是听从我，弃绝你们的就是弃绝我。"可以肯定地说，轻视耶稣使者的劝告就相当于轻视基督本人。可是现如今，除了合法的主权当局派遣的教士，又有谁是基督的使者呢？而且，又有谁的合法委任不是来自主权教牧呢？在所有基督教国家，任何一个接受了这种委任的人又有哪一个不是根据他的主权者的权力呢？因此，服从基督徒主权者就等于服从基督本人，反之，轻视基督徒君主批准的教义就是在轻视基督的教义。而贝拉民主教在这里想要证明的观点刚好与之相反。不过这些都与法律毫无关系。而且，作为臣民的教士和传道者，任何基督徒君主都不能用主权者的身份将教义变成法律。基督教主权者不可能强制人们的信仰，但是作为世俗主权者却可以制定有利于他的教义的法律，并强制他的臣民做出某些行为，有些时候，这些行为是臣民们通常不会做，而主权者也不应该命令他们去做的。但是在主权者发布命令的时候，它就变成了法律，臣民在内心缺乏认同的情况下，仅仅是因为要服从法律而做出的外在行为，仅仅是主权者的行为而不是人民的行为，这时候臣民就只是一种工具，他们缺乏行为的动机，仅仅是因为上帝的命令才会服从。

他在第十一处列举了所有圣保罗用命令式语词提出的劝告，以及所有用服从来表达听从他劝告的地方。例如，《哥林多前书》第十一章第 2 节："我称赞你们，因为你们凡事纪念我。"希腊语版本为："我称赞你们，因为像传示给他们一样传示给你们的事情你们都遵守。"这句话完全不足以证明传示的内容是法律或别的什么，只能理解为善意的劝诫。还有《帖撒罗尼迦前书》第四章第 2 节："你们原晓得我们凭主耶稣传给你们什么命令。"这句话的希腊语版本与前面说的"我所传示给你们的"意义相同。这也不足以证明使徒所做的已经超出了劝告的范围，尽管第 8 节说了"所以那弃绝的，不是弃绝人，乃是弃绝那赐圣灵给你们的神"。因为救主降临不是为了审判世界，换句话说，他不是要来做这个世界的王，而是为了用自己的牺牲来为世人赎罪。他把博士们留在自己的教会中，也是为了让他

① 《提摩太前书》第五章第 23 节。

们指引人们皈依基督，而不是迫使他们成为教徒，基督不接受强迫的结果，只接受真诚的信仰，任何法律都只能造成前面一种结果，而不能产生后面那种信仰，因为信仰是通过劝告和传教而产生的。

随后他又引用了《帖撒罗尼迦后书》第三章第14节："若有人不听从我们这信上的话，要记下他，不和他交往，叫他自觉羞愧。"根据"服从"这个词，他便推断这封书信是帖撒罗尼迦人的律法。皇帝的诏书自然是法律，但若说因为这个就连圣保罗的书信也成了法律，那就有种一仆二主的意思了。在希腊语中，"服从"一词固然有听从或执行具有惩罚权的人的命令的意思，但也可以指为了我们的利益而提出劝告的言辞。因此，圣保罗这话的意思并不是命令他们将不服从的人处死、监禁、鞭笞或处以罚金，这些都是立法者才有权做出的决定，他只不过是劝大家不要和这种人往来，让他们自己感到羞耻。从这句话就可以看出，令基督徒产生敬畏的并非使徒的统治权，而是使徒在基督徒中的名望。

最后引用的是《希伯来书》第十三章第17节："你们要依从那些引导你们的，且要顺服。因他们为你们的灵魂时刻警醒，好像那将来交账的人。"这里的服从是指听从劝告。我们之所以服从，并不是因为那是教士的命令，而是因为我们判断出服从对自己有利，换句话说，他们的话是让我们的灵魂得救，而不是让他们自身的权力得到加强。如果这句话的意思指的是他们所有的教导都是法律，那便意味着不只是教皇，而是所有教士在自己的教区内都具有立法权。而且，有义务服从教士命令的人必然无权对其命令进行审核。这样一来，我们要怎么理解圣约翰的这句话："一切的灵你们不可都信。总要试验那些灵是出于神的不是。因为世上有许多假先知已经出来了。"[①]这句话显然是在告诉我们，可以质疑教士提出的教义，却不能质疑法律。从任何一个方面我们都可以认定世俗主权者的命令就是法律，任何其他人拥有同样的立法权都将摧毁所有的国家、正义与和平，而这就违背了所有的神律和世俗法律。所以，无论是《圣经》还是别处，都不可能找到任何证据来证明，在不具有世俗主权的情况下，教皇的谕令可以成为法律。

他要证明的最后一个观点是：除教皇之外，救主基督从未直接授予任何人宗教法权。这里讨论的便不是教皇及基督徒君主谁才拥有最高权位，而是教皇与其他主教的地位高低。他首先表示，人们普遍认可主教的审判权来自神权。他引用了《以弗所书》第四章第11节中圣保罗的话来证明这一点："他所赐的有使徒，

---

① 《约翰一书》第四章第1节。

有先知、有传福音的、有牧师和教师。”他根据这句话推断他们的法权来自神权，却说这种神权不是直接从上帝处得来的，而是通过教皇处获得的。但若要说一个人的司法裁判权来自神权，却非直接从上帝的神权而来，那么任何一个基督教国家的司法裁判权就是只是世俗权力，也都可以按照这种方式说成来自神权。理由就是基督徒君主的世俗权力是直接从上帝处得来的，他的大臣则是通过他的授权来完成各自的使命；同理，主教根据教皇的派遣所做的一切权力也正像这些大臣一样是间接来自上帝的神权。一切最高统治者手中的权力都是直接来自上帝，而在他之下，所有掌握权力的人都可以被视为间接地来自上帝。因此，如果他们不承认主权当局任命的所有行政长官都是根据上帝的权力得到职位的，那么他们也不能说除了教皇之外的任何主教是根据上帝的权力得到职位的。

但如果要在教皇不具有世俗主权的地方讨论基督将司法裁判权授予教皇一人还是包括他在内的所有主教这个问题，就变得毫无意义。因为在自己不是主权者的地方，教皇根本不具有司法裁判权。因为司法裁判权就是听审并判决案件的权力，只有有权规定衡量是非对错标准的人才具有这种权力，换句话说，就是具有立法权及强制服从他本人或他委任的法官宣布的判决的司法权力的人。这种事情换了世俗主权者以外的任何人来做都是不合法的。

他还提到了《路加福音》第六章中的记载，救主曾经召集门徒，并在他们中选出十二人授予使徒之名。于是他就说是救主选出了他们中除了马提亚、保罗和巴拿巴之外的人，并授予他们传道的权力，不过救主并没有授予他们审判案件的权力，因为就连救主本人都拒绝这项权力，他说：“谁说我是你的审判者和分肉的人呢？”又说：“我的国不属于这个世界。”但是没有听审判决权力的人就是没有司法裁判权的。不过这一点并不影响救主授予使徒在全世界传道和施洗的权力，前提是当地法律不禁止他们的宗教，因为基督及其使徒都曾多次教导我们，万事都要服从自己的主权者。

因为教皇在其他君主国并不具有审判权，所以他想要拿来证明主教的司法裁判权来自教皇的证据就完全没有意义了。不过，因为他引用的部分恰好能证明主教能得到的审判权都是来自世俗主权者，所以我还是要一一列举出来：

第一个论据来自《民数记》第十一章，其中记载了摩西无法独自处理治理以色列人民的全部事务，因而上帝让他在长老中选了七十人，并将摩西的灵分赐给他们。他对这句话进行了别出心裁的解释，他说这句话的意思不是上帝削弱摩西的灵赐给他们，而是使他们从摩西手中得到了权力。但是摩西本身具有犹太人国家的绝对主权，那么这句话的意思就很明显：他们的权力来自世俗主权者，因此这一处记载也证明了基督教国家的主教的权力都是来自他所在国家的世俗主权和教皇。

第二个论据是君主国的性质。君主制国家的所有权力都在一个人手里，其余人的权力都来自他。但他又说教会也是君主制的，这话就是在支持基督徒君主。只有他们才是自己臣民真正的君主，也是自己教会的君主，因为此时的教会就是教民。但是教皇的权力并不是君主的权力，也没有任何“君主”或“政体”的属性，就算是圣彼得也只具有宣教的权力。因为上帝不接受强制服从，只接受自愿服从。

第三个论据是圣西普里安[①]曾说圣彼得的教权为头、为源、为根、为太阳，主教的权柄则来自于此。但是我们若是根据比任何身为凡人的圣师箴言都更准确的自然法来判断是非，就会发现每一个世俗主权者都是头、源、根和太阳，所有的审判权也都出自这里。因此，主教的审判权也是来自世俗主权者。

第四个论据是主教的辖区大小不一。他的观点是，若辖区是上帝直接赐予，那么辖区和地位就不应当有区别。但事实上，有些主教的辖区只是一座城，而有些却是几百座城甚至好几个省，这种差别不可能是因为上帝的神谕，因此分配教区的就不是上帝，而是人，分到的教区大小也全凭教会君主的意志。如果他可以在这之前证明教皇具有对一切基督徒的普遍审判权，那么上面的说法也可以得到证明。可惜的是这一点并没有得到证明，而且我们都清楚教皇下辖的庞大教区也是拥有这块区域的人赋予他的，这个人就是罗马皇帝，因此我们可以得出一个结论：其他主教的教区也都来自统治这一区域的君主。根据这一点，就可以证明主教的权柄不是来自神权，而教皇的权柄在他同时身为世俗主权者的区域之外也不是来自神权。

第五个论据是：如果主教的法权来自上帝，那么教皇便无权剥夺，因为他不能违抗上帝的意志。这是个被很好地证明了的推论。随后他又说：“但是教皇有权剥夺辖区，并且也这样做过。”这种说法也没有问题，因为他在自己的辖区或是在被其他君主赋予这种权力的辖区都是这样做的，但问题是他并不是以教皇的身份做这件事的。因为在任何一个基督徒主权者的领地内，这都是主权者的权

① 西普里安（Cyprien），3世纪的主教，罗马天主教教会、东正教教会架构的缔造者。

力，是绝对主权不可分割的一部分。以色列人在要求撒母耳为他们像列国一样立王并根据上帝的神谕抛弃上帝国之前，世俗政府受大祭司管理，只有他可以任命或撤销下级祭司。后来，这项权力就到了国王手中，贝拉民提供的同一论据也可以证明这一点。如果祭司的权柄直接来自上帝，王就不能将其剥夺，因为他不能违背上帝的意志。但是我们可以肯定地说，所罗门曾经剥夺了亚比亚他的大祭司职位，并任命撒都继承这一职位[①]。因此，以相同的方式，其他主权者也可以在他们认为有利于治理臣民的时候任命或撤销主教。

第六个论据是：如果主教的法权来自神权，换句话说，这种法权直接来自上帝，那么提出这种观点的人就应该给出相应证据，但是他们却找不出任何这方面上帝说过的话。这是个很好的论点，因此我并不加以反驳。但是用这样的论点同样可以证明教皇在任何其他君主的领地内都不具有法权。

最后一个论据是英诺森教皇和利奥教皇的证言。我完全相信他能用同样的理由引用从圣彼得开始所有教皇的证言。鉴于人类本性之中存在对权力天然的欲望，任何人成为教皇之后都可能会因为这种诱惑而支持同样的观点。但正如上述两位教皇一样，他们任何人的证词都只能作为自己的见证，因此这些见证也就完全不具有普遍意义。

第五章一共有四个结论：第一，教皇并非整个世界的君主。第二，教皇并非整个基督教世界的君主。第三，教皇在自己的辖区外不直接具有世俗法权。这三个结论很容易被认可。第四，教皇在其他君主的领地内可间接具有最高世俗权，这就让人不敢苟同。如果他说的是教皇可以通过间接的方式取得这种权力，那么这一个结论也能够被承认。不过按照我的理解，他这话的意思应该是世俗法权本就应该属于他，但这种世俗权力是根据教权来的，他要行使教权，就必须具备世俗法权，因此最高世俗权力就这样与教权捆绑在一起，作为不可分割的一部分权力。如此一来，在他认为对拯救灵魂有利的时候，就可以做出改朝换代的决定。

在探讨这一结论的证据之前，不妨先来看看这一观点可能的后果，具有世俗主权的君主和统治者们或许要想一想，承认这种观点对自己有什么好处、对自己臣民获得福祉有没有帮助，在审判日的时候他们可是要在上帝面前承担责任的。

至于说教皇在其他君主的领地内不直接具有最高世俗权力，我们应该这样

① 《列王纪上》第二章第 26、27、35 节。

来理解，他所否定的是权力的获得方式，也就是他获得权力的方式与世俗主权者并不一样。因为本书已经证明了从根本上讲，一切主权者的权力都是通过被统治者每一个人的承认而获得的，无论他们是为了联合在一起保卫自己，还是为了活命而服从征服了自己的人。因此，在教皇宣布自己对其他主权者并不直接具有世俗权力时，他否定的只是自己这种权力最初的来源，但是有一点可以肯定，他会通过其他方式来要求获得这种权力，也就是说，他会通过自己因为担任教皇获得的神权，在无须经过主权者同意的情况下获得这种权力，他称这种情况为间接方式。但无论采取的方式是怎样的，权力本身并没有差别。一旦承认了他具有这种权力，那么在他认为有利于灵魂得救的时候，就可以任意废黜君主或其他主权者。因为他还要求具有唯一的审判权，无论案件与灵魂得救是否有关。除了贝拉民主教，很多博士也都在自己的布道文和书籍中宣讲这一理论，有些宗教会议甚至将其规定为教谕，个别教皇也抓住了有利时机付诸实践。例如，英诺森三世主持第四次拉特兰宗教会议期间，在《论异端》第三章中规定了下面这条宗教法："君主未能按照教皇告谕清除境内的异端，并因此被开除教籍后，若一年内不赎罪，臣民可解除臣属关系。"后来我们也看到他们在很多地方都执行了这一教谕，例如废黜法兰克国王契尔德里克、让查理大帝接管罗马帝国、压迫英王约翰、更改纳瓦尔王国的统治权，还有最近反对法王亨利三世的同盟等。我相信，君主们应该都能认识到这种行为是不义的并且是于己不利的，但我还是希望他们做出选择，到底要做君主还是臣民。一个人不可能服从两个主人。他们应该选择其中一条路使自己解脱，一条是自己掌握国家的绝对统治权，另一条是直接将权力交给教皇，从而让愿意服从的人可以得到庇护。因为区别世俗权力和教权的所有语句都是毫无意义的，无论他们怎么说，权力都已经被拆分。与另一个权力当局分享权力，无论方式是直接的还是间接的，对于他们想要达成的目的来说都存在很大隐患。下面我们来看看他们提出的论点：

第一个论点：俗权服从灵权，以此为根据世俗君主要服从具有最高教权的人，后者也可以根据灵性事务来处理世俗事务。说到世俗和宗教的区别，我们可以来看看世俗权力要服从灵性权力这一点在何种意义下可以被人理解。当我们说某种权力服从另一种权力时，如果不是指具有这两种权力的人之间的服从关系，那就是在说两种权力之间的从属关系，如同手段和目的的关系一样。但如果要说某种权力可以统治或支配另一种权力，就无法让人理解。因为命令、服从、权力以及权利都不是权力的偶性，而是人的偶性。两种权力之间可以是从属关系，就像制作鞍具的技术服从骑术。就算承认世俗政府作为人们进入精神至福状态的手段这一规定，也不能认为具有世俗主权的君主要服从具有灵权的教皇，就像制作马鞍的工匠应该服从骑马的人那样。就像技艺之间的从属关系并不能决定从业者之间的从属关系那样，政府之间的从属关系也不能决定统治者之间的从属关系。所以他说俗权服从灵权，真正要表达的意思就是世俗主权者要服从灵性主权者。这项论据的内容可以描述为世俗主权者要服从灵性主权者，于是管理宗教事务的君主也可以管理世俗君主。这个结论和它的前提一样都需要更进一步进行证明。他先用一个理由来证明这一论据："国王、教皇、教士和世俗臣民组成了一个共和国，也是一个教会。整个团体的各个部分是相互依存的关系，不过宗教事务并不取决于世俗事务，反而是世俗事务要取决于宗教事务，因此世俗事务就应该服从宗教事务。"他提出的这个理由有两个很大的谬误：第一个谬误是，基督徒君主、教皇、教士以及全部基督徒组成的只是一个国家。但是法兰西、西班牙、威尼斯都分别是一个国家，又因为这些国家都是由基督徒组成的，所以每一个都可以被称为一个基督徒的团体，也就是教会。这些国家的代表者都是主权者，因此就能像一个自然人一样具有从属关系，可以做出行为也会受到伤害。在出现代表者之前，宗教会做不到这些事，但是在地上并不能出现这样的代表，若是有了，整个基督教社会就一定会成为一个完整的共和国，这时共和国的主权者就同时成为世俗与灵性事务的代表者。不过要成为这种代表者的教皇缺乏了三种权力，那就是世俗统治权、司法裁判权以及施加开除教籍以外的惩罚的权力，这三种权力救主都没有授予教皇。虽然教皇是基督唯一的代治者，但在审判日基督再临前，代治者都不可能具有政治统治权，而到了审判日，会成为审判者的也不是教皇，而是圣彼得在内的众使徒。

第二个谬误是，国家成员之间的关系像自然人躯体的各部分一样是相互依存的关系。诚然，各部分之间是互相结合的，却都要依存主权者，主权者是一个国家的灵魂。灵魂消失，国家就会陷入内战，人与人之间的联系也会消失，因为公认的对主权者的依赖消失，这种情况就和缺乏灵魂维系的自然人躯体最终会归于尘土一样。因此这个比喻中并没有任何根据可以让我们得出推论，认为世俗臣民要服从教士，世俗官员要服从神职人员，唯一可以推论出的是他们都应该服从世俗主权者。当然，世俗主权者在处理世俗事务时也要考虑到对灵魂得救的帮助，却只需要服从上帝。我们可以看到，他用第一个论据中的谬论误导了一部分人，让他们混淆了目的与行为之间的从属关系和人与人之间在运用手段上的从属关系。因为达成任何目的的手段都取决于自然，换句话说是取决于上帝采取的超自然方式。但是因为自然法禁止破不信约，所以驱使人民采取各种手段的权力都掌握在各个国家的世俗主权者手里。

第二个论点：因为已经假设了一个前提，每个国家都是完整且自足的，所以就能强迫非从属国家服从命令、改变行政，若受胁迫的国家没有办法抵御可能受到的侵害，就可以废立君主。而如果一个宗教国家没有办法保证自己的宗教利益，就更有理由命令世俗国家改变政府的行政，甚至废立君主。

一个国家为了自我防卫确实可以合法地做他在上面提到的所有事，我在本书前半部分也证明了这一点。如果这个世界上真的存在一个与世俗国家不同的宗教国家，那么这个宗教国的君主若是因为缺乏警惕而让自己受到侵害或是失去了在将来保卫和平的保障，作为补救或自我保护的手段，他可以发动战争。也就是说，他可以采取废黜、杀戮、征服等任何针对敌人的手段。但是反过来说，如果一个世俗主权者在面对同样的情况时，也可以合法地对宗教主权者发动战争，我相信贝拉民主教在提出这个论点时肯定没有预料到还能得出这个推论。

但事实上，这个世界并不存在灵性国家。因为灵性国家就是基督的国，但基督已经说过他的国不在这个世界，而是在复活后的来世，到时为人正道且笃信耶稣就是基督的人，虽然肉体已死，却会以灵性躯体复活。到那时，救主会来审判这个世界，征服敌人并建立灵性国家。因为现世并没有人具有灵性的躯体，所以他们中间仍旧活着的人也不可能建立灵性的国。除非有人认为肩负传道使命、使人们为复活时进入基督的国做好准备的传道者是一个国家，但是我已经证明了这样的国家并不存在。

第三个论点：当君主本人不信神或属于异端，并要让臣民也相信他的说法时，身为基督徒的臣民容忍或接受这种行为都是不合法的。但是教皇具有审定君主是否有令其臣民接受异端的行为的权力，因此教皇便也有决定是否废黜君主的权力。

我认为上述推断都是错误的。因为君主无论制定了什么样的法律，就算是与宗教相关的，身为基督徒或异教徒的臣民如果不接受君主的法律，就相当于破坏了服从的信约，如此一来，就违背了自然的和制定的神律。而且，对于臣民来说，唯一有权审定异端的只有世俗主权者。因为异端的含义本身就是反对公众人格下令教导民众的学说，并且坚持自己的看法，这一行为本身就等于违抗国家代表者。因此，我们就可以明确一点：明文规定可以进行传布的观点不可能是异端，允许传布这些观点的世俗君主也不可能是异端。因为异端仅限于顽固地坚持被世俗主权者禁止的学说的那部分平民。

不过，为了证明基督徒不能接受异端或不信神的君主，他引用了《申命记》第十七章第15节中的内容，也就是上帝禁止犹太人立异邦人为王。由此他得出一个结论，认为基督徒立不信基督的人为王并不合法。当然，如果一个基督徒已经允诺当救主再临时会认其为王，却在今世选择了一个肯定会尽其所能地威逼利诱使他违背自己信仰的人为王，那么这种行为就是对上帝的轻蔑。他认为选一个非基督徒做国王或是不废黜这样的君主都非常危险。在这个问题上，我觉得应该讨论的并不是保留这样的君主有什么害处，而是废黜他的做法是否合乎正义。在某些情况下，选择这样的君主是不义的，但无论在什么情况下，选择以后再废黜都是不义的。因为破坏信约的行为是违反自然法的，而自然法是上帝永恒的神律。《圣经》上从未记载过使徒时期存在过这种教义，在罗马帝国时期教皇未获得世俗主权之前也不存在这样的教义。而他对这个问题的回答是，古代基督徒只是因为缺乏世俗力量，所以才没有废黜尼禄、戴克里先、茹里安和阿里乌斯教派的维伦斯。可能他们说的是真的，但是既然我们的救主可以召唤十二营无坚不摧的不死的天使来帮助自己，难道会没有力量废黜恺撒，或是废黜那个根本找不到他的过错却做出了把他交给犹太人钉在十字架上这种不义之举的彼拉多吗？如果使徒们只是缺乏废黜尼禄的世俗力量，那他们是不是出于这个理由才会在写给新入教的信徒的信中告诉他们要像自己一样服从按约建立并统治自己的主权当局，并且要教导他们这样做是出于良心，而不是因为恐惧？我们真的能说他们是因为缺少足够的力量才不得不服从，而且要教导他人这样的违心之论吗？所以基督徒只是出于良心才会接受异教徒君主或是传播错误教义的君主，而并不是因为力量不足无奈接受。而且可以传播公众学说的人不能称之为异端，因此不可能存在身为异端的君主。他还引用了《哥林多前书》第六章的内容来证明教皇的世俗权力，其中提到圣彼得曾在异教徒君主的国家指派过未经其任命的审判者。这是一种错误的说法，因为圣彼得只是劝说他们从兄弟中选择一些人来做仲裁者，私下解决这个矛盾，而不要到异教法官那里去打官司。这是一个充满善意的好的劝诫，即便是在最好的基督教国家，这样的劝诫也一样适用。而且，臣民并没有资格去审定接受一个异教徒君主或是一个犯过错的君主会不会对宗教造成危害，要是真有这种资格，世俗臣民也一样可以审定教皇的教义。理由和我之前证明过的一样，对臣民来说，基督徒君主就是他的最高教士，就像教皇是自己臣民的最高教士一样。

第四个论点是：君主的洗礼。通过洗礼，君主成为基督徒，并承诺服从基督、遵从并捍卫基督教信仰。这种说法是正确的，因为基督徒国王就是基督的臣民。但不管怎么说，他们都与教皇的地位相等，因为两者同是自己臣民的最高教士，而就算在罗马，教皇也只是国王兼教士。

第五个论点是：救主曾经说过的“你牧养我的羊”。教牧信徒所需要的权力都可以通过这句话获得，例如驱赶狼群的权力，也就是驱逐异端的权力；发狂的羊攻击其他羊时，把它关起来的权力，身为基督徒的无道昏君就是这种羊；给予羊群合适的食物的权力。根据上面这段话，他得出一个推论：耶稣赋予了圣彼得上述三种权力。不过我想说的是，最后一种权力只是传道的权力。关于驱逐豺狼，也就是异端的权力，他引用了《马太福音》第七章第15节来证明：“你们要防备假先知，他们到你们这里来，外面披着羊皮，里面却是残暴的狼。”但异端之徒并不是假先知，他们甚至不是先知。而且，就算这里的豺狼是异端之徒，救主也没有告诉使徒要杀死他们，或当他们是君主的时候要废黜他们，而是应该在遇到他们时选择防备、躲避或逃走。而且这个劝诫的对象既不是圣彼得，也不是任何一个使徒，而是跟随他来到山上并且其中大部分还没有皈依的犹太人，因此，就算这句话可以赋予驱逐君主的权力，授权的对象也是所有平民，其中也包括很多非基督徒的平民。而圈禁发狂的羊的权力，在这个世界上就连基督本人都拒绝了，他只是劝告人们让小麦和稗子一同生长，到审判那日再说，因此他不可能授予圣彼得这种权力，圣彼得也不可能授予教皇。圣彼得和所有传教士得到的嘱咐都是看到不服从教会的基督徒要像看待异教徒和税吏那样。既然人们不承认教皇有权统治异教徒君主，那自然也不会承认他有权统治被看作异教徒的人。

单单从传教的权力中，他也可以得出教皇对君主具有强制权力的推论。他的说法是教牧要向羊群提供合适的食物，因此教皇就可以并且应该强制君主执行义务。由这一点出发，可以得出结论：身为基督徒教牧的教皇是万王之王，如果基督教国家的君主拒绝承认这一点，就需要独自承担最高教牧的职责。

第六个论点是根据实例提出的。对于这些实例，我的观点是：首先，它们什么都证明不了；其次，它们还不足以证明有可能存在这样的权力。《列王记下》第十一章中，耶何耶大能够杀死亚他利雅，如果不是根据约阿施王的权柄，就是因为大祭司犯了重罪，因为在选择扫罗为王以后，他就变成了一个普通臣民。要是圣昂布罗西奥真的将皇帝狄奥多开除教籍，那就是犯了死罪。至于教皇格里高利一世、格里高利二世、扎加利和利奥三世，他们关于自身案件的审判全部是无效的，这些人根据这种说法做出的行为都是人类天性中可能出现的最大罪恶，其中最恶劣的要数扎加利。

与教权有关的讨论就到此为止，如果贝拉民不是以一个反对除教皇外所有基督徒统治者并坚决为教皇辩护的战士，而只是作为个人意见来表述这些论点的话，我就不会去分析讨论，要说的话也就能更简短。

第四十三章　论一个人进入天国的必要条件

基督教国家出现叛乱和内战的时候，最常见的借口都是上帝的命令和人的命令出现了冲突时，人们做不到两方面都服从，直到今天，这个问题也没能彻底解决。显然，当一个人接到了两个互相冲突的命令时，应该要服从的是上帝的命令，就算另外一条命令是他的主权者或者父亲发布的，也一样不应该服从。因此我们面临的困难就只有一个，那就是当有人以上帝的名义发布命令时，我们通常很难判断这个命令到底是来自上帝的，还是某些人在滥用上帝的名义行以权谋私之事。就像犹太人的教会中也会有很多假先知通过造假，运用梦和异象在群众中为自己赢得名望，基督教会中也从来不乏运用虚伪荒诞的学说来蛊惑人心的假教士，他们正是凭借着自己的名望来控制群众，并为自己谋求私利。

若是一个人能辨别哪些条件对他进入天国来说是必要的、哪些是不必要的，那么同时服从上帝和世俗主权者的问题就可以迎刃而解了。如果服从主权者的命令不会让我们失去永生的福祉，而不服从却会陷入不义，那么我们便可以遵从保罗的箴言：“仆人凡事要服从主人”“儿女凡事要服从父母”，此外还有救主的箴言：“文士和法利赛人坐在摩西位上，凡他们所说的你们都要谨守遵行”。但是如果服从这命令就免不了永死的惩罚，那我们疯了才会服从这命令，此时就应该听从救主的劝诫："那杀身体不能杀灵魂的，不要怕他们。"[①] 因此，只要是想避免因为不服从世俗主权者而遭受今世的惩罚，还有因为不服从上帝而遭受的来世的惩罚的人，都需要通过接受教育来获得分辨的能力，从而可以知道哪些是得救的必要条件，而哪些不是。

得救的所有必要条件都包含在两种美德里，那就是信基督并服从神律。如果能将后一种美德做到完满，对我们来说就足够了。但不幸的是所有人都触犯了神律，不只是由于亚当的原罪，我们自己也都犯过，因此我们现在要做的不只是在有生之年都要服从神律，而且要想办法赦免过去的罪，而这便是我们信基督的报偿。想要得救，满足这两个必要条件就足够，通过下面的话我们也能看出这一点：天国之门只对着罪人关闭，换句话说，只有违抗神或触犯神律的人进不去，而这种人只要诚心悔改，并且真心相信所有能让他得救的基督信条，那么他依然可以被接受进入天国。

在我们的所有行为中，上帝意旨都是将我们的意志视为实际行动的，他要求我们的服从也只是这种努力服从的意志，而且任何带有这种努力的意义的名词也都可以用来表示这种努力。于是我们有时也会用有爱和爱来代表服从，因为这两个词都体现了服从的意志。救主也认为我们对上帝和彼此的爱就是全部神律的体现。有时正义也可以用来表示服从，因为正义是将各人的东西归于各人的意愿，是服从神律的意愿。有时悔改也可以表示服从，因为悔改是远离罪，表示一种回头是岸的服从。任何人只要是真的希望可以完全服从上帝的诫命、真诚悔改自己的过错、全心全意地爱上帝和邻人，就等于做到了进入天国所需的一切服从。因为如果上帝要求的无罪不允许存在一点瑕疵，那这个世上能获救的人根本就不存在。

上帝传达给我们的诫命是什么？摩西给犹太人制定的律法真的都是上帝的诫命吗？如果是，为什么不要求基督徒服从？如果不是，那么除自然法以外还存在其他的上帝诫命吗？救主并没有给我们制定新的法律，他留下的诫命是让我们遵守原有的法律，包括自然法和各自的主权者的法律。救主给犹太人的登山宝训中也没有新的律法，只是对摩西的律法加以解释。由此可见，神律就是自然法，其中最重要的一条是不破坏信约，换句话说，就是要服从我们互相立约建立起来统治我们的世俗主权者的命令。通过逻辑推理可以得知，要求我们服从世俗法的神律也同样要求我们服从《圣经》的诫命，不过我已经在前一章中证明过，只有

① 《马太福音》第十章第28节。

当世俗主权者将其规定为法律时，这种诫命才是法律，否则就只是劝诫，不服从的人也不会被认为是不义的。

我们已经清楚想要得救就该服从谁要怎样服从，接下来就该谈谈要得救的人在信仰上要相信谁、为什么要相信以及要相信什么信条。首先，关于该信谁的问题，在我们没有听到过这个人说出的话以前是不可能相信他的，因此这个人选的前提就必然是我们曾经听到过他的话。亚伯拉罕、以撒、雅各、摩西和先知们信的就是以超自然的方式向他们说话的上帝，使徒和门徒信的就是亲自与他们交谈过的救主。但是对那些既没有听到过圣父的话，也没有听到过圣子的话的人，我们就不能说他们相信的是上帝。他们相信的是使徒，之后的人相信的是在教会里劝导他们相信《圣经》历史的教士和博士。从救主开始，基督徒信仰的基础是教士的名望，然后是让《圣经》变成信仰法规的权力当局；后者只有基督教主权者才能办到，这类主权者就是最高教士，也是基督徒唯一听得到的可以传达上帝谕旨的人，不过能直接以超自然方式听到上帝说话的人除外。但这个世界上已经出现了很多假先知，因此每个人都应该根据圣约翰的告诫来检验那些灵是否真的出自神。既然需要最高教士来审定教义，那么在任何一个国家，没有得到特殊神祇的人就都应该相信自己的最高教士，也就是世俗主权者。

每个人都是因为不同的理由相信基督教教义的。因为信仰由上帝赐予，而上帝则会用对每个人最好的方式让信仰在内心起作用。通常可以让我们相信任何一条基督教教义的直接原因都来自一个信念：《圣经》是上帝的话。但是关于我们为什么要相信《圣经》就是上帝的话，人们的回答就各种各样了，就像每一个说不清楚的问题那样。导致这个结果的原因是人们考虑的并不是“我为什么相信”，而是“我怎么知道”，仿佛相信与知道是一样的。于是，两方各执一词，一边以教会永恒的正确性为根据，另一边以个人的灵性证明为根据，结果就是没有结论。其原因就在于，一个人在不能确定《圣经》永恒的正确性之前，是不可能确定教会永恒的正确性的。换个角度来看，我们又如何确定个人的灵性不是通过教师的权威、观点或自己想象的神恩而建立的一种信念呢？再者，《圣经》里也找不到可以证明教会永恒的正确性的证据，就更不要说某个教会或某个人永远不会犯错了。

显而易见，基督徒并不知道《圣经》是上帝的话，他们只是这样相信而已。而且，一般情况下，上帝愿意让人们相信的方式也都是自然的且常见的，那便是传教的教士。普遍意义上，对基督教信仰而言，圣保罗的教义是：“信道是从听道而来。”[①] 意思是听合法的教士的话。他还说：“未曾听见他怎能信他呢？没有传道的，怎能听见呢？若没有奉差遣，怎能传道呢？”[②] 这段话的意思就很明显，人们相信《圣经》是上帝的话与相信其他信条的原因是一样的，是因为他们听从合法任命的教导我们的人的话。这个人在家里是父母，在教会是教士。在这方面通过经验可以更明显地看到。基督教国家的人基本上相信了《圣经》是上帝的话，至少嘴上是这样说的，但在其余国家就不是这样，之所以会出现这种情况，难道不是因为基督教国家的臣民从小就受这样的教育，但其他国家受到的教育却不一样吗？

但话又说回来，如果人们是因为教导而产生信仰的，为什么还会有人不信呢？所以说，信仰是上帝赐予的，并且只会赐给他选中的人。但上帝是通过教导者赐予选中者信仰的，所以听道就是信道的直接原因。众人都在一所学校里接受教育，却只有一部分人受益；受益者学到的东西来自教士，但我们却不能因为这样就说自己所学的不是上帝的恩赐。一切的善都来自上帝，但是得到的人却不能说自己是因神感而得到，因为这种说法就等于说自己得到了超自然的恩赐，但这是需要上帝亲自参与的，若有人这样说，就等于向众人宣告自己是先知，并且需要接受教会的检验。

无论一个人是知道、相信或是承认《圣经》是上帝的话，只要我根据《圣经》中意义明确的经文来提出哪些是得救必需的信条，并且只要这些就足够时，他就一定会知道、相信或是承认这些信条。

根据《圣经》，人们得救所必需的信条就只有一个：耶稣是基督。上帝在《旧约》中通过先知向人们应许，他将会派一个王，永远在他之下统治犹太人和其他皈依的信徒，而且会恢复他们因亚当的罪而被剥夺的永生，这个王就是基督。在通过《圣经》证明了这一点之后，我们还要证明在什么情况下，其他信条也可以被认为是必要的。

要证明耶稣是基督这一信条是得救必需的全部信仰，我提出的第一个论据是福音书作者记载的内容，他们主要是通过记录救主的生平事迹来建立耶稣是基督这个信条。圣马太的福音书主要记述了耶稣是大卫的后裔，是童贞女圣母所生，下面这些可以作为真基督的标志：东方三博士把他当作犹太人之王朝拜，希律王得知后便想要杀死他；施洗约翰宣告耶稣是犹太人的王；耶稣及其门徒也这样说；

① 《罗马书》第十章第 17 节。

② 《罗马书》第十章第 14~15 节。

在教导律法时，他不像文士，而像是掌权者；他说一句话便能让人病愈，还行了很多其他奇迹，这都是预言过的基督要行的业迹；耶稣进入耶路撒冷时被人称贺为王；耶稣曾警告众人防备任何自称是基督的人；因为他说自己是王，所以才会被逮捕、控告并处死；他记录在十字架上的罪名是“拿撒勒的耶稣，犹太人的王”。以上所有都是为了让人相信耶稣是基督。圣马太的福音书讨论的就是这些内容，阅读其他作者的福音书以后我们就会发现，他们讨论的范围是相同的。由此可见所有的福音书的内容都只是为了建立这个唯一的信条。圣约翰也曾经明确地用下面这句话来做总结：“但记这些事，要叫你们信耶稣是基督，是神的儿子。”①

第二个论据是救主在地上时以及他升天后使徒们传道的主题。据《路加福音》第九章第 2 节记载，在救主的时代，使徒被差遣去“宣传神国的道”。《马太福音》第十章第 7 节中也一样，指出救主赋予他们的使命是“随走随传，说，天国近了”，这话的意思就是指出耶稣是弥赛亚，是基督，是上帝应许降临人世的王。在基督升天后，使徒们也传布同样的道，在《使徒行传》第十七章第 6~7 节中，圣路加就清楚地说明了这件事，他说：“找不着他们，就把耶孙和几个弟兄拉到地方官那里，喊叫说：那搅乱天下的也到这里来了，耶孙收留他们。这些人都违背该撒的命令，说另有一个王耶稣。”而且在同一章第 2~3 节中也写道：“保罗照他素常的规矩进去，一连三个安息日，本着《圣经》与他们辩论，讲解陈明基督必须受害，从死里复活。又说：我所传与你们的这位耶稣就是基督。”

第三个论据是《圣经》中讲解的得救所需的信仰中最浅显易懂的那部分。因为现存的基督教教义有很多，传教的人也各有各的看法，要是得救的前提是一定要真心接受所有教义，那么做基督徒大概就是这个世界上最难的事了。按照这种说法的话，和耶稣一起被钉在十字架上的两个强盗中的那个虽然做了忏悔并且说“主啊，你的国降临的时候求你纪念我”这种话，但也不可能会得救。因为他的这句话只能证明一个信条，那就是耶稣是天国的王。而且，《马太福音》中也不会说“因为我的轭是容易的，我的担子是轻省的”，更不会说“信我的一个小事”这种话。若真是这样，圣保罗也不可能得救，更不可能成为教会中的圣师；或许他从来都没有想到过“实体转换”“洗罪论”等很多如今人们被要求必须接受的信条。

第四个论据是《圣经》中含义明确且不存在争议的经文。第一，《约翰福音》第五章第 39 节：“你们查考《圣经》，因你们以为内中有永生，给我做见证的就

① 《约翰福音》第二十章第 31 节。

是这经。”这里的《圣经》是指《旧约》，因为当时并没有《新约》，所以也没人能查考。但是《旧约》里也没有提到“基督”一词，只说了他降临时可供人们辨别的标志，例如，他是大卫的后裔、出生在伯利恒、母亲是童贞女、能行奇迹，等等。因此，只要相信耶稣是这个人就可以获得永生，再去相信其他信条并无必要，也就不会多做要求。第二，《约翰福音》第十一章第 26 节：“凡活着信我的人，必永远不死。”按照这种说法，只要信基督就可以获得永生，更多的信条也就没有必要。信耶稣就等于信耶稣是基督，下面的对话就可以印证这一点：救主问马大：“你信这话吗？”马大答道：“主啊，是的，我信你是基督，是神的儿子，就是那要临到世界的。”① 因此，只要有了这个信条，就可以获得永生，并不需要其他多余的信条。第三，《约翰福音》第二十章第 31 节：“但记这些事，要叫你们信耶稣是基督，是神的儿子，并且叫你们信了他，就可以因他的名得生命。”从这句话也可以看出，信耶稣就是可以让基督徒获得永生的条件，并不需要其他信条。第四，《约翰一书》第四章第 2 节：“凡灵认耶稣基督是成了肉身来的，就是出于神的。”同篇第五章第 1 节：“凡信耶稣是基督的，都是从神而生。”第 5 节：“胜过世界的是谁呢？不是那信耶稣是神儿子的吗？”第五，《使徒行传》第八章第 36~37 节中提到，太监说：“看哪，这里有水，我受洗有什么妨碍呢？”腓利说：“你若是一心相信就可以。”他回答说：“我信耶稣基督是神的儿子。”因此，只要相信了耶稣是基督就可以受洗，也满足了进入天国的条件，如此说来，这就是唯一必要的信条。通常情况下，当救主对某人说“你的信救了你”时，就是因为对方在明证信仰时直接或间接承认了“耶稣是基督”这一信条。

最后一个论据是从将这一信条作为信仰基础的地方而来，原因是抓住基础便可以得救。在这方面也可以列举几处经文：第一，《马太福音》第二十四章第 23~24 节：“那时若有人对你们说，基督在这里，或说基督在那里，你们不要信。因为假基督、假先知将要起来显大神迹、大奇事。”从这句话可以看出，能够行大奇迹的人也有可能是反对这一信条的人，我们一定要坚守耶稣是基督这一基础。第二，《加拉太书》第一章第 8 节：“但无论是我们，是天上来的使者，若传福音给你们与我们所传给你们的不同，他就应当被咒诅。”保罗和其他使徒传布的福音只有一条：耶稣是基督，因此要坚持这一信仰，我们连天使的权威都要否定，就更不要说其他人。因此，“耶稣是基督”就是基督教信仰的基本信条。第

① 《约翰福音》第十一章第 26~27 节。

三，《约翰一书》第四章第1~2节："亲爱的弟兄啊，一切的灵你们不可都信，总要试验那些灵是出于神的不是。因为世上有许多假先知已经出来了。凡灵认耶稣基督是成了肉身来的，就是出于神的。"由此可见，这一信条是衡量所有其他信条的准则，可以用来检验所有其他信条，它就是唯一的基本信条。第四，《马太福音》第十六章第16、18节中，圣彼得对救主说了这样一句话："你是基督，是永生神的儿子。"在这一信条得到证明以后，救主对他说："你是彼得，我要把我的教会建造在这磐石上。"根据这一点，我们可以得出一个结论：教会的全部教义都是建立在这一基础信条之上的。第五，《哥林多前书》第三章第11~15节："因为那已经立好的根基就是耶稣基督，此外没有人能立别的根基。若有人用金、银、宝石、草木、禾秸在这根基上建造，各人的工程必然显露。因为那日子要将他表明出来，有火发现，这火要试验各人的工程怎样。人在那根基上所建造的工程若存得住，他就要得赏赐。人的工程若被烧了，他就要受亏损，自己却要得救，虽然得救乃像从火里经过的一样。"这段话前半部分是浅显易懂的臣属，后半部分则是晦涩难懂的隐喻。从明确的陈述中可以得出一个结论：传布"耶稣是基督"这一基本信条的教士，虽然不可避免地会产生一些错误的结论，因为只要是人就难免犯错，却依然可以得救，而如果自己不是教士，却只是因为听信了合法教士告诉他们的，那么就更可以得救。因此，相信这一信条就足以得救，那么相信其他信条就不是得救必不可少的了。

我们再来看看隐喻的部分，比如说"这火要试验各人的工程怎样""自己却要得救，虽然得救乃像从火里经过的一样"。从这段话中可以得出的结论与我们从语意明确的经文中得出的结论也是相符的。但因为有人根据这一处经文提出了证明炼狱之火的观点，所以在这里我也要说一下自己关于用火来验证信仰和得救这个话题的看法。在这里，使徒保罗似乎是在指出先知撒加利亚的话，他曾经在谈及上帝国的复兴时说："这全地的人三分之二必剪除而死，三分之一仍必存留。我要使这三分之一经火，熬炼他们如熬炼银子，试炼他们如试炼金子。他们必求告我的名，我必应允他们。"[①] 审判日就是上帝国的复兴之日。圣彼得说哪一天会出现焚烧恶人的天地之火，而被上帝拯救的人却可以毫发无伤地通过；通过试炼之火的他们，就会像金银经过火焰的淬炼去除杂质一样，去除偶像崇拜，归于真神的名。彼得也曾经暗示过，当审判日到来时，每个人传布的道也会受试炼，判

① 《撒迦利亚书》第十三章第8~9节。

断哪些是金、银、宝石的，哪些是草、木、禾秸的。所以，在正确的基本教义中得出错误结论的人会看到自己的观点受到责罚，但他们本人却会得救，而且能毫发无伤地通过试炼之火，获得永生，归于唯一真神的名。经过这样解释，就完全符合《圣经》中其他部分的叙述，并且丝毫找不出炼狱之火的迹象。

不过，可能有人要问，对得救来说，是不是还有一些其他教义也和耶稣是基督这一点同样重要呢？例如，上帝是万能的、上帝创造了世界、基督已经升天、在最后的审判日所有人都会从死里复活，等等。我的答案是：这些都是必要的，不止这些，还有很多其他信条也一样是必要的，只不过它们都是包含在这个基本信条之中，都可通过一些简单或困难的方式从中推导出来。既然已经相信了耶稣就是以色列的神的儿子，以色列人又说这个神是创造了世界的万能的神，那么相信了这一点的人又怎么会怀疑上帝是万能的造物主呢？而且，如果一个人不相信耶稣会从死里复活，又怎么会认为他将成为永恒的王？我们都知道，死人不可能成为国王。总之，一个人只要相信了“耶稣是基督”这一基本信条，那么他也会同样相信可以从中直接得出的一切结论，也会相信在隐含的意义下得出的一切逻辑推论，尽管他或许不具备辨别这些结论的能力。因此，这个结论依旧成立：相信这一信条就足以使忏悔的人得到赦免，这样的信仰就足以让他进入天国。

我在前面已经说明了，得救要求的服从就是服从神律的意志，也就是忏悔；得救所必需的全部信仰则都包含在耶稣是基督这一基本信条中。下面我会通过引证福音书中的经文来证明两者的结合就是得救所需的一切。在救主升天后的第一个圣灵降临节听圣彼得讲道的人问他及众使徒：“弟兄们，我们当怎样行？”圣彼得说：“你们各人要悔改，奉耶稣基督的名受洗，叫你们的罪得赦，就必领受所赐的圣灵。”[①]因此悔改和受洗就是相信耶稣是基督，也就是得救所需的一切必要条件。《路加福音》第十八章中，有一个官问耶稣说：“良善的夫子，我该做什么事才可以承受永生？”耶稣告诉他：“诫命你是晓得的，不可奸淫、不可杀人、不可偷盗、不可做假见证、当孝敬父母。”那人说：“这一切我从小都遵守了。”耶稣听见了，就说：“要变卖你一切所有的，分给穷人，就必有财宝在天上，你还要来跟从我。”这话的意思是要这人信靠基督。由此可见，遵从神律，相信耶稣是王就是能够让人获得永生的所有条件。圣保罗说过：“义人必因信得生。”[②]

① 《使徒行传》第二章第37~38节。

② 《罗马书》第一章第17节。

可以因信得生的不是所有人，而是义人，信和义就是永生所需的全部，这里的义是意志，也就是忏悔。《马可福音》第一章第15节，救主说："日期满了，神的国近了，你们当悔改、信福音。"福音指的是基督降临这个好消息。相信耶稣是基督，并诚心忏悔就是得救所需的全部。

既然包含在忏悔中的信与服从在我们得救时必然是同时产生作用的，那么再去讨论究竟是两者中的哪一个为我们赦罪就很没必要。但是讨论另一个问题却很有必要，那就是两者分别是通过什么方式让我们的罪赦免以及在什么意义下人们可以说自己是因为两者中的某一个而得以赦罪。首先，若认为正义就是德行本身蕴含的义，那便没有人能得救，因为根本不存在从未触犯过神律的人。因此，当有人说自己是因为功德而赦罪时，我们就要把这种功德理解成意志，因为一直以来上帝都把意志作为行动和事实来接受，无论这个人是好还是坏。下面这两句话也都只能在这种意义下理解：第一，我们称一个人为义或不义；第二，他因义而赦罪，后者的意思是，这个人在神的意义下因他的义而得到了义人的称号，并因信得生。因此，"因义而赦罪"便具有了下述意义：赦罪和称某人为义的意义相同；这种意义并不是在执行法律方面，因为若是这样，惩罚他的罪就是不公正的。

若一个人的祷告并不充分，但神却接受，我们也可以认为他获得了赦罪。举个例子来说，我们向神祷告，表明自己具有实现神律的意志并为此努力过，但结果并不完满，我们为自己不能做到的部分忏悔，不过上帝却把这些都当作切实履行了神律的行为接受，因此这个人便获得了赦罪。不过，上帝只会把信徒的意志当作行为来接受，因此使祷告有效的便是我们的信，也正是在这种意义之下，我们才会说因信赦罪。信与服从是得救不可或缺的条件，但就其本身意义而言，任何一项都能使我们获得赦罪。

在阐明了得救所必需的条件后，要协调我们对上帝的服从和对世俗主权者的服从就变得简单许多。如果世俗主权者是基督徒，那么他就会承认"耶稣是基督"这一信条以及由此而来的所有符合逻辑的信条，这都是得救所需的全部信仰。作为主权者，他要求臣民服从自己的一切，换句话说，就是服从他制定的全部世俗法，世俗法中包含全部自然法，也就是全部神律，因为除了自然法与作为世俗法组成部分的教会法（可以制定法律的教会就是国家），就不存在其他神律。所以，人们在服从自己的基督徒主权者时，并不会在信仰或服从上帝的问题上遇到阻碍。假设出现了一位君主，他根据"耶稣是基督"的基本信条得出了很多错误结论，并要求人们传布他的学说，不过既然圣保罗说用草木建造工程的人也可以得救，那么他便可以得救，奉命传布他的道的人也可以得救，没有传布他的道并坚守自己信条的合法教士就更加可以得救。假设一位世俗主权者禁止其臣民传布自己在宗教上的观点，他又有什么正当理由可以反抗呢？基督徒君主有可能会得出错误结论，这些结论要由谁来判定？若是这个问题只关乎个别臣民的服从，难道要由臣民自己来判定吗？可要是由教皇或使徒来判定，谁又能保证他们的结论不会出错？圣保罗当面反驳圣彼得时，这两人之中是否有一个必然在上层建筑的理论中出现了错误呢？由此可见，基督教国家的法律根本不可能与神律相冲突。

若世俗主权者不是基督徒，那么任何一个反抗他的臣民都将触犯神律，因为自然法要求他们服从；另外他们的反抗还违背了使徒告诉基督徒要服从自己君主、儿女要服从父母、仆人要服从主人的劝诫。而臣民的信仰存在于内心，是不可见的，他们具有乃缦[①]的那种自由，并不需要为此涉险。可要是他们真的涉险，就该知道上天会因此回报他们，他们不该怨恨自己的主权者，更不该因此对他们宣战。原因就在于，若是一个人不能在正当的殉道时机慷慨赴死，那么他就不具备自己声称的那种信，那不过是他的一种伪装，想让自己的负隅顽抗看上去更有说服力。若是在一个不信基督的君主治下，存在这样的臣民，他盼望着基督的国在现在的世界被焚烧殆尽后再次降临，到那时，他会服从基督，但在那之前他认为自己有义务服从自己的世俗主权者，而这个国王在明知这些情况的时候依然要选择迫害或处死这样臣民，试想一下，这种残暴的君主真的存在吗？

有关上帝的国以及教权的讨论就到此为止。我并没有在这一方面提出自己的任何观点，而只是想说明通过《圣经》，也就是基督教的政治学原理可以得出哪些结论来证明世俗主权者的权力及其臣民的义务。在引证时，我尽量避免语义含糊或存在争议的经文，而只是选取最浅显易懂并且符合《圣经》全篇一以贯之的精神的内容。因为只通过简单的词句并不能让著作获得符合真理的解释，真正能做到这一点的是作者的见解。一切置精义宗旨而不顾，总是断章取义地从单独的经文中推敲的人是不可能得出任何清晰的结论的，他们不过是把散乱的《圣经》像灰尘一样洒在人们眼前，让所有东西看上去更加似是而非，而那些不以追求真理为目标、一心只顾自身利益的人最常使用的伎俩就是这种。

---

① 乃缦：以色列强敌亚兰人的将军，深受亚兰人爱戴，曾患大麻风病，得到亚兰国王的允许前往以色列求医，被先知以利沙治愈，从此皈依上帝。

第四部分
论黑暗的王国

第四十四章　论曲解《圣经》产生的灵的黑暗

除了我已经讨论过的神的主权、人的主权，《圣经》中还提到过另一种权力，那就是今世的黑暗的统治者的权力，撒旦的王国和比西卜的魔鬼的王国，也就是空中出现的幽灵比西卜的王国。撒旦也因此被称为空中权力的国王，又因为他是今世的黑暗的统治者，所以也被称为今世的国王。信徒被称为光明的子民，与之相对，在他统治下的臣民则被称为黑暗的子民。因为比西卜是幽灵的国王，他统治的存在于黑暗中以及空气中的臣民被称为黑暗的子民，而从比喻意义上说，魔鬼、幽灵或者幻灵都是同一种东西。一旦看清楚这一点，我们就会知道《圣经》中提到的黑暗的王国仅仅是一个诈骗团伙，他们想要在今世获得统治权，因此会尽其所能地用黑暗且谬误的观点来扑灭人们身上天性与福音的光辉，阻止他们在天国降临时做好准备。

天生的盲人对任何一种光都毫无概念，人们能够想象出来的光，永远不会超过他曾在某一时刻所能感受到的光，同理，一个人对福音与悟性之光的想象也不可能超出他已有的经验。这样，就会出现这样一种情况：人们对于自身黑暗的认识仅限于自己曾经遭遇过的意外灾难可以推论出的结果。在撒旦的王国中，最黑暗的地方就是上帝教会之外的地方，换句话说，就是存在于不信基督的那些人中间。但我们并不能因此就认为教会与歌珊地一样，具有能让我们完成上帝指令指示的所有光明。但要是我们心中并不存在黑暗，或者至少没有阴霾，那么基督教的世界又怎么可能从使徒时代开始就纷争不断，每个人在自己的人生中稍微遇到一些挫折或遇到更出色的竞争者时就会变得一蹶不振，而在奔向共同的至福时又有那么多不同的道路呢？事实证明，我们仍未摆脱黑暗。

敌人一直藏身于我们天性中无知的黑暗里，并且一刻不停地播撒性灵错误的稗子。主要通过以下几种方式：第一，滥用和掩盖《圣经》的光辉，我们正是因为对《圣经》的无知才会犯错。第二，引用异教神话，人为编造魔鬼学说，换句话说，就是引用异教神话中与魔鬼有关的荒诞言论。从本质上说，他们创造的魔鬼就是偶像或大脑的幻象，与人类的幻象并没有不同，亡灵、妖魔或是老妇人们闲谈中出现的其他东西都属于这一种。第三，把许多其他宗教的残余和希腊人众多的荒诞哲学思想混入《圣经》，其中亚里士多德的哲学占了很大比重。第四，在其中掺杂一些错误的、不确定的传说，或是虚构的、有待考证的历史。这样我们就会因为听信了蛊惑人心的邪灵或是昧着良心说谎话的伪君子阐述的魔鬼学说，并因此犯错，《圣经》中将后者称为“说谎之人”[①]。关于《圣经》的滥用导致人们犯错的几种方式，我打算在本章中进行简单讨论。

关于《圣经》的滥用，最主要且最严重的情况出现在关于上帝国的牵强解释中，他们说上帝国就是现如今的教会或是活着的基督徒会众，或是在审判日将要复活的死者，几乎所有谬误都是由此而来，或是包含其中。事实上，最早的上帝国是摩西在犹太人中间按约建立的，因此犹太人也被称为上帝的选民，后来，犹太人拒绝接受上帝的通知，要求像列国一样立一个王，当扫罗成为他们的王时，上帝的国就此中断。我在第三十五章中已经证明过，这一点是经过了上帝同意的。此后，除了上帝根据自己的意志和无限的权力来统治的，在过去、现在和未来，他都将成为所有人类和其他生灵的王的上帝国以外，就不存在任何其他按约建立或通过其他方式建立的上帝国。但是，上帝却通过自己的先知应许世人，在他认为合适的时候，会为那些忏悔的人、在生活中改邪归正的人恢复这个国家。而且，外邦人也被允许进入这个国家，他们享有这个王国中幸福的皈依和忏悔的条件是一样的。他还应许人们，将会派遣自己的儿子耶稣到地上来，用他儿子的死来赎所有人的罪，并且通过基督的道让人们为迎接耶稣的再临做好准备。因为基督再临的时间还没到，所以上帝国便不会降临，而如今我们也便只处于自己的世俗主权者的统治之下，只不过因为基督徒已经得到了许诺，将会在基督再临时被接纳入上帝的国，所以如今他们便已经处在神恩的王国中。

按照上面的错误说法，如果现存的教会就是基督的国，那么就应该有一个人或一个会议作为仍在天上的救主的代治者对人们说话，并为他们制定法律，这个人或会议将会代表全体基督徒的人格，或者存在若干个人和会议，分别代表基督教世界不同部分的人格。教皇自称在全世界普遍具有这种基督之下的王权，而每个国家的教会也自称具有这种王权，但实际上《圣经》并没有将权力赋予任何

① 《提摩太前书》第四章第 1~2 节。

一方，这种权力被赋予了主权者，人们居然会因为王权的归属而产生如此激烈的争论，甚至会因此掩盖了天性的光辉，蒙蔽了人类的理性使之陷入黑暗，让人们看不清自己当初承诺服从的对象到底是谁。

正因为教皇宣称现存教会是我们在福音中被告知的那个基督的国，而他本人是这个国家的总代治者，所以便会出现以下观点：基督徒国王必须经过主教加冕，仿佛他那"蒙神恩"的王者荣衔是从这个仪式中得来的，也就是说，只有经过上帝在人间的总代治者加冕，他才能蒙受神恩成为君主，任何主教在授圣职的时候都要宣誓绝对服从教皇，无论他的主权者是谁。基于相同的错误观念，教皇英诺森三世在他主持的第四届拉特兰宗教会议上提出了以下观点：如果国王没有遵从教皇的谕令清除境内的异端，就会被开除教籍，若一年内未能赎罪，则其臣民可以解除对国王的服从义务。这里的异端包括一切被罗马教会禁止的观点和学说。教皇和其他基督教君主经常会在政治目的上起冲突，而一旦出现矛盾，他们就会用这种办法让臣民迷惑，分不清楚谁是篡位的外国人，谁又是自己合法的主权者；被这种黑暗占据了内心，他们就会在他人野心的煽动下分不清敌我，互相攻击。

按照上面那种说法，现存教会就是上帝国，就可以得出一个结论：教士、辅祭和其他教会的辅理人员都可以自称圣职人员，除他们以外的基督徒则被称为俗人，这些人就是普通百姓。圣职人员用来维持生计的手段是上帝在统治以色列时期留给自己并且分给利未人作为生活给养的那部分收入，利未人是上帝的公务仆人，因此他们没有像自己的兄弟一样分到土地并靠土地的生产来维持生活。既然教皇说现存教会就像当初的以色列一样是上帝的国，那么就同样把这种收入作为上帝的遗产，说成属于自己和他的从属圣职人员的东西。于是便出现了这样一种情况：一直以来，圣职人员都将什一税和以色列人中作为上帝权益付给利未人的贡品当作他们根据神权可以合法索要的东西，从基督徒身上索取。如此一来，百姓们不得不纳两次税：一次给国家，一次给圣职人员。向圣职人员缴纳的税金占了收入的十分之一，这相当于某位雅典国王用来支付全部服务费用的赋税的两倍，也就是他当时征收的是二十分之一，而这二十分之一的税金用来维持他的国家已经绰绰有余，然而他也因为收重税而被当时的人称为暴君。在犹太人的王国，上帝委任大祭司来统治他们的时候，什一税和贡品全都作为公共收入。

现存教会就是上帝国的错误理论，还导致了世俗法与宗教法这种区分方式的出现，世俗法是主权者在其统治的领土内指定的法律，宗教法是教皇在相同范围内的法令。虽然后者只是宗教法典，本质上是一种建议性的法规，在罗马帝国被转交给查理大帝之前，基督徒君主可以根据意愿决定是否接受，但是随着教皇的权力不断增加，这种法令也变成了命令式的。神圣罗马帝国的皇帝为了不让自己的臣民受到蒙蔽并且带来更大问题，只能被迫接受，通过了这些法律。

于是就出现了一种情况：在教皇的教权被全盘接受的地方，犹太人、突厥人和外邦人在明证其宗教信仰时只要不冒犯世俗主权当局，罗马教会便可以包容他们的宗教，但如果一个基督徒不信奉罗马教会，无论他是哪国人，都会被判死罪，因为教皇生成自己是所有基督徒的君主。否则，为明证本国宗教信仰而迫害一个外国基督徒就和迫害异教徒一样会触犯万民法，甚至有可能犯下更严重的罪，因为一个人只要不是反对基督的，就可与基督同在。

根据同样的错误观念，每个基督教国家都存在这样一些人，他们可以根据教权在国内免除赋税并拥有司法豁免权；除了修士和辅理修士，教会中还有管理世俗事务的圣职人员，并且这些人的数量还不算少，以致在有需要的情况下，完全可以从这群人中征集一支足够庞大的军队，让教会中的好战分子可以对着本国或异国的君主发动战争。

第二种对《圣经》的普遍滥用是将成圣礼变成咒术的情况。《圣经》中的成圣是指用虔敬的态度、合适的言辞与行为把某人或某物从一般用途中划分出来，专门献给上帝。这便是使之成圣的仪式，也就是使之成为上帝专属，仅供上帝指派的公务仆人使用，这种仪式并没有改变事物本身，而只是改变了用途，使它从普通的世俗事物变成了圣洁的专属上帝之物。而若是有人说这些言辞居然可以改变事物的本质，那这就不是一种圣礼，而是上帝超自然的业迹，否则就是虚妄的、渎神的符咒。人们在谎称成圣礼可以改变事物本质时经常会出现这种情况，因此我们就不能将其视为一种超自然的业迹，而只能认为这是一种咒术，他们通过这种方式让人们违背自己的一切视听感受和感官的证明，相信事物真的发生了那些根本不存在的本质上的改变。例如，在主的晚餐的圣礼中使面包和酒为圣并且专门用于上帝的祭礼就是一种从一般用途转变为专门用途的做法，其意义在于纪念世人因基督受难而获得赎罪；他因我们的罪而让自己的身体在十字架上分裂，让鲜血从十字架上流下；一个祭司非但不通过这种方式让面包和酒成圣，反而谎称自己在说了救主的话“这是我的身体”“这是我的血”以后，面包的本质就发生了改变，成了实实在在的救主的身体，但是听到这些话的人，无论是在视觉还是在其他感官上都没有发现与成圣礼之前有什么不同。埃及的术士把自己的手杖变成蛇，把水变成血，据说这是因为他们要了一套把戏，用一种假象骗过了周围人的眼睛，这样的人尚且能被称为术士，但如果一个人的手杖里根本没有出现像蛇一样的东西，水在他念咒以后也没有变成血，反而看上去还是水的样子，却硬是对着国王说手杖已经变成了蛇，水也变成了血，那我们要怎么看待这样的人呢？两者都是幻术，本质上也一样是谎言。但是祭司们做的事情恰恰是在日常的祭礼中把祭神的祷词变成咒语来要这种诡计，咒语本身没有带来任何感官上的变化，但是他们却可以颠倒黑白，说通过咒语把面包变成了人，不只是人，他们还把它变成了神，甚至要求人们敬拜，仿佛它代表的就是人和神一体的救主，这样一来，我们全都犯下了最粗鄙的偶像崇拜罪。如果他们说面包已经不是面包，而是上帝，并且以此为借口就能完全让这种行为摆脱偶像崇拜的罪，那么埃及人是不是也可以用同样的方式告诉我们，他们敬拜的葱和蒜并不是葱和蒜本身，而是具有这种外形的神明呢？“这是我的身体”的意义是“这意味着我的身体”或“这代表着我的身体”，这只不过是一种比喻修辞，若是严格地按照字面意思来理解，就是一种滥用，而且就算按照字面意义理解，也仅限于基督亲自使之成圣的那块面包。因为救主从未说过，随便一个祭司拿起任意一块面包，对着人们说“这是我的身体”或“这是基督的身体”，就能让那块面包完成实体转换。在英诺森三世之前的时代，罗马教会并没有承认过这种实体转换，这件事发生在最近的五百年间，恰好是教皇势力最强大的时期，也是最黑暗的时期，那时的人甚至分不清楚自己吃的是不是面包，特别是当面包上面还有耶稣钉在十字架上的图案时，仿佛他们已经让人们相信了自己口中的面包已经发生实体转换，不但变成了耶稣的身体，还变成了组成十字架的木头，而他们在一次圣礼中就吃了这两样东西。

在施洗的时候，他们依旧使用咒语，而不是按照成圣礼的方式去做。整个过程中，他们会在三位一体的每一位和整体上都滥用上帝的名，每唤一次名就划一个十字，以此来构成一种符咒：第一步，祭司在做圣水时会说：“我以全能的上帝圣父的名，以天主的独子耶稣基督的名，以圣灵祝福造物中的水，愿你受祷祝之水，获得驱除一切敌人的力量，驱除并消灭敌人……”在把盐加到水里，并为盐祝福的时候说：“此盐成为受祷祝之盐，播撒此盐，可驱散一切幽灵与魔鬼的邪祟，降临审判活人和死人的救主的咒语会消除一切污鬼。”为油祝福时说：“造物中的此油将会除尽所有敌人的力量、魔鬼的军队以及撒旦的幽灵和进攻。”在为婴儿施洗的时候，他们也一样会念很多咒语。在进入教堂之前，祭司会站在教堂门口对着孩子的脸吹三口气，并念道：“污鬼出来，让圣灵保惠师进去。”这话的意思仿佛在说这些孩子在祭司吹气之前都是被恶鬼缠身的。随后，在进门之前还要像前面一样再说一句：“我召唤你……出来，离开这上帝的仆人。”在受洗前，还要再重复一遍相同的咒语。他们在举行洗礼和主的晚餐等圣礼时都是在使用类似的咒语，而不是用祝福礼和成圣礼；在圣礼中使用的所有祭祀用具都一定会附带着某种咒语，此外还有祭司们污秽的吐沫。

在婚礼、临终涂油式、探病、教堂和墓地的圣礼等仪式中都会用到咒语，因为上面这些仪式都避免不了要使用念过咒的水和油，在使用过程中还会胡乱地画十字、念诵大卫的圣洁之语，“主啊，用以索博草蘸圣水洒在我身上”。他们把这些东西当作具有魔力、可以驱除幽灵和其他假想的灵的事物来使用。

还有一种普遍的错误来自对永生、永死和第二次的死的误解。《圣经》里清楚地记载了，上帝创造了亚当并使他可以永生，但有一个前提，就是他要服从上帝的命令；人类并不具备永生的属性，而是因为生命树的属性而获得永生；亚当在犯罪之前是可以随意食用生命树果实的，但是他在犯罪后就被逐出乐园，这样他就不能靠生命树果实来维持永生；基督受难的目的是为所有信徒赎罪，因此所有信他的人都会恢复永生，也就是说，能获得永生的仅限于信他的人。可现如今这个教义已经被歪曲得面目全非，很长时间以来，人们传布的教义都是人类是因灵魂而不朽，也就是说人类本质中就存在永生。因此，虽然乐园入口的火焰之剑会阻止人们走到生命之树的面前，却不能阻止他恢复上帝因罪而剥夺的永生，而且他也不需要通过基督的牺牲来获得永生，于是不只是信徒和义人，就连异教徒与恶人都可以享受完全的永生，而且不可能再遭受第二次的永死。为了自圆其说，这些人还把第二次的永死解释为第二次的永生，只不过是要永远活在痛苦和惩罚之中，这类用语也只在解释这个问题时才出现过。

以上所有说法的依据都是《新约》中一些语焉不详的部分。但只要结合整部《圣经》的主张来考虑这些部分，就很容易看出并不是他们解释的那种意思，而且这些内容对基督教信仰来说无关紧要。假设人死之后留下的就只有尸体，既然上帝能一句话就赋予灰尘和泥土生命，为什么不能直接复活死尸让其获得永生，或是再说一句话让他死亡？《圣经》中提到的灵魂一般是指生命或生物，当躯体与灵魂结合在一起时则指的是活的躯体。上帝在创造世界的第五天说“水要多多滋生有活魂的爬行物”，英语中翻译成“有生命的物”。而且，上帝还创造了大鱼等各种有活魂的物，英语中翻译成“各种有生命的物”。人也是一样的情况，上帝用尘土捏造了人，并将生气吹在他脸上，他便成了有灵的活人，这话的意思就是人就成了活的动物。挪亚从方舟里出来之后，上帝就告诉他不会再灭绝生物。《申命记》第十二章第23节说“不可吃血，因为血是灵魂”，是生命。由此可见，如果灵魂是一种可以脱离躯体独立存在的无形的实体，那么正如我们可以对人做出这种推论一样，对任何一种生物都可以做出同样的推论。然而，信徒的灵魂之所以从复活那天开始就一直留在躯体中，只是因为上帝特别仁慈，而不是因为人类自身的属性，我已经根据《圣经》在本书第三十八章中充分证明了这一点。至于说《新约》中有部分经文提到，有的人将会连同肉体和灵魂投入地狱之火，其含义是指肉体和生命，换句话说，这些人将会被活生生地扔进欣嫩谷的永恒之火。

各种黑暗的说法正是从这个后门陆续进来的。最初是永罚，然后就是炼狱、游荡在外的亡灵，据说这些亡灵尤其喜欢在圣地、荒郊野岭或是阴暗之处游荡，那么人们便有理由使用符咒以及召唤幽灵和魔鬼的手段；同时出现的还有免罪，据说是可以暂时或永久地免除炼狱之火，而且那些被认为没有实体的东西在经过炼狱之火的煅烧之后，也会清除罪恶并且可以进入天国。在救主的时代之前，人们普遍受到希腊人魔鬼学说的影响，认为人的躯体和灵魂是两种不同的实体，于是在经历过死亡时候，无论是好人的灵魂还是坏人的灵魂都会进入某个地方，这种理论完全否定了人类的生命中存在上帝超自然的恩赐。一直以来，教会的博士都有个疑问，那就是这些灵魂在复活并再次与躯体结合之前究竟存在于何处。有段时间，他们认为那个地方是丘坛的下面，但随后罗马教会就发现，制造一个炼狱并让这些灵魂置身其中似乎是一种更有利的解释，如今某些教会认为这个炼狱已经被摧毁了。

下面让我们来看一下哪些经文最能证明上面的三种普遍错误。我已经回应了贝拉民大主教用来证明上帝国存在于今世并由教皇代治的证据，并且说明了摩西建立的上帝国已经因扫罗而中断。在那之后，祭司就再没有根据自己的权力废黜过任何一位君主。大祭司也不是根据自己的权力而是根据孙子约阿施的权力才对亚他利雅做出了那些事，但所罗门废除大祭司亚比亚他并选任新的祭司完全是根据他自己的权力。在他们为了证明上帝通过基督治理的上帝国已经存在于今世所能引用的全部经文中，最难以应对的是贝查的说法，而不是贝拉民或罗马教会中其他人提出的说法，贝查认为上帝国将会在基督复活的那天开始。不过，我并不清楚他提出这种看法的初衷到底是为了让长老会能获得日内瓦共和国的最高教权，进而让这种权力来到每个国家的每一位长老手中，还是为了能让国王或其他世俗主权者获得更高的统治权。因为在长老会可以掌握这种教权的地方，他们声称自己有权将本国君主开除教籍，这几乎与教皇宣称自己具有这种普遍权力的影响不相上下。

贝查引用的原文如下："我实在告诉你们，站在这里的有人在没尝死味以前，必要看见神的国大有能力临到。"[①] 从字面意义上理解，如果这句话不是说当时站在基督身边的人都还活着，就是说上帝国现在就一定存在于这个世界。后面还有一个更难解释的地方，使徒在救主刚刚复活时以及升天之前都曾经问过他："主啊，你复兴以色列国就在这时候吗？"耶稣对他们说："父凭着自己的权柄所定的时候日期不是你们可以知道的。但圣灵降临在你们身上，你们就必得着能力，并要在耶路撒冷、犹太全地和撒玛利亚直到地极，做我的见证。"[②] 这话的意思就是，我的国还没降临，你们也不会知道它降临的具体时间，因为它会像夜里的盗贼一样来到。不过我会赐给你们这些使徒圣灵，你们借由圣灵将会获得在全世界传道的权力，你们将会以这种方式来见证我的复活、我的业迹和我的教义，让他们信我，并且怀着到我再临那天将会获得永生的希望。但是这又怎么可能符合基督的国在复活那天降临的说法呢？关于这个问题，保罗说："你们是怎样离弃偶像归向神，要服侍那又真又活的神，等候他儿子从天降临。"[③] 这里提到等候他的儿子从天降临是指等候他具有权力降临为王，若这个国已经存在，我们就没必要等候。而且，若事实符合贝查对那段经文的解释，上帝的国在基督复活时就已经开始，那基督徒为什么要在基督复活以后，依然要祷告"愿你的国降临"？显而易见，我们并不能那样解释圣马可的话。救主说：站在那里的人之中，有些人在见到上帝的国在权力中降临之前不会尝到死亡的滋味。如果这个国真的在耶稣复活以后就降临，那他怎么会说有些人，而不是所有人呢？原因就是这些人在

① 《马可福音》第九章第 1 节。

② 《使徒行传》第一章第 6~8 节。

③ 《帖撒罗尼迦前书》第一章第 9~10 节。

耶稣升天之后都还活着。

如果有人想要对上面那段经文做出严谨解释，那么就先让他们来解释一下救主对圣彼得说过的这句关于圣约翰的话："我若要他等到我来的时候，与你何干。"[①]这句话还引出了一个传闻，那就是他不会死。但人们并没有因这句不靠谱儿的话而站出来对这个传闻进行肯定或是否定，反而因为难以解释就让它这样悬而未决地继续流传。前面引述的那段《马可福音》中的经文也一样难以解释。若是我们根据紧接在这里的一段经文和《路加福音》中一段同样的话来推断这句话的含义，或许我们可以说这句话是关于改变形象的，因为随后的几节经文进行了相关描述："过了六天，耶稣带着彼得、雅各、约翰暗暗地上了高山，就在他们面前变了形象。衣服放光，极其洁白，地上漂布的没有一个能漂得那样白。忽然有以利亚同摩西向他们显现，并且和耶稣说话。"于是，他们就看到了基督在荣耀和威仪中，就像他将要降临一样，这样他们感到非常畏惧。如此一来，救主便用异象来完成了自己的应许。我们可以从《路加福音》中推断出这是关于异象的描述，因为他在第九章第 28~30 节中描述了相同的经历，并且提到彼得和他的同伴都在打盹儿。不过，还是《马太福音》中的证据最为明确，其中叙述了同样的经历并且记下了救主对他们的嘱咐："人子还没有从死里复活，你们不要将所看见的告诉人。"[②]无论如何，根据这些经文都不可能证明上帝国要到审判日才开始。

除了贝拉民引用的那些，《圣经》中还有其他一些经文也被用来证明教皇有权统治世俗主权者。例如，基督和使徒手中的两把剑分别是世俗和灵性的剑，基督将世俗的剑给了圣彼得；在太阳和月亮两个天体中，太阳代表教皇，月亮代表国王；人们还根据《圣经》的第 1 节得出一个结论：天代表教皇，地代表国王。其实以上说法都不是根据《圣经》提出的，而是对国王的肆意羞辱，当教皇的权力越来越大，到了一个藐视所有基督徒国王时，这种做法就变成流行，他们会踹在皇帝的脖子上用《诗篇》里的话嘲笑皇帝和《圣经》："你要踹在狮子和虺蛇的身上，践踏少壮狮子和大蛇。"[③]

在举行成圣礼时，虽然形式主要取决于教会主事者，而非《圣经》，但前者却有义务按照事物本身的属性来让仪式、语词和行为都得体而富有意义，至少

① 《约翰福音》第二十一章第 22 节。

② 《马太福音》第十七章第 9 节。

③ 《诗篇》第九十一篇第 13 节。

要与事件的主题符合。摩西在使会幕、丘坛以及其上的器皿成圣时，仅仅是按照上帝的吩咐将用于此的油涂上去，一切就成圣了，其中并不存在念咒赶鬼的事情。而摩西在使大祭司亚伦及其子成圣时，虽然也用了水来施洗，并让他们穿上衣服、涂油，但整个过程中都没有念咒，他们依然可以成圣，并作为祭司侍奉上帝。这是一种简单得体的仪式，把他们清洗干净穿好衣服，然后作为仆人敬献给上帝。当以色列的世俗主权者所罗门王使自己建造的神殿成圣时，就是本人亲自站在以色列全体会众面前为他们祝福，随后他感谢上帝让自己的父亲发愿建造圣殿，也感谢自己蒙神恩眷顾可以完成神殿，紧接着他向上帝祷告，说这座圣殿虽然配不上上帝无限的伟大，却希望上帝可以接受，并祈求他听取神殿中的仆人的祷告，若是仆人都不在神殿里，就请上帝倾听他们向着圣殿的祷告，最后他献上平安祭的牺牲，神殿的成圣礼就完成了。整个过程都没有出现游行，国王站在首位，从头到尾都没有念过咒的水，也没有洒水仪式、没有念任何在其他用途上的咒语；举行仪式的人用的都是合乎情境的语句，都是最适合用在将新建成的神殿献给上帝这件事情上的言辞。

圣约翰没有给约旦河水念过咒，腓利在给太监施洗时也没有对着水念咒，在任何地方我们都看不到这种记载，使徒时代的教士也从来没有把自己的唾液抹在受洗者的鼻子上对他们说："愿你得到奉主的异香。"使用唾沫的不洁净的仪式，以及滥用《圣经》的各种言辞，在任何人的权威之下都不能被认为是有理有据的。

有人认为灵魂可以在脱离躯体的情况下永存，得赐神恩，选民的灵魂已经恢复了因亚当的罪而被剥夺的永生；因为救主的牺牲，信徒也恢复了永生，而那些被神遗弃的人也会因为人类本身的自然属性，在只需要人类普遍获得神恩而无须任何特殊恩赐的情况下，也可以保证这样的灵魂永存。粗略地看，可以证明这种说法的地方确实不少，但是只要把它们跟我在第三十八章中引用的《约伯书》第十四章的内容进行比较，就可以发现它们可以做出很多解释，甚至比约伯的那句话的解释还要多。

首先是所罗门的话："尘土仍归于地，灵仍归于赐灵的神。"[①] 如果没有出现其他与之含义相反的经文，这句话就可以解释为：人死后灵魂的归属，只有上帝知道，人是不可能知道的。基于同样的意义，所罗门还说了下面这样的话："都归一处，都是出于尘土，也都归于尘土。谁知道人的灵是往上升，兽的魂是下入

① 《传道书》第十二章第7节。

地呢？”[1]这句话说的也是除了上帝谁都不知道。遇到难以理解的事，人们也常常会说“上帝知道是什么”或者“上帝知道在哪里”。《创世纪》第五章第 24 节中说：“以诺与神同行，神将他取去，他就不在世了。”《希伯来书》第十一章第 5 节对这句话进行了解释：“以诺因着信被接去，不至于见死，人也找不着他。因为神已经把他接去了。只是他被接去以先，已经得了神喜悦他的明证。”这句话不仅说明了肉体的不朽，也说明了灵魂的不朽，而且证明了只有获得神宠的人才有肉体升天的待遇，这与人本身的善恶无关，只取决于神恩。另外，所罗门在《传道书》第三章第 19 节中说：“因为世人遭遇的，兽也遭遇。所遭遇的都是一样。这个怎样死，那个也怎样死。气息都是一样。人不能强于兽，都是虚空。”如果我们不按照字面意思来理解，还能怎么理解这段话呢？这段话按照字面意义来解释，并没有提到过灵魂是天生不朽的，也没有与选民根据神恩可以获得永生这种说法相冲突的地方。《传道书》第四章第 3 节中说：“我以为那未曾生的，就是未见过日光之下恶事的，比这两等人更强。”这话的意思是比现在活着的以及曾经活过的人都好。如果说所有活过的人都具有不朽的灵魂，那这话说得可不怎么好听，具有不朽灵魂的反倒比不上那些连灵魂都还没有的。第九章第 5 节中又说：“活着的人知道必死，死了的人毫无所知。”这句话就是根据人类的本性说出来的，而且说的是躯体复活之前的状态。

还有一处也可以证明从本性上说灵魂是不朽的：救主曾说亚伯拉罕、以撒和雅各都是活着的。但事实上，这句话说的是上帝的应许以及这些人的复活，并非说他们真实的生命；上帝对亚当说，他在食禁果之日就会死，这句话和前面的活着一样，说的是他从那天起就被判了死刑，但是过了差不多一千年，他仍然还是一个没有被处死的死人。因此在耶稣基督说这话的时候，亚伯拉罕、以撒和雅各便是被应许活着的人，但是在复活之前并不具有实际的生命。如果我们把财主和拉撒路[2]的经历看成一个比喻，与前面说的话就没有任何矛盾的地方了。

《新约》中似乎还有一些地方也明确指出了恶人的不朽。因为这些人都将在审判日复活受审。而且，还有很多地方提到永火、永苦、永罚等，还指出良心的虫永远不会死，这些内容都被概括为永死，而通常人们会把永死解释为在苦难中

① 《传道书》第三章第 20~21 节。

② 《圣经》中的一个乞丐，他向一个饱食终日的财主乞讨残羹剩饭，死后归于亚伯拉罕怀里，而那个财主却去了阴间。

的永生。但是我却找不到能说明人可以在痛苦中永生的证据。上帝是仁慈的父，在天上和地下行他愿行的一切，所有人的良心和行为都由他掌握，人们的意志也受他支配，没有上帝的恩赐，人们也不会有向善的意志和悔改的想法；如果有人说上帝会用所有人们想象得到的或是更多的苦刑来永远惩罚那些犯过罪的人，就等于在说这是一个残酷无情的上帝。于是，我们要思考永火等《圣经》中的这类名词到底具有什么意义。

前面已经证明了基督统治的上帝国将会在审判日到来。所有信徒都会在复活日当天以荣耀和灵性的躯体复活，并成为他永恒的上帝国的子民。到时候，他们与现在的血肉之躯也不再相同，既没有婚嫁，也没有饮食，每个人在获得永生之后便不会再有因为生育而产生的种族的永生。那些被神抛弃的人也会复活并接受与其罪行相对应的惩罚。选民在复活之日会摆脱世俗的躯壳，变成灵性的且不朽的躯体。关于被神遗弃的进入撒旦王国的人也可以获得荣耀的、灵性的躯体，他们会和神的使者一样不饮食也不生育，或是会像信徒或犯罪之前的亚当一样获得各自的永生等说法，《圣经》中并没有给出明确证据，而其中那些与永罚有关的内容也可以有另外一种解释。

由此我们可以得出一个结论：既然选民在复活后可以恢复成亚当在犯罪之前的状态，那么被神遗弃的人就肯定会停留在亚当及其后裔在犯罪之后的状态，但还是有些区别。上帝应许亚当及其后裔中信神并悔罪的人会得到一个赎罪者，但是像被神遗弃的人一样在罪中死去的人却不会得到这样的应许。

于是，永火、永苦或永远不死的虫以及第二次永死的说法与“死”这个字的自然意义便不再有任何冲突。欣嫩谷、陀斐特或其他地方为恶人准备的烈火与苦刑都将永远存在，恶人会源源不断地被送进去受苦，但不是每个恶人都会永远在里面受苦。因为这些恶人原本就处在亚当犯罪之后的状态，所以他们在复活以后也会与之前一样有婚姻、躯体会腐朽，和现在活着的人没有两样；在复活以后，他们也会像过去那样繁衍，因为《圣经》中并没有提出与之相反的说法。在谈到复活的话题时，圣保罗认为复活恢复的只是永生，并不包括惩罚。他这样形容复活后的躯体：“所种的是必朽坏的，复活的是不朽坏的　所种的是羞辱的，复活的是荣耀的；所种的是软弱的，复活的是强壮的；所种的是血气的身体，复活的是灵性的身体。”① 复活后的受罚者，躯体肯定不是这样。此外，救主在谈及人

① 《哥林多前书》第十五章第 42~44 节。

在复活之后的属性时说的也是永生的恢复，而不是惩罚的恢复。这段话出自《路加福音》第二十章第34~36节："这世界的人有娶有嫁。唯有算为配得那世界与从死里复活的人，也不娶也不嫁。因为他们不能再死，和天使一样。既是复活的人，就为神的儿子。"这段话的内容相当丰富：生活在亚当造成的今世状况中的人会有婚姻和生育，会腐朽并繁衍不绝，这是一个种族而非个体的永生。这样的人不配成为将在来世生活并从死里复活的人中的一员，他们只是那个世界中短暂的过客，他们被收留也是因为要让他们为自己的顽固而接受应有的惩罚。只有选民才是复活的子民，是可以获得永生的人。只有这样的人才是不死的，他们与天使并列，是上帝的儿女，那些被神遗弃的人却不是。那些被神遗弃的人在复活之后会迎来第二次的永死，而在两者之间的那段时间里，他们将会遭受惩罚和苦难，因为罪人连续不断，所以苦与罚也永不断绝，这样的人通过繁衍不断地延续，有多久算多久，意味着永远。

前面已经说过，炼狱的概念是从任何个体从本性上说都具有不灭灵魂这一观点引出的。若是只有根据神恩才能获得永生的这个假设成立，那么在肉体生命之外便不存在其他形式的生命，在复活之前也不存在永生。贝拉民引证的《旧约》中有关炼狱的经文，首先是《撒母耳记下》第一章第12节中大卫为扫罗和约拿单禁食的部分，还有该篇第三章第35节中大卫为押尼珥的死禁食的段落。他认为大卫禁食的行为是想要从上帝那里得到一些可以让他们在死后享用的东西，他是为了能让自己的孩子康复才禁食的，而当他得知孩子已经死去的时候就立刻准备开饭。既然灵魂可以脱离躯体独立存在，对于已经处在天堂或地狱里的灵魂，禁食已经起不到作用，因此能得出一个结论：有些人死后的灵魂不会进入天堂或地狱，那么这些灵魂必然要存在于第三个地方，这个地方只能是炼狱。经过这一系列生搬硬套，他就牵强地引用了这些地方来证明存在一个叫炼狱的地方。但显而易见的是，守丧和禁食的仪式，如果亡者的生命与守丧者不存在利益关系，这种仪式就只是纯粹出于荣誉的一种个人行为；如果守丧者曾经从亡者的生命中获益，那也只是一种个人的损失。因此，大卫禁食的行为表达了他对扫罗和押尼珥的尊敬，在自己的孩子死后，他就恢复日常饮食让自己过得舒服一点。

至于他在《旧约》中引用的其他经文，就完全算不上证据了。他引证了所有出现过愤怒、火、焚烧、涤罪、清罪等字样，并被布道的教父运用比喻手法引用到已经被人相信的炼狱的说法中的经文。例如，《诗篇》第三十八篇第1节："耶和华啊！求你不要在怒中责备我，不要在烈怒中惩罚我。”如果不是奥古斯汀把“愤怒”一词用于地狱之火，又把“不快”一词用于炼狱之火，请问这段经文跟炼狱能扯上什么关系？还有《诗篇》第六十六篇第12节：“我们经过水火，你却使我们到丰富之地。”以及很多类似的经文。当时的博士们只是想用这些经文来修饰或引申自己的布道文或注释，但这些人却用牵强的解释来让经文符合自己的目的，请问这些跟炼狱又有什么关系？不过，他还引证了一部分《新约》中的经文，要回应的话，就不那么容易了。首先是《马太福音》第十二章第32节：“凡说话干犯人子的，还可得赦免。唯独说话干犯圣灵的，今世来世总不得赦免。”他认为这句话指出了炼狱存在于来世，有些人在今世没能获得赦罪，到那里就能得到赦免。但是所有人都知道一共只有三个世界：第一个是旧世界，从上帝创世开始一直到大洪水将其毁灭；第二个世界是今世，从大洪水之后开始一直到审判日结束，并且会在审判日毁于烈火；第三个世界是来世，会从审判日开始永远存在。所有人都一致认可在来世并没有炼狱，因为炼狱与来世本来就互不相容。但我们要怎么理解救主的这句话呢？坦白说，这确实不符合目前公认的说法。但是大方地承认《圣经》太深奥，人类浅薄的理性无法窥知一二，其实并不丢人。不过，我还是要说一说经文给出的提示，让学识更渊博的神学家们去思考这个问题。先来看看“说话干犯圣灵的”这一句，圣灵是三位一体中的第三位，可以理解为干犯圣灵停驻的教会。这似乎是将下述两种情况进行对比：救主在地上传道时候，对世人的冒犯都回以最大限度的宽容和忍耐，但是救主离开以后，对那些否认他们来自圣灵的权柄的人，教士们却用非常严厉的方式对待他们。这话的意思好像是，你们这些否认我的权力，甚至把我钉在十字架上的人，只要向我忏悔、皈依，就可以得到宽恕，但如果你们否认今世根据圣灵教导你们的人的权力，却不会被他们原谅，反而会遭到他们无情的迫害。虽然你们已经归向我，但如果你们没有同时归向他们，你们就会变得罪不可赦，他们会让你们在现世尝遍他们有权在未来让你们受的所有苦。因此，这些话可以被看作关于时间的预言，基督教教会也认同这种说法。否则，犯罪的人在复活后就会有一个地方给他们忏悔。在这种疑难问题上我向来不会固执己见。不过我发现还有一处也符合这种说法，圣保罗说：“不然那些为死人受洗的，将来怎样呢？若死人总不复活，因何为他们受洗呢？”[1]不过有人可能会说，圣保罗时代有一种代亡者受洗的风俗，正

① 《哥林多前书》第十五章第29节。

如现在信徒们会为不能信主的婴儿做担保，当时的人也会为亡故的亲友做担保，保证在救主再临的时候，他会乐于服从并接受基督为王。按照这种说法，人们便无须在来世中的炼狱赦罪了。不过这两种解释都存在不少自相矛盾的地方，难以令人信服，我在这里提出就是想让精通《圣经》的人研究一下，看看有没有与之相反的更清楚明确的解释。单从目前给出的证据来看，我认为《圣经》已经给出了明确的证据让我可以确定炼狱这个词并不存在，那个叫炼狱的地方也不存在，无论是这段经文还是别的经文中都找不到，而且没有任何证据可以证明要有一个容纳已经脱离了躯壳的灵魂的地方，无论是对于已经死了四天的拉撒路的灵魂，还是对于罗马教会口中安歇正在炼狱中受苦的灵魂来说，这样的地方都没有必要。理由就是，既然上帝可以赋予泥土生命，就同样可以赋予亡者新生，让他们从毫无生机的、腐朽的尸体变成荣耀的、灵性的、不朽的躯体。

另一处经文出自《哥林多前书》第三章，其中提到基于正确的基本教义却搞出草木禾秸工程的人，他们的业迹都将被消灭，但是自己却能得救，虽然得救会像从火里经过一样，他说这里的火就是炼狱之火。我在前面已经说过，这段话其实是暗指《撒迦利亚书》第十三章第 9 节中救主的话："我要使这三分之一经火，熬炼他们，如熬炼银子；试炼他们，如试炼金子。"这句话是说当弥赛亚在荣耀与权力中降临时，也就是他在审判日和烈火中降临时，选民并不会死亡，而是会经受淬炼。他们将会清除过去的错误观念和虚假传说，将过往的谬误一笔勾销，从此归于真神之名。在谈到基于"耶稣是基督"这一基本教义却提出了错误说法的人时，使徒们也说他们在上帝国复兴时不会被消灭，而是会在火中得救，得救的方式便是认清并抛弃从前的错误观念。这些人都是教士，基本教义是"耶稣是基督"，草木禾秸的工程是他们因为无知和人性的弱点在基本教义中得出的错误推论，金、银和宝石则是正确的观念，精炼或涤罪就是他们抛弃错误观念的过程。这些说法中根本没有提到关于焚烧无形的或不能经受试炼的灵魂的事情。

第三处经文出自《哥林多前书》第十五章第 29 节，内容就是前面提到的为死者受洗的习俗。他据此得出的结论是：为亡者祈祷是有益的，并以此来引出地狱之火的存在，但其实这两个结论都错了。因为在关于洗礼的各种解释中，他最先认同的是一种比喻意义下的用法，忏悔的洗礼；人们在禁食、祈祷和施舍的时候就是在这种意义下受洗的。因此在这里，为亡者受洗就可以被看作为亡者祈祷。但是在《圣经》和其他语言中都找不到运用这种比喻的实例，而且这种说法也不符合《圣经》一贯的精神和主张。洗礼还有一种解释，那就是用来说明人浸在自己的血液中，正如基督钉在十字架上、众使徒为他证明时那样[①]。然而我们却很难找到祈祷、禁食和施舍与浸在血液中有什么相似之处。《马太福音》第三章第11节中，洗礼被用来说明用火涤罪，似乎是想要证明炼狱的存在。但事实上，那处经文中提到的火和涤罪跟我们之前提到过的撒加利亚的预言是一回事，而且后来圣彼得也说过类似的话："叫你们的信心既被试验，就比那被火试验仍然能坏的金子更显宝贵，可以在耶稣基督显现的时候得着称赞、荣耀、尊贵。"[②]圣保罗也说过"这火要试验各人的工程怎样"。不过圣彼得和圣保罗说的是基督再临时的火，而撒迦利亚说的是审判日的火。因此圣马太的话也可以按照之前那样理解，也就跟炼狱之火毫无关系。

为亡者受洗还有另一种解释，就是我前面已经说过的那种，不过贝拉民并没有采用那种解释，而是以前一种说法得出了为亡者祈祷是有益的这一结论。如果从来没有听过基督的道或是不信基督的人可以在复活以后进入天国，那么他的朋友在他死后到复活之前这段时间的祈祷便没有任何用处。就算我们认可上帝在听到信徒的祈祷以后，会让从来没有听过基督传道因而也就不可能否认基督的人皈依的说法，就算我们承认了身为朋友在这方面无可指摘的爱，但这些也都与炼狱的说法毫无关系，因为从死里复活与从炼狱中恢复永生是两回事，后者说的是两种生活状态之间的转化，是从痛苦的生活到享乐的生活的一种升华。

第四处引证的是《马太福音》第五章第25~26节："你同告你的对头还在路上就赶紧与他和息，恐怕他把你送给审判官、审判官交付衙役，你就下在监里了。我实在告诉你，若有一文钱没有还清，你断不能从那里出来。"这是一个比喻，被告的人是罪人，对头以及审判官是上帝，路是今世的生活，监狱是坟墓，衙役是死亡，罪人死后不可能得到永生，只会在还清最后一文钱时遭受第二次死亡，如果基督以自己的受难代他赎罪，那么无论他犯的罪是大还是小，都会因为基督用自己的牺牲付出了充分的赎价而得到宽恕。

第五处出自《马太福音》第五章第22节："凡无缘无故地向弟兄动怒的，难免受审判。凡骂弟兄是拉加的，难免公会的审断。凡骂弟兄是魔利的，难免地狱的火。"他根据这段话总结出三种罪与三种惩罚，并说明只有最后一种罪要经受

① 参见《马可福音》第十章第38节、《路加福音》第十二章第50节。

② 《彼得前书》第一章第7节。

地狱之火的惩罚，而其他比较轻的罪将会在今生之后在炼狱中受罚。这个结论和至今为止出现过的任何解释都毫无关联。难道在今生之后审判不同罪行的法庭会像法官和宗教会议一样分出不同的种类吗？难道不是救主和使徒来审判所有罪行吗？所以我们不能单独截取一段来看，而是要联系上下文，这样才能更好地理解这段经文。在这一章，救主向犹太人解释了摩西的律法，犹太人相信自己只要没有做出违背律法中字面意义上规定的事，就等于充分履行了律法，就算他们违背立法者的精神和意旨也无所谓。他们相信只有杀人才会违反第六诫，只有和自己妻子以外的女人睡觉才会违反第七诫，但是救主却告诉他们，一个人无缘无故地在内心对兄弟发怒，就是杀人。救主说，你们已经听过了摩西的律法，知道“不可杀人”，杀人者要在审判官前判罪或由七十人开庭会审。但是我要告诉你们，无缘无故地朝着自己的兄弟发火，或者骂他是拉加或摩利，就是杀人，基督和他的使徒将会在审判之日开庭审判，让这些人受地狱之火的惩罚。因此这段话并不是用来区分不同的罪行、法庭以及刑罚的，而是用来评判罪与罪的差别。而且，这句话也指明了意图伤害兄弟的人，虽然就结果而言只遭受了辱骂或没有受到任何伤害，但是也会被法官或会审者投入地狱之火，在审判日，等待他们的都将是同样的法庭。一旦认清这一点，我就很难想象还能从这段经文中找出什么可以支持炼狱这种说法的证据了。

第六处是《路加福音》第十六章第 9 节：“要借着那不义的钱财结交朋友，到了钱财无用的时候，他们可以接你们到永存的帐幕里去。”他用这段经文来证明召唤已故圣者亡魂的问题。但这里的意思明显是让我们用自己的钱财与穷人交好，并让他们在活着的时候为我们祈祷。

第七处是《路加福音》第二十三章第 42 节：“耶稣啊！你的国降临的时候，求你记得我。”他根据这句话推论说今生之后有赦罪。但其实不然，救主在荣耀中再临之日会宽恕这人，会记得让他恢复永生。

第八处是《使徒行传》第二章第 24 节，圣彼得提到救主时说：“神却将死的痛苦解释了，叫他复活，因为他原不能被死拘禁。”他说这句话是指耶稣基督降临炼狱，使一些人从痛苦中解脱。但是我们很清楚，在这里得到解脱的人是基督，不受死亡和坟墓拘禁的人也是基督，根本不是炼狱中的灵魂。但是如果我们仔细阅读贝查关于这段经文的笔记，就会发现他说的应该是拘禁，而不是痛苦，如此一来，就更没有理由在这段经文中寻找炼狱的证据了。

第四十五章　论外邦人的魔鬼学和其他宗教残余

明亮的事物在视觉器官中产生的印象有些是因为不透明物体反射的光线，有些是因为透明物体折射的光线，于是被上帝设置了这种器官的生物就会拥有关于客观事物的构想映像，这便是物体的印象的由来，这种构想映像被称为视觉。这看上去不只是单纯的构想映像，而是客观存在的外在事物本身。相同的情况，当一个人用力挤压自己的眼睛，就会有一道外部光线出现在他的眼前，只有他一个人能看到。因为这并不是客观存在的外部事物，而是他的器官受到外部压力而造成的运动使他有了这样的认知。这种在压力之下产生的运动，在压力消失后继续存留时，便被称为构想映像或记忆。在人们睡着以后，这种情况有时会因为器官内部的疾病或外部的猛烈冲击而产生严重的骚乱，这就是梦。我们在第二章和第三章已经简单地讨论过这些问题。

古时候那些自称掌握了自然知识的人从未发现过视觉的这种特性，更不要说那些完全不会考虑与切身利益无关的问题的人。当时的人很难不把自己看到的幻象或是感觉印象当成客观存在的外部事物，等其中一些消失以后，人们又不知道去了哪里、又是怎么消失的，于是人们就会认为这些东西都是无形体的，也就是非物质的，或是认为它们不具有物质的形式，是无色无形的存在，它们可以把气体当成衣服穿在身上，它们可以在愿意的时候让人类的眼睛看到。另外一些人认为它们是物体和生物，不过却是由空气或其他更稀薄的、类似以太的物质构成的，当它们浓缩时就会被人看到。不过这两类人都赞成用一个名字来称呼它们，那就是魔鬼。仿佛他们梦里看到的死人并不是存在于自己的脑海中，而是存在于空气、天空或是地狱之中。它们不是幻象，而是鬼魂。这种话多有道理呢？大概就像一个人说他在镜子里看到了自己的魂魄，在江河中看到了星辰的魂魄，或是他说自己看到的一个像太阳一样的幻影其实是魔士或可以照亮整个世界的伟大的太阳的魂魄那样吧！如此一来，这些人就会把它们当成不可知的、具有无限力量的，可以带来灾难或好运的存在，并心生敬畏。异教徒国家的统治者在此基础上建立了魔鬼学说，利用人们的恐惧心理来达到维持和平的目的，并保证维持这种和平所必需的服从，他们说这些魔鬼中有好的也有坏的，好的会让人服从，坏的则震慑他们，防止其触犯法律。

这些魔鬼究竟是什么，其中一部分可以通过赫西俄德的神谱来了解，另一部分也可以通过其他历史来认识，有几本在本书第十二章中也讨论过。

希腊人在征服和建立殖民地的过程中也把自己的语言和著作传到了亚洲、埃及和意大利等地，当然当中也少不了他们的魔鬼学，圣保罗将这种魔鬼学称为他们的“魔鬼的道理”。犹大、亚历山大里亚和在其他地方散居的犹太人自然也受到了这种歪理邪说的影响。不过他们的用法和希腊人有些不同，魔鬼被他们用来称呼恶灵，希腊人则是不分善恶都叫魔鬼。犹太人称呼善的魔为神的灵，并认为这类灵进入的都是先知的躯体。他们把所有特殊事件中好的那部分归之于神的灵，把坏的那部分归之于恶魔。于是，疯子、精神病患者和颠倒症患者都被他们视为被恶鬼缠身的人，如果一个人说出来的话让他们无法理解并且被认为是语无伦次的，那么也会被归类为上面那种。他们还会说污秽不堪的人是因为被污鬼附身了，哑巴则是被哑魔附身了。因为在他们看来施洗约翰禁食的行为过于奇特，所以他们也说他被魔鬼附身，因为这些犹太人说：“现在我们知道你是鬼附着的。亚伯拉罕死了，众先知也死了；你还说人若遵守我的道，就永远不尝死味。”[①] 此外还有，约翰问：“为什么想要杀我呢？”众人回答说：“你是被鬼附着了，谁想要杀你。”[②] 通过这些对话我们就能了解犹太人对幽灵的看法，他们认为幽灵并不是大脑中的幻象，而是一种客观存在的真实事物。

可能有人要问，既然这种魔鬼学说是错误的，救主为什么不反驳、不去教导他们正确的东西，反而要在不同的情况下说出一些似乎是在证实这类魔鬼学说的话呢？我的回答是：基督在提到“灵没有肉和骨头”时，虽然确定了灵的存在，但是并没有否认其作为物体的本质。圣保罗在《哥林多前书》第十五章第44节中说：“复活的是灵性的身体。”我们可以清楚地看到，这话承认了灵，但也说明了灵是有形的实质。空气和很多其他事物一样都是物体，却与肉和骨头不同，并不是肉眼可见的物体。但是，当救主对魔鬼说话，命令它从人的身体里出来时，如果我们把这里的魔理解成癫痫或疯病，又或者是有形的灵，会不会不恰当？疾病可以听懂人话吗？一个充满了生气的灵和动物的灵的血肉之躯中，难道还可以存在其他有形体的灵吗？那么，是否有一种无形的且真实存在的灵呢？关于前面

---

① 《约翰福音》第八章第52节。

② 《约翰福音》第七章第19~20节。

一个问题，我的回答是：救主对疯病或癫痫症下命令并治愈病人，并不会比他呵斥热病、海水和风的时候更不恰当，因为这些事物也不通人言，也不会比上帝创造光、天、太阳和星辰的命令更不恰当，这些东西在被创造出来之前也是不通人言的。这些说法都是恰当的，因为它们都证明了上帝的话具有的权力。当时的人们普遍把疯病或是癫痫病视为魔鬼，所以用斥退魔鬼的说法来表示命令疾病离开人体的说法也没有什么不当之处。至于后面这个问题，也就是灵是否有形的问题，我的回答是《圣经》中目前还没有看到任何经文可以证明，一个人可以被除自身的灵魂之外的其他有形的灵附体。

圣马太说，当圣灵化身为鸽子的形态降临到救主身上之后，就把他引到了旷野中。《路加福音》第四章第 1 节也记录了同一件事："耶稣被圣灵充满，从约旦河回来，圣灵将他引到旷野。"我们可以看到，这里的灵是圣灵，不能被解释成被灵附体，因为基督和圣灵本就是一体的，并不像一个实体依附另一个实体那样。紧接着"魔鬼又领他到耶路撒冷去，叫他站在殿顶上"，难道我们会根据这句话推论说他被魔鬼附体或是魔鬼强迫他去了耶路撒冷吗？还有这一句："魔鬼又领他上了高山，霎时把天下的万国都指给他看。"我们不可能认为这句话说的是耶稣被魔鬼附身或是受了魔鬼的强迫，而且严格意义上讲，没有什么山可以高到让耶稣能看清楚半个地球。所以我们不是应该这样认为吗？耶稣是自己走到旷野里去的。他被带着上天入地，从旷野进入城市，又来到了山上，其实是一种异象。圣路加的话也印证了这种说法，他说救主不是被灵引到旷野中，而是在灵之中来到旷野的。关于救主被引到山上和神殿上的事情，他和圣马太的说法一样，认为这一点符合异象的属性。

圣路加在提及加略人犹大时说："撒旦入了那称为加略人犹大的心，他本是十二门徒里的一个。他去和祭司长并守殿官商量，怎么可以把耶稣交给他们。"关于这句话可以这样解释：撒旦进入他的心，意味着他产生了出卖他的主和恩师的想法，已经出现了敌对和背叛的情绪，因此撒旦进入身体可以被视为与基督及其使徒为敌的邪恶想法。就像我们很难说，在犹大出现敌意之前魔鬼就已经进入了他的身体一样，我们也不可能说是因为犹大先有了敌意，魔鬼才进去的。因此，我们只能认为魔鬼进入他的心和他产生邪恶的想法说的是同一件事。

如果不存在没有实体的灵，也没有人被有形的灵附体的情况，那么就有人要问了，救主和使徒为什么不把这种道理明明白白地告诉我们，让所有人都不会再在这个问题上有困惑呢？可是这种问题对于基督徒的得救而言，与其说是必要的，倒不如说是为了满足好奇心。除了这个，还可以有其他问题。既然基督可以赐给每个人信仰、虔敬以及各种美德，那他为什么不赐给所有人，而只选择部分人呢？他为什么不用超自然的手段来启示众人，而是要让人们通过自己的理性和勤奋来认识这个世界的自然原理和科学知识呢？像这样的问题还有很多，但我们总能找到合适的、符合虔敬之道的理由来回应他们。上帝当初把以色列人带到迦南福地，也没有为了能让他们生活安定而征服周边的国家，反而让这些国家像荆棘一样遍布四周，激发犹太人虔诚和勤奋的品性。同理，救主在引领我们进入天国时，也没有清除所有自然存在的障碍，而是促使我们运用自己的理性和勤劳。他的传道仅限于告知我们一条得救的坦途，那便是相信："他是基督，是永生神的儿子，派到这个世界来为我们的罪牺牲自己。当他重新降临的时候，将在荣耀里统治他的选民，将他们从敌人的手中拯救出来。"虽然对某些人来说，这种灵或幽灵缠身的观点是他们离经叛道、标新立异的原因，却不妨碍上面这个基本信条。如果我们要求《圣经》必须指明我们在遵从上帝的命令时可能会遇到的一切问题，那么我们同样可以因为缺少关于这种灵、大地、海洋、人和兽的创造时间的详细记录而埋怨摩西。总而言之，我们在《圣经》中看到了关于天使、善的和恶的灵的记载，却没有提到它们和人们在黑暗中、梦境中或异象中看到的幽灵一样是无形的，拉丁文中将这种幽灵称为幻影，相当于魔鬼。同时，我也看到了有形体的灵，它们由于稀薄而无法用肉眼看到，但是任何地方都没有说过这样的灵会缠附或进入人的躯体；此外，正如圣保罗说过的那样，圣者的躯体将会成为属灵的躯体。

但是过去存在无形体的灵这一完全相反的观点在教会一直都很盛行，甚至在这个基础上还出现了使用符咒的现象，也就是用咒语来赶鬼的方式，尽管这种方式并不常见，而且都是隐秘地进行，但的确一直保留到现在。原始的教会里有很多被魔鬼缠身的人，但是患疯病或其他怪病的人却很少，这并不是因为事物的性质发生了变化，而是因为它们改了名字。使徒以及其后的一段时间里，教会的教士都曾治好过这些怪病，但现在却见不到这样的人了。而且，现在的信徒也做不到当初那些信徒可以做到的事情了，就是《马可福音》第十六章第 17~18 节中提到的那些："奉基督的名赶鬼，说新方言，手能拿蛇，若喝了什么毒物，也必不受害；手按病人，病人就必好了。"他们在做这一切的时候并没有什么多余的举动，只是奉了基督的名。是什么导致了如今的这些情况，是另外一个问题。或许，这样非一般的赐予只有在人们笃信基督并且只期待在基督的国中获得至福时才会被赐给教会，而当教会中的人开始追求权力和财富，并企图通过诡计获取今世的王国时，这种赐予就会被上帝取回。

外邦人的另一个宗教残留就是偶像崇拜。这种东西不是摩西在《旧约》里规定的，也不是基督在《新约》里规定的，而是在将其归于基督之名后在这些人中间剩下的部分。在救主传道之前，有一种宗教普遍存在于外邦人中，他们会把外部事物在感官上造成的印象在脑海中残留的假象当作神明崇拜，这种假象不过是其映射的外在事物的一种表象，通常被称为意象、偶像、幽灵等，这些东西没有任何实质，和我们在梦里看到的东西一样。正因如此，圣保罗才会在《哥林多前书》第八章第 4 节中说："我们知道偶像在世上算不得什么。"他说的不是那些用金属、石头或木头雕刻的偶像，而是说人们所敬拜和畏惧的，被他们认为存在于偶像中的神明只不过是一种臆想的产物，他们没有处所，不会运动，也不会停下，也没有客观实在性，只存在于人们大脑的运动中。用敬神的方式来敬拜它们在《圣经》中被视为偶像崇拜和背叛上帝的行为。上帝是犹太人的王，他的代治者是摩西及之后的大祭司，若是他们允许百姓敬拜用来表现自己幻象的偶像，百姓就不会再信靠真神，同时不会再服从身为最高代治者的摩西和大祭司，从此每个人都开始各行其是，国家陷入混乱，最终会因为缺乏团结而导致分裂和毁灭。因此，上帝制定的第一诫是：不可奉外邦人的神为神，只可奉唯一的真神，真神降恩于摩西，同他说话，命他代自己宣布律法和神谕，让他们永葆和平，并将他们从敌人的手中拯救出来。第二诫是：不可为自己雕刻偶像。当百姓服从另一个国王时，无论这个国王是邻国拥立的还是本国百姓自己拥立的，都等于已经废黜了原本的国王。

有人说，《圣经》中已经存在了允许在敬拜上帝时设立偶像或敬拜偶像的先例：首先是上帝约柜上的天使和铜蛇。其次，《圣经》的经文命令我们要敬拜和上帝有关联的事物，例如敬拜他的垫足物。最后，有些经文说可以用敬神之道来敬拜圣物。不过在我们讨论这些经文的可靠性，并证实这些人的说法能否成立之前，必须先解释清楚什么是崇拜物像、什么是崇拜偶像。

我在本书第二十章中解释过崇敬的含义，就是对一个人的权力的高度评价，这种评价来自这个人与他人比较的结果。但是，任何事物的权力都不可能比得过上帝，因此当人们对上帝的任何评价小于无限时便是不敬神。究其本质，崇敬本来就是隐藏于内心的思想。不过，把这些思想通过言语和行动表现出来，就是崇敬的表现，所有这些表现都可以称为敬拜。拉丁语中，叫作崇拜。因此，祈祷、发誓、服从、侍奉等一切不敢冒犯或希望取悦对方的表现都是敬拜，无论这种表现是发自内心还是装模作样的都算。又因为上述一切都可以表现为崇敬的象征，所以通常叫作崇敬。

我们对自己眼中的凡人表现的崇拜，例如国王和有权势地位的人的崇拜，都是世俗崇拜，但是对自己视为神明的对象的崇拜，无论采取怎样的方式，都是神灵的崇拜。一个人虽然匍匐在国王面前，但内心认定了这只是一个凡人，那就是世俗崇拜；当他身处教堂之中，内心认定这是上帝的神殿所以脱帽时，就是神灵的崇拜。有些人不是根据崇拜者的意志做判断，而是通过“奴隶”和“仆人”两个词来寻找世俗崇拜和神灵崇拜的区别，纯粹是在自欺欺人。奴仆确实分为两种：一种是通过战争俘虏的奴隶及其后代，这些人处在主人的绝对掌控下，他们的生命和一切都不由自己掌控，完全属于主人，就算只是犯一个小错，主人也可以处死他，而且可以像贩卖牲口一样买卖。这样的人被称为奴隶，他们的服役则被称为奴役。另一种是自愿为主人服役的，他们可能是接受雇用，可能是希望从主人那里得到什么好处，主人对他们的权力仅限于彼此立约规定的部分。两者的共同点是，他们都是遵从他人指令从事劳动的，统称为奴仆，其含义是为他人工作的人。因此，“奴仆”一词的意义是泛指一切劳务，奴役则仅限于奴隶的劳务。而在《圣经》中，两者都可以用来表示侍奉上帝。因为我们是上帝的奴隶，所以叫作奴役；因为我们侍奉上帝，所以叫作奴仆。“侍奉”一词包含的内容不只是服从，还有崇拜，换句话说，就是一切可以表现崇敬的行为、姿态和语言。

严格意义上的形象就是指可见对象的类似形态。幻象、幻影或视觉呈现出来的物体影像都可以算作形象。例如，人或其他事物在水中通过光线的折射或反射形成的影像，或在空气中通过视觉器官直接形成的太阳或星辰的影像。这种形象并不是真实存在于所见物体中的，它们并不存在于我们看得到的地方，形状大小也与我们看到的不一样，这些全都可以随视觉器官的变化而变化，通常情况下，它们会在对象不存在时出现在我们的映像或梦境里，也有可能改变颜色和形状，就跟仅凭幻象存在的事物一样。这便是根据其本义和最确切的意义而言，被称为意象和偶像的形象；词源来自希腊语，本义为视见。这种形象也可以被称为幻象，希腊语中叫作幻影。正是基于这类形象，人类本性中的一种官能才会被称为想象。由此可见，世上并不存在而且不可能存在任何由不可见的对象构成的形象。

而且，还有另外一个显而易见的结论，那就是任何无限的对象都不具有形象，因为一切由可见对象的印象构成的形象或幻象都是有形的，而从任何意义上讲形状都是一个确定的量。因此，上帝、人类的灵魂及其他的灵都不可能具有形象，因为只有可见事物才具有形象，也就是说，只有自身可以发光或是处于光线照射下的物体才具有形象。

人类可以幻想出自己从未见过的形状，可以将不同生物的各个部分拼凑起来构成一个形状，诗人幻想家可以塑造半人半马的怪物，可以塑造狮头、羊身、龙尾的怪物或是其他人们从未见过的怪物，还可以为这些形象填充实际的物质，用木头、陶土或金属将它们制造出来。这些也都被称为形象，但不是因为它们与任何有形的东西相似，而是因为它们与创造者脑海中虚构的事物相似。因为这些偶像原本存在于头脑的构想中，后来又用事物勾勒或制作出来，所以两者之间存在相似之处，于是，运用人类技艺制作的实质物体也可以说成自然界创造的虚幻偶像的形象。

但是“形象”这个词还有另一种普遍用法，就是用一个对象来代表另一个对象。于是，世俗主权者可以自称代表上帝的形象，下级官员可以自称代表世俗主权者的形象。人们已经树立起一块未经雕凿的石头，把它当作海神的形象崇拜，而且他们还造出了很多其他形状的神，都与他们想象中的形象相去甚远。现在我们可以看到很多圣母马利亚和其他圣者的形象，这些形象彼此各不相同，也不符合我们的想象，却完全可以冠上一个名字，用来表示历史上提到的人物。每个人对这些人物的想象都不同，他们甚至不会去想象。从最广泛的意义上讲，形象就是某种可见事物的类似形状或代表形状，通常情况下是两者结合。

在《圣经》中，“偶像”一词还可以用来表示太阳、星辰以及被奉为神的各种可见的和不可见的东西。

解释清楚崇拜和代表形象之后，我要将两者结合起来讨论一下第二诫和《圣经》其他地方禁止的偶像崇拜具体是什么。

偶像崇拜就是自愿通过某些外在行为表现自己对某一形象的实物或自己脑中幻象的崇拜。有时人们也会将实物与想象结合起来，有生命的物品便属于这种情况，是把客观存在的物质与幻象结合起来的结果，就像躯体与灵魂的组合那样。

在有权柄的人面前、在国王的王座之前或是在这类人规定做该种用途的其他场所脱帽致敬，都是对国王或某个人的世俗崇敬。这种行为表示的是对这些事物代表的人的崇拜，而不是对王座或场所的崇拜，因此就不是偶像崇拜。但是，如果敬拜的人认为宝座上有国王的灵，或将请愿书呈献给王座，就是神灵敬拜，而且是一种偶像崇拜。

向国王祈求他能做到的事情，虽然我们匍匐在他面前，但这也仅仅是一种世俗崇拜，因为我们并没有承认他在凡人之外的其他能力。但是如果我们向国王祈求风调雨顺或其他只有上帝能做到的事情，就是神灵崇拜，也是偶像崇拜。但如果国王以死刑或其他残酷的刑罚来威胁别人做出上述行为，那就不算是偶像崇拜，因为主权者以刑律强制他人做出的行为并不能说明服从者内心认定他就是真神并因此敬拜他，这种行为只能说明服从者想要活命或逃避刑罚。不是发自内心的崇敬的外在表现就不是敬拜，因此也就不是偶像崇拜。而且，我们也不能说他的行为玷污了自己的兄弟，或是给自己的兄弟设下绊脚石，因为再怎么有智慧有学识的人在以这种方式敬拜时，人们都不能认为他认同了这样的做法，我们只能说他的行为是出于畏惧，这种行为不是他自己的，而是主权者的。

在特定场所敬拜上帝，或朝着某个特定的形象或处所敬拜，都不是在崇拜这个场所或形象，而是承认了它圣洁的属性。意思是人们承认了这个场所或形象已经从一般用途中被划分出来，这也是“圣洁”一词的意义；这个处所和形象并没有产生新的品质，仅仅是因为专门用来侍奉上帝而建立起一种新的联系，因此这也不是一种偶像崇拜。下面的几种情况也都不是偶像崇拜：在铜蛇前敬拜上帝、离开故国以后犹太人要面向耶路撒冷神殿的方向祈祷、摩西在燃烧的荆棘前脱掉鞋子、基督徒在合法的代治者根据其权利庄严地奉献给上帝专门用于礼拜的教堂中举行礼拜等。但是如果人们在敬拜的过程中认为上帝就存在于这些场所或形象中，或者让这些事物具有了生灵，换句话说就是认为无限的实体可以停留在有限的空间内，就是一种偶像崇拜。因为这类有限的神明都是大脑构造的偶像，事实上并不存在，因此《圣经》中一般把它们称为虚无或虚构。人们在敬拜上帝时，即便没有上面提到的各种想法，却想要以此来回忆他或他的某种业迹，而敬拜的处所或形象并不是根据主权者的权力而是根据私人权力建造的，那么这也是一种偶像崇拜。因为第二诫是：“不可为自己雕刻偶像。”建造铜蛇是上帝的命令，摩西不是为自己而建，也就不算是偶像崇拜。但是亚伦和百姓造金牛犊却不是因为上帝的命令，所以那就是偶像崇拜。因为他们不但把金牛犊当作上帝，还在没有获得上帝或代治者摩西允许的情况下将它用于宗教祭祀。

外邦人还把丘比特和其他凡人当作活神敬拜，这些人在生前也都曾建立过伟大的功绩。他们还会把很多男人和女人看成上帝的儿女，认为这些人已经处在了神和人之间的某种境界。这就是一种偶像崇拜，因为他的这种判断既不是出自上帝本身，也不是出自永恒的理性规律，这种观点在上帝证实过或曾经启示的意旨中完全找不到根据，只不过是一个人的主观判断。虽然救主是一个凡人，但是我们相信他是永恒的神与神的儿子，这并不是偶像崇拜，因为这种信仰不是建立在自己的幻想或主观臆断上，而是根据《圣经》中上帝留下的启示之语得出的结论。有关圣餐物的敬拜，如果基督在说“这是我的身体”时，指的是他本人以及他手上具有面包外表的事物，而且包括此后所有看上去像是一小块面包的或其他被祭司奉为圣物的东西，都是许多基督的身体，但同时又是同一个身体，那就不算是偶像崇拜，因为这些事情都经过了救主允许。不然的话就是偶像崇拜，因为但凡人类制度下规定的此类崇拜，都是偶像崇拜。仅仅宣称上帝可以将面包变成基督的身体并不足以说明问题，外邦人同样相信上帝是万能的，但是他们却不能说自己手上的木头或石头经由实体转化变成了上帝，并以此来为自己的偶像崇拜找借口。

有人认为神注灵气就是圣灵以超自然的方式进入人体，而不是通过教义的学习和研究得赐神恩，我觉得这种理论会让他陷入进退两难的危险境地。如果他们不敬拜这个被认为是神注灵气的人，就等于犯了不敬神的罪，不尊敬上帝以这种超自然的方式降临，但是如果他们敬拜这种人，就是犯了偶像崇拜罪，因为使徒不会让人以这种方式敬拜自己。因此，最保险的方式是让圣灵以鸽子的形象降临到使徒身上，基督在赐予圣灵时向他们吹气并行按手礼，将这种仪式视为上帝的规定动作，以此来表明他许诺这些人会获得神的帮助，让这些人可以在研究的过程中宣布他的国，在谈话中可以带给人启示而非不洁的东西。

除了这种对形象的偶像崇拜，还有一种邪恶性的崇拜，虽然算不上偶像崇拜，但也是一种罪。偶像崇拜是通过外在行为表现出来的真正的内在崇拜，但邪恶性的崇拜却只是一种表面上的崇拜，这种崇拜还有可能与一种强烈的憎恨情绪有关，敬拜者对内心的形象、幻象、魔或用于敬拜的偶像发自内心的憎恶只是因为畏惧死亡或酷刑才选择这样做。尽管如此，可以成为他人榜样的人进行这种敬拜活动依旧是一种罪，因为他的跟随者一定会在宗教的道路上跌跤。如果无关紧要的人这样做，对我们就不会有什么影响，最多会让我们引以为戒，却不会导致我们跌跤。

有权宣教的合法的教士，或学识渊博备受推崇的人，如果是出于畏惧而崇拜偶像，就一定要将自己的恐惧和不甘表现得和他崇拜偶像的行为一样明显，否则就会因为他在表面上认同了崇拜偶像而玷污了自己的兄弟。因为他的兄弟看到自己的教士和自己推崇的人做出这种行为时，就会认为这是一种合法行为。这样的污损是罪，而且是一种“有成例可援的”污损。但如果这个人不是教士，也没有在教义上学识渊博的名声，当他这样做而又有人效仿他时，却不属于“有成例可援”的污损，因为他没有效仿的理由，所以这就只是他的借口而已。一个缺乏相关知识的人如果生活在偶像崇拜的君主和国家权力之下，又被命令敬拜偶像，否则就是犯了死罪，这种时候，他要是有为了信仰甘愿赴死的勇气当然最好，但如果内心憎恨却不得不敬拜也说不上坏。但如果一个身为基督的使者并有义务在列国传布基督教义的教士也做了这样的事，那他便不仅会因为玷污了一个基督徒的良心而犯罪，而且背叛了自己的使命。

关于形象崇拜，我得出的结论就是：敬拜形象或任何事物，无论是单纯地敬拜其实物，还是敬拜自认为存在于该事物中的幻象，或者两者兼具，或者认为这种没有感知器官的东西可以听见他的祈祷、看到他的虔诚，都属于偶像崇拜。如果一个人因为害怕可能遭受的惩罚而假装进行偶像崇拜，但其自身在兄弟中间有很大的影响力，那么他就是犯了罪。如果一个人在某种形象或某个处所敬拜神明，这些对象并非他自己建造选择，而是来自上帝的神谕，那就不是偶像崇拜。例如，犹太人在天使像、在铜蛇前敬拜上帝，在耶路撒冷或朝着耶路撒冷的方向敬拜上帝的行为都不是偶像崇拜。

而目前在罗马教会中对圣者、形象、遗迹和其他事物的崇拜，我敢肯定，其既不是根据上帝的谕令，也不是根据教义来的，这个现象应该是来自外邦人最初皈依时残留的风俗，随后又得到了罗马主教的承认、鼓励和推广。

关于《圣经》中可以证明是上帝下令让人们建造这些形象的例子，其实并不是为了让人们敬拜形象本身，而是要让人们在这些形象前面敬拜上帝，铜蛇和约柜上的天使像就是为了这种用途而建造的。我们并没有在《圣经》中看到祭司或其他人敬拜天使像，反而在《列王纪下》第十八章第 4 节中看到以西结因百姓对铜蛇烧香而砸碎了摩西建造的铜蛇。提出这些例子的目的并不是让人们模仿并利用这样的说辞为上帝造偶像，因为上帝已经将他命令我们造的形象与我们自己建造的形象进行了区分，第二诫中明确说了“你们不可为自己雕刻偶像”。因此，用天使像或铜蛇作为支持人们随便搞出来的各种崇拜活动的论据显然是不可行的。我们还要明白一点：以西结砸毁铜蛇是为了让犹太人不再对着它烧香，因此基督教主权者也应该效仿他，毁掉臣民敬拜的那些形象，这样才能从根本上杜绝偶像崇拜。现如今流行偶像崇拜的地方，愚昧的百姓确实盲目地认为神力存在于形象中，而且教士也告诉他们有些形象能开口说话、会流血、行过奇迹，而听到的人理所当然地认为这是圣者行的奇迹，并且相信圣者很可能就是形象本身或存在于形象中。以色列人敬拜金牛犊时，相信自己敬拜的就是带领他们走出埃及的上帝，这个上帝可能是金牛犊本身或藏在它的肚子里，这显然是偶像崇拜。有人认为百姓不可能蠢到相信形象就是上帝或圣者本身，也不会带着这样的信念敬拜，但是《圣经》中的某些记载却与他的想法截然不同：《出埃及记》中，当金牛犊造好之后，百姓就说：“以色列啊，这是……你的神。”《创世纪》中，拉班的偶像被称为他的神。但是经验告诉我们这个世界上存在各种各样的人，其中有一种就只关心自己是否生活得富足，除此之外什么都不想，任何荒诞的观点他们都可以不假思索地接受，如果没有新的法律做出规定，他们就会一直把自己的信仰作为不能放弃的遗产顽固地坚持。

但是有人根据经文得出了这样一个结论，认为描绘天使和上帝本身的行为都是合法的，例如，将上帝在园中行走、雅各在梯子上见到上帝等有关异象和梦境的经文用具体形象描绘出来。但无论是自然的还是超自然的，异象和梦在本质上都是幻象，在这种情况下描绘出的任何形象都是自己的幻象，而不是上帝，因此这种行为便是制造偶像。我并不认为描绘幻象是罪，但如果认为自己画出的形象可以代表上帝，就会违反第二诫，因为这形象除了敬拜之外也没有其他用途。如果描绘天使或亡者的形象不是为了纪念，也会被认为是私造偶像。因为如果作为纪念物，它的用途便不是敬拜，因此就只能当成对亡者的世俗崇拜。但如果是敬拜圣者的偶像，并认为这些死后便无知无觉的人可以听到我们的祈祷、会因为我们的崇敬而感到喜悦，那么就等于我们认为他具有超凡的神力，因此这也是一种偶像崇拜。

既然我们无法从摩西的律法中找到任何证据可以证明人们对偶像、私设偶像或这个世界上任何一种形象的敬拜，而臣民对基督徒君主的敬拜，无论以何种方式表达都不能超过一个凡人可以具有的权力，那么我们就很难想象现在通用的宗教崇拜之所以会出现在教会中，是因为人们对《圣经》的错误理解。于是我们便可以得出一个肯定的结论：这种宗教崇拜的出现是因为外邦人在皈依时没有销毁自己的偶像，并将残留的偶像崇拜带到了教会中。

之所以会出现这种情况，有一部分原因是人们对这类制作偶像的工艺过于重视，评价太高了。如此一来，虽然这些偶像的所有者不会像过去一样把它们视为魔鬼并进行宗教崇拜，但是他仍然会保留这些偶像，编造理由说自己以此来崇拜基督、圣母、使徒和原始教会中的其他教士，而且实施起来也不难，只要把此前被称为维纳斯和丘比特的形象改个名字，说成圣母和她的儿子就可以了。不止如此，他还可以说朱庇特的像是巴拿巴、墨丘利的像是圣保罗。因为后来的教士逐渐产生了世俗的野心，因此就想要讨好新近皈依的信徒，让他们也喜欢这样的偶像，并希望自己可以像前辈们一样被人如此崇拜，这样一来，对基督和使徒的形象的崇拜就慢慢演变成了偶像崇拜，直到君士坦丁大帝的时代过去，君主、主教和教会才开始意识到这种行为的非法性并加以制止，却为时已晚，或者说他们已经无力制止了。

圣者的列圣是异教的另一种遗俗。这不是对《圣经》的错误解读，也不是罗马教会的全新创造，只是一种和罗马共和国一样历史悠久的风俗。在罗马，第一个被列为圣者的是罗慕洛，起因是尤里乌斯·普罗克斯在元老院发誓说自己和罗慕洛的亡灵交谈，告诉他自己住在天上，被称为奎里努斯，并会保佑新的城邦，因此元老院公开承认了他的神圣。同样的事情也发生在尤利乌斯·恺撒和在他之后的罗马皇帝身上。这便是列为圣者，如今通行的列圣的定义也是源自这种证明，与异教徒被奉为圣徒是一样的。

教皇最高教长的称号和权力也是借鉴了罗马异教徒的称号，这一称号在古罗马共和国通常被赋予处在元老院和人民之下，有权管理一切宗教仪式和教义的人。在奥古斯都·恺撒把共和国变成帝国以后，恺撒便身兼最高教长和人民保民官两个职位，相当于同时掌握了宗教和政治两方面的最高权力，其后继位的皇帝也都享有同样的权力。在君士坦丁大帝作为第一个明证基督信仰的皇帝让主教在其之下掌管宗教时，这种做法与他的宗教精神并不冲突，不过主教们似乎并没有很快就得到教长的称号，这个称号显然是继任主教自封的，其目的是让自己具有统治罗马各行省主教的权力。因为让他们获得对其他主教的统治权的并不是圣保罗的任何特权，而是皇帝们因为支持而赋予罗马的特权。这种说法可以通过下面这个事实得以证明：罗马皇帝定都君士坦丁堡时，该城主教声称自己与罗马教皇地位平等，但是经过一番争论，最终获得胜利并得到最高教长称号的还是教皇。不过最高教长的权力是根据皇帝的权力取得的，在帝国之外，这种做法行不通，即便后来罗马教皇夺去了罗马皇帝在帝国的权力，也不能让他成为任何其他地方的最高教长。而且，我们还可以看出，教皇只在以下两种情况才会具有高于其他主教的地位：一是在他本人就是世俗主权者的地方，二是身为世俗主权者的皇帝明确指出教皇就是在他之下的臣民们的教长的地方。

把偶像置于仪仗队中也是希腊罗马宗教的一个残留。因为他们也曾经专门用一种车载着偶像游行，拉丁语中称为圣车或神车。偶像被置于被称为神龛的匣子或框架里面，这个游行队伍就是仪仗队。正是遵循这种习俗，在元老院尊崇尤利乌斯·恺撒的神灵崇拜中，有一部分内容就是在色西安竞技会的仪仗队里加入圣车和神龛，相当于把他当成神明一样用车载着游行。现在，教皇也是坐在类似的圣车上，由他的瑞士卫兵打着圣杖各处游行。

仪仗队中的神像前面还会有燃烧的火炬和蜡烛，这也是效仿希腊人和罗马人的做法。之后的罗马皇帝也有类似的崇敬仪式。书上记载过卡列古拉在登基时是被一群百姓们簇拥着从密森奴姆到罗马，他坐在车上，沿路铺陈了香案和各种祭祀牺牲[①]。卡拉卡拉也是伴着一路香花进入亚历山大里亚，并且他们的载神仪仗队中也有手持火炬的希腊人。

就这样过了一段时间，无知而虔诚的信徒们就会常常用这样盛大的仪式来崇敬自己的主教，会点蜡烛，也会有基督和圣者的像。使用蜡烛的习俗正是源自于此，部分古老的公会将其确定为规则。

还有异教徒的圣水。礼拜日也能看到罗马教会模仿他们教会的痕迹。异教徒有酒神节，我们有通宵礼拜；他们有农神节，我们有嘉年华会和忏悔日的仆人权利；他们有普莱帕斯游行，我们则会围着五月柱跳舞；他们有恩巴伐农神节游行，我们有祈求礼拜的野地游行。这些并不是外邦人最初皈依时带入教会的所有礼仪风俗，而是目前我能想起的只有这些。如果有心人仔细查阅历史上记载过的希腊人和罗马人的各种宗教仪式，我敢肯定他还能发现更多这样的情形，不知道罗马教会的圣师们是粗心还是有意，总是用一帮宗教的酒瓶子灌满基督教的新

① 供祭祀用的纯色全体牲畜。

酒，长此以往，这瓶子迟早要炸。

第四十六章　论虚妄的哲学和荒诞的传说导致的黑暗

哲学是根据事物的发生方式推论其性质，或根据其性质推论其可能的发生方式得到的知识，为的是能让人们在客观环境允许且又力所能及的情况下得到需要的人生结果。因此，几何学家会根据图形的结构总结出很多性质，并在此基础上推理出新的构图方法，为的是将这类知识运用在土地测量、水面测量以及其他更多用途上。天文学家也会根据自己对日月星辰在天空中起落和运行规律的观测，找到昼夜交替、四季更迭的原因，因此获得了记录时间和其他相关的知识。

从这个定义中就能发现，包含慎虑的经验不能被看成哲学的一部分。因为这部分知识不是来自推理，而是人和野兽都具有的东西。这只是关于一连串事件的记忆，只要其中任何一个小的地方出现错漏，都可能改变结果，会让最深的慎虑做出错误的预测。但是推理就不一样，通过正确推理得到的任何结论都是普遍、永恒且不变的真理。

任何错误的结论都不能冠以哲学之名，一个人通过自己理解的语词进行正确的推理根本不可能得出错误的结论。

任何人通过超自然启示获得的知识也不能叫哲学，因为这也不是通过推理而来的。

根据著作权威进行推理得到的知识也不是哲学，因为这都不是基于因果关系的推理，其不是知识，而是信仰。因为推理的能力是在运用语言的过程中获得的，通过推理必然能发现一些和语言同样古老的普遍真理。生活在美洲的野蛮人同样有一些有益的道德箴言，也能进行简单的加减法计算，但是他们却不能凭借这些成为哲学家。因为在人们知道某些谷物和用于酿造的植物的属性，并把它们种植于田野和葡萄园中以供饮食生产之前，这些植物都稀少地分布在旷野和森林里，那时候的人吃果实充饥、喝水解渴；同样的情况，从一开始就已经存在很多正确、普遍且有益的真理，它们都是人类用以推理的自然植物。但是这种植物的数量一开始很少，生活经验并不丰富的人们也不可能找到处理的方法，也就是说，除了无用的杂草，还有谬误与推测等普通植物，并不存在知识的播种与培养。因为保证生活必需品的获取和对他人的防范就已经用掉了他们几乎全部的时间，在人们建立起幅员辽阔的国家之前，这种情况都不会有所改变。有空闲时间才会有哲学出现，而只有建立国家才能保证和平与空闲时间。最早出现繁荣的大城市的地方就是最早产生哲学研究的地方。印度裸体游行的圣者、波斯的马吉、埃及与迦勒底的祭司都被认为是最古老的哲学家，他们所在的国家则是最古老的王国。希腊人和其他西方国家在没有取得和平之前，就一直要忌惮彼此，他们没有空闲时间可以观察事物的规律，全部时间都要用来盯紧对方，哲学自然不会兴盛。当战争让很多规模较小的希腊城邦联合起来成为较大的城邦时，才有来自不同地域的七个希腊人得到了贤者的称号。这些人中有的以道德和政治哲言著称，有的以迦勒底和埃及人的知识，也就是天文学与几何学著称。但我们并没有听说过当时存在任何一个哲学派别。

雅典大败波斯之后取得了海上统治权，也就获得了爱琴海沿岸欧亚两洲岛屿和沿海城市的统治权，随着国家越来越富有，国内外无事可做的人就只能聚在一起聊聊新闻或公开向城中的青年宣讲哲学。每个人都找一个地方去讲学：柏拉图讲学的地方叫作学园，名称来自一个叫阿卡姆斯的古希腊英雄；亚里士多德在潘神的庙廊下，称为吕西昂学派；还有人在画廊下，也就是商人聚集交易的场所。有些人会在其他地方教导或讨论自己的意见，以此来消磨时光。还有人完全不挑地方，只要能聚集城中的年轻人听他讲话就行。加尼兹出使罗马时也保留了这个习惯，因此伽图才会劝说元老院把他赶走，免得那些喜欢听他讲话的年轻人被带歪了。

正因如此，这些人中的任何一个进行教导或辩论的地方都可以叫作 schola，意思是闲暇。辩论在他们的语言中被说成消磨时光。哲学家也以各自的学派命名，例如，柏拉图学说的追随者被称为学园派，亚里士多德的学生被称为逍遥学派，这个名字的由来就是他教学的庙廊，芝诺的门徒因画廊而被称为廊下派，这种情况看上去仿佛是人们因为经常在某个聚会聊天，就会被称为摩尔菲尔德派、保罗教堂派或交易所派。

不过，人们对这种习惯非常推崇，其结果就是在整个欧洲以及非洲大部分地区国家普遍开设用来进行演讲和辩论的讲学会。

在救主的时代之前和之后，古代犹太人中也一直存在学派，只不过是法学学派。虽然犹太人把自己的会堂称为讲经会，也就是百姓的聚会，但实际上他们却是在每个安息日进行法律的宣读、讲解和辩论，这种形式与公开学派的性质并无不同，只是换了个称呼。不只是耶路撒冷，外邦人的城市里只要有犹太人就有这样的会堂。例如，大马色的讲经会，圣保罗就曾经在里面进行过迫害。安提阿、以哥念和帖撒罗尼迦也有讲经会，圣保罗也去那里辩论过。利百地拿、古利奈、亚历山大、基利家和亚西亚的会堂也是如此。他们组成了利百地拿和耶路撒冷以外的犹太人学派，与圣司提反辩论的人就在这些学派中。

但是这些学派有什么用？他们的解释和辩论能带来什么知识？几何学是自然科学之母，却不是这些哲学学派留给我们的知识。柏拉图是古希腊最伟大的哲学家，他的学派从来不招收没有几何学基础的人。研究几何学给人类带来了巨大好处，但是这些研究者并没有什么学派，几何学家也不曾建立不同派别，人们也不会把他们称为哲学家。与其说这些学派讲述的自然哲学是科学，倒不如说是胡言乱语，都是些没有意义的空话。如果想要讲哲学的人在几何学上没有很深的造诣，就免不了陷入这样的窘境。因为自然并没有关于线与形的比例与性质的知识，全靠运动来发生作用，所以这种运动的方式和成都就是不可知的。这些人口中的道德哲学也不过是在讲述各自的激情。因为一切与行为有关的法则，在世俗政府之外就是自然法，之内就是世俗法。这类法则决定了正义、公平以及普遍意义上的善恶的衡量标准。但这些人却全凭个人喜好来制定善恶准则。通过这种方式，不同人的不同喜好就导致人们对同一事物的判断不同，于是每个人就按照自己的想法去行动，并最终导致国家的毁灭。这些人的逻辑推论本该按照推理进行，但最后却只搞出来一堆诡辩之词，还有一些想要驳倒诡辩者的新奇论调。总而言之，就像西塞罗说的那样，世界上不存在什么事情可以荒谬到在这些老哲学家里面也找不到支持者。我认为，自然哲学中最荒谬的学说要数亚里士多德的形而上学，他在《政治学》中讲的那套理论恰好是最不容于政治的东西，而他的《伦理学》中大部分也是些荒唐的蠢话。

最初，犹太人的学派只是研究摩西律法的学派，摩西命令在每七年的末一年，在定期住棚节时聚集到会幕之前，向百姓宣读法律，用这种方式让他们了解和学习犹太人的律法。因此，在被掳之后，每个安息日都要宣读法律，就只是为了能让百姓知道自己必须服从的诫命，并向他们解释先知的著作。不过，根据他们诘难救主的情况可以发现，他们在用自己虚妄的注视和虚妄的传说滥用法律经文。因为他们几乎不理解先知，所以才会既不承认先知预言的基督，也不承认基督创造的业迹。他们在自己的会堂里演讲和辩论，让自己的律法演变成一套与上帝及灵有关的怪诞而又虚妄的哲学。他们引用《圣经》里面意义模糊且最容易被生搬硬套变成对自己有利的解释的经文，再糅杂一些祖先的荒诞传说，就这么弄出一套奇谈怪论来，与希腊的虚妄哲学与神学混在一起就成了如今的样子。

现如今被我们称为大学的就是把同一个城镇的众多公开学派集结在一起，并由权力当局统一管理形成的，其中规定的学派主要有罗马宗教、罗马法律和医学三类。而哲学在这里不过是罗马宗教的附庸，因为在这一方面人们只推崇亚里士多德一个人的权威，因此这种研究就不能被称为哲学，只能称为亚里士多德学。因为几何学不会服从任何权威，而是完全遵照严格的真理，所以这类学说在从前完全没有地位，直到最近才好一些。如果有人可以运用自己的天赋，在几何学上取得很高成就，那么在普通人眼里，他们就是魔术师，而他们的技艺则会被认为是魔鬼的技艺。

现在我要讨论的是因为亚里士多德以及人们盲目的理解而进入大学，并从大学传入教会的虚妄哲学的具体内容。首先，我要讨论的是其中的原理。有一种可以作为其他所有哲学基础的原始哲学，其主要内容便是正确界定最普遍的名词的意义。这种界定能避免在推理中出现的模糊性和不确定性，通常被称为定义。例如物体、时间、空间、物质、形式、要素、主题、实体、偶性、权势、行为、有限、无限、量、质、运动、激情等都包含在其中。除此之外，还包括很多在解释物质的产生和性质等概念时必不可少的定义。这部分名词和类似名词的解释在经院派中被作为亚里士多德哲学的组成部分，通称为形而上学，不过两者意义上却有所区别，原本这些内容是写在自然哲学中的，但经院派却把它们当作超自然哲学的内容，因为形而上学本身同时具有这两种意义。事实上，书中写的内容确实难以理解，而且与自然理性有很大冲突，这就导致了在他人看来，据此理解任何事物的做法都必然是超自然的。

当这种形而上学与《圣经》结合在一起，就成了经院学派的神学。他们根据这种形而上学说，世界上存在一些脱离物体存在的要素，他们把这些叫作抽象本质和实质形式。要解释这些专业名词，就需要格外小心。希望不习惯这类讨论的人可以原谅我在这里专门为关于此类讨论的人准备的讨论环节。世界是有形的，也就是说，世界是物体，具有量纲和广延；物体的每一个组成部分也是物体，因此也具有量纲；所以宇宙的每一个部分都是物体，反之不是物体就不是构成宇宙的一部分。我在这里说的世界不只是尘世，而是宇宙，也就是客观存在的事物的全部物质。由此可以得出结论，灵并不存在，因为灵有量纲，所以是实质的物体；尽管物体通常指的是可见的、可感知的物体，换句话说就是不完全透明的物体。但是他们所说的灵却是无形的，这个名词更尊崇，可以用于上帝本身以示虔诚；在谈论上帝时，我们考虑的并不是哪些名词更能体现他的性质，因为这一点根本做不到，我们需要考虑的只是哪种说法更能表达我们对他的尊崇。

想要弄清楚他们提出抽象的本质和实质的形式这两种概念存在的根据，就需要先解释清楚这些语词的本义。运用语词是为了记录并向他人解释自己的思想和概念。语词中，有被感知事物的名称，例如对感官起作用并在想象中留下印象的事物的名词；还有想象本身的名称，包括我们见过的或记忆中所有事物的概念的名词。此外还有名词的名词，例如普遍、复述、单数等；也有各种虚词和实词；还有语言形式的名词，例如定义、肯定、否定、真、假、三段论法、询问、允诺、信约等。有些语词可以用来表示两个名词之间的推理关系或矛盾关系。例如，当我们说"人是一种物体"时，要表达的意思是物体这个名词是人这个名词所具有的众多名词中的一个，也就是说，这个名词必然是人这一名词的一个结论。我们通过一个动词"是（is）"连接前后两个名词来表示这种推理关系。我们用的是is，拉丁人用est，希腊人用Ἔστι的各种格式来表示。我不确定世界上其他各国的预言中是否存在与之相对应的词，但是我相信他们并没有这种需要。只要产生了相应的语言习惯，把两个名词按照顺序放在一起也同样可以像is、are或be一样表示推理关系，因为是习惯让语言具有效力的。

如果一个语言体系中并不存在与est、is或be作用相同的动词，使用这种语言尽心推理并做出结论的人在推理能力上也不会逊色希腊人或拉丁人。如果是这样，通过这个词导出的实体、本质、必需、必要性等语词，还有在各种最常见的用法中根据这个词推导而来的其他语词要怎么办？因此，这类语词就不是事物的名称，而只是一种符号，用来表示我们设想中的名词或性质形容词与另一个语词之间的推理关系。例如，当我们说"人是一个活的物体"时，并不是分别在说人、活的物体是分别代表的不同的东西，而是说人与活的物体就是一回事，因为"如果他是人，他就是一个活的物体"这个推论是通过"是"来表达这种推理关系的，因此物体、走路、说话、生活、看见及其他不定式就分别相当于有形、行走、言语、生命、视觉，这些语词并不是代表任何事物的名词，关于这一点我在其他地方已经做出了详尽的解释。

可能有人要说，我这本书只需要阐述政府与服从关系的学说，讨论这些精深微妙的东西又有什么意义？我说这些就是为了让人们不再被这些人欺骗，他们根据亚里士多德的虚妄哲学建立了一套理论，认为存在一种独立的本质，还创造了一些毫无意义的名词使人惧怕，使人不再服从自己国家的法律，他们这种做法就像是扎了个稻草人吓唬鸟类，不让它们啄食谷物，而我要做的就是让人们不再被这种东西蒙骗。正是根据这套理论，他们才会说人死下葬之后，灵魂还可以离开躯体行动，还可以在夜间的墓地里看到这些走动的灵魂。他们根据同样的理由，说在没有面包的地方也可以存在面包的形状、颜色和味道。还说人类的信仰、智慧和其他美德有可能是上天灌注或吹进人体的，似乎美德与具有美德的人可以分开存在，他们还说过很多其他动摇人心、煽动臣民不服从自己国家主权者的话。想想看，如果一个人认为“服从”是被灌注或吹到自己体内的，他又怎么会主动去服从法律？如果一个祭司可以制造上帝，人们又为什么要服从主权者或上帝，直接服从祭司不好吗？一个怕鬼的人怎么会不尊敬能制造圣水并把鬼赶出自己身体的人？通过上面这些例子，完全可以说明亚里士多德提出的实体和本质把教会引入了怎样的歧途。或许有人很清楚这是一种错误的哲学，但是他们担心自己的结局会跟苏格拉底一样，因此就把这些东西当成符合自己宗教又能确证教义的内容记了下来。

只要他们走入独立本质的误区，就一定会引出更多荒谬的结论。既然他们相信这些都是实在的形式，就必然赋予它们一定空间，但又因为他们认为这都是没有量纲的无形体的存在，而众所周知，空间就是量纲，是能用有形的事物填充，如此一来，他们想要维护自己的信誉就只能进行区分，指出这些东西在任何空间都是无界限的，但是有无限定这种词都是些毫无意义的空话，只能在可以掩饰其虚无的拉丁语形式中才能通过。因为事物的界限本就是空间的确定，所以用以区分的这两个名词的意思其实是一样的。有一点值得特别注意，他们说人的本质是灵魂，又确定地指出灵魂全部存在于小指上，同时又说灵魂遍布全身各处，而且整个躯体中的灵魂并不比任何一部分的灵魂多。对于这种荒谬的说法，有谁觉得上帝真的能接受呢？但是一个人若要相信存在一种可以脱离躯体的无形的灵魂，就必须相信这套说辞。

但当人们问起无形的实体要怎么感受痛苦、要怎么在地狱或炼狱之火中承受苦刑的时候，他们却没法儿回答，只能承认自己也不知道火要怎么焚烧灵魂。

因为运动就是空间的改变，但无形之物却不会占据空间，所以他们想要把下面两件事说成有可能的，就必须绞尽脑汁：第一，既然灵魂没有躯体，是怎么到天堂、地狱或炼狱中去的；第二，人的灵魂，还有他们显现时穿的衣服，夜间是如何在教堂、墓地间行走的。不知道他们要怎么回答这些问题，除非他们说这些灵魂有限定地而非有界限地行走，或者告诉我们它们以性灵的形式而非尘世的形式行走。因为在解释任何困难的问题时，这种乱七八糟的区分都能奏效。

他们认为永恒不是时间的无限延续。因为按照这种说法，他们就无法解释上帝的意旨和对未来的规划为什么不能在他预知未来之前就出现，正如原因在结果之前或行动的人出现在行动之前那样，而且这样一来他们提出的很多关于上帝的不可思议性的狂妄解释也会变得毫无根据。他们只说永恒是现在时的停滞，是现在的停驻，这是个经济学派的用语。他们自己不理解这个名词，我们更听不明白，就像他们还会用此处的停驻来说明无限的空间一样。

当我们在心中对一个物体进行划分时，就是数它的组成部分，在数物体每个部分的同时也数了各部分填充的空间。因此我们在对各个部分进行划分的时候，也划分了它们占据的空间。那么我们便不可能在心中设想大于或小于其所占空间的物体部分。但这些人却想让我们相信，因为上帝是全能的，所以一个物体可以同时存在于不同空间，同一时间同一空间也可以存在很多不同物体。就好像如果我们说存在的东西不存在，曾经存在的东西没有存在过，就等于承认了神的权力，之所以会出现这个结果，是因为他们对神的不可思议性没有心怀敬仰和赞叹，反而要用哲学的怀疑辩论，而这只是必然会出现的矛盾中的一小部分，这些形容词用在神的身上并不是为了说明神的性质，而是为了更好地表达我们尊敬他的愿望。那些胆敢用表示崇敬的性质形容词去推断上帝性质的人，从一开始就丢了明悟的可能，一路磕磕绊绊荆棘密布，他们就像一个完全不懂宫廷礼节的人突然见到了一个比他日常所见要伟大得多的人物，一进门就被自己绊倒，刚撑起身子，上衣就滑下来，刚穿好上衣，帽子又掉了，手忙脚乱一番之后，发现自己其实是吓得脑子不清楚，而且表现也粗鄙得很。

关于物理学，即自然事物的从属和次级原因的知识，他们除了说些空话就没有提出任何有用的东西。如果你想知道为什么有些事物会朝向地面下落，而另一些东西会背向地面上升，经院学派就会根据亚里士多德的理论解释说：下沉的物体是重的，重量便是导致向下运动的原因。如果你进一步询问重量的定义，他们会说这是一种向地心移动的努力。因此物体下沉是因为它们具有一种想要尽量处在下面的努力。这话的意思就好像物体的上升和下降都是由本身的意愿决定的。否则他们也不会告诉你，地心是重物静止和保存的场所，因此所有重物都力图要进入那里。仿佛石头和金属和人一样是有欲望的，或者它们知道自己要去的地方在哪里，不然的话，它们就是像人一样不愿意休息，或是觉得对玻璃来说，装在窗户上反倒不如掉在街上安全。

如果我们问起同一个物体在没有增加任何东西的情况下，为什么有时候看上去大一点，有时候看上去小一点。他们会告诉你，小是因为它浓缩了，大是因为它稀疏了。那浓缩和稀疏又是什么？浓缩就是同一物质的量变少，稀疏则是变多，这话的意思好像是说同一物质的量是不确定的。事实上，量就是物质的确定，也就是物体本身的确定，我们根据这种确定才能比较两个物体之间的大小。否则就会变成物体形成时并没有确定的量，以后可以根据人们的需要同构改变其疏密程度进行量的增减。

关于灵魂的成因，他们的解释是由于注入而产生并由于产生而注入。

感觉是因为感知对象的普遍存在而产生的，也就是对象的影像或幻象的普遍存在。针对眼睛的幻象是视觉，针对耳朵的幻象是听觉，针对舌头的幻象是味觉，针对鼻子的幻象是嗅觉，针对其他身体器官的幻象是感觉。

他们用官能来解释人们想要做出任何具体行为的愿望，通常被称为意愿。官能是指人类具有的做一件事或另一件事的一般能力，通常这种能力也被叫作意志。于是他们就把行为的能力解释成行为的原因，这就像在说人类行善或作恶的能力便是他们行为善恶的原因。

在很多情况下，都用自己的无知来解释自然事件的原因，只不过会使用其他说法来将无知掩盖起来，例如，他们会用运气来解释偶然事件的产生，这些偶然事件就是所有他们不知其原因的事；同理，他们会把很多结果解释成神秘性质，这些神秘性质就是他们自己不清楚，因此认为别人也不可能清楚的性质。此外，他们也会把很多结果的原因说成怜悯、厌恶、情况相反或特殊品质等类似的名词，而这些名词与造成结果的行为者和结果造成的影响都毫无关系。

如果这种形而上学和物理学都不算是虚妄的哲学，那这个世界上就不存在什么虚妄的哲学了，圣保罗也无须警告我们小心这些东西。

在道德哲学和世俗哲学方面他们也一样荒谬，甚至可以说更加荒谬。如果有人做出了不义之举，也就是触犯了法律，他们就会说上帝是法律的初始原因，也是这种行为和所有行为的初始原因，却不是不义的原因。这是虚妄的哲学理论。同样的情况，我们可以说有个人画出了一条既直又曲的线，而造成这种矛盾性的却是另外一个人。那些在不清楚前提时就得出结论的人坚持的就是这样一种哲学，他们自称可以理解不可思议的事物，他们把表示尊崇的品质形容词说成关于本质属性的品质形容词，而做出这种区别的目的便是支持自由意志的理论，这种自由意志的本质就是不服从神的意志之人的个人意志。

亚里士多德和很多异教哲学家一样，都是以个人欲望作为判定善恶的标准，如果我们认为善恶是根据每个人的准则来支配自己的行为，那么这种说法并没有问题，因为在除了自己的欲望在没有其他法则的地方，并不存在善恶的普遍法则。但如果是在一个国家，这一准则就是错的，此时，衡量善恶的尺度就不再是个人私欲，而是法律，是国家的意志和欲望。但是这种学说却备受推崇，人们总是按照自己的激情来评判自己、他人和国家的善恶，他们无视公共法律，完全根据主观臆断，以善或恶的名称来称呼这些事物，只有修士和辅理修士才会因誓言而对自己的上级绝对服从，每位臣民都应该认识到自己因自然法而有义务对世俗主权者绝对服从。这种私人化的善恶尺度不仅是虚妄的学说，也是一种会危害公众和国家的邪恶学说。

有些人认为婚姻与贞洁或禁欲相冲突，并以此为由将婚姻说成败德之事，这也是一种虚妄的哲学，相信这种学说的人用贞洁和禁欲的理由禁止教士结婚。因为他们公开承认了自己建立的教会制度，要求侍奉祭坛和管理圣礼的圣职人员远离女人，因为要保证他们的贞洁、节欲和纯洁。他们认为合法地与妻子同居是不贞洁、不禁欲的行为，进而指出婚姻是罪恶的，或至少是不洁的事，会让人变得不适合再从事侍奉祭坛的活动。如果制定这一规则的原因是与妻子同居就是不洁的和不禁欲的，那么一切婚姻都会变成恶行。如果说这种行为会让献身上帝的人变得不洁净，那么很多自然的且必要的日常事务都会让人不配成为祭司，因为这些事情远比婚姻更不洁净。

禁止祭司结婚的规定自然不是随便产生的，它并非以错误的道德哲学为根据，也不是以传教士们立志独身不结婚的信念为根据。后面这种观点来自圣保罗，因为他看到在基督徒遭受迫害的时期，传播福音的人往往要在不同国家之间逃窜，这时家庭就会变成一种累赘。事实上这条规定是从一个阴谋中产生的，教皇和教士想成为掌管教会的圣职人员，换句话说，就是上帝国在今世唯一的继承者。要想让这个上帝国成立，他们就不能结婚，因为救主曾说，他的国降临时，国中子民不娶也不嫁，像天上的使者一样，也就是他们都会成为灵性的子民。既然他们说自己是灵性的人，婚姻和家庭就成了不必要的东西，也会与前面的那套说辞产生矛盾。

他们效仿亚里士多德的世俗社会哲学，将平民国家以外的任何国家形式都称为暴君的国家。把所有国王称为暴君，把征服他们的斯巴达人建立的三十个贵族统治者称为三十僭主。他们还把民主政治下人民的生活状态称为自由。原本“暴君”一词只是用来表示君主，但到后来希腊大部分地区已经废除了这种政府，这个名称便在原有含义的基础上添加了平民国家的仇恨。就像罗马废黜了自己的君主之后，君主这个称谓也变得面目可憎一样，人们很自然地会产生这样的联想，用所有可以表示轻蔑态度的形容词来说明自己重要敌人的最大恶行。如果对民主政府或贵族政府感到不满的是同一群人，就完全用不着寻找其他词来表达自己的愤怒，他们完全可以使用已有的名词，把前者称为无政府状态，把后者称为寡头政体或少数人的暴君政体。真正让人民觉得被冒犯的事情是一个国家采用统治者认为合适的方式而不是人民认为合适的方式来统治臣民，换句话说，是被一个独断政府统治了。他们会因此咒骂身居高位的人。不过，或许要等到经历过内战之后，人民才会意识到没有这种独断政府，战争就会一直持续，而且他们还会发现空谈和许诺并不能让法律具有力量和权威，这是只有依靠人和武力才能实现的东西。

因此，我们就可以发现亚里士多德哲学中的另一个错误观点：在秩序良好的国家，处于统治地位的是法律，而不是人。一个天生知觉没有问题的人，就算不会读写，也清楚地知道自己是被一个让自己畏惧并且有能力在自己不服从的时候杀死或伤害自己的人统治着。没有人会相信写在纸上的法律在没有人干预、没有人拿着剑站在后面的时候可以伤害自己。这也是危害性很大的错误观点，因为人们会以此为由投靠那些称呼自己讨厌的统治者为暴君的人，并且相信自己对他宣战是合法的。更糟糕的是，经常有神职人员在讲道坛上支持这种错误论调。

他们的世俗社会哲学中还有一个谬误，既不是来自亚里士多德，也不是来自西塞罗或任何一个异教徒，这个谬误就是当人们的言行完全符合宗教时，通过对他们的信仰进行审查和宗教审判，将单纯作为行为法则的法律用于检验人们的思想和良知。如此一来，如果人们不是因为表达真正的思想而受到惩罚，就会因为害怕惩罚而不得不表达假的思想。当然，如果一个世俗君主要聘请一位教士负责传教，完全可以事先询问他是否愿意传布某种教义，如果他不愿意，就去找别人。但如果一个人的行为并没有违反法律，却要强迫他指控自己的思想，这种行为却是违反自然法的，尤其他还会教导别人，声称一个带着错误观念死去的基督徒会遭受最痛苦的永罚。那么试想一下，既然一个人已经知道犯错带来的巨大危害，出于自爱的天性，又怎么会不按照自己的判断，让灵魂去尝试一下，而要听从一个对他的刑罚漠不关心的人的建议采取行动呢？

政治学中的另一个谬误就是在没有国家权力为依据，也就是未经国家代表者授权的情况下，臣民可以自行解释法律。不过这个观点却不是从亚里士多德或其他异教哲学家那里来的，因为这些人普遍认同制定法律的权力中已经包含了在必要时解释法律的权力。《圣经》中关于律法的记载也都说明了根据国家权力成为法律的就是世俗法的一部分，事实不正是如此吗？

除主权者之外的任何人限制他人享有法律不曾禁止的权力都属于同一类错误。例如，当国家没有限制人们传布福音时，有些人却把掌管这项事务的权力交到一部分世俗人手中。如果国家允许我传道或宣教，换句话说，国家不禁止我做这些，那么任何人都不能禁止我。如果我周围都是美洲的偶像崇拜者，虽然我不是牧师，却是一个基督徒，难道在接到罗马的教谕之前，我传布“耶稣是基督”的教义就是犯罪吗？而当我传布了这个教义之后，就不能解答他们的疑惑、向他们解释《圣经》了吗？难道我就不能宣教吗？可能有人要说，正如为他们举办圣餐礼一样，事实的必要性就是充分的传道权，这话完全正确。但还有一种正确的观点：任何事情在有必要时就应该豁免，如果法律没有禁止，那么就不需要豁免。因此，当世俗主权者没有否定某项职权时，任何人的否定都是剥夺合法自由，这种做法显然违背了世俗政治的准则。

经院派的神学博士们带到宗教里的虚妄哲学还有很多，有兴趣的人可以自己去查阅。我只补充一点：经院派神学家们的著作都会大量使用毫无意义的、怪异又粗俗的词句，他们还会使用一些与通行的拉丁文用法不同的词句，而西塞罗、瓦罗或古罗马的任何一位文法学家都不会这么用。如果有人想要找到这方面的证据，那不妨像我在前面提过的那样，尝试翻译任意一部经院神学著作，看看能否将它翻译成法语、英语或其他更丰富的现代语言。因为用上面提到的这些语言如果不能清楚地说明某事并让人理解的话，用拉丁语也一样办不到。至于这种毫无意义的言论，虽然我不能判定它们是错误的哲学，却可以肯定它们的一种特性，那便是可以把真理隐藏起来，并且让人误以为自己已经找到真理，继而不再探索和寻求真理。

我们来谈谈虚构的或不确定的历史导致的错误，例如，圣者的生平传记中会夹杂很多虚构的奇迹传说，罗马教会的博士们会引用很多幻象和鬼魂的历史来证明地狱和炼狱的说法以及他们的符咒的作用，很多在理性和《圣经》上都毫无根据的话也会被他们引用，还有，他们居然把沿袭而来的传统说成没有文字记载的上帝之道！这难道不是在胡说八道吗？虽然古代教父的著作中偶尔会看到有关记载，但教父同样是人，也很容易被虚假的传说欺骗。而他们为了证明自己的观点提供的论点，在根据圣约翰的意见查验灵的人面前，也只能让人们看到他们的轻信并因此否定他们关于罗马教会权力的所有证据。那些滥用权力的现象如果不是因为他们根本没有任何怀疑，就是他们本身已经获利并默许了。而且轻信这种事情，就算是内心最虔诚、学识最渊博的人也在所难免。因为根据人类的本性，最善良的人是最不可能怀疑别人会说谎的人。教皇格里高利和圣伯纳都提到过鬼魂幻影的说法，称他们正处于炼狱中；另外，我国的贝达也有过类似言论。但我认为这都是从传闻中得来的看法。包括他们在内的所有人根据自己的见闻来叙述这类传说，也不可能让这种虚幻的东西变得更真实可信，最多不过是让人看到散布鬼怪传说的人的弱点和欺骗。

除了引进虚妄的哲学，我们还可以谈谈那些压制正确哲学的问题，而且这些压制者既不是根据合权力，也不是因为在这方面经过深入研究并且有权威成为判定学说真伪的人。我们已经通过自己的航行证明了了解人类科学进程的人也都知道地球上存在两极，我们也渐渐明白是因为地球的转动才产生了年、月、日的变化。但是只要人们在自己的著作中提出这种假说，或是以此为基础提出赞成或反对的理由，就会受到宗教当局的惩罚。这又是为什么？难道他们的学说与真正的宗教有冲突吗？如果这些学说是真的，就不可能有冲突。因此，我们首先要做的事情就是让有资格的审定者来查验学说的真伪，或是让持有反对意见的人来驳斥他。难道是因为这些观点违背了国教吗？那就让传播这类学说的宣教者的君主用法律来使其沉默，换句话说，就是用世俗法来禁止他们发声。原因在于，即便是教导正确哲学理论的人，在不服从的时候也可以合法地惩罚他。难道因为这些学说支持叛逆者，扰乱了国家秩序吗？如果是这样，就应该让司法公安来惩戒倡导这些意见的人并让他们彻底沉默。尽管教会声称自己具有上帝的权力，但是在教会当局服从国家的地方，教会根据自己的权利来获取任何权力都是一种篡权的行为。

第四十七章　论黑暗带来的利益及其归属

西塞罗对一位姓卡西的严厉的罗马法官针对刑事案件制定的一条习惯法推崇备至。具体内容是：当证人的证据不充分时，询问原告此时对被告有什么好处，也就是说，被告通过这件事能获得或是想要获得什么利益、荣誉或满足其他什么需求。因为在所有推断中，最能说明行为者情况的一点就是行为的利益。我想用同样的方法来研究一下，到底是谁在我们这部分基督教世界里传播反和平、反社会的理论，并且长时间地蛊惑世人。

首先，今世在地上的卫道教会就是上帝国的错误说法，就和下述各种利益息息相关。第一，教会的教士和牧师可因此成为上帝的公务仆人，并有权管理教会。又因为教会和国家本就是同一人格，所以他们就获得了国家的统治权。根据神的公务仆人这一身份，教皇就可以让所有基督徒相信违背他的意旨就是违背基督的意旨，当教皇与其他基督徒君主发生冲突时，基督徒臣民就要背叛自己的合法主权者，这样一来，教皇就成了基督教世界真正的统治者，所有基督徒君主头上的太上皇。因为教皇最初的地位虽然处在皈依的基督徒君主之下，并属于罗马帝国管辖，以臣属于君主的教皇的名义被授予基督教最高教士的权利，但是在帝国分裂以后，教皇可以轻易地在服从他的臣民头上强加另一种权利，那就是圣彼得的权利。他的这种做法不只是要保全他声称具有的那些权力，而且要把这种权力扩张到皈依基督教的行省中，虽然当时这些行省已经不属于罗马帝国。鉴于人性中天然存在的统治欲，这种太上皇的利益就可以作为一个充分的证据，说明教皇本人就是编造了这个教义，声称自己具有王权并以实际行动夺取并长期占据了这一位置的人。因为只要承认了这一点，就必须同时承认我们之中存在一位基督的代治者，他会向我们宣告基督的谕令。

在众多教会否定了教皇的这种权力后，人们便有理由相信教会的世俗主权者都应该从这种权力中收回自己原本就具有，却轻易拱手让人的那部分权力。英格兰便是如此，只是因为管理教会当局的人声称自己的职务来自神权，就算看起来并没有篡夺高于世俗权力的最高权位，至少也是篡夺了与之地位相当的权力。

而且他们获得这种地位的方式看起来仅仅是承认了国王有权任意剥夺他们行使职权的权利。

但是在长老会具有这种职权的地方则不然，虽然罗马教会已经禁止了相当一部分教义的传播，但仍旧保留了基督的国已经在救主复活后降临的这条教义。但这对他们有什么好处呢？或者说他们希望从中得到什么好处呢？其实就是教皇的那个目的：获得对人民的主权。人们将自己合法的君主开除教籍，如果不是为了免除他在自己国家一切侍奉神的公务职位，并且有能力阻止他通过暴力来恢复职权，还能是为了什么？当人们在未经世俗主权者批准的情况下开除某人教籍，如果不是为了剥夺他合法的自由、篡夺统治自己兄弟的非法权力，还能是为了什么？因此，在宗教内部制造出这种黑暗的人就是罗马教会和长老会的教士。

此外，我们还要讨论一下他们在获得宗教主权后，可以帮助其保持灵权的各种说法。第一，教皇在他的公务职权上永远正确。其中的道理就是人们只要相信了这一点，就会毫不犹豫地服从教皇的任何命令。

第二，在任何国家，其他主教的权利既不是直接来自上帝，也不是间接来自君主，而是来自教皇。正因为这种说法，基督教国家出现了众多依附教皇的有权势的人，虽然教皇是异国君主，但他们依然会服从教皇。教皇可以通过这种方式对不服从他意志或不按照他的利益行事的国家发动内战，而且事实上这样的事他做得还不少。

第三，主教、其他教士、所有修士和辅理修士都具有世俗法权的豁免权。这样一来，基督教国家中就会有很多人从中受益，他们可以得到世俗国家的保护，却不承担公共开支，还不会因为自己的罪行而受到惩罚。于是他们不再惧怕除了教皇之外的任何人，他们会全心全意地跟随教皇，支持他的地位。

第四，让教士获得祭司称号，这个称号是上帝作为犹太人的王时，犹太人中的世俗主权者和上帝的代治者才有的称号。而且，他们还把主的晚餐作为献祭，以此来让人民相信教皇的权力，与当初摩西和亚伦在犹太人中的权力是相同的，那就是身为大祭司具有的一切世俗和宗教权力。

第五，婚姻是圣礼的一种。按照这种说法，圣职者有权判定婚姻是否合法，进而可以审定哪些孩子是合法的婚生子，由此就获得了审定世袭王国的继承权的权力。

第六，禁止祭司结婚可以确保教皇对君主的统治权。如果国王是一个祭司，不能结婚的国王就无法把国家传给后嗣；如果不是祭司，教皇就可以站出来说自己对他和他的国家具有祭司的教权。

第七，通过秘密忏悔，教士们可以先一步获得君主及国家中大人物的阴谋和秘密，而教会对国家的阴谋却不会泄露，这样一来，教会的权力就得到了很好的保障。

第八，圣者列圣和宣告殉道者，也可以保证教会的权力。经过这样一系列操作，一旦教皇宣布将某个世俗主权者开除教籍，使之成为异教徒或教皇的敌人，那些头脑简单的人就会被蒙骗，并且会顽强抵抗世俗主权者的法律和命令。

第九，赋予所有祭司制造基督、规定忏悔、赦免和保留罪的权力，也可以进一步保证教会的权力。

第十，借用炼狱和赎罪券等说法，圣职人员可以大肆敛财。

第十一，通过魔鬼学说、符咒以及类似手段的运用，可以震慑人民，让他们更加畏惧教会的权力。

第十二，根据教皇权力设立或受其管辖的大学，教导的都是亚里士多德的形而上学、伦理学和政治学，除此之外还有一些无厘头的分类学说、粗陋的术语以及经院学者发明的混乱的语词，所有这些都能用来掩盖他们的谬误，让人们错把虚妄哲学的鬼火看成获取福音的圣光。

如果觉得上面这些还不足以说明问题，我还可以列举其他黑暗学说，这些学说无一例外地都对建立限制基督教臣民合法主权者的非法权力有帮助，或是可以帮助维持已经建立起来的此类非法权力，又或是可以帮助维持这种权力的人获得更多的财富、名誉和权柄。按照全面所说的被告法则，也就是“对他们有什么好处”的法则，我可以非常公正地宣布，教皇、罗马教会的教士以及所有让人们相信现存教会就是《圣经》中提到的上帝国这种荒谬言论的阴谋集团就是一切性灵黑暗的始作俑者。

这些君主和基督徒主权者允许教会的修士散播这些谬误的学说并且窃取自己的职权，是他们让这一切悄无声息地发展，才会让自己的臣民不安、使自己具有的一切都受到威胁；尽管发生这一切的原因可能是他们对这种事情的可怕后果缺乏预见，也可能是他们没能识破教会的阴谋，但无论如何在这场针对基督教国家的侵害中，主权者也是迫害自己和自己臣民的帮凶。因为没有他们的批准，这些扰乱人心的学说就不可能传播，换句话说，他们完全有机会在一开始就禁止这样的学说。可一旦人民受到了这些宗教人物的蛊惑，就真的没有办法补救了。想要获得上帝赐予的补救之法，我们只能耐心等待，很多时候，他都会让敌人的野心不断膨胀，引发动乱，如此一来，人民就只能睁开曾被前人仔细封住的双眼，然后发现自己的双手因为抓的东西太多反而什么都抓不住了，就像彼得的网一样，因为网住的鱼太多，反而让挣扎的鱼群把渔网弄破了。但是有些人就是缺乏耐心，在臣民还没有睁开眼睛看清楚的时候就急于反抗，结果只能是助长了敌方势力的扩张。我不会指责腓特烈大帝的行为，因为当时国中臣民都有这种倾向，如果他不给教皇执鞭随镫，也就不可能继承王位。我要指责的是那些本来最初手中握有完整的权力，却因为容许自己领域内的大学在自己国家制造这种学说，而在之后的历届教皇篡夺基督教主权者手中的权力、任意践踏他们和他们的臣民时，为他们执鞭随镫的人。

人们主观臆造的东西是如何编造的，就可以按照同样方式解开，只要将顺序倒过来就可以。上面这个蛛网是从一部分权力因素开始的，例如智慧、谦卑、诚挚和使徒的其他美德；基督徒们是因为敬仰使徒身上的美德而自愿服从，并非因为有义务才服从。他们具有自由的意识和良知，而除了世俗主权者之外，他们的言行无须服从任何其他人。随着教会的教民不断增加，长老们也聚集在一起讨论要宣传什么教义，因此他们在承担宣教义务并不违背宗教会议的前提下，让人们相信百姓有义务服从教义，否则基督徒就要拒绝与其来往。不与这些人来往的原因并不是他们不信教，而是不服从，这便是对他们的自由打的第一个结。日后，随着长老的数量越来越多，主要城市和行省的长老就取得了管辖地方长老的权力，而且自封为主教，这是对基督徒的自由打的第二个结。最后，因为罗马的主教身在帝都，所以取得了管辖帝国所有主教的权力，这种权力的根据是皇帝的命令和最高教长的称号，等到皇帝的权力太弱时，这种根据就变成了圣彼得的特权，这是教会给基督徒的自由打上的第三个也是最后一个结，也是教皇权力的所有组成和结构。

按照上面说的，要分析和解决这个问题，就要用同样的方式，不过是从最后一个结入手；英格兰教会当局原本凌驾主权当局之上，却最终解体，就属于这种情况。首先，女王伊丽莎白解除了教皇的所有权力，主教原本是根据教皇的权力执行其职权，后来是根据女王的权力，不过，因为他们依旧保留了“蒙神权派任”的说法，所以才会被认为是直接从神权中获得了这个职位，于是第一个结就此解开。随后，英格兰长老推翻了教皇权力，于是第二个结也解开了。而就在同时，长老也失去了权力，我们又回到了原始基督徒的自由状态，可以按照自己的意愿属于保罗、矶发或亚波罗。如果不存在竞争，我们也不会通过自己对教士的观感来衡量基督，这大概会是最好的方式。第一，除了道，任何权力都管不到人类的良知意识，当道在人的信仰上发挥作用时，信仰不会按照栽种和浇灌者的目的，而是按照上帝的目的去生长。第二，有人这样教导其他人，说每一个微小的错误中都暗藏着极大的危险，于是他们要求具有理性的人服从其他人的意见，这种做法完全不合乎理性，几乎相当于用掷骰子的方式来决定自己是否得救。教士们并不应该为自己失去了自古传承下来的权力而感到不快。他们应该比任何人都清楚，获得权力与保持权力所需的是同样的美德，也就是智慧、谦卑、明晰教义和言辞恳切等，压制自然科学与天赋理性中的道德并不能帮助维持权力。同理，语焉不详，谎称自己什么都知道却说不清楚，用鬼神之说欺骗也不能用以维持这种权力，而那些教士们曾经犯下的过错，毋宁说是丑闻，等到他们一旦失去了可以压制的权力，就一定会让他们狠狠地摔上一跤，更不要说帮助他们维持权力了。

然而，自从现存教会就是《圣经》中提到的上帝国这一说法逐渐盛行之后，人们追求这类职位的野心和竞争也慢慢显露出来，特别是在争夺基督的代治者这个崇高职位和主要公职人员的豪华排场方面，因为他们的野心变得昭然若揭，所以人们对教士的敬仰也就逐渐消失；因为在当时的世俗国家，掌握权柄的人中最聪明的那一群人只要获得了自己君主的批准，就会拒绝对他们做出更进一步的服从。于是，当罗马主教自称是圣彼得的继承人而擅自占据了总主教的位置后，教会的教士们或者说他们黑暗的王国就可以恰当地比作妖魔的王国，就是那些英国老太太们口中的妖魔鬼怪以及神鬼们在夜间作乱的传说。如果人们观察一下教权这个庞然大物最初的情况，就不难发现教皇的位置只是罗马帝国的亡魂戴着王冠坐在帝国的坟墓上而已。因为教皇就是这样突然之间从异教权力上兴起的。

而且教会的官方语言也就是他们在教会公文和著作中所用的语言是在世界上任何一个国家都不通用的拉丁语，这难道不是古罗马语言的亡灵吗？

无论是哪里的妖魔，都有同一个王，在我国的神话中被称为奥伯龙王，在《圣经》中叫作比西卜，是妖魔之王的意思。同样，教士无论身处哪一个国家，都只承认自己的王，也就是教皇。

教士是灵性人物与魔鬼的神父；妖魔是幽灵和鬼魂。妖魔出没于黑夜、荒野和墓地之间；教士则行走在阴暗的教义、修道院、教会和教皇的墓地中。

教士们有自己的教堂，无论教堂建造在那个城镇，借助圣水和驱魔符的力量，城镇就可以变为都城。妖魔也有凝聚了自己魔力的城堡，而城堡周围的地区也都受城堡里的大妖统治。

人们无法抓捕妖魔，控诉造成的伤害；同样，也不能把教士送上世俗法庭。

教士用形而上学、奇迹、传说和经过篡改的《圣经》编造成的咒语控制年轻人的理智，让他们失去了自主行动的能力，只能按照教士的命令做事。传说，妖魔也会把孩子从摇篮里抢走，变成天生的傻瓜，并且经常淘气作怪，人们把他们称为鬼孩子。

虽然英国老太太们从未提起过妖魔施法的魔窟在哪，但是我们都知道教士们的魔窟就是教皇管制下的大学。

据说要是有人惹得妖魔不快，它们就会派这些鬼孩子去作乱。如果世俗国家惹得教士们不快，他们也会让自己的鬼孩子，也就是那些盲目的信徒去蛊惑人心、扰乱国王，或是蛊惑一个国王去给另一个国王添麻烦。

妖魔不结婚，但是有一种淫魔和凡人交媾。教士也不结婚。

教士们通过愚昧的信徒和什一税搜刮民脂民膏。鬼故事里的妖魔会跑到牛奶场大肆吞吃奶油皮。

鬼故事中没有记载妖魔王国的流通货币。而教士们接受的钱财和世俗百姓是一样的，但是他们给别人付钱时用的却是列圣式、赦罪权和弥撒。

教皇的国家和妖魔的王国之间的相似之处，还可以再补充一点：除了那些听信了老太太和神话学家口中的神鬼故事的愚昧的平民心里，妖魔并不存在于其他地方。同样的，教皇的教权也只存在于他作为世俗君主统治的领土内，而在此之外就只存在于被教士们伪造的奇迹和传说以及对《圣经》的歪曲解释蒙骗的百姓，对开除教籍的恐惧心理中。

于是，亨利八世和伊丽莎白女王也很容易利用符咒驱赶他们。这个罗马的幽灵现在已经到中国、日本和印度等贫瘠的无水之地立王传道；但是谁又能保证他们再也不会回来呢？他们甚至有可能带回来一群比自己更恶的鬼，看到这屋子打扫干净便住了进来，使这里的情况变得更差。因为现在不只是罗马教会的教士宣称上帝国在今世，还有更多的人想要从中获利，借用这个理由获得不同于世俗国家权力的另一种权力。关于政治学理论，我就说到这。我会在复审之后公诸国人，请诸君予以指正。

综述与结论

鉴于人体自然心理官能之间的对立、不同激情之间的对立冲突以及两者与对话之间的关系，于是有人得出一个推论：没有人能具有足够的意向来完成所有世俗事务。这些人认为严格的判断力会让人不肯放过任何微笑的差错和弱点，而丰富的想象力会让人失去稳定思想、严谨的判断是非的能力。而且，扎实的推理能力对任何思考和辩论来说都是不可或缺的，否则人们总免不了做出鲁莽的决定和错误的判断。但要是没有能够让人心悦诚服的雄辩之才，推理能力发挥的作用就会小很多。但是推理和口才是两种对立的官能，前者基于真理，后者却是基于不辨真伪的流行观点和人们的激情与利益。

在各种激情之中，勇敢能增强人的报复心，甚至会让人破坏公共治安，我所说的这种勇敢是对受伤和死亡的轻视；反之，胆怯会让人逃避公共事务。他们认为这两种激情不能同时存在于一个人身上。

又因为不同人在见解和行为上普遍处于对立位置，他们便说一个人不可能在世俗事务中与所有人保持友好的关系，而且在这种世俗事务中本来就只有不断争名夺利而已。

关于此类观点，我要说的是，这固然是一件很困难的事情，但并非做不到。这些互相冲突的要素可以通过教育和训练调和起来，而事实也证明了确实如此。当判断力和想象力同时存在于一个人身上时，可以根据这个人的需求和目的交替出现。以色列人在埃及时，就是有时候固定在一个地方做砖，有的时候跑到外面去捡草；同理，人有时候可以固定下来思考，有时候可以让想象力到处奔跑。推理能力和口才也可以用这样的方式结合起来。虽然这种方式在自然科学中不可取，但是在人文科学上就完全没问题。因为存在坚持和矫饰错误的地方，也必然会存在可以让人倾向美化真理的地方，只要真理是真实存在的就可以。敬畏法律和不惧强敌之间并不冲突，不进行侵害和原谅他人的侵害也一样不冲突。因此，那些人想象中存在于人类天性和世俗义务之间的矛盾也是不存在的。我就亲眼见过有人可以集明晰的判断和不羁的想象、深入的推理和出色的口才、作战的勇气和对法律的敬畏于一身，这个人就是我最尊贵的朋友悉尼·哥多尔芬先生。他不怨恨任何人，也不曾遭人怨恨，但不幸的是，在上一次内战开始时的一次公开纷争里，他死于一个不知名者之手。

对于我在第十五章中提出的自然法，在此处还要补充一点：根据自然之道，在战争期间，每个人都应当尽力保卫在和平时期给自己提供了保护的权力当局。因为一个要求自然权利保全自己生命的人不能同时要求另一种自然权利去破坏保全自己的人，两者是互相矛盾的。虽然可以根据我在同一章提出的某些自然法则推导出这条自然法，但鉴于目前的实际情况，我们需要教导并牢记这一法则。

在最近发行的各类英文著作中，我发现人们至今都没有意识到臣民对征服者在什么时候负有义务，同样，他们也没有认识到什么是征服，以及征服是如何使人有义务服从征服者的法律。所以，为了给众人一个满意的答复，我提出以下观点：一个人在有自由服从征服者的时候，以明确的言辞或其他方式表达自己愿意承认自己臣民的身份，他就已经成了征服者的臣民。而我已经在第二十一章末尾处说明了一个人在什么情况下有服从的自由。如果一个人对自己的主权者只负有普通臣民的义务，那么当他的生命处在敌人的防卫之下时，就有自由服从。因为在这种情况下，原来的主权者已经不再保护他，而他需要靠自己的贡献来得到敌人的保护。既然我们已经看到这种贡献是必然的，因而在任何地方都是合法的，那么完全的臣服也只不过是给敌人提供帮助，并不能被认为是非法的。而且，如果一个人在臣服的时候只是用了自己的部分资财来帮助敌人，但是拒绝臣服的人却用了全部资产帮助敌人，那么我们就不能说这种臣服是帮助敌人，只能认为这是对敌人不利的行为。但如果这个人不只是臣民，还是一个士兵，他原本的权力当局还在战斗，还在给军队和守备队提供补给，那么他就没有服从新的权力当局的自由，因为他不能说自己没有受到保护、没有得到身为士兵的报酬。但如果前面提到的这些都不存在了，这个士兵就可以向他最看好的势力寻求保护，合法地服从自己新的主权者。以上我们讨论的就是当一个人有这种意愿时，在哪些情况下可以合法地臣服于征服者。因此，一旦他做出选择，就有义务成为真正的臣民，因为破坏契约在任何时候都是不合法的。

于是，我们也可以清楚地说明一个人处于什么情况下可以算作被征服了，征服的性质是什么、征服者具有哪些权力，因为这种臣服已经包含了全部内容。征服并不是单纯的胜利，而是根据胜利而来的权利。所以被杀死的人只是被制服，而不能算作被征服。被关押监禁或戴上镣铐的人虽然已经被制服，却没有被征服，因为他们仍是敌对的，在办得到时，这样的人会力图自救。如果一个人用承诺服从来换取自由和生命，我们就说这个人被征服并成了一个臣民，在此之前却不是。罗马人常说他们的将军平定了某个行省，用英语来说就是征服某个行省。当一个地区的人民承诺服从罗马人的命令，就等于他们用战争平定了这一地区，也就是征服了这个地区。这种承诺可以是明确的表达，比如用诺言来表明；也可以是默认，也就是用其他方式来表示。例如，没有人要求这个人做出明确承诺，但是他却公开地生活在一个政府的保护之下，我们就认为他服从了这个政府。但如果他秘密生活在那里，就可能会被认为是间谍或敌人，也没有理由抱怨国家对他采取的任何措施。这并不是说他犯了什么罪，而是说国家有正当理由杀他。同理，若是一个人的国家被征服时他并不在国内，那么他并没有被征服，也就不算是臣民。但如果他在回国之后表示臣服，就必须服从新的政府。由此可见，征服的定义就是根据胜利获得主权权利。臣民与战胜者立约服从，以此来保全自己的生命和自由，同时授予战胜者以主权权利。

我在第二十九章提出导致国家解体的原因之一就是缺少绝对且独断的立法权导致的国家建立基础的残缺。因为在缺少这种权力时，主权者就无法一直掌握国家的司法权，这种状态就像是抓了一个烫手的山芋。造成这种情况的一个原因就是主权者想要为自己发动的夺权战争辩护，他们以为自己的权利是通过战争掠夺而不是所有权得来的。举个例子来说就是英格兰国王的权利来自征服王威廉的事业本身的正义，还有他的后裔和嫡系王储，如果按照这种说法，臣民对主权者的服从关系或许早就荡然无存了。他们以为可以用这种办法为自己辩护，但其实大可不必，对心怀叵测的人来说他们的做法正中下怀，因为这是他们对主权者及其后裔发动叛乱成功后最好的辩护。我在这里指出一个可以导致任何国家灭亡的最危险的因素：征服者不只是要求臣民将来在行为上的服从，还要求臣民认同他们过去做过的所有事。事实上，要真打算凭良心说话，大概没有一个国家在建立国家这件事情上是问心无愧的。

暴君政治和主权表达的是相同含义，无论主权者是一个人还是一群人，只不过使用前面这个名词时，其中还包含了说话人对主权者的愤怒。于是我认为，允许人们公开表达对暴君政府的仇恨就等于容许他们对国家怀有普遍的仇恨。这是与前面相似的一个危险因素。因为想要为征服者的事业辩护，通常免不了要指责被征服者的事业，但这两件事都不是征服者的义务，所以根本没这个必要。以上便是我对本书第一、二两部分的总结。

我在本书第三十五章已经根据《圣经》充分证明了上帝与犹太人立约并成为他们的主权者。于是，这些人被称为选民，以此来显示他们与其他民族的不同，上帝对其他民族的统治并不是根据他们的同意，而是根据自身权力进行的。而且，我也说明了摩西是这个国家里上帝在地上的代治者，由他来宣布上帝为犹太人制定的法律。但是我并没有说明执行刑罚，特别是死刑的人是谁，因为我当时认为这并不是必须说明的事情。通常在国家中执行刑罚的都是主权当局的警察或士兵，否则就是那些凶残无赖、想要以此谋生的人。但是上帝却在给以色列人制定的法律中明确规定了被判处死刑的人要用石头砸死，第一块石头必须是证人投，然后其他人也要投石头。当时执行刑法的人是按照法律指定的。如果基督徒会众是审判者，那么并不是任何人都能在未定罪判刑时向被告扔石头的。如果不是当众犯罪或是有合法的法官看见，那么在行刑之前就要听取证人的证词。但是没有人真的了解这种诉讼方式，这就出现了一种危险的观念，那就是任何人在激情状态下都可以随意杀死另一个人，仿佛是在说古代行刑者的权利不是根据上帝的命令而是根据激情而来的一样。如果我们仔细查阅那些看上去是支持这种观点的经文，就会发现真实情况恰恰相反。

《圣经》中记载了利未人攻击建造并敬拜金牛犊的百姓，杀了三千人。根据《出埃及记》第三十二章第 27 节中的内容，他们做这件事是因为摩西传达了上帝的神谕。当一个以色列妇人的儿子出言渎神时，人们并没有直接杀死他，而是把他送到摩西那里，等待上帝的判罚。《民数记》第二十五章第 6~7 节中，非尼哈杀死心利和哥斯比并不是因为个人的激情。这两人是当众犯罪，不需要证人，在场的人也都清楚法律的规定，而他是主权者的皇储。但是有一点需要注意：他这些行为的合法性完全建立在摩西的事后批准上，这一点毋庸置疑。对国家的治安而言，这种事后批准的假设也是非常必要的。例如，某地发生叛乱，如果当地人可以凭借自身力量将其镇压，在没有法律或命令许可的时候也可以合法地采取行动，只要当时或事后得到承认或赦免即可。《民数记》第三十五章第 30 节也明确地指出："无论谁故杀人，要凭几个见证人的口把那故杀人的杀了。"有证人就一定有正式的审判，激情这个理由就完全不成立。关于引诱他人进行偶像崇拜的罪，摩西的法律禁止包庇这类人，这人会被判死刑，由告发的人投第一块石头，但在判罪前，人们却不能杀死他。关于偶像崇拜的诉讼程序，《申命记》中也有明确记载，上帝作为审判官谕令百姓，如果有人被指控犯偶像崇拜罪，需要仔细查证，确认属实，就用石头砸死他，依然是证人投第一块石头。这不是激情的审判，而是公众的判罚。法律还规定了父亲要把悖逆的儿子送到本城审判官面前，并由城里的居民用石头砸死他。圣司提反也是这样被人用石头砸死的。在行刑之前，他曾经向大祭司申诉，因此对他的判罚也是根据法律，而不是激情。上面的例子和《圣经》中的各处经文没有一条可以让人作为激情执法的根据，个人激情通常是无知和冲动的产物，这完全违背了国家和平与正义的原则。

我在第三十六章中说过，没有明确的记载指出上帝对摩西说话是用的是哪种超自然方式。但这并不意味着上帝没有通过梦、异象或声音对他说话。《民数记》第七章第 89 节中记载了上帝在施恩座上对摩西说话的方式："摩西进会幕要与耶和华说话的时候，听见法柜的施恩座以上、二基路伯中间有与他说话的声音，就是耶和华与他说话。"但是这段话并没有指出上帝与摩西说话时和与撒母耳、亚伯拉罕等先知说话时的方式有何不同，除非这种差别就是摩西的异象更清晰。鉴于神性的无限和不可思议，我们不可能按照字面意思来理解面对面和亲口这些说法。

我还不能清楚地看到整本书的学说是什么，但是可以肯定，书中的原理都是正确的，推理也非常可靠。我提出的所有关于主权者的世俗权力、臣民的义务和权利的观点都是基于人类天赋和自然法提出的，只要认为自己的理智足以管理家务的人，就一定能明白这些。关于主权者的教权，我的结论都是通过明确且符合《圣经》主旨的经文得出的。我相信因为求知欲而阅读本书的人肯定能有所收获。至于在著作、公开讨论和行为上明显持反对意见的人，肯定不会觉得满意。这样的人就会在阅读这本书的同时，在脑海中搜寻可以反驳这些内容的观点。因为开创建国基业的学说和导致国家败亡的学说肯定完全不一样，所以当人们的利益出现变化时，这种反对意见就会层出不穷。

本书在讨论基督教国家时曾提出了部分新学说，在已经确立相反学说的国家，臣民未经允许传播这类学说可能会被认为是窃据教士职位。但现在的情况是人们在呼吁和平的同时也呼吁真理，我把自己认为正确且对国家有利的学说提出来，让正在考虑这些问题的人参考，就是用新瓶装新酒，于双方都无损害。我认为，如果一种新的学说不会给国家造成混乱，那么人们通常不会顽固到宁愿坚持从前的错误学说，也不接受已经验证过的新的真理。

我最没自信的部分就是自己的表述。但是我相信，除非排版印刷有误，否则我并没有表述不清楚的地方。我没有按照最近流行的方式，引用古代诗人、演说家和哲学家的话来给自己的文字添彩，无论我的这种方式好不好，总归是有很多原因让我做出了这种选择。第一，我提出的所有学说都是以真理或《圣经》为依据的。很多人靠着这两点赢得了声誉，却没有任何作家为它们赢得荣誉。第二，我讨论的问题是关于公理而非事实的，不需要见证人。古代著作家自相矛盾或与人冲突的例子并不鲜见，如此一来，他们提供的证据也不充分。第四[①]，仅仅因为青睐古代学说而引用的意见，本质上并不属于引用者的判断，而只是一种打哈欠一样的人传人现象。第五，把别人的智慧言论当成点缀自己腐朽学说的丁香，做这种事的人往往是别有用心。第六，我发现被他们引用的这些古人可没有这种靠前人著述来装点门面的习惯。第七，像他们这样把自己囫囵吞下的拉丁文或希腊文原封不动地再吐出来，显然是消化不良的表现。第八，当然我也十分推崇那些可以明晰真理为我们指明道路的古人，但是年代久远这件事本身却没什么值得称道的。如果我们只是敬仰年代，那最古的就是现代。我不确定在古老这个问题上，那些获得了此类荣誉称号的著作家在写作的时候是不是都要比我这个正在写作的人要古老。但是仔细思考以后就不难发现，对古代著作家的推崇并不是因为对已逝先人的尊敬，而是因为针对同时代人的竞争和妒忌。

总而言之，根据我个人的观察，我在这部书以及之前关于这个问题创作的所有拉丁文著作中，没有任何违背上帝的道的内容，也没有任何难登大雅的东西，更没有任何可以蛊惑人心、扰乱安宁的言论。我认为刊行这本书对这个世界来说是有益的；另外，如果大学里审核各类学说的人赞同我的观点，并能在大学里讲授这些内容就更好了。因为大学是世俗公理与道德学说的源泉，传教士和学者们都是从这里汲取泉水，并在讲坛和交谈中将这泉水洒到百姓身上，正因如此，我才会特别注意保持这水的洁净，不让异教政治家和神鬼符咒污染了它。只要用这种方式让大多数人了解自己的责任，他们就不会被少数心怀叵测的人利用，成为他们实现野心的工具，甚至给国家造成危害。而且能让他们在缴纳和平

① 原文就是如此，作者的这段文字里没有第三点。

与防务所必需的税金时，不再抱怨。统治者也不必再耗费巨资维持规模庞大的军队，只需要保留可以保证国民自由和抵抗外来侵害的武装力量就够了。

由于如今动荡的局势，我对世俗政府和教权当局进行的讨论就到此为止。我的讨论公正平和，只是向人们阐述了保护与服从的相互关系，人类的天性和神律都要求我们严格遵守这种关系。在发生革命的国家，那些推翻旧政府的人的存在会让国家显得民怨沸腾，新建立的政府又不断被推翻，这样的环境完全不利于这种新学说的出现。不过就目前的情况来看，我认为公众学说的审定者和希望这个国家可以长治久安的人都不会指责这种学说。抱着这种希望，我会再次回到已经停止了研究的自然躯体的假说上。如果上帝赐给我健康的身体，我希望书中的新鲜观点可以让人觉得高兴，而且高兴的程度不亚于人们在这种人造躯体的学说中被冒犯的程度。因为这是一种既能带来好处，又能勾起兴趣的真理，没有人会不喜欢。